De vroege werken van Martin Heidegger
Newcomb Livraria Pers

De fundamentele problemen van de fenomenologie

Martin
Heidegger

Een nieuwe vertaling met nawoord door
Tim Newcomb

Copyright © 2024 Tim Newcomb

Alle rechten voorbehouden. Dit boek of een deel ervan mag niet worden gereproduceerd of gebruikt op welke manier dan ook zonder de uitdrukkelijke schriftelijke toestemming van de uitgever, met uitzondering van het gebruik van korte citaten in een boekbespreking. Alle rechten voorbehouden onder internationale en pan-Amerikaanse auteursrechtverdragen. Gepubliceerd in de Verenigde Staten. De geschriften van Martin Heidegger zijn nu in het publieke domein in de Europese Unie, de Verenigde Staten en wereldwijd zoals ze werden gedrukt in het begin van de 20th eeuw in Duitsland Originele vertaling door Tim Newcomb 2023 van de originele Duitse 1e druk met behulp van hybride methoden. De vertaler heeft bij het maken van deze vertaling getracht de integriteit en betekenis van de oorspronkelijke tekst te behouden en eventuele fouten of interpretaties in de vertaling vallen onder de verantwoordelijkheid van de vertaler. Er wordt geen aanspraak gemaakt op auteursrecht met betrekking tot werken uit het publieke domein. Deze uitgave bevat kleine redactionele wijzigingen in de vertaling van de oorspronkelijke tekst. De auteur, uitgever en vertalers aanvaarden geen verantwoordelijkheid of aansprakelijkheid voor eventuele fouten of weglatingen in de inhoud van dit boek of voor acties die de lezer onderneemt op basis van de verstrekte informatie.

Ἐθε´λων δε` μη´ ἐθε´λων, ἐπε´ων ἐοῦσιν
ἀνθρω´πων πα´ντων.Ἐθε´λων δε` μη´ ἐθε´λων,
ἐπε´ων ἐοῦσιν ἀνθρω´πων πα´ντων.

Hoewel ze het niet willen, zullen ze door de aard van de dingen gedwongen worden om het gemeenschappelijke pad te volgen.

Heraclitus, Fragment 16.

Inhoud

INLEIDING 7

§ 1. Uiteenzetting en algemene schets van het onderwerp 7

§ 2 Het begrip filosofie en wereldbeeld 12

§ 3 Filosofie als wetenschap van het zijn 24

§ 4. De vier stellingen over het zijn en de fundamentele problemen van de fenomenologie 30

§ 5. Het methodologische karakter van ontologie 38

§ 6 De opzet van de lezing 46

EERSTE HOOFDSTUK 48

§ 7. De inhoud van Kants stelling 48

§ 8 Fenomenologische analyse van Kants verklaring van het begrip 'zijn' 76

§ 9. Bewijs van de noodzaak van een fundamenteler 88

TWEEDE HOOFDSTUK 139

§ 10. De inhoud van het proefschrift en de traditionele bespreking ervan 140

§ 11. Fenomenologische verheldering van het probleem dat ten grondslag ligt aan de tweede stelling 179

§ 12. bewijs van de ontoereikende basis van de traditionele behandeling van het probleem 203

DERDE HOOFDSTUK 220

S 13. De identificatie van het ontologische verschil tussen res extensa en res cogitans op basis van Kants opvatting van het probleem 220

§ 14. Fenomenologische kritiek 271

HOOFDSTUK VIER 319

§ 15 De stelling van de logica 319

§ 16. Discussies in de geschiedenis van de logica 340

§ 17. Zijn als copula en het fenomenologische probleem van verklaring 368

Betekenis en gedachte. 370

§ 18. Waarheid van beweringen, het idee van waarheid in het algemeen en haar relatie tot het concept van zijn 384

§ 19 Tijd en tijdelijkheid 412

§ 20. Tijdelijkheid en temporaliteit 489

§ 21. Tijdelijkheid en Zijn van het Pre-esentiële. 559

§ 22 Zijn en zijn 587

Nawoord door de vertaler 595

De logos van het zijn: Aandacht als aanbidding in Heideggers Ontochronologie 595

Duns Scotus ontmoet Parmenides 601

De schaduw van de anti-metafysicus 608

De Absolute Geest van Hegel in Heidegger: De uil van Minerva vliegt in de schemering 621

Geest-Tijd en Zijn: Hegeliaanse ontologie en de schaduw van Aristoteles 627

Spraak als realiteitscreatie 635

Voorbij het goede en nog steeds het kwade 638

Tijdlijn van Heideggers leven en werk 643

Beknopte index van Heideggiaanse filosofie 646

Existentialistische terminologie 651

Noot van de vertaler 655

INLEIDING

§ 1. Uiteenzetting en algemene schets van het onderwerp

De lezing stelt zich tot taak de basisproblemen van de fenomenologie te stellen, ze uit te werken en, op onderdelen, dichter bij een oplossing te brengen. Vanuit wat de fenomenologie tot haar onderwerp maakt en hoe ze haar object onderzoekt, moet het mogelijk zijn haar concept te ontwikkelen. De intentie van de observatie gaat naar de feitelijke inhoud en het innerlijke systeem van de basisproblemen. Het doel is ze vanuit hun basis op te helderen.

Daarmee is tegelijkertijd negatief gezegd: We willen niet historisch leren kennen waar de moderne richting in de filosofie, die fenomenologie wordt genoemd, over gaat. We houden ons niet bezig met de fenomenologie, maar met datgene waar ze zich zelf mee bezighoudt. Daarvan willen we op onze beurt niet alleen maar kennis nemen om er vervolgens verslag van te kunnen doen:

Fenomenologie gaat over dit en dat, maar de lezing zelf gaat erover, en je wordt verondersteld om mee te handelen of te leren handelen. Het gaat er niet om dat je filosofie kent, maar dat je kunt filosoferen. Een inleiding tot de basisproblemen wil dit inleiden.

En deze basisproblemen zelf? Moeten we te goeder trouw accepteren dat wat ter discussie staat in feite het bestaan van de basisproblemen is? Hoe komen we bij deze basisproblemen? Niet rechtstreeks, maar via een omweg door bepaalde individuele problemen te bespreken. Daaruit pellen we de basisproblemen en bepalen we hun systematische samenhang.

De lezing is daarom verdeeld in drie delen. We karakteriseren het eerst ruwweg door de volgende structuur:

1. concrete fenomenologische vragen als leidraad voor de basisproblemen 2. de basisproblemen van de fenomenologie in hun systeem en rechtvaardiging 3. de wetenschappelijke manier om deze problemen te behandelen en de idee van de fenomenologie De weg van de beschouwing leidt van bepaalde individuele problemen naar de basisproblemen. Dus rijst de vraag: Hoe krijgen we het resultaat van de contemplatie, hoe kiezen en begrenzen we de individuele problemen? Wordt het overgelaten aan toeval en willekeur? Opdat deze afzonderlijke problemen niet willekeurig lijken te zijn opgeworpen, zal een inleidende beschouwing ertoe leiden.

Je zou willen denken dat de eenvoudigste en veiligste manier om de concrete fenomenologische problemen af te leiden, het concept fenomenologie is. Fenomenologie is van nature dit en dat, dus dit en dat vallen binnen haar takenpakket. Het concept fenomenologie moet echter eerst verworven worden. Deze weg is daarom onbegaanbaar. Maar voor de afbakening van de concrete problemen hebben we geen eenduidig en universeel gefundeerd begrip fenomenologie nodig. In plaats daarvan zou een oriëntatie op wat vandaag bekend is onder de naam "fenomenologie" kunnen volstaan.

Toegegeven, binnen het fenomenologisch onderzoek zijn er weer verschillende bepalingen van haar essentie en taken. Maar zelfs als men deze verschillen tot eensgezindheid zou kunnen brengen in de bepaling van het wezen van de fenomenologie, dan nog zou het de vraag blijven of het zo verkregen, als het ware gemiddelde begrip van de fenomenologie ons een oriëntatie zou kunnen bieden over de concrete problemen die we moeten kiezen.

Want het zou op voorhand moeten vaststaan dat het fenomenologisch onderzoek vandaag de dag het centrum van de filosofische problematiek heeft verworven en vanuit zijn mogelijkheden zijn eigen essentie heeft bepaald. Maar, zoals we zullen zien, is dit niet het geval en is het zo weinig het geval dat een van de belangrijkste bedoelingen van de lezing is om aan te tonen dat fenomenologisch onderzoek, begrepen in zijn grondtendens, niets anders kan vertegenwoordigen dan het meer expliciete en radicale begrip van de idee van wetenschappelijke filosofie zoals die is nagestreefd in haar realisatie vanaf de oudheid tot Hegel in steeds nieuwe en op zichzelf uniform samenhangende inspanningen.

Tot dusver wordt fenomenologie, ook binnen de fenomenologie, begrepen als een filosofische voorwetenschap die de weg bereidt voor de eigenlijke filosofische disciplines logica, ethiek, esthetica en godsdienstfilosofie. In deze definitie van fenomenologie als voorwetenschap neemt men echter de traditionele voorraad van de filosofische disciplines over zonder zich af te vragen of het niet juist door de fenomenologie zelf is dat deze voorraad van de traditionele filosofische disciplines in vraag wordt gesteld en aan het wankelen wordt gebracht, of niet juist in de fenomenologie de mogelijkheid ligt om de externalisering van de filosofie in deze disciplines om te keren en haar eigen grote traditie vanuit haar essentiële antwoorden in haar grondtendensen opnieuw toe te eigenen en tot leven te wekken. Wij beweren: Fenomenologie is geen filosofische wetenschap onder de andere, noch de voorbereidende wetenschap voor de andere, maar de term "fenomenologie" is de titel voor de methode van wetenschappelijke filosofie in het algemeen.

De opheldering van het idee van de fenomenologie is van even groot belang als de uiteenzetting van het begrip wetenschapsfilosofie. Natuurlijk hebben we nog geen inhoudelijke definitie van wat fenomenologie betekent, nog minder zien we daaruit hoe deze methode wordt uitgevoerd. Er wordt echter wel aangegeven dat en waarom we ons niet moeten oriënteren op een fenomenologische richting van het heden.

We leiden de concrete fenomenologische problemen niet af uit een dogmatisch gepresenteerd begrip van fenomenologie, maar we laten ons erheen leiden door een meer algemene en inleidende discussie over het begrip wetenschapsfilosofie in het algemeen. We voeren deze discussie in een stilzwijgende meting van de basistendensen van de westerse filosofie van de oudheid tot Hegel.

In de vroege dagen van de oudheid betekende φιλοσοφία wetenschap in het algemeen. Later maakten individuele filosofieën, oftewel individuele wetenschappen, zoals geneeskunde en wiskunde, zich los van de filosofie. De aanduiding φιλοσοφία blijft nu over voor een wetenschap die aan alle andere bijzondere wetenschappen ten grondslag ligt en ze omvat. Filosofie wordt de wetenschap bij uitstek. Ze wordt meer en meer de eerste en hoogste wetenschap of, zoals men in de tijd van het Duitse idealisme zei, de absolute wetenschap.

Als dat zo is, dan is de uitdrukking "wetenschappelijke filosofie" een pleonasme. Er staat: wetenschappelijke absolute wetenschap. Het is voldoende om te zeggen: filosofie. Daarin ligt: Wetenschap bij uitstek. Waarom geven we nu aan de uitdrukking "filosofie" het epitheton "wetenschappelijk"? Een wetenschap, en zelfs de absolute wetenschap, is wetenschappelijk in zijn betekenis. We zeggen eerst "wetenschappelijke filosofie" omdat er opvattingen over filosofie heersen die niet alleen haar karakter als wetenschap bij uitstek in gevaar brengen, maar het zelfs ontkennen. Deze opvattingen over filosofie zijn niet alleen van vandaag, maar lopen al mee met de ontwikkeling van de wetenschappelijke filosofie sinds de filosofie als wetenschap bestaat. In de zin van deze opvatting van filosofie zou het niet alleen en niet in de eerste plaats een theoretische wetenschap moeten zijn, maar zou het praktisch de opvatting van dingen en hun verband en de mening daarover moeten sturen, en de interpretatie van het bestaan en zijn betekenis moeten regelen en sturen. Filosofie is wereld- en levenswijsheid of, zoals men tegenwoordig vaak zegt, filosofie moet een wereldbeeld geven. Wetenschapsfilosofie kan dus onderscheiden worden van wereldbeschouwelijke filosofie.

We proberen dit verschil krachtiger te bespreken en te beslissen of het terecht bestaat of dat het verschil moet worden opgeheven in een van deze links.

Op deze manier wordt het concept filosofie duidelijker voor ons en kunnen we de selectie van de individuele problemen die in het eerste deel worden behandeld rechtvaardigen.

We moeten in gedachten houden dat deze discussies over het concept van filosofie slechts voorlopig kunnen zijn, voorlopig niet alleen met betrekking tot de hele lezing, maar voorlopig in het algemeen. Want het concept van filosofie is zijn eigen en hoogste resultaat. Evenzo kan de vraag of filosofie überhaupt mogelijk is of niet alleen door de filosofie beantwoord worden.

§ 2 Het begrip filosofie en wereldbeeld

Bij het bespreken van het verschil tussen wetenschapsfilosofie en wereldbeeldfilosofie gaan we uit van het laatste concept, namelijk van het woordconcept "Weltanschauung". Dit woord is geen vertaling uit het Grieks of Latijn. Een uitdrukking als χοσμοθεωρία bestaat niet, maar het woord is een specifiek Duitse munt, namelijk bedacht binnen de filosofie. Het komt voor het eerst voor in Kants "Kritiek van het oordeel" in zijn natuurlijke betekenis:

Weltanschauung in de zin van contemplatie van de zintuiglijk waargenomen wereld of, zoals Kant zegt, van de mundus sensibilis, Weltanschauung als een eenvoudige opvatting van de natuur in de breedste zin van het woord. Zo gebruikten Goethe en Alexander von Humboldt het woord. Dit gebruik sterft af in de jaren dertig van de vorige eeuw onder invloed van een nieuwe betekenis die de Romantici, voornamelijk Schelling, aan de uitdrukking "Weltanschauung" hebben gegeven.

Schelling zegt in de "Inleiding tot het Ontwerp van een Systeem van Natuurfilosofie" (1799): "De intelligentie is op een dubbele manier productief, ofwel blind en onbewust, ofwel vrij en met bewustzijn; onbewust productief in het wereldbeeld, met bewustzijn in het scheppen van een ideale wereld".1 Hier wordt het wereldbeeld niet zonder meer toegewezen aan de zintuiglijke waarneming, maar aan de intelligentie, zij het aan de onbewuste. Bovendien wordt het moment van productiviteit, d.w.z. van de onafhankelijke vorming van de visie, benadrukt. Zo benadert het woord de betekenis die we vandaag kennen, een zelfuitgevoerde, productieve en dan ook nog bewuste manier om het geheel van het zijn op te vatten en te interpreteren. Schelling spreekt van een schematisme van het wereldbeeld, d.w.z. van een geschematiseerde vorm voor de verschillende mogelijke feitelijk voorkomende en gevormde wereldbeelden. Het op deze manier begrepen wereldbeeld hoeft niet te worden uitgevoerd in theoretische bedoelingen en met de middelen van de theoretische wetenschap. Hegel spreekt in zijn

"Fenomenologie van de Geest" van een "moreel wereldbeeld". Görres gebruikt de term "poëtisch wereldbeeld". Ranke spreekt van het "religieuze en christelijke wereldbeeld". Soms is er sprake van een democratisch, soms van een pessimistisch wereldbeeld, of zelfs van het middeleeuwse wereldbeeld.

Bismarck schreef ooit aan zijn bruid: "Er zijn vreemde wereldbeelden onder heel slimme mensen. Uit de opgesomde vormen en mogelijkheden van Weltanschauung wordt duidelijk dat het niet alleen de opvatting over de samenhang van de dingen van de natuur is, maar tegelijkertijd de interpretatie van de zin en het doel van het menselijk bestaan en dus van de geschiedenis. Weltanschauung begrijpt in zichzelf altijd Levensbeschouwing. Het wereldbeeld groeit uit een algehele beschouwing van de wereld en het menselijk bestaan, en dit weer op verschillende manieren, expliciet en bewust in het individu of door het overnemen van een heersend wereldbeeld. Men groeit op in zo'n wereldbeeld en leeft erin. Het wereldbeeld wordt bepaald door de omgeving: mensen, ras, klasse, ontwikkelingsstadium van de cultuur. Elk wereldbeeld dat op deze manier gevormd wordt, groeit uit een natuurlijk wereldbeeld, een cirkel van concepten van de wereld en determinaties van het menselijk bestaan, die min of meer expliciet gegeven zijn bij elk bestaan. We moeten van het natuurlijke wereldbeeld het specifiek gevormde of het educatieve wereldbeeld onderscheiden.

Het wereldbeeld is geen kwestie van theoretische kennis, noch wat betreft de oorsprong, noch wat betreft het gebruik ervan. Het wordt niet eenvoudigweg in het geheugen bewaard zoals een stukje kennis, maar het is een kwestie van een samenhangende overtuiging, die min of meer expliciet en direct bepalend is voor handel en verandering. Volgens zijn betekenis is het wereldbeeld gerelateerd aan het respectieve huidige bestaan.

In deze relatie tot het bestaan is het een wegwijzer voor het bestaan en kracht voor het bestaan in zijn onmiddellijke nood.

Of het wereldbeeld nu bepaald wordt door bijgeloof en vooroordelen of dat het puur gebaseerd is op wetenschappelijke kennis en ervaring of zelfs, wat de regel is, dat het een mengeling is van bijgeloof en kennis, van vooroordelen en reflectie, dit alles is even geldig en verandert niets aan de essentie ervan.

Deze indicatie van karakteristieke kenmerken van wat we bedoelen met de uitdrukking "Weltanschauung" kan hier volstaan. Een strikte feitelijke definitie zou op een andere manier moeten worden verkregen, zoals we zullen zien. Jaspers zegt in zijn "Psychologie van wereldbeelden": "als we het over wereldbeelden hebben, bedoelen we ideeën, het ultieme en het totaal van de mens, zowel subjectief als ervaring en kracht en houding, als objectief als een objectief gevormde wereld. "3 Voor onze intentie om onderscheid te maken tussen wereldbeeldfilosofie en wetenschapsfilosofie is het belangrijk om vooral te zien: Volgens haar betekenis groeit het wereldbeeld uit het respectievelijke feitelijke bestaan van de mens volgens zijn feitelijke mogelijkheden van reflectie en verklaring en groeit dus voor dit feitelijke bestaan. Het wereldbeeld is iets dat historisch bestaat uit, met en voor het feitelijke bestaan.

Een filosofisch wereldbeeld is zo'n wereldbeeld dat specifiek en expliciet of tenminste overwegend door de filosofie gevormd en overgebracht moet worden, d.w.z. door theoretische speculatie met uitsluiting van de artistieke en religieuze interpretatie van de wereld en het bestaan. Dit wereldbeeld is geen bijproduct van de filosofie, maar de vorming ervan is het eigenlijke doel en de essentie van de filosofie zelf. Filosofie is, volgens haar concept, filosofie van het wereldbeeld. Het feit dat de filosofie zich richt op het universele van de wereld en het uiteindelijke van het bestaan, het waarvandaan, het waarheen en het waarom van de wereld en het leven op de manier van theoretische kennis van de wereld, onderscheidt haar van de afzonderlijke wetenschappen, die altijd slechts een bepaald gebied van de wereld en van het bestaan beschouwen, evenals van de artistieke en religieuze houdingen, die niet primair gebaseerd zijn op theoretisch gedrag. Dat filosofie de vorming van een wereldbeeld als doel heeft, lijkt buiten kijf te staan

. Deze taak moet de essentie van filosofie en haar concept bepalen. Filosofie is wereldbeschouwelijke filosofie, zo lijkt het, zo wezenlijk dat men ook deze uitdrukking als een overladen uitdrukking zou willen verwerpen. Streven naar een wetenschappelijke filosofie is misverstand. Want het filosofische wereldbeeld, zegt men, moet natuurlijk wetenschappelijk zijn. Dit betekent: Ten eerste moet ze rekening houden met de resultaten van de verschillende wetenschappen en deze gebruiken voor de opbouw van het wereldbeeld en de interpretatie van het bestaan; ten tweede moet ze wetenschappelijk zijn in zoverre ze de vorming van het wereldbeeld strikt volgens de regels van het wetenschappelijk denken uitvoert. Deze opvatting van filosofie als de vorming van een wereldbeeld met theoretische middelen is zo vanzelfsprekend dat ze algemeen en wijdverbreid het begrip filosofie bepaalt en dus zelfs in het vulgaire bewustzijn voorschrijft wat men van filosofie moet verwachten en wat men ervan zou moeten verwachten. Omgekeerd, als de filosofie niet voldoende is om de vragen over het wereldbeeld te beantwoorden, wordt ze in het vulgaire bewustzijn beschouwd als iets dat er niet is. De eisen aan de filosofie en de opinie erover worden geregeld door dit idee van filosofie als wetenschappelijke wereldbeeldvorming. Of de filosofie in deze taak slaagt of faalt, verwijst men naar haar geschiedenis en ziet daarin het ondubbelzinnige bewijs dat zij zich epistemisch bezighoudt met de ultieme vragen: met de natuur, met de ziel, d.w.z. met de vrijheid en geschiedenis van de mens, met God.

Als filosofie wetenschappelijke wereldbeeldvorming is, dan valt het onderscheid tussen wetenschappelijke filosofie en "wereldbeeldfilosofie" weg. Beide in één maken de essentie uit, zodat uiteindelijk de wereldbeschouwelijke taak het echte gewicht krijgt. Dit lijkt ook de mening van Kant te zijn, die het wetenschappelijke karakter van de filosofie op een nieuwe basis bracht. We hoeven alleen maar te herinneren aan het onderscheid dat hij in de inleiding van de "Logica" maakte tussen filosofie volgens het concept van de school en filosofie volgens het concept van de wereld.4 Op deze manier komen we bij een onderscheid van Kant dat vaak wordt aangehaald en dat schijnbaar kan dienen als bewijs voor het verschil tussen wetenschapsfilosofie en wereldbeschouwelijke filosofie, of, preciezer gezegd, als bewijs voor het feit dat Kant, voor wie het wetenschappelijke karakter van de filosofie in het middelpunt van de belangstelling stond, de filosofie zelf ook opvatte als wereldbeschouwelijke filosofie.

Filosofie volgens het schoolse begrip, of, zoals Kant ook zegt, filosofie in de scholastieke betekenis, is volgens hem de leer van de vaardigheid van de rede, waartoe twee stukken behoren: "ten eerste een voldoende voorraad begripskennis uit begrippen, voor het andere: een systematische verbinding van deze kennis, of een verbinding ervan in de idee van een geheel." Kant denkt aan filosofie in de scholastieke betekenis als de verbinding van de formele principes van het denken en de rede in het algemeen en als de bespreking en bepaling van die begrippen die de noodzakelijke voorwaarde zijn voor het begrijpen van de wereld, d.w.z. voor Kant van de natuur. Filosofie volgens het schoolse concept is het geheel van de formele en materiële basisconcepten en principes van de kennis van de rede.

Het wereldconcept van de filosofie of, zoals Kant ook zegt, filosofie in de kosmopolitische betekenis, bepaalt Kant aldus: "Maar wat de filosofie volgens het wereldbegrip (in sensu cosmico) betreft, deze kan ook een wetenschap van de hoogste stelregel van het gebruik van onze rede worden genoemd, op voorwaarde dat men onder stelregel het innerlijke principe van de keuze tussen verschillende doelen verstaat. Filosofie volgens het begrip van de wereld houdt zich bezig met datgene waartoe alle redegebruik, inclusief dat van de filosofie zelf, is wat het is. "Want filosofie in deze laatste betekenis is de wetenschap van de relatie van alle gebruik van kennis en rede tot het uiteindelijke doel van de menselijke rede, waaraan, als hoogste, alle andere doelen ondergeschikt zijn en zich daarin moeten verenigen. Het gebied van de filosofie in deze kosmopolitische betekenis kan worden teruggebracht tot de volgende vragen: 1) Wat kan ik weten? 2) Wat zal ik doen? 3) Wat mag ik hopen? 4) Wat is de mens? "5 In wezen, zegt Kant, zijn de eerste drie vragen geconcentreerd in de vierde: Wat is de mens? Want uit de opheldering van wat de mens is, vloeit de bepaling van de uiteindelijke doelen van de menselijke rede voort. Filosofie in de zin van het schoolconcept moet ook hiermee in verband worden gebracht.

Valt dit Kantiaanse onderscheid tussen filosofie in scholastieke zin en filosofie in kosmopolitische zin samen met het onderscheid tussen wetenschapsfilosofie en levensbeschouwelijke filosofie? Ja en nee. Ja, voor zover Kant überhaupt onderscheid maakt binnen het begrip filosofie en op basis van dit onderscheid de uiteindelijke en grensvragen van het menselijk bestaan centraal stelt. Nee, voor zover de filosofie, volgens het begrip wereld, niet de taak heeft een wereldbeeld te vormen in de uitgesproken zin van het woord. Wat Kant op het oog heeft, zonder het expliciet te kunnen zeggen, is niets anders dan de a priori en in zoverre ontologische afbakening van de bepalingen die tot het wezen van het menselijk bestaan behoren en die ook het concept van een wereldbeeld in het algemeen bepalen.6 Als de meest fundamentele a priori bepaling van het wezen van het menselijk bestaan kent Kant de zin: De mens is een wezen dat bestaat als het doel van zichzelf.7 Filosofie volgens het wereldbeeld heeft ook te maken met bepalingen van essentie in Kants zin. Ze zoekt niet naar een bepaalde feitelijke interpretatie van de juist feitelijk erkende wereld en het juist feitelijk geleefde leven, maar naar een afbakening van wat überhaupt tot de wereld, überhaupt tot Dasein en dus überhaupt tot een wereldbeeld behoort. Filosofie volgens het concept van de wereld heeft voor Kant precies hetzelfde methodische karakter als filosofie volgens het concept van de school, behalve dat Kant, om redenen die we hier niet zullen bespreken, het verband tussen de twee niet+ ziet, meer precies: hij ziet geen grond om beide concepten op een gemeenschappelijke oorspronkelijke grond te baseren. We zullen hier later op ingaan. Nu is het pas duidelijk dat, als je filosofie als wetenschappelijke wereldbeeldvorming opvat, je niet naar Kant moet verwijzen. Kant kent in principe alleen filosofie als wetenschap.

Het wereldbeeld komt, zoals we hebben gezien, voort uit een feitelijk bestaan volgens zijn feitelijke mogelijkheden en is wat het is, voor dit specifieke bestaan, wat op geen enkele manier een relativisme van wereldbeelden bevestigt.

Wat een zo gevormd wereldbeeld zegt, kan worden gereduceerd tot zinnen en regels, die volgens hun betekenis betrekking hebben op een bepaalde werkelijk bestaande wereld, op het bepaalde feitelijk bestaande wezen. Alle wereld- en levensbeschouwing is setting, d.w.z. het is gerelateerd aan het zijn. Het stelt het zijn in, het is positief. Wereldbeeld hoort bij elk bestaan en is, als zodanig, feitelijk historisch bepaald. Deze meervoudige positiviteit hoort bij het wereldbeeld, dat het geworteld is in zo en zo een bestaand zijn, dat het verwijst naar de bestaande wereld en dat het het feitelijk bestaande zijn interpreteert. Omdat deze positiviteit deel uitmaakt van de essentie van het wereldbeeld en dus van wereldbeeldvorming in het algemeen, dat wil zeggen de relatie tot het zijn, het zijn van de wereld, het zijn van het bestaan, kan daarom de vorming van een wereldbeeld niet de taak van de filosofie zijn, wat niet uitsluit maar inhoudt dat de filosofie zelf een uitstekende oorspronkelijke vorm van wereldbeeld is. Filosofie kan en moet misschien, naast vele andere dingen, laten zien dat iets als wereldbeeld tot de essentie van het bestaan behoort. Filosofie kan en moet afbakenen wat de structuur van een wereldbeeld in het algemeen is. Maar ze kan nooit een bepaald wereldbeeld als dit en dat vormen en vastleggen. Filosofie is van nature geen wereldbeeldvorming, maar misschien juist daarom heeft ze een elementaire en principiële relatie met alle wereldbeeldvorming, zelfs met die welke niet theoretisch maar feitelijk historisch is.

De stelling dat de vorming van een wereldbeeld niet tot de taak van de filosofie behoort, is natuurlijk alleen gerechtvaardigd onder de voorwaarde dat de filosofie niet positief verwijst naar het zijn als dit en dat, door het te stellen. Kan deze vooronderstelling, filosofie verwijst niet positief naar het zijn zoals de wetenschappen, gerechtvaardigd worden? Waar wordt de filosofie verondersteld zich mee bezig te houden, als ze zich niet bezighoudt met dat wat bestaat, met dat wat is, evenals met dat wat als geheel bestaat? Wat niet is, is het niets. Moet de filosofie als absolute wetenschap het niets als onderwerp hebben? Wat kan er anders zijn dan natuur, geschiedenis, God, ruimte, getal?

Van al het genoemde zeggen we, ook al is het in een andere betekenis, het is. We noemen het zijn. Ernaar verwijzend, of het nu theoretisch of praktisch is, relateren we aan het zijn. Buiten dit wezen is er niets. Misschien is er geen ander wezen dan het genoemde, maar misschien is er nog iets dat het niet is, maar dat bestaat in een betekenis die nog moet worden vastgesteld. Nog meer. Uiteindelijk is er iets dat moet bestaan, zodat we het zijn voor ons toegankelijk kunnen maken als zijnde en zodat we ons ermee kunnen verhouden, iets dat niet is, maar dat moet bestaan, 14

Inleiding zodat we überhaupt iets als zijnde kunnen ervaren en begrijpen. We zijn alleen in staat om het zijn als zodanig te begrijpen, als zijnde, als we zulke dingen begrijpen als zijnde. Als we niet zouden begrijpen, zij het aanvankelijk op een grove en onbegrijpelijke manier, wat werkelijkheid betekent, dan zou werkelijkheid voor ons verborgen blijven.

Als we niet zouden begrijpen wat werkelijkheid betekent, dan zou het werkelijke ontoegankelijk blijven. Als we niet zouden begrijpen wat leven en levendigheid betekent, dan zouden we niet in staat zijn ons tot het levende te verhouden. Als we niet zouden begrijpen wat bestaan en existentialiteit betekent, dan zouden we niet kunnen bestaan als bestaan. Als we niet zouden begrijpen wat bestaan en bestendigheid betekent, dan zouden bestaande geometrische relaties of getallenrelaties voor ons gesloten blijven. We moeten werkelijkheid, levendigheid, existentie, bestendigheid begrijpen om ons positief te kunnen verhouden tot bepaalde werkelijkheden, feitelijkheden, leven, bestaan, bestaan. We moeten het zijn begrijpen, zodat we kunnen worden overgeleverd aan een bestaande wereld, om erin te kunnen bestaan en ons eigen bestaande bestaan zelf te kunnen zijn. We moeten in staat zijn om de werkelijkheid te begrijpen voordat we de werkelijkheid ervaren. Dit begrip van de werkelijkheid of het zijn in de breedste zin van het woord in relatie tot de ervaring van het zijn is in zekere zin eerder dan het laatste.

Het voorafgaande begrip van het zijn vóór alle feitelijke ervaring van het zijn, betekent niet dat we een expliciet begrip van het zijn moeten hebben om het zijn theologisch of praktisch te kunnen ervaren. We moeten het zijn begrijpen, het zijn, dat zelf geen zijn meer genoemd kan worden, het zijn, dat niet voorkomt tussen andere zijnden als zijnde, maar dat niettemin moet bestaan en bestaat in het begrip van het zijn, in het begrip van de sem.

§ 3 Filosofie als wetenschap van het zijn

We beweren nu: het Zijn is het echte en enige onderwerp van de filosofie. Dit is geen uitvinding van ons, maar dit onderwerp komt tot leven met het begin van de filosofie in de oudheid en werkt zichzelf uit in de meest grandioze vorm in de Hegeliaanse logica. Nu beweren we alleen dat het zijn het echte en enige onderwerp van de filosofie is. Dit zegt negatief: filosofie is geen wetenschap van het zijn, maar van het zijn, of, zoals de Griekse uitdrukking luidt, ontologie. We begrijpen deze uitdrukking in de breedst mogelijke zin en niet in de betekenis die het heeft in de enge zin, bijvoorbeeld in de scholastiek of ook in de moderne filosofie met Descartes en Leibniz.

De basisproblemen van de fenomenologie bespreken betekent dan ook niets anders dan deze bewering vanaf de grond onderbouwen: dat filosofie de wetenschap van het zijn is en hoe het is, betekent de mogelijkheid en noodzaak van de absolute wetenschap van het zijn bewijzen en haar karakter aantonen op de weg van het onderzoek zelf. Filosofie is de theoretisch-conceptuele interpretatie van het zijn, zijn structuur en zijn mogelijkheden.

Het is ontologisch. Wereldbeeld, daarentegen, is de cognitie van het zijn en de verklaring van het zijn, niet ontologisch, maar ontisch. Wereldbeeldvorming valt buiten het bereik van de filosofie, niet omdat de filosofie in een onvolmaakte staat verkeert en nog niet voldoende is om een unaniem en universeel overtuigend antwoord te geven op de wereldbeeldvragen, maar wereldbeeldvorming valt buiten het bereik van de filosofie, omdat het fundamenteel niet gerelateerd is aan het zijn. Het is niet vanwege een tekort dat de filosofie de vorming van wereldbeelden als taak op zich neemt, maar vanwege een voordeel dat ze zich bezighoudt met datgene wat elke zijnspositionering, ook het wereldbeeld, van nature al moet vooronderstellen. Het verschil tussen wetenschapsfilosofie en levensbeschouwelijke filosofie is ongeldig, niet omdat, zoals het eerder leek, wetenschapsfilosofie de vorming van wereldbeelden als hoogste doel heeft en daarom zou moeten worden opgeheven in levensbeschouwelijke filosofie, maar omdat het concept van een levensbeschouwelijke filosofie überhaupt een non-concept is. Want het zegt dat filosofie als een wetenschap van het zijn bepaalde uitspraken en bepaalde instellingen van het zijn moet uitvoeren. Het concept van een wereldbeschouwelijke filosofie is, als men zelfs maar bij benadering het concept van de filosofie en haar geschiedenis begrijpt, een houtje-touwtje. Als de ene schakel van het verschil tussen wetenschapsfilosofie en wereldbeschouwelijke filosofie een onconcept is, dan moet de andere ook ondeugdelijk bepaald zijn.

Als men zich realiseert dat wereldbeeldfilosofie in principe onmogelijk is als het filosofie zou moeten zijn, dan is er geen behoefte aan het onderscheidende epitheton "wetenschappelijke" filosofie om filosofie te identificeren.

Dat het dat is, ligt in het concept ervan. Dat in principe alle grote filosofieën sinds de oudheid zichzelf min of meer expliciet als ontologie begrijpen en zichzelf als zodanig hebben gezocht, kan historisch worden aangetoond. Maar het kan ook aangetoond worden dat deze pogingen keer op keer mislukten en waarom ze moesten mislukken. Dit historische bewijs heb ik gegeven in de colleges van de twee voorgaande semesters over antieke filosofie en de geschiedenis van de filosofie van Thomas van Aquino tot Kant. We verwijzen nu niet naar dit historische bewijs van de aard van de filosofie, dat zijn eigen karakter heeft. In plaats daarvan proberen we in het hele college de filosofie vanuit zichzelf vast te stellen, voor zover ze een werk van de vrijheid van de mens is. De filosofie moet zichzelf rechtvaardigen vanuit zichzelf als een universele ontologie.

Voorlopig blijft de zin: Filosofie is de wetenschap van het zijn blijft een zuivere bewering. Dienovereenkomstig is de uitsluiting van wereldbeeldvorming van de taak van de filosofie nog niet gerechtvaardigd. We hebben dit onderscheid tussen wetenschapsfilosofie en wereldbeeldfilosofie gebruikt om het begrip filosofie te verduidelijken en het te onderscheiden van het vulgaire. Nogmaals, verduidelijking en afbakening zijn gedaan met de bedoeling om de keuze van de concrete fenomenologische problemen die als eerste behandeld moeten worden te rechtvaardigen en de schijn van volledige willekeur bij de keuze weg te nemen.

Filosofie is de wetenschap van het zijn. In de toekomst begrijpen we filosofie als wetenschappelijke filosofie en niets anders. Dienovereenkomstig hebben alle niet-filosofische wetenschappen het zijn als onderwerp, en wel op zo'n manier dat het hen in elk geval als zijnde wordt gegeven. Het wordt van tevoren door hen vastgesteld, het is een positum voor hen. Alle proposities van de niet-filosofische wetenschappen, ook die van de wiskunde, zijn positieve proposities. Daarom noemen we alle niet-filosofische wetenschappen positieve wetenschappen in tegenstelling tot filosofie. Positieve wetenschappen houden zich bezig met het zijn, d.w.z. met bepaalde gebieden, bijv. de natuur.

Binnen dit gebied snijdt de wetenschappelijke vraagstelling bepaalde districten aan: De natuur als fysiek-materiële levenloze natuur en de natuur als levende natuur. Het district van de levende natuur is verdeeld in individuele velden: Plantenwereld, Dierenwereld. Een ander gebied van zijn is het zijn als geschiedenis, waarvan de velden de geschiedenis van kunst, staat, wetenschap en religie zijn. Weer een ander gebied van zijn is de zuivere ruimte van de geometrie, die is afgesneden van de pre-theoretisch ontdekte ruimte van het milieu. Het zijn van deze gebieden is ons bekend, hoewel we aanvankelijk en meestal niet in staat zijn ze scherp en duidelijk van elkaar te onderscheiden.

Maar voor de voorlopige identificatie, die praktisch voldoende is voor positieve wetenschap, zijn we altijd in staat om het wezen dat in het gebied valt als een geval te benoemen. We kunnen onszelf als het ware altijd een bepaald wezen uit een bepaald gebied als voorbeeld geven. De feitelijke verdeling van de gebieden vindt niet historisch plaats volgens een vooropgezet plan van een wetenschappelijk systeem, maar volgens de respectievelijke fundamentele vraagstelling van de positieve wetenschappen.

We zijn in staat om te doen alsof en ons voor te stellen dat we altijd en overal zijn. We zijn in staat, zoals we gewoonlijk zeggen, om iets te denken. Hoe zit het met het object van de filosofie? Kan men zich iets als het zijn voorstellen? Maakt de poging daartoe ons niet duizelig? Inderdaad, in het begin zijn we hulpeloos en reiken we in de leegte. Zijn dat iets is, tafel, stoel, boom, lucht, lichaam, woorden, actie. Bestaan goed, maar zijn? Zulke dingen lijken op niets, en niet minder dan Hegel zei: Zijn en niets zijn hetzelfde. Filosofie als wetenschap van het zijn de wetenschap van het niets? Aan het einde van onze contemplatie moeten we zonder enige pretentie en opsmuk aan onszelf toegeven: Onder het zijn kan ik in eerste instantie niets bedenken. Aan de andere kant is het net zo zeker: We denken voortdurend aan zijn. Zo vaak als we elke dag ontelbare keren zeggen, hetzij in echte verkondiging of stilzwijgend: dit en dat is zo en zo, dat is niet zo, dat was, zal zijn. In elk gebruik van een verbum hebben we het Zijn al gedacht en altijd op de een of andere manier begrepen. We begrijpen het onmiddellijk:

Vandaag is het zaterdag, de zon is opgekomen. We begrijpen het "is" dat we gebruiken om te spreken, maar we begrijpen het niet.

De betekenis van dit "is" blijft voor ons gesloten. Dit begrip van "is" en dus van het zijn in het algemeen is zo vanzelfsprekend dat een dogma, dat vandaag de dag nog steeds onomstreden is, zich in de filosofie kon verspreiden: Het zijn is het eenvoudigste en meest vanzelfsprekende begrip; het is niet in staat tot en heeft ook geen behoefte aan een determinimg § 3. wetenschap van het zijn 19. Men beroept zich op het gezond verstand. Maar wanneer het gezond verstand tot de uiteindelijke autoriteit van de filosofie wordt gemaakt, moet deze laatste achterdochtig worden. Hegel zegt in "Over de aard van de filosofische kritiek in het algemeen": "Filosofie is van nature iets esoterisch, voor zichzelf noch gemaakt voor het gepeupel, noch in staat tot voorbereiding voor het gepeupel; het is alleen filosofie in die zin dat het precies tegenovergesteld is aan het begrip en dus nog meer aan het gezond verstand, waarmee de lokale en tijdelijke beperking van één geslacht van mensen wordt bedoeld; in relatie hiermee is de wereld van de filosofie in en van zichzelf een omgekeerde wereld."1 De claims en normen van het gezond verstand mogen geen aanspraak maken op enige geldigheid en mogen geen enkel voorbeeld vertegenwoordigen met betrekking tot wat filosofie is en wat het niet is.

Als het wezen het meest ingewikkelde en duistere concept was?

Als de meest dringende taak van de filosofie, die steeds opnieuw moet worden opgepakt, was om het zijn naar het concept te brengen? Vandaag de dag, nu filosoferen barbaarser en veitstänzer is dan misschien in welke periode van de occidentale geschiedenis van het denken dan ook, en vandaag de dag, nu niettemin een wederopstanding van de metafysica in alle stegen wordt geschreeuwd, is men volledig vergeten wat Aristoteles zegt in een van zijn belangrijkste onderzoeken van de "Metafysica": Καὶ δὴ καὶ τὸ πάλαι τε καὶ νῦν καὶ ἀεὶ ζητούμενον καὶ ἀεί. ἀπορούμενον, τί τὸ ὄν, τοῦτό ἐστι τίς ἡ οὐσία.2 "Het ding dat gezocht wordt van oudsher, en nu, en in de toekomst, en dat waarop de vraag altijd faalt, is het probleem, wat is zijn." Als filosofie de wetenschap van het zijn is, dan is de initiële, finale en fundamentele vraag van de filosofie: Wat betekent zijn? Vanwaar moet zoiets als het zijn überhaupt begrepen worden? Hoe is een begrip van het zijn überhaupt mogelijk?

§ 4. De vier stellingen over het zijn en de fundamentele problemen van de fenomenologie

Voordat we ons met deze fundamentele vragen gaan bezighouden, moeten we ons eerst vertrouwd maken met discussies over het zijn. Daartoe zullen we in het eerste deel van de lezing enkele karakteristieke stellingen over het zijn, die in de loop van de westerse geschiedenis van de filosofie sinds de oudheid tot uitdrukking zijn gekomen, als concrete fenomenologische problemen behandelen. We zijn niet geïnteresseerd in de historische contexten van de filosofische onderzoeken waarbinnen deze stellingen over het zijn verschijnen, maar in hun specifieke feitelijke inhoud. Deze moet kritisch besproken worden, zodat we van daaruit leiden naar de bovengenoemde basisproblemen van de wetenschap van het zijn. De bespreking van deze stellingen zal ons tegelijkertijd vertrouwd maken met de fenomenologische manier van omgaan met problemen die betrekking hebben op het zijn.

Als stellingen kiezen we er vier:

De stelling van Kant: Zijn is geen echt predicaat.

2. de stelling van de ontologie van de middeleeuwen (scholastiek) die teruggaat tot Aristoteles: Bij de zijnsconstitutie van een wezen horen het wat-zijn (essentia) en het aanwezig-zijn (existentia).

De stelling van de moderne ontologie: De basiskennis van het zijn is het zijn van de natuur (res extensa) en het zijn van de geest (res cogitans).

De stelling van de logica in de breedste zin van het woord: Alles wat bestaat kan worden aangesproken door het "is", het zijn van de copula, ongeacht de respectievelijke wijze van zijn.

Op het eerste gezicht lijken deze stellingen willekeurig opgestapeld.

Sterker nog, ze zijn nauw met elkaar verbonden. De beschouwing van wat er in deze stellingen wordt genoemd, leidt tot het inzicht dat deze stellingen niet voldoende aan de orde kunnen worden gesteld, zelfs niet alleen als problemen, zolang § 4. Vier stellingen over het zijn niet wordt gesteld en beantwoord. Vier Stellingen over Zijn 21 de fundamentele vraag van alle zijnswetenschap niet gesteld en beantwoord wordt: de vraag naar de betekenis van het zijn in het algemeen. Het tweede deel van de lezing gaat over deze vraag. De bespreking van de fundamentele vraag naar de betekenis van het zijn in het algemeen en de problemen die daaruit voortvloeien, is wat de hele voorraad vormt van de fundamentele problemen van de fenomenologie in haar systematiek en rechtvaardiging. Voorlopig kunnen we alleen de periferie van deze problemen ruwweg karakteriseren.

Langs welke weg kan men überhaupt doordringen tot de betekenis van het zijn? Is de vraag naar de betekenis van het zijn en de taak van een verklaring van dit concept geen illusoire vraag, als men zoals gewoonlijk dogmatisch van mening is dat het zijn het meest algemene en eenvoudigste concept is? Van waaruit moet het bepaald worden en tot waar moet het opgelost worden?

Hetzelfde als het zijn wordt ons gegeven in het begrijpen van het zijn, in het begrijpen van het zijn, dat de basis is van elk gedrag ten opzichte van het zijn. Houdingen ten opzichte van het zijn behoren op hun beurt tot een bepaald zijn, dat we zelf zijn, het menselijk bestaan. Hiertoe behoort het begrip van het zijn, dat elke houding ten opzichte van het zijn in de eerste plaats mogelijk maakt. Het begrip van zijn heeft zelf de manier van zijn van het menselijk bestaan.

Hoe oorspronkelijker en adequater we dit wezen bepalen met betrekking tot zijn structuur van zijn, d.w.z. ontologisch, hoe zekerder we in staat zullen zijn om de structuur van het begrip van zijn te begrijpen dat bij het zijn hoort, hoe duidelijker de vraag kan worden gesteld: Wat maakt dit begrip van het zijn überhaupt mogelijk? Vanwaar, dat wil zeggen: vanuit welke gegeven horizon begrijpen we zulke dingen als het zijn?

De analyse van het begrip van het zijn met betrekking tot zijn specifieke begrip en wat daarin begrepen wordt of zijn begrijpelijkheid veronderstelt een analyse van Dasein dat daarop geordend is. Deze heeft tot taak te wijzen op de basisconstitutie van het menselijke Dasein en de betekenis van het 22 Inleiding Zijn van Dasein te karakteriseren. Als de oorspronkelijke constitutie van het wezen van Dasein wordt tijdelijkheid geopenbaard aan de ontologische analyse van Dasein. De interpretatie van tijdelijkheid leidt tot een radicaler begrip en begrip van tijd dan mogelijk was in de voorgaande filosofie. Het begrip tijd dat we kennen en dat traditioneel in de filosofie wordt behandeld, is slechts een uitloper van tijdelijkheid als het oorspronkelijke besef van Dasein. Als tijdelijkheid de zin van het zijn van het menselijke Dasein vormt, maar het begrijpen van het zijn behoort tot het begrijpen van Dasein, dan moet dit begrijpen van het zijn ook alleen mogelijk worden op basis van tijdelijkheid. Hieruit ontstaat het vooruitzicht op een mogelijke bewijsvoering van de these: De horizon van waaruit dingen als het zijn überhaupt begrijpelijk worden is de tijd. We interpreteren zijn vanuit tijd (tempus). De interpretatie is een temporele interpretatie. Het fundamentele probleem van de ontologie als de bepaling van de betekenis van het zijn vanuit de tijd is dat van de tijdelijkheid.

We zeiden: Ontologie is de wetenschap van het zijn. Maar zijn is altijd zijn van een zijn. Zijn is wezenlijk anders dan zijn. Hoe kan dit verschil tussen zijn en zijn begrepen worden? Hoe kan de mogelijkheid ervan gerechtvaardigd worden? Als het zijn zelf geen zijn is, hoe kan het dan tot het zijn behoren, aangezien het het zijn is en alleen het zijn?

Wat staat er: Het zijn behoort tot het zijn? Het juiste antwoord op deze vragen is de basisvoorwaarde om de problemen van de ontologie als wetenschap van het zijn aan het werk te zetten. We moeten het verschil tussen zijn en zijn ondubbelzinnig kunnen maken om dingen als zijn tot onderwerp van onderzoek te kunnen maken. Dit onderscheid is niet willekeurig, maar het onderscheid waarmee het onderwerp van de ontologie en dus van de filosofie zelf gewonnen wordt. Het is het onderscheid dat de ontologie in de eerste plaats maakt. We noemen het het ontologische verschil, d.w.z. het onderscheid tussen zijn en zijn.

Alleen in de uitvoering van dit onderscheid, Grieks κρίνειν, niet van het ene wezen van het andere wezen, maar van het zijn van het zijn, komen we op het terrein van de filosofische problematiek. Alleen door dit kritische gedrag houden we onszelf binnen het veld van de filosofie.

Daarom is ontologie of filosofie in het algemeen, in tegenstelling tot de wetenschappen van het zijn, de kritische wetenschap of ook de wetenschap van de omgekeerde wereld. Met dit onderscheid tussen zijn en zijn en de thematische differentiatie van het zijn, verlaten we fundamenteel het gebied van het zijn. We overstijgen het, we transcenderen het. We kunnen de wetenschap van het zijn als kritische wetenschap ook transcendentale wetenschap noemen. Daarmee nemen we niet klakkeloos Kants concept van het transcendentale over, maar wel de oorspronkelijke betekenis ervan en de feitelijke tendens die voor Kant misschien nog verborgen was. We overstijgen het zijn om het zijn te bereiken. In dit transcenderen klimmen we niet opnieuw naar een zijn, dat als een soort achterwereld achter het gekende zijn zou liggen. De transcendentale wetenschap van het zijn heeft niets te maken met de vulgaire metafysica, die zich bezighoudt met een of ander wezen achter het bekende zijn, maar het wetenschappelijke concept van de metafysica is identiek aan het concept van de filosofie in het algemeen: de kritische transcendentale wetenschap van het zijn, d.w.z. de ontologie. Het is gemakkelijk te zien dat het ontologische verschil alleen kan worden opgehelderd en ondubbelzinnig kan worden verwezenlijkt voor het ontologische onderzoek, als de betekenis van het zijn in het algemeen expliciet aan het licht wordt gebracht, d.w.z. als wordt aangetoond hoe temporaliteit het onderscheiden van zijn en zijn mogelijk maakt. Op basis van deze overweging kan alleen de Kantiaanse stelling: Het zijn is geen reëel predikaat, wordt naar zijn oorspronkelijke betekenis gebracht en voldoende onderbouwd.

Elk wezen is iets, d.w.z. het heeft zijn wat en als dit heeft het een bepaalde mogelijke manier van zijn. In het eerste deel van de 24 Inleidende lezing laten we af en toe bij de bespreking van de tweede stelling zien dat zowel de antieke als de middeleeuwse ontologie dogmatisch deze stelling als vanzelfsprekend uitspraken dat bij elk wezen het wat en een wijze van zijn, essentia en existentia, horen. Voor ons rijst de vraag: Kan het gerechtvaardigd worden vanuit de zin van het zijn zelf, d.w.z. temporeel, waarom elk wezen een wat, een τί, en een mogelijke zijnswijze moet hebben en kan hebben? Behoren deze determinaties, wat-zijn en manier-zijn, voldoende ruim genomen, tot het zijn zelf? "Is" het zijn gearticuleerd volgens zijn essentie door deze determinaties? Hiermee worden we geconfronteerd met het probleem van de fundamentele articulatie van het zijn, d.w.z. met de vraag naar het noodzakelijke bij elkaar horen van wat-is en manier-om-te-zijn en het in hun eenheid behoren van beide tot de idee van het zijn in het algemeen.

Elk wezen heeft een manier van zijn. De vraag is of deze manier van zijn hetzelfde karakter heeft in alle zijn, zoals de oude ontologie dacht en in principe ook de volgende tijd tot op de dag van vandaag heeft moeten volhouden, of dat individuele manieren van zijn onderling gedifferentieerd zijn. Welke zijn de basiswijzen van zijn? Is er een veelvoud?

Hoe is de veelheid van zijnsmodi überhaupt mogelijk en begrijpelijk vanuit de zin van het zijn? Hoe kunnen we überhaupt spreken van een verenigd concept van het zijn, ondanks de veelheid aan zijnswijzen? Deze vragen kunnen worden samengevat in het probleem van de mogelijke modificaties van het zijn en de eenheid van zijn veelheid.

Elk wezen waartoe we ons verhouden, kan worden aangesproken en besproken met het "het is" zo en zo, ongeacht zijn specifieke manier van zijn. Het wezen van een wezen ontmoet ons in het begrijpen van het wezen. Het is het begrijpen dat als eerste zulke dingen als het zijn opent of, zoals we zeggen, opent. Het zijn "bestaat" alleen in de specifieke ontwikkeling die het begrijpen van het zijn kenmerkt. Maar we noemen de ontwikkeling van iets de waarheid. Het is het feitelijke begrip van waarheid, zoals het al in de oudheid ontstond. Er is alleen zijn als er ontwikkeling is, d.w.z. als er waarheid is.

als waarheid is. Maar waarheid is alleen, als er een wezen bestaat, dat zich opent, dat zich opent, op zo'n manier, dat het openen zelf tot het wezen van dit wezen behoort. Wijzelf zijn zo'n wezen. Het bestaan zelf bestaat in waarheid. In wezen behoort een open wereld tot het bestaan en daarmee tot de openheid van zichzelf.

Volgens de essentie van zijn bestaan is Dasein "in" waarheid, en alleen omdat het dat is, heeft het de mogelijkheid om "in" onwaarheid te zijn. Het zijn bestaat alleen als waarheid, d.w.z. als Dasein bestaat. En alleen daardoor is de responsiviteit van het zijn niet alleen mogelijk, maar noodzakelijk binnen bepaalde grenzen, op voorwaarde dat Dasein bestaat. We vatten deze problemen van het verband tussen zijn en waarheid samen in het probleem van het waarachtige karakter van het zijn (veritas transcendentalis).

Hiermee hebben we vier groepen problemen gekarakteriseerd, die de inhoud van het tweede deel van de lezing vormen: het probleem van het ontologische verschil, het probleem van de fundamentele articulatie van het zijn, het probleem van de mogelijke modificaties van het zijn in zijn modi, het probleem van het ware karakter van het zijn. Deze vier basisproblemen komen overeen met de vier stellingen die in het eerste deel zijn behandeld. Uit de bespreking van de basisproblemen in het tweede deel wordt duidelijk dat de problemen die we in het eerste deel behandelen niet toevallig zijn, maar voortkomen uit de innerlijke systematiek van het probleem van het zijn in het algemeen.

§ 5. Het methodologische karakter van ontologie

De drie eigenschappen van de fenomenologische methode De concrete uitvoering van de ontologische onderzoeken in het eerste en tweede deel opent ons tegelijkertijd een blik op de manier waarop deze fenomenologische onderzoeken verlopen. Dit brengt ons bij de vraag naar het methodologische karakter van de ontologie. Zo komen we bij het derde deel van de lezing: De wetenschappelijke methode van de ontologie en het idee van de fenomenologie.

De methode van de ontologie, d.w.z. van de filosofie in het algemeen, is uitstekend in zoverre ze niets gemeen heeft met enige andere methode van enige andere wetenschap, die alle fungeren als positieve wetenschappen van het zijn. Aan de andere kant laat alleen al de analyse van het waarheidskarakter van het zijn zien dat audi het zijn in een zijn sticht, namelijk in Dasein. Het zijn bestaat alleen als er een begrip is van het zijn, d.w.z. Dasein. Volgens dit inzicht eist dit zijn een uitstekende prioriteit op in de ontologieproblematiek. Het manifesteert zich in alle discussies over de ontologische basisproblemen, vooral in de fundamentele vraag naar de betekenis van het zijn in het algemeen. De uitwerking en beantwoording ervan vereist een algemene analyse van het Dasein.

Ontologie heeft als fundamentele discipline de analyse van het bestaan. Daarin ligt tegelijkertijd het volgende: Ontologie zelf kan niet zuiver ontologisch gefundeerd worden. Haar eigen mogelijk maken wordt terugverwezen naar een zijn, d.w.z. ontic: Dasein.

Ontologie heeft een ontische fundering, die steeds weer doorschemert in de geschiedenis van de filosofie en zich bijvoorbeeld uit in het feit dat Aristoteles al zei: De eerste wetenschap, de wetenschap van het zijn, is de theologie.

De mogelijkheden en lotsbestemmingen van de filosofie zijn, als werk van de vrijheid van het bestaan van de mens, verbonden met zijn bestaan, d.w.z. met temporaliteit en dus met historiciteit, in een originelere zin dan enige andere § S. Methodisch karakter van de ontologie 27 wetenschap. De eerste taak binnen de opheldering van het wetenschappelijke karakter van de ontologie is dus het bewijs van haar ontische fundering en de karakteristiek van deze fundering.

De tweede is de karakterisering van de manier van kennen die plaatsvindt in de ontologie als de wetenschap van het zijn, dat wil zeggen de uitwerking van de methodologische structuren van het ontologisch-transcendentale onderscheid.

Al vroeg in de oudheid zag men dat het zijn en zijn bepalingen op een bepaalde manier aan het zijn ten grondslag liggen, eraan voorafgaan, een πρότερον, een vroegere zijn.

De terminologische aanduiding voor dit karakter van de prioriteit van het zijn vóór het bestaande is de uitdrukking apriori, aprioriteit, de vroegere. Zijn als apriori is eerder dan zijn. Tot op heden is de betekenis van deze apriori, d.w.z. de betekenis van het vroegere en de mogelijkheid ervan, niet opgehelderd. Er is zelfs niet gevraagd waarom de bepalingen van het zijn en het zijn zelf dit karakter van het vroegere moeten hebben en hoe zo'n vroeger mogelijk is. Het vroegere is een bepaling van tijd, maar zo'n bepaling, die niet in de tijdsorde van de tijd ligt, die we met de klok meten, maar een vroegere, die tot de "omgekeerde wereld" behoort. Daarom wordt dit vroegere, dat het zijn kenmerkt, door de vulgaire geest opgevat als het latere. De interpretatie van het zijn vanuit de tijd alleen kan begrijpelijk maken waarom en hoe dit karakter van het vroegere, de aprioriteit, samengaat met het zijn. Dienovereenkomstig vereist het a priori karakter van het zijn en van alle structuren van het zijn een bepaalde manier om toegang te krijgen tot het zijn en het te begrijpen: de a priori kennis.

De eigenschappen die horen bij a priori cognitie vormen wat we fenomenologie noemen. Fenomenologie is de titel voor de methode van de ontologie, d.w.z..

van de wetenschappelijke filosofie. Fenomenologie is, als het goed begrepen wordt, het concept van een methode. Daarom is het vanaf het begin uitgesloten dat het bepaalde stellingen over het zijn uitdrukt en dat het een zogenaamd standpunt vertegenwoordigt.

Op welke ideeën over fenomenologie er vandaag de dag circuleren, mede door toedoen van de fenomenologie zelf, gaan we hier niet in. We noemen slechts één voorbeeld. Er is gezegd dat mijn filosofische werk katholieke fenomenologie is. Waarschijnlijk omdat ik ervan overtuigd ben dat denkers als Thomas van Aquino of Duns Scotus ook iets van filosofie begrepen, misschien wel meer dan de modernen. De notie van een katholieke fenomenologie is echter nog tegenstrijdiger dan de notie van een protestantse wiskunde. Filosofie als wetenschap van het zijn verschilt in haar methodiek fundamenteel van elke andere wetenschap. Het methodische verschil tussen bijvoorbeeld wiskunde en klassieke filologie is niet zo groot als het verschil tussen wiskunde en filosofie of filologie en filosofie.

Het verschil tussen positieve wetenschappen, waartoe wiskunde en filologie behoren, en filosofie kan helemaal niet kwantitatief worden ingeschat. In de ontologie moet het zijn begrepen en begrepen worden op de manier van de fenomenologische methode, waarbij we opmerken dat de fenomenologie vandaag de dag levend is geworden, maar dat wat ze zoekt en wil al vanaf het begin levend was in de westerse filosofie.

Het zijn moet worden begrepen en tot onderwerp worden gemaakt. Het zijn is in elk geval het zijn van het zijn en is daarom in eerste instantie alleen toegankelijk in het uitgangspunt van een zijn. Daarom moet de grijpende fenomenologische blik gericht zijn op het zijn, maar op zo'n manier dat het zijn van dit zijn onderscheiden wordt en tot een mogelijke thematisering komt. Het grijpen van het zijn, d.w.z. het ontologisch onderzoek, gaat eerst en noodzakelijk in de richting van het zijn, maar wordt dan op een bepaalde manier weggeleid van het zijn en terug naar het zijn. We noemen de eigenschap van de fenomenologische methode in de zin van de terugkeer van de onderzoekende blik van het naïef begrepen zijn naar het zijn een fenomenologische reductie. Op deze manier sluiten we aan bij een centrale term van Husserls fenomenologie in termen van formulering, maar niet in termen van substantie. Voor Husserl is de fenomenologische reductie, die hij voor het eerst uitwerkte in de "Ideeën voor een zuivere fenomenologie en fenomenologische filosofie" (1913), de methode om de fenomenologische visie terug te voeren van de natuurlijke houding van de mens die leeft in de wereld van dingen en personen naar het transcendentale leven van het bewustzijn en zijn noëtisch-noematische ervaringen, waarin de objecten worden geconstitueerd als correlaten van het bewustzijn. Voor ons betekent de fenomenologische reductie de terugkeer van de fenomenologische blik van het grijpen van het zijn, dat altijd gedetermineerd is, naar het begrijpen van het zijn (het vormgeven op de manier van zijn onverborgenheid) van dit zijn. Zoals elke wetenschappelijke methode, groeit en verandert ook de fenomenologische methode door de vooruitgang naar de dingen die net met haar hulp zijn uitgevoerd.

Wetenschappelijke methode is nooit een techniek. Zodra het dat wordt, is het weggevallen van zijn eigen essentie.

De fenomenologische reductie als de terugkeer van de blik van het zijn naar het zijn is echter niet de enige, zelfs niet de centrale eigenschap van de fenomenologische methode. Want deze terugkeer van de blik van het zijn naar het zijn vereist tegelijkertijd het positief brengen van zichzelf naar het zijn zelf. Het louter afkeren is slechts een negatief methodisch gedrag, dat niet alleen de voltooiing door een positief gedrag behoeft, maar expliciet het leiden naar het zijn, d.w.z. de richting. Het zijn is niet zo toegankelijk als het zijn, we vinden het niet zomaar, maar, zoals zal worden aangetoond, het moet in een vrij ontwerp in zicht worden gebracht. Dit ontwerp van het gegeven zijn op zijn wezen en zijn structuren noemen we een fenomenologische constructie.

Maar ook daarmee is de fenomenologische methode niet uitgeput. We hebben gehoord dat elk ontwerp van het zijn wordt uitgevoerd in een reductieve achteruitgang vanuit het bestaande. De waarneming van het zijn vertrekt vanuit het bestaande. Dit wordt uiteraard telkens bepaald door de feitelijke ervaring van het bestaande en de omtrek van de ervaringsmogelijkheden, die passen bij een feitelijk bestaan, d.w.z. de historische situatie van een filosofisch onderzoek. Niet alles wat bestaat en bepaalde gebieden ervan zijn op elk moment en voor iedereen op dezelfde manier toegankelijk, en zelfs als het bestaande toegankelijk is in de omgeving van de ervaring, dan nog is het de vraag of het al adequaat begrepen wordt in zijn specifieke manier van zijn in de naïeve en vulgaire ervaring. Omdat Dasein historisch is volgens zijn eigen bestaan, zijn de toegangsmogelijkheden en de manieren van interpretatie van het zijn zelf verschillend, variabel in verschillende historische situaties. Een blik op de geschiedenis van de filosofie laat zien dat er al heel snel allerlei gebieden van het zijn werden ontdekt: Natuur, ruimte, ziel, maar dat ze niet begrepen konden worden in hun specifieke zijn. Al in de oudheid ontstond er een gemiddeld concept van zijn, dat werd gebruikt voor de interpretatie van alle zijn van de verschillende gebieden van zijn en zijnswijzen, zonder dat het specifieke zijn zelf expliciet tot een probleem in zijn structuur werd gemaakt en kon worden afgebakend. Zo zag Plato heel goed dat de ziel en haar logos een ander wezen is dan het zintuiglijke wezen. Maar hij was niet in staat om de specifieke manier van zijn van dit wezen af te bakenen tegen de manier van zijn van enig ander wezen of niet-wezen, maar zowel voor hem als voor Aristoteles en de tijd daarna tot aan Hegel en nog meer voor degenen die na hem kwamen, bewegen alle ontologische onderzoeken zich in een gemiddeld concept van het zijn § S. Methodisch karakter van de ontologie 31 in het algemeen. Ook het ontologisch onderzoek, dat we nu uitvoeren, wordt bepaald door zijn historische situatie en daarmee door bepaalde mogelijkheden van toegang tot het zijn en door de traditie van de voorafgaande filosofie. De voorraad filosofische basisconcepten uit de filosofische traditie is vandaag de dag nog steeds zo effectief dat dit effect van de traditie nauwelijks overschat kan worden. Daarom zijn alle filosofische discussies, zelfs de meest radicale, pas begonnen discussies, doorspekt met verouderde concepten en dus met verouderde horizonnen en perspectieven, waarvan het niet zeker is dat ze oorspronkelijk en echt voortkomen uit het rijk van het zijn en de constitutie van de sem's, die ze beweren te begrijpen. Daarom is voor de conceptuele interpretatie van het zijn en zijn structuren, d.w.z. voor de reductieve constructie van het zijn, een vernietiging nodig, d.w.z. een kritische ontmanteling van de overgeleverde concepten die in de eerste plaats gebruikt moeten worden, naar de bronnen waaraan ze ontleend zijn. Alleen door de vernietiging kan de ontologie zich fenomenologisch volledig verzekeren van de authenticiteit van haar concepten.

Deze drie plots van de fenomenologische methode:

Reductie, constructie, vernietiging, horen inhoudelijk bij elkaar en moeten in hun samenzijn gerechtvaardigd worden. De constructie van de filosofie is noodzakelijkerwijs vernietiging, d.w.z. een ontmanteling van wat is overgeleverd, uitgevoerd in de historische neergang van de traditie, wat geen ontkenning en veroordeling van de traditie tot nietigheid betekent, maar, omgekeerd, juist een positieve toe-eigening ervan. Omdat vernietiging bij constructie hoort, is filosofische kennis door haar aard zelf in zekere zin historische kennis. Bij het concept van filosofie als wetenschap, bij het concept van fenomenologisch onderzoek hoort "geschiedenis van de filosofie" zoals men zegt. De geschiedenis van de filosofie is geen willekeurig aanhangsel in de filosofische leer om gelegenheid te geven.

Wat handig en gemakkelijk onderwerp voor het staatsexamen of om eens rond te kijken, hoe het vroeger was, maar historisch-filosofische kennis is op zichzelf één, waarbij de specifieke soort historische kennis in de filosofie volgens haar onderwerp verschilt van elke andere wetenschappelijke historische kennis.

De ontologische methode die op deze manier gekarakteriseerd wordt, maakt het mogelijk om het idee van de fenomenologie te karakteriseren als de wetenschappelijke procedure van de filosofie. Daarmee krijgen we de mogelijkheid om het begrip filosofie concreter af te bakenen. Zo leidt de beschouwing van het derde deel terug naar het begin van de lezing.

§ 6 De opzet van de lezing

De gedachtegang van de lezing is daarom verdeeld in drie delen.

Eerste deel: Fenomenologisch-kritische bespreking van enkele traditionele stellingen over het zijn.

Tweede deel: De fundamentele ontologische vraag over de betekenis van het zijn in het algemeen. De basisstructuren en basismanieren van zijn.

Deel drie: De wetenschappelijke methode van ontologie en het idee van fenomenologie.

Het eerste deel is verdeeld in vier hoofdstukken:

De stelling van Kant: Zijn is geen echt predicaat.

De stelling van de middeleeuwse ontologie, die teruggaat tot Aristoteles: Bij het wezen van een wezen horen het wat-zijn (essentia) en het bestaan (existentia).

3. de these van de moderne ontologie: de basiswijzen van zijn zijn het wezen van de natuur (res extensa) en het wezen van de geest (res cogitans).

§ De stelling van de logica: Alles wat bestaat kan worden aangesproken en besproken door de "ist", ongeacht de wijze van zijn. Het zijn van de copula.

Het tweede deel is dienovereenkomstig verdeeld in vier delen:

1. het probleem van het ontologische verschil (het verschil tussen zijn en zijn).

2. het probleem van de fundamentele articulatie van het zijn (essentia, existentia).

3. het probleem van de mogelijke modificaties van het zijn en de eenheid van zijn veelheid.

4. het ware karakter van zijn.

Het derde deel is ook onderverdeeld in vier hoofdstukken:

1. de ontische fundering van de ontologie en de analyse van het bestaan als fundamentele ontologie.

De prioriteit van het zijn en de mogelijkheid en structuur van a priori kennis.

3. de percelen van de fenomenologische methode: reductie, constructie, vernietiging.

4. fenomenologische ontologie en het begrip filosofie.
FENOMENOLOGISCH-KRITISCHE BESPREKING VAN ENKELE TRADITIONELE STELLINGEN OVER ZIJN

EERSTE HOOFDSTUK

Kant's Stelling: Zijn is geen echt predikaat
§ 7. De inhoud van Kants stelling

Kant bespreekt zijn stelling dat Zijn geen echt predikaat is op twee plaatsen. Eén keer in een klein artikel "De enige mogelijke bewijsgrond voor een bewijs van het bestaan van God" (1763). Het geschrift behoort tot de zogenaamde prekritische tijd van Kant, d.w.z. tot de tijd vóór de "Kritiek van de zuivere rede" (1781). Het is verdeeld in drie secties. Ons proefschrift wordt behandeld in het eerste deel, waarin de fundamentele vragen worden besproken en dat is onderverdeeld in vier observaties.

Ten eerste: "Van het bestaan in het algemeen"; ten tweede: "Van de innerlijke mogelijkheid, voor zover die het bestaan veronderstelt"; ten derde:

"Van het bestaan dat absoluut noodzakelijk is";
vierde:
"Bewijsgrond voor een bewijs van het bestaan van God".

Vervolgens bespreekt Kant de stelling in zijn "Kritiek van de zuivere rede" (1781, tweede druk 1787), namelijk in de "Transcendentale logica". Vanaf nu citeren we volgens de tweede editie (B). De "transcendentale logica" of, zoals we ook kunnen zeggen, de ontologie van de natuur, valt uiteen in twee divisies: de "transcendentale analytiek" en de "transcendentale dialectiek". Binnen deze laatste, in het tweede boek, derde hoofdgedeelte, vierde sectie (B 620 e.v.), komt Kant terug op de stelling die hij in de "Beweisgrund" bespreekt.

Het gedeelte is getiteld: "Over de onmogelijkheid van een ontologisch bewijs voor het bestaan van God".

Op beide plaatsen, in de "Beweisgrund" en in de "Kritik", wordt de stelling in dezelfde zin behandeld. Voor het doel van de presentatie, die we opzettelijk gedetailleerd houden, verwijzen we naar beide geschriften. We citeren "Beweisgrund" en "Kritik" in verkorte vorm, de eerste volgens de editie van Ernst Cassirer. Voordat we de inhoud van Kants stelling ontleden, beschrijven we kort de feitelijke context waarbinnen deze op beide plaatsen wordt besproken.

Maar eerst is een algemene terminologische opmerking nodig. Kant heeft het, zoals uit de titel van de "Beweisgrundes" blijkt, over het bewijs van het bestaan van God. Evenzo spreekt hij van het Dasein van de dingen buiten ons, van het Dasein van de natuur. Dit concept van Dasein in Kant komt overeen met de scholastieke terminus existentia. Daarom gebruikt Kant vaak de term "bestaan", "werkelijkheid" in plaats van "existentie". Ons terminologisch gebruik is echter anders, wat, zoals zal blijken, feitelijk gerechtvaardigd is. Wat Kant Dasein of Existenz noemt en wat de scholastiek existentia noemt, noemen wij terminologisch met de uitdrukking "Aanwezigheid" of "Bestaan". Het is de titel voor de zijnswijze van natuurlijke dingen in de breedste zin van het woord. De keuze van deze uitdrukking zelf moet in de loop van de lezing gerechtvaardigd worden vanuit de specifieke betekenis van deze zijnswijze, die deze uitdrukking Vorhandenes, Bestaan, vereist. Husserl sluit zich aan bij Kant in zijn terminologie en gebruikt dus de term Dasein in de betekenis van aanwezig zijn. Het woord "Dasein" daarentegen duidt voor ons niet op de zijnswijze van de natuurlijke dingen zoals voor Kant, het duidt helemaal niet op een zijnswijze, maar op een bepaald wezen dat we zelf zijn, het menselijke Dasein. We zijn elk een Dasein. Dit wezen, het Dasein, heeft zoals elk wezen een specifieke manier van zijn. De zijnswijze van Dasein definiëren we terminologisch als bestaan, waarbij opgemerkt moet worden dat bestaan of de spraak: Dasein bestaat, niet de enige bepaling is van de zijnswijze van onszelf. We zullen een drievoudige leren kennen, die echter geworteld is in het bestaan in specifieke zin. Voor Kant en de scholastiek is het bestaan de zijnswijze van natuurlijke dingen, maar voor ons is het de zijnswijze van Dasein. Volgens dit principe kunnen we bijvoorbeeld zeggen: Een lichaam bestaat nooit, maar is existent. Omgekeerd is Dasein, wijzelf, nooit bestaand, maar Dasein bestaat. Dasein en lichaam zijn echter respectievelijk bestaand en bestaand. Dienovereenkomstig is niet alles wat bestaat een bestaand wezen, maar ook niet alles wat niet bestaat is ook al niet-wezen, maar kan bestaan of, zoals we zullen zien, bestaan of van een ander soort wezen zijn.

Het Kantiaanse of scholastieke begrip van werkelijkheid moet scherp worden onderscheiden van het Kantiaanse begrip Dasein of Existenz gelijk aan Aanwezigheid als een zijnswijze van de dingen en van onze terminologie van Bestaan. Deze term betekent, zowel bij Kant als in de scholastiek die hij volgt, niet wat tegenwoordig gewoonlijk onder de term werkelijkheid wordt verstaan, bijvoorbeeld wanneer men het heeft over de werkelijkheid van de externe wereld. In het huidige taalgebruik betekent realiteit zoveel als werkelijkheid, bestaan of Dasein in de zin van aanwezig zijn. Het Kantiaanse concept van werkelijkheid is heel anders, zoals we zullen zien.

Het begrip van de scriptie hangt af van het begrip ervan:

Zijn is geen echt predikaat.

Voordat we ingaan op de interpretatie van deze scriptie, is het noodzakelijk om kort de feitelijke context aan te geven waarin deze verschijnt. Deze context blijkt al uit de titel van het eerstgenoemde geschrift en ook uit de titel van het relevante gedeelte van de "Kritiek van de zuivere rede". Het gaat over het bewijs van het bestaan, van de realiteit en, zoals we zeggen: van het bestaan van God. We worden geconfronteerd met het opvallende feit dat Kant het meest algemene concept van zijn bespreekt waar hij het heeft over de kenbaarheid van een zeer bepaald, uitstekend wezen, God. Maar voor wie de geschiedenis van de filosofie (ontologie) kent, is dit feit zo weinig vervreemdend dat het alleen maar duidelijk maakt hoe direct Kant in de grote traditie van de oude en scholastieke ontologie staat. God is het hoogste wezen, summum ens, het meest volmaakte wezen, ens perfectissimum. Dat wat het meest volmaakt is, is uiteraard het meest geschikt als het voorbeeldwezen waaruit de idee van het zijn kan worden afgelezen. God is niet alleen het ontologische basisvoorbeeld voor het zijn van een wezen, maar tegelijkertijd de oorspronkelijke grond van alle zijn. Het wezen van het niet-goddelijke, geschapen wezen moet begrepen worden vanuit het wezen van het hoogste wezen. Het is dan ook geen toeval dat de wetenschap van het zijn in uitstekende zin gericht is op het zijn qua God. Dit gaat zo ver dat Aristoteles πρώτη φιλοσοφία, de eerste filosofie, al θεολογία noemde.1 Opgemerkt moet worden dat dit concept van theologie niets te maken heeft met de hedendaagse opvatting van christelijke theologie als een positieve wetenschap.

Hij heeft alleen het woord met hem gemeen. Deze oriëntatie van de ontologie op het idee van God werd van doorslaggevend belang voor de volgende geschiedenis van de ontologie en haar lot. Voorlopig hoeven we ons hier niet bezig te houden met de legitimiteit van deze oriëntatie. Genoeg, er is niets opvallends aan het feit dat Kant het concept van zijn of Dasein bespreekt in de context van de mogelijkheid om God te kennen. Om preciezer te zijn, Kant houdt zich bezig met het probleem van de mogelijkheid van het ontologische bewijs van God, zoals hij het voor het eerst noemde. Hier wordt het vreemde aangetoond, dat we steeds weer tegenkomen in de filosofie vóór Kant en ook in de post-Kantiaanse filosofie, het meest extreem in Hegel, dat het probleem van het zijn überhaupt het nauwst verbonden is met het probleem van God, de bepaling van zijn wezen en het bewijs van zijn 1 Arist., Met. E 1,1026 a 19; K 7,1064 b 3.

§ Inhoud van Kants these 39 Bestaan. Waar dit vreemde verband, dat op het eerste gezicht helemaal niet vanzelfsprekend is, op gebaseerd is, kunnen we hier niet bespreken, want daarvoor zouden we de grondslagen van de oude filosofie en metafysica moeten bespreken. Het feit bestaat, ook bij Kant, en het is het bewijs, in eerste instantie heel uiterlijk, dat Kants vraagstelling nog steeds volledig langs de lijnen van de traditionele metafysica loopt.

Kant behandelt in de genoemde passages de mogelijkheid van het ontologische bewijs van God. Dit heeft de eigenaardigheid dat het Gods bestaan probeert af te leiden uit het concept van God. De filosofische wetenschap die volgens Kant probeert om puur vanuit concepten iets dogmatisch over het zijn te weten te komen, is de ontologie of, traditioneel gesproken, de metafysica. Daarom noemt Kant dit bewijs vanuit het

concept van God het ontologische bewijs, waarbij
ontologisch zoveel betekent als dogmatisch, metafysisch.
Kant zelf ontkent de mogelijkheid van metafysica niet,
maar zoekt alleen een wetenschappelijke metafysica, een
wetenschappelijke ontologie, waarvan hij het idee
bepaalt als een systeem van transcendentale filosofie.

Het ontologische bewijs van God is al oud. Het gaat
meestal terug tot Anselm van Canterbury (1033-1109).

Anselm presenteerde zijn bewijs in de kleine
verhandeling "Proslogium seu alloquium de Dei
existentia". In hoofdstuk drie wordt de eigenlijke kern
van het bewijs gepresenteerd: "Proslogium de Dei
existentia". Men noemt dit bewijs in de literatuur ook
wel het scholastieke godsbewijs. Deze term is onjuist in
zoverre dat de middeleeuwse scholastiek de sluitendheid
en geldigheid van dit godsbewijs vaak in twijfel heeft
getrokken. Niet alleen Kant, maar vooral Thomas van
Aquino betwistte de sluitendheid van dit bewijs, terwijl
Bonaventura en Duns Scotus het bewijs erkenden. Maar
de Kantiaanse weerlegging van de mogelijkheid van het
ontologische bewijs van God is veel radicaler en
fundamenteler dan die van Thomas.

40 Kants stelling Het kenmerk van dit bewijs is dat
het Gods bestaan uit het concept afleidt. Bij het concept,
bij de idee van God hoort de vaststelling dat hij het
meest volmaakte wezen is, ens perfectissimum. Het
meest volmaakte wezen is datgene dat geen enkele
mogelijke positieve bepaling kan missen en waar elke
positieve bepaling op een oneindig volmaakte manier bij
hoort. Het meest volmaakte wezen, zoals wij God

conceptueel denken, kan geen enkele positieve bepaaldheid missen. Elk gebrek is ervan uitgesloten volgens het concept van dit wezen. Tot de perfectie van het meest perfecte wezen behoort uiteraard ook of zelfs vóór dat wat het is, zijn bestaan. God is niet wat hij is volgens zijn essentie als het meest volmaakte zonder te bestaan. Uit het concept van God volgt:

God bestaat. Het bewijs zegt: Als God gedacht wordt volgens zijn essentie, d.w.z. volgens zijn concept, dan moet zijn bestaan ook gedacht worden. De vraag stelt zichzelf zonder meer:

Volgt hieruit dat we moeten denken dat God bestaat, zijn bestaan? De oorsprong van dit bewijs, dat via Anselm teruggaat naar Boethius en Dionysius Areopagita, dus naar het Neoplatonisme, ook naar de verschillende modificaties en uitspraken in de geschiedenis van de filosofie, hoeven we hier niet te bespreken. Slechts terloops willen we die van Thomas van Aquino karakteriseren, omdat die geschikt is om de Kantiaanse weerlegging in alle scherpte te contrasteren.

Thomas van Aquino bespreekt en bekritiseert de mogelijkheid van het ontologische godsbewijs, dat hij nog niet zo noemt, op vier plaatsen: ten eerste in het "Commentaar op de Zinnen van Petrus Lombardus," Zinnen I, dist. 3, qu. 1, art. 2 ad 4;

tweede, "Summa theologica" I, qu. 2, art. 1; derde, "Summa contra gentiles" I, cap. 10-11; vierde, "De veritate" qu. 10, art. 12. De laatste is de meest transparante discussie. Op dit punt werpt Thomas de vraag op: utrum deum esse sit per se notum menti humanae, sicut prima principia demonstrationis, § 7. Inhoud van Kants stelling 41 quae non possunt cogitari non esse; "Of God door zichzelf en in zichzelf aan het menselijk begrip bekend is als de eerste bewijsbeginselen [stelling van de identiteit, stelling van de tegenspraak], die niet kunnen worden opgevat als niet bestaand." Thomas vraagt: weten we van Gods bestaan door middel van het godsbegrip, volgens hetwelk hij niet kan bestaan? Paragraaf 10 stelt: Ad hoc autem quod sit per se notum, oportet quod nobis sit cognita ratio subjecti in qua concluditur praedicatum. Ook in de Thomistische discussie komt zoiets als predicaat voor, evenals in de Kantiaanse stelling: Zijn is geen echt predicaat.

"Opdat iets in zichzelf gekend wordt, vanuit zichzelf begrijpelijk is, is niets anders vereist dan dat het predicaat dat van het wezen in kwestie gezegd wordt: de ratione subjecti, vanuit het begrip van het subject." Ratio betekent zoveel als essentia of natura of, zoals we zullen zien, werkelijkheid. Want dan kan het subject niet gedacht worden zonder dat wat zich toont in het predikaat. Maar om zo'n kennis te kunnen hebben, die Kant later analytische kennis noemde, d.w.z. om zijn bepalingen rechtstreeks uit de essentie van een ding te kunnen halen, is het noodzakelijk dat de ratio subjecti, d.w.z. het concept van het ding, ons bekend is. Voor het bewijs van God betekent dit: We moeten het concept van God kennen, d.w.z. het concept van het ding.

de volledige essentie inzichtelijk zijn. Sed quia quidditas Dei non est nobis nota, ideo quoad nos Deum esse non est per se notum, sed indiget demonstratione.

Ideo nobis necessarium est, ad hoc cognoscendum,
demonstrationes habere ex effectibus sumptas:

Maar omdat de quidditas, wat God is, zijn wat-zijn,
zijn essentie, ons niet bekend is, d.w.z. omdat God ten
opzichte van ons niet transparant is in zijn essentie, maar
de verklaring nodig heeft vanuit de ervaring van wat hij
geschapen heeft, daarom mist het bewijs van het bestaan
van God vanuit zijn concept de voldoende redenering
van het beginpunt van het bewijs, namelijk het concept.

42 Kants stelling Volgens Thomas is het ontologische
godsbewijs onmogelijk omdat we niet in staat zijn om
het zuivere concept van God zelf bloot te leggen om de
noodzakelijkheid van zijn bestaan te bewijzen. We zullen
zien dat Kant op een ander punt kritisch naar het
ontologische godsbewijs kijkt, de kern van het bewijs
aanvalt en zo het bewijs feitelijk ontkracht.

Om dit aanvalspunt van Kants kritiek in het
ontologische godsbewijs duidelijker te zien, laten we dit
bewijs de formele vorm van een conclusie geven.

Stelling: God is, volgens zijn concept, het meest
perfecte wezen.

Ondergeschikte bijzin: Bestaan behoort tot het
concept van het meest volmaakte wezen.

Laatste zin: God bestaat dus.

Nu ontkent Kant niet dat God het meest volmaakte
wezen is volgens zijn concept, noch ontkent hij het
bestaan van God. Gezien in de vorm van het syllogisme
zegt dit:

Kant laat de bovenste stelling en de laatste stelling
van het bewijs staan. Als hij desondanks het bewijs

aanvalt, kan de aanval alleen de onderliggende stelling raken, die zegt: Bestaan, Dasein behoort tot het concept van het meest volmaakte wezen.

Kants stelling, waarvan we de fenomenologische interpretatie tot onderwerp maken, is niets anders dan de fundamentele ontkenning van de mogelijkheid van de uitspraak die is vastgelegd in de subzin van het ontologische godsbewijs. Kants stelling: Zijn of Dasein is geen reëel predikaat, beweert niet alleen: Tot het concept van het meest volmaakte wezen kan Dasein niet behoren, respectievelijk kunnen we het niet herkennen als behorend (Thomas), maar deze stelling gaat verder. Ze zegt fundamenteel: Hetzelfde als Dasein en bestaan behoren helemaal niet tot de bepaaldheid van een concept.

Eerst moet worden aangetoond hoe Kant zijn stelling rechtvaardigt.

Op deze manier wordt vanzelf duidelijk hoe hij het concept § 7. inhoud van Kants stelling 43 van bestaan en Dasein in onze betekenis van Bestaan verheldert.

Het eerste deel van de "Beweisgrundes" is verdeeld in vier overwegingen, waarvan de eerste gaat over "Dasein in het algemeen".

Het bespreekt drie stellingen of vragen: Ten eerste: "Dasein is helemaal geen predicaat of bepaling van een ding"; ten tweede: "Dasein is de absolute positie van een ding en verschilt daarmee ook van elk predicaat, dat als zodanig op elk moment slechts op een ander ding wordt geplaatst"; ten derde: "Kan ik wel zeggen dat er in Dasein meer is dan in louter mogelijkheid?". De eerste zin "Dasein is helemaal geen predicaat of bepaling van enig ding" is het negatieve kenmerk van de essentie van Dasein. De tweede zin bepaalt de ontologische betekenis van Dasein positief: Dasein is gelijk aan absolute positie. De vraag die in de derde plaats wordt genoemd neemt een standpunt in over een hedendaagse uitleg van het begrip Dasein, zoals die werd gegeven door Wolff of zijn school, volgens welke Dasein, d.w.z. bestaan complementum possibilitatis betekent, de werkelijkheid van een ding of zijn Dasein, zijn bestaan, is het complement van zijn mogelijkheid.

De meer beknopte behandeling van dezelfde stelling is te vinden in de "Kritiek van de zuivere rede".2 De eerste stelling uit de "Rede van het bewijs" valt samen met de stelling uit de "Kritiek", die we hebben gekozen als formulering van de eerste stelling en die voluit luidt: "Zijn is duidelijk geen reëel predicaat, d.w.z. een concept van iets, dat toegevoegd zou kunnen worden aan het concept van een ding". Deze stelling wordt gevolgd door de volgende, die de essentie van het zijn of Dasein positief bepaalt en eveneens samenvalt met de tweede stelling van de "Grond van het Bewijs": Zijn "is slechts de positie van een ding of van bepaalde bepalingen in zichzelf." In eerste instantie wordt er geen onderscheid gemaakt tussen het zijn in het algemeen en Dasein.

1 Kant, Kr. d. r. V. (Uitgave R. Schmidt; F. Meiner) B 626 e.v.

44 Kants these Wat zegt de negatieve these als eerste: Het zijn is geen reëel predikaat, of, zoals Kant ook zegt, is helemaal geen predikaat van een ding? Het zijn is geen

echt predicaat betekent dat het geen predicaat van een res is. Het is helemaal geen predicaat, maar louter een positie. Kunnen we zeggen dat het bestaan, Dasein, helemaal geen predicaat is? Predicaat betekent wat er in een uitspraak (oordeel) staat. Bestaan wordt gezegd, als ik zeg: God bestaat, of in onze terminologie: De berg bestaat. Hier wordt het bestaan gezegd. Dit lijkt zo te zijn, en Kant benadrukt het zelf: "Deze stelling [Dasein is helemaal geen predicaat van een ding] lijkt vreemd en tegenstrijdig, maar is zonder twijfel zeker. "3 Hoe zit het dan met de vraag of het bestaan al dan niet gesteld is, al dan niet een predikaat is? Hoe bepaalt Kant de aard van predicatie? Het formele concept van predicatie is volgens Kant het verbinden van iets met iets. Volgens hem is de basishandeling van het begrijpen "het verbinden van ik". Deze eigenschap van het wezen van predicatie is een zuiver formele bepaling, of, zoals Kant ook zegt, een vormallogische eigenschap, waarbij buiten beschouwing wordt gelaten wat het is dat met het andere wordt verbonden. Elk predicaat is iets bepaalds, materieels. De formele logica houdt zich alleen bezig met de vorm van predicatie in het algemeen, relatie, verbinding, scheiding. Daarin wordt, zoals we zeggen, de materialiteit van het predicaat buiten beschouwing gelaten, evenals die van het subject. Het is een logisch kenmerk van de uitspraak met betrekking tot zijn meest lege vorm, d.w.z. formeel als relatie van iets tot iets of verbinding van beide.

Als we ons op deze manier oriënteren op het formeel-logische concept van predicatie, van het predicaat, kunnen we nog niet beslissen of het bestaan en Dasein een predicaat is. Want het bestaan, Dasein, heeft een bepaalde inhoud, zegt iets.

4 Kant, Beweisgrund, WW (Cassirer) vol. 2, p. 76.

§ De inhoud van Kants stelling 45 Daarom moet de vraag preciezer worden gesteld: Is het bestaan of Dasein een echt predicaat of, zoals Kant verkort zegt, een Bestimmung? Determinatie, zegt hij, is een predicaat dat het concept van het subject toevoegt en vergroot. De bepaling, het predikaat, hoeft niet al in het concept besloten te liggen. Determinatie is een werkelijk predicaat dat het ding, res, inhoudelijk vergroot. Dit concept van het werkelijke en van de werkelijkheid moet vanaf het begin worden aangehouden, als we Kants these goed willen begrijpen, Dasein is geen werkelijk predicaat, d.w.z. geen bepaling van de feitelijke inhoud van een ding. Het begrip werkelijkheid en het werkelijke heeft in Kant niet de betekenis die tegenwoordig gewoonlijk wordt bedoeld als men het heeft over de werkelijkheid van de buitenwereld of over epistemologisch realisme. Werkelijkheid betekent niet zoveel als realiteit of Dasein of bestaan of er zijn. Het is niet identiek met Dasein, maar Kant gebruikt de term "objectieve werkelijkheid" die identiek is met Dasein.

De Kantiaanse betekenis van de term "Werkelijkheid" is de betekenis die past bij de letterlijke betekenis van deze term. Kant vertaalt werkelijkheid eens heel treffend met Sachheit, Sachbestimmtheit.4 Werkelijkheid is wat tot de res behoort. Als Kant het heeft over omnitudo realitatis, over de alomvattendheid van werkelijkheden, bedoelt hij niet de alomvattendheid van wat werkelijk bestaat, maar omgekeerd juist de alomvattendheid van mogelijke feitelijke bepaaldheid, de alomvattendheid van feitelijke inhouden, van essenties, van mogelijke dingen.

Realitas is daarom gelijk aan de uitdrukking van Leibniz: possibilitas, mogelijkheid. De werkelijkheden zijn de wat-inhoud van de mogelijke dingen überhaupt, los van het feit of ze werkelijk, in onze moderne betekenis "echt" zijn of niet.

Het begrip werkelijkheid is synoniem met het begrip Platonische 'ιδέα als dat van een wezen dat wordt waargenomen als ik vraag: τί ἐστι, wat is het wezen? De stelling van Kant geeft me dan het antwoord van de wat-inhoud van het ding, die de scholastiek aanduidt met res. Direct gaat Kants terminologie terug op het taalgebruik van Baumgarten, een leerling van Wolff. Kant gaf zijn colleges vaak naar aanleiding van Baumgarten's Compendium of Metaphysics, d.w.z. ontologie, en nam daarom de terminologie van daar over.

Bij de bespreking van Kants stelling en ook anderszins, wanneer we met Kant te maken hebben, moeten we een terminologische discussie en dus een zekere omslachtigheid niet uit de weg gaan. Want vooral bij Kant zijn de begrippen duidelijk afgebakend en bepaald, in een scherpte die waarschijnlijk geen enkele filosofie voor of na hem heeft bereikt, wat niet betekent dat de feitelijke inhoud van de begrippen en wat ermee wordt bedoeld in alle opzichten radicaal overeenkomt met de interpretatie.

Vooral met betrekking tot de term werkelijkheid is het hopeloos om Kants stelling en zijn positie te begrijpen als men de terminologische betekenis van deze term, die teruggaat tot de scholastiek en de oudheid, niet heeft opgehelderd. De directe bron voor de term is Baumgarten, die niet alleen werd bepaald door Leibniz en Descartes, maar direct teruggaat op de scholastiek.

Met betrekking tot andere problemen die thematisch zullen worden in deze lezing, zal deze verbinding van Kant met Baumgarten worden behandeld.

Baumgarten zegt in de paragrafen waarin hij het ens, het zijn in het algemeen, afbakent: Quod aut ponitur esse A, aut ponitur non esse A, determinatur, "wat geponeerd wordt als zijnde A of geponeerd wordt als zijnde niet A, wordt bepaald." Een aldus geponeerd A is een determinatio. Kant spreekt van de determinatio die wordt toegevoegd aan het wat van een ding, aan het res. Bestimmung, determinatio, betekent dat wat een res bepaalt, een werkelijk predicaat. Daarom zegt Baumgarten: Quae determinando ponun8 Baumgarten, Metaphysica tur in aliquo, (notae et praedicata) sunt determines, "wat in een of ander ding in de weg van determinatie wordt gezet (kenmerken en predicaten) zijn determinaties". Wanneer Kant de uitdrukking gebruikt: Dasein ist keine Bestimmimg, is deze uitdrukking niet willekeurig, maar terminologisch begrensd, determinatio. Deze determinaties, deze determinatio's, kunnen tweeledig zijn. Altera positiva, et affirmativa, quae si vere sit, est realitas, altera negativa, quae si vere sit, est negatio7, "De determinatio, die positief stelt of affirmatief, bevestigend stelt, is, als deze affirmatie rechtmatig is, een werkelijkheid; de andere negerende

determinatio, als deze rechtmatig is, is een negatie."
Werkelijkheid is dus de wettige, feitelijke, werkelijke bepaling, determinatio, die behoort tot het ding, res, zelf, tot zijn concept. Het tegenovergestelde van realiteit is negatie.

Kant volgt deze definities niet alleen in zijn prekritische tijd, maar ook in zijn "Kritik der reinen Vernunft". Zo spreekt hij over het begrip van een ding en zet tussen haakjes "van een werkelijkheid", wat niet betekent: van een werkelijkheid. Want werkelijkheid betekent het bevestigend gestelde feitelijke predikaat. Elk predicaat is in principe een reëel predicaat. Daarom luidt Kants stelling: Zijn is geen reëel predicaat, d.w.z. zijn is helemaal geen predicaat van een ding. Kant leidt de tabel van categorieën, waartoe de werkelijkheid, maar ook Dasein, Existenz, behoren, af uit de tabel van oordelen. De oordelen zijn formeel gezien verbindingen van subject en predikaat. Al het verbinden of verenigen gebeurt met het oog op een mogelijke eenheid. In elk verenigen, zelfs als het niet thematisch wordt begrepen, is het idee van een eenheid aanwezig. De verschillende mogelijke vormen van de eenheid die gesuggereerd wordt bij het beoordelen, d.w.z. bij het verenigen, van deze mogelijke aspecten of aspecten is het verbinden van de categorieën. Dit is het logische concept van categorie in Kant, dat is voortgekomen uit een puur fenomenologische analyse, als men alleen maar volgt wat Kant bedoelt. De categorie is niet zoiets als een vorm waarmee men een bepaalde substantie kneedt. De categorieën zijn datgene wat in het zicht staat van een eenwording als het idee van eenheid, de mogelijke vormen van de eenheid van eenwording. Als mij de tabel van oordelen wordt gegeven, d.w.z. de totaliteit van mogelijke vormen van verenigen, dan kan ik uit deze tabel de idee van eenheid aflezen die in elke vorm van oordelen wordt verondersteld, d.w.z. ik kan er de tabel van categorieën uit afleiden. Hiermee doet Kant de vooronderstelling dat de tabel van oordelen op zichzelf zeker is en terecht bestaat, wat echter twijfelachtig is. De categorieën zijn vormen van de eenheid van mogelijke unies in het oordelen. Tot deze vormen van eenheid behoren zowel de werkelijkheid als het bestaan, Dasein. We kunnen het verschil tussen deze twee categorieën, werkelijkheid en bestaan, duidelijk zien aan het feit dat ze tot totaal verschillende categorieënklassen behoren. Werkelijkheid behoort tot de categorieën van kwaliteit. Bestaan daarentegen, Dasein of werkelijkheid, behoort tot de categorieën van modaliteit. Werkelijkheid is een categorie van kwaliteit. Met kwaliteit bedoelt Kant het karakter van het oordeel dat aangeeft of een predikaat aan een subject is verbonden, of het door het subject wordt bevestigd of ertegenin gaat, d.w.z. wordt ontkend. De werkelijkheid is dus de vorm van de eenheid van het bevestigende, instellende, positieve oordeel. Dit is precies de definitie die Raumgarten geeft van werkelijkheid. Bestaan, Dasein, Wirklichkeit, daarentegen, behoort tot de klasse van categorieën van modaliteit.

De modaliteit zegt hoe het erkennende subject staat ten opzichte van wat in het oordeel wordt beoordeeld.

De tegenterm van Dasein, existentie, werkelijkheid, is niet, zoals die van werkelijkheid, negatie, maar mogelijkheid of noodzakelijkheid. Dasein als categorie komt overeen met het assertorische, eenvoudigweg beweerde, § 7. Inhoud van Kants stelling 49 tendentieus, of het nu een positief of negatief oordeel is. De term werkelijkheid functioneert in de vaste betekenis van feitelijke inhoud ook in de term die de traditionele ontologie vaak van God gebruikt: ens realissimum, of zoals Kant altijd zegt:

Het meest werkelijke wezen. Deze uitdrukking betekent niet een essentie van de hoogste graad van werkelijkheid, maar de essentie van de grootst mogelijke feitelijke inhoud, de essentie die elke positieve werkelijkheid, feitelijke bepaling ontbeert, of in de formulering van Anselm van Canterbury: aliquid quo maius cogitari non potest.9 Van dit werkelijkheidsbegrip moet het Kantiaanse begrip objectieve werkelijkheid worden onderscheiden, dat synoniem is met realiteit. Objectieve werkelijkheid betekent die feitelijkheid die zichzelf vervult in haar geconcipieerde object, d.w.z. die feitelijkheid die zichzelf in het ervaren wezen bewijst als echt, als dat wat bestaat. Kant zegt over objectieve werkelijkheid en werkelijkheid überhaupt: "Wat de werkelijkheid betreft, is het verboden zoiets in concreto te denken zonder de ervaring erbij te betrekken, omdat het alleen kan gaan om de gewaarwording als ervaringskwestie, en niet om de vorm van de relatie, waarmee men hoogstens in fictie zou kunnen spelen."10 Hier scheidt Kant de objectieve werkelijkheid als realiteit van de mogelijkheid. Als ik een mogelijk ding bedenk, het verzin, dan beweeg ik me daarmee in de zuiver feitelijke relaties van dit ingebeelde ding, zonder het als echt, bestaand te beschouwen. Dit gebruik van werkelijkheid vinden we vervolgens ook terug bij Descartes. Descartes zegt, bijvoorbeeld, de fout, de vergissing, in het algemeen elk niet-gewaardeerd ding, malum, non esse quid reale, is niets echts. Dit betekent niet, er is echt geen fout, maar de fout Anselm v. Canterbury, Proslogion, cap. III.

Kants stelling is heel goed echt, maar hij en alle kwaad en slechtheid is geen res in de zin dat het een onafhankelijke feitelijke inhoud voor zichzelf zou zijn. Het wordt altijd alleen maar verkregen en is alleen maar door negatie van een onafhankelijke feitelijke inhoud, door de negatie van het goede. Evenzo, wanneer Descartes spreekt over realitas objectiva en realitas actualis in het Godsbewijs van de Derde Meditatie, verstaat hij ook hier realitas in de genoemde betekenis van feitelijkheid, scholastisch gelijk aan quidditas. De realitas objectiva is niet identiek met Kants objectieve werkelijkheid, maar juist het tegenovergestelde. Realitas objectiva betekent bij Descartes volgens de scholastiek het geobjectiveerde, dat wat mij alleen in pure verbeelding voor ogen staat, de essentie van een ding. Realitas objectiva is gelijk aan mogelijkheid, possibilitas. Het cartesiaanse en scholastieke concept van realitas actualis komt daarentegen overeen met het kantiaanse concept van objectieve werkelijkheid of actualiteit: dat wat geactualiseerd is (actu). Dit vreemde verschil tussen het cartesiaanse concept van de realitas objectiva als even subjectief verbeelde mogelijkheid en het kantiaanse concept van de objectieve werkelijkheid, het zijn in zichzelf, houdt verband met het feit dat het concept van het objectieve in deze tijd juist in zijn tegendeel is veranderd. Het objectieve, d.w.z. dat wat alleen tegen mij wordt gehouden, is Kantiaans en modern gesproken het subjectieve. Dat, wat Kant het subjectieve noemt, is voor de scholastiek volgens de letterlijke betekenis van de uitdrukking "subject" het onderliggende, -ὑποκείμενον, het objectieve.

Kant zegt dat Dasein geen werkelijkheid is. Dat wil zeggen, het is geen feitelijke bepaling van het concept van een ding, of zoals hij kort zegt: geen predicaat van het ding zelf.12 "Hundert echte thalers bevatten niet de minste meer dan honderd mogelijke."13 Honderd mogelijke thalers en honderd echte thalers verschillen niet in hun werkelijkheid. Alles raakt in de war, als men hier niet vasthoudt aan de Kantiaanse term "werkelijkheid" en deze herinterpreteert in de moderne in de zin van realiteit. Dan zou men willen zeggen dat honderd mogelijke en honderd echte thalers ongetwijfeld verschillen wat hun werkelijkheid betreft; want de echte zijn echt en de mogelijke hebben geen werkelijkheid in de niet-Kantiaanse betekenis. Kant daarentegen zegt in zijn taalgebruik: Honderd mogelijke thalers en honderd echte thalers verschillen niet in hun werkelijkheid. De wat-inhoud van de term "honderd mogelijke thalers" valt samen met die van de term "honderd werkelijke thalers". In de term "honderd echte thalers" worden niet meer thalers gedacht, geen hogere werkelijkheid, maar evenveel. Wat mogelijk is, dat is naar zijn wat-inhoud ook dezelfde werkelijkheid, de wat-inhoud, de werkelijkheid van beide, moet zelfs dezelfde zijn.

"Als ik dus een ding ontken, door wat en hoeveel predicaten ik maar wil, (zelfs in de continue bepaling), dan voegt het feit dat ik er nog aan toevoeg, dit ding is [bestaat], niet het minste toe aan het ding [d.w.z. aan de res]. Want anders zou niet alleen hetzelfde, maar meer bestaan dan ik in het concept had gedacht, en ik zou niet kunnen zeggen dat alleen het object van mijn concept bestond. "u Aan de andere kant is er niettemin het feit dat dit "bestaat" een ding bestaat komt in het gewone spraakgebruik-bragebraudi voor als predicaat.15 De uitdrukking "is" in de ruimste zin is zelfs in elke predicatie, zelfs wanneer ik datgene waarover ik oordeel en prediceer niet als bestaand stel, wanneer ik alleen zeg: het lichaam is uitgebreid naar zijn wezen, kan een lichaam bestaan of niet. Hier gebruik ik ook een "is", het "is" in de zin van de copula, die onderscheiden is van het "is" als ik zeg: God is, d.w.z. God 14 loc. cit. B 628.

Hoe verklaart Kant dit verschil? Als zijn resp.

Aangezien Dasein geen echt predicaat is, hoe kan het zijn dan positief bepaald worden, en hoe verschilt het concept van Dasein, van het aanwezig zijn, van het concept van het zijn in het algemeen? Kant zegt: "Het concept van positie of Setzimg is volkomen eenvoudig en hetzelfde als dat van het zijn in het algemeen. Nu kan iets worden gedacht als louter geponeerd of, beter, louter de relatie (respectus logicus) van iets als kenmerk tot een ding, en dan is het zijn, d.w.z. de positie van deze relatie [A is B], niets anders dan het begrip verbinding in een oordeel. Als niet alleen deze relatie [d.w.z. als zijn en "is" niet alleen worden gebruikt in de betekenis van de copula, A is B], maar het ding wordt beschouwd als zijnde gesteld in en voor zichzelf, dan is dit zijn zoveel als Dasein [d.w.z. bestaan]."1® Dasein "verschilt daarmee ook van elk predikaat, dat op elk moment alleen maar als zodanig wordt gesteld in relatie tot een ander ding".17 Zijn in het algemeen is hetzelfde als stellen in het algemeen (positie).

In deze zin spreekt Kant van de loutere posities (werkelijkheden) van een ding, die het concept ervan vormen, d.w.z. de mogelijkheid ervan, en die onderling niet tegenstrijdig mogen zijn, mits het principe van tegenspraak (non-contradictie) het criterium van de logische mogelijkheden is.18 Elk predicaat is, volgens zijn concept, op elk moment louter referentieel geponeerd. Als ik daarentegen zeg: Iets is er, bestaat, dan verwijs ik in dit poneren niet naar een ander ding of een andere ding-bepaling, naar een ander werkelijk, maar ik poneer hier het ding in en voor zichzelf zonder relatie, d.w.z. ik poneer hier zonder relatie, niet relatief, absoluut. In de uitspraak:

bestaat, A bestaat, is een absolute positivering. Met zijn in de zin van "bloßer Position" (iets zijnd) moet niet het zijn qua Dasein op één hoop worden gegooid. Terwijl Kant Dasein karakteriseert als een absolute positie in de "Beweisgrund" (p. 77), zegt hij in de

"Kritik": "Het is slechts de positie van een ding, of van bepaalde determinaties in zichzelf.

In logisch gebruik is het slechts de copula van een oordeel. "Dasein is niet "bloß Position"; als Kant zegt dat het slechts de positie is, geldt deze beperking met betrekking tot het feit dat het geen werkelijk predikaat is. "Bloß" heeft in deze context de betekenis van "nicht beziehweise^ Het zijn is noch in de betekenis van "bloß Position" noch in die van "absolute Position" een reëel predikaat. Wat het zijn als positie betekent, verduidelijkt Kant op de genoemde plaatsen alleen met betrekking tot het zijn qua Dasein. Hij legt het concept van de absolute positie uit aan de hand van het verband van het probleem met het bewijs van het bestaan van God.

De voorlopige interpretatie van het zijn als "bloßer Position" en van Dasein als "absoluter Position" moet worden aangehouden. In het citaat van Baumgarten kwam ook de uitdrukking ponitur, instellen, voor. Want ook het werkelijke, d.w.z. het loutere wat van een ding, wordt op een bepaalde manier in zichzelf gezet in de zuivere verbeelding ervan. Maar dit poneren is slechts het poneren van het mogelijke, de "lege positie" waarvan Kant eens zegt: "aangezien de mogelijkheid slechts een positie van het ding was ten opzichte van het begrip...., is de werkelijkheid [het bestaan, Dasein] tegelijkertijd een koppeling van hetzelfde [ding] met de waarneming. "20 Werkelijkheid, Dasein, is absolute positie; mogelijkheid, aan de andere kant, louter positie. "De stelling: God is almachtig, bevat twee termen die hun objecten hebben: God en almacht; het woordje: "is", is niet nog een predicaat erbovenop, maar alleen wat het predicaat respectievelijk.

Met deze instelling van "is", de loutere positie, wordt niets gezegd over het bestaan. Kant zegt: "Daarom wordt dit zijn [van de copula] zelfs correct gebruikt voor die relaties die ondingen tegen elkaar hebben"[22], bijvoorbeeld als ik zeg: de cirkel is vierhoekig. "Als ik nu het onderwerp (God) met al zijn predicaten (waaronder ook almacht valt) samenneem, en zeg: God is, of het is een God, dan plaats ik geen nieuw predikaat bij het concept God, maar alleen het subject op zichzelf met al zijn predikaten, en namelijk [nu wordt de absolute positie nauwkeuriger besproken] het object [hiermee bedoelt Kant het werkelijke wezen] in relatie tot mijn concept."[23] Het object, d.w.z. het werkelijke, bestaande, corresponderende met het concept, wordt synthetisch toegevoegd aan mijn concept in de uitspraak, God bestaat, zonder dat dit wezen, het bestaan buiten mijn concept, zelf in het minst wordt vermeerderd. Hieruit volgt: In de bestaansverklaring, God bestaat, A bestaat, is er ook en juist een synthese, d.w.z. instelling (positie) van een relatie, alleen heeft deze een wezenlijk ander karakter dan de synthese van de predicatie: A is B. De synthese van de bestaansverklaring, God bestaat, A is B, is niet hetzelfde als de synthese van het predicaat: A is B, maar is wel hetzelfde als de synthese van de bestaansverklaring. De synthese van de existentiële verklaring heeft geen betrekking op werkelijke bepalingen van het ding en hun relaties, maar wat in de existentiële verklaring wordt gesteld en wat aan het loutere concept, aan het concept wordt toegevoegd, is "een relatie van het werkelijke ding met mezelf". De relatie die wordt gelegd is die van de hele conceptuele inhoud, de volledige werkelijkheid van het concept, tot zijn object. Het ding dat in het concept bedoeld wordt, wordt bij uitstek in en voor zichzelf gesteld. De predicatieve synthese beweegt zich binnen de feitelijke relaties. De existentiële synthese betreft het geheel van deze omstandigheden in relatie tot hun object. Het laatste wordt bij uitstek gesteld.

Bij de totstandkoming van het bestaan moeten we het concept verlaten. De relatie van het concept tot het object, d. w. z. tot het werkelijke, is dat wat synthetisch aan het concept wordt toegevoegd.

Bij het poneren van een echt, bestaand ding kan ik, volgens Kant, twee keer vragen. Wat wordt gesteld, en hoe het wordt gesteld.24 Op de vraag, wat wordt gesteld, is het antwoord: niet meer en niet anders dan in het stellen van een mogelijk ding, inderdaad gewoon dezelfde wat-inhoud, zoals het voorbeeld van de thaler laat zien. Maar ik kan ook vragen hoe het wordt gesteld. Dan moet je zeggen: Door de werkelijkheid wordt echter meer geponeerd.25 Kant vat het verschil kort samen:

"In een bestaand ding wordt niets meer geponeerd dan in een louter mogelijk ding; (want dan gaat het spreken over de predicaten van hetzelfde), alleen door iets bestaands wordt meer geponeerd dan door een louter mogelijk ding; want dit [bestaan] gaat ook naar de absolute positie van het ding zelf. "2e Zo wordt het begrip Dasein in de zin van de absolute positie volgens

Kant verduidelijkt of aangeduid, van waaruit dergleich als Dasein of Zijn überhaupt kan worden verduidelijkt. De relatie die in de absolute positie wordt gelegd is de relatie van het bestaande object zelf tot zijn concept. Als echter, volgens Kant, "in het gewone spraakgebruik" Dasein als predicaat voorkomt, dus het feit bestaat dat tegen Kants stelling spreekt dat Dasein geen predicaat is, dan is het niet zowel een predicaat van het ding zelf, zegt Kant, maar veel meer van de gedachte die men eerst van het ding heeft.

"Z. E. de zee-eenhoorn ontstaat." Volgens Kant betekent dit: "de idee van de zee-eenhoorn is een ervaringsconcept, d.w.z. de idee van een bestaand ding. "27 God bestaat, zou nauwkeuriger moeten betekenen: "Er bestaat iets". met welke transformatie van de zin hij wil aangeven dat het bestaan niet in het predicaat maar in het subject van de zin wordt gedacht.

De toepassing van deze uitleg van zijn stelling op de mogelijkheid van het ontologische bewijs van God spreekt voor zich. Aangezien Dasein helemaal geen werkelijk predicaat is, d.w.z. het kan niet behoren tot het concept van een ding, kan ik nooit verzekerd zijn van het bestaan van wat in het concept wordt gedacht, tenzij ik zijn werkelijkheid al aanneem en vooronderstel in het concept van het ding; maar dan, zegt Kant, is dit vermeende bewijs niets anders dan een ellendige tautologie.29 In het ontologische godsbewijs valt Kant de ondergeschikte stelling aan: Bestaan behoort tot het concept van God. Hij valt deze stelling fundamenteel aan door te zeggen dat het bestaan, Dasein, helemaal niet tot het concept van een ding behoort. Wat Kant net betwijfelt, dat het bestaan een echt predicaat is, staat volgens Thomas natuurlijk vast. Alleen vindt Thomas een andere moeilijkheid: we zijn niet in staat om dit behoren van het predikaat van het bestaan tot het wezen van God naast andere determinaties zo transparant te herkennen dat we er een bewijs voor het werkelijke bestaan van het gedachte ding uit zouden kunnen afleiden. De Thomistische weerlegging is een weerlegging met betrekking tot het onvermogen en de eindigheid van ons begrip, de Kantiaanse weerlegging is een fundamentele met betrekking tot wat het bewijs beweert in zijn deelverzameling (en dat is het scharnier van elk syllogisme).

Het probleem van het godsbewijs interesseert ons hier niet, maar de Kantiaanse uitleg van het concept van zijn of Dasein: Zijn is gelijk aan positie, Dasein is gelijk aan absolute positie.

We vragen niet eens of deze interpretatie van de betekenis van Zijn en Bestaan houdbaar is, maar alleen: Tevredenheid is het belangrijkste.

Vermindert de uitleg die Kant geeft aan het concept van het zijn-daar? Kant zelf benadrukt eens: "Zo eenvoudig is dit concept [Dasein, Zijn] dat er niets over de ontwikkeling ervan gezegd kan worden, behalve de waarschuwing dat het niet verward mag worden met de relaties die de dingen met hun eigenschappen hebben. "[30] Dit kan natuurlijk alleen maar betekenen: Het concept van Zijn en Dasein moet worden beschermd tegen verwarring, kan negatief worden afgebakend, maar is positief alleen direct toegankelijk in een eenvoudig begrip. Voor ons rijst de vraag:

Kan dit begrip van Zijn en Dasein verder worden doorgedreven, eerst in de richting van Kants discussie, Zijn is gelijk aan Positie, kunnen we een hogere mate van helderheid bereiken binnen de Kantiaanse benadering zelf? Kan worden aangetoond dat de Kantiaanse Erläuterimg niet eens de helderheid heeft die het claimt? Is de stelling misschien: Zijn is gelijk aan positie, Dasein is gelijk aan absolute positie, de duisternis in?

§ 8 Fenomenologische analyse van Kants verklaring van het begrip 'zijn'

a) Zijn (Dasein, Existenz, Aanwezigheid), Absolute Positie en Perceptie

We hebben de inhoud van Kants stelling verduidelijkt, die luidt: Zijn of Dasein is geen werkelijk predicaat. Het centrale punt in de uitleg van deze stelling was de afbakening van het begrip werkelijkheid. De definitie van dit begrip is des te noodzakelijker omdat het hedendaagse filosofische concept van dit begrip verschilt van het Kantiaanse concept, dat op zijn beurt overeenkomt met de hele voorgaande traditie. Volgens Kant betekent realiteit zoveel als objectiviteit. Werkelijkheid is dat wat bij een res, bij een ding, bij zijn feitelijke inhoud hoort

Tot het ding "huis" behoren: Funderingsmuur, dak, deur, grootte, uitbreiding, kleurigheid van hetzelfde, d.w.z. echte predicaten of determinaties, echte determinaties van het ding "huis", los van het feit of het werkelijk bestaat of niet. Nu zegt Kant: werkelijkheid van een werkelijk, bestaan van een bestaand iets, is geen werkelijk predikaat. Honderd thalers verschillen niet naar hun wat-inhoud, of het nu honderd mogelijke of honderd echte thalers zijn. De werkelijkheid raakt niet aan het wat, de werkelijkheid, maar aan het hoe van zijn, hier o mogelijk of werkelijk. Toch zeggen we: het huis bestaat, of in onze terminologie: het is aanwezig. We schrijven iets als bestaan toe aan dit ding. De vraag rijst: wat voor soort bepaling is bestaan en werkelijkheid? Kant zegt negatief: de werkelijkheid is geen werkelijke bepaling. Zoals we later zullen zien, is de betekenis van deze negatieve zin: De werkelijkheid, het bestaan, is zelf niets werkelijks, niets bestaands, het zijn is zelf geen zijn.

Maar hoe bepaalt Kant op een positieve manier de betekenis van Dasein, Bestaan, Aanwezigheid? Hij stelt Dasein gelijk aan absolute positie, identificeert zijn met positie in het algemeen. Kant zelf deed dit onderzoek alleen om het begrip bestaan te verduidelijken met het oog op de mogelijkheid van het ontologische godsbewijs. Als hij zegt dat Dasein geen reëel predikaat is, ontkent hij de mogelijke zin van de subzin van het ontologische godsbewijs: Bestaan behoort tot het wezen van God, d.w.z. tot zijn werkelijkheid. Zodra deze stelling in haar fundamentele mogelijkheid wordt aangetast, wordt bewezen dat het hele bewijs onmogelijk is.

We zijn hier niet geïnteresseerd in de kwestie van de godsbewijzen, maar in het probleem van de interpretatie van het zijn. We vragen:

Hoe moet deze Kantiaanse interpretatie, zijn is gelijk aan positie, Dasein is gelijk aan absolute positie, nauwkeuriger worden begrepen? Bestaat ze terecht? Wat vraagt de nadere rechtvaardiging van deze interpretatie zelf? We proberen een fenomenologische analyse te maken van Kants uitleg van het concept Zijn of Dasein.

Onze poging om nog verder door te dringen in de interpretatie van het begrip 'zijn' en daarmee Kant's uitleg zelf te verduidelijken, lijkt te worden tegengewerkt door een methodologische stelregel die Kant zelf juist vooruit heeft gestuurd in zijn uitleg van het begrip 'zijn'. In tegenstelling tot de overdreven methodische verslaving, die alles bewijst en uiteindelijk niets, wil Kant van "voorzichtigheid" bij het ophelderen en oplossen van de concepten het methodische principe maken en wil hij niet vanaf het begin "met een formele uitleg" beslissen "waarin het uitgebreid bepaalde concept van hetzelfde [van het bestaan, Dasein] bestaat"1, maar wil hij zich daar vooraf van verzekeren, "wat men met zekerheid bevestigend of ontkennend kan zeggen over het object van de uitleg, "2 "want wat betreft de vleiende gedachte, die men voor zichzelf maakt, dat men door grotere scherpzinnigheid het beter zal treffen dan anderen, het is goed te begrijpen dat op enig moment allen op deze manier hebben gesproken, die ons uit een vreemde dwaling in hun eigen dwaling hebben willen trekken."3 Maar Kant ontslaat zichzelf niet van de taak om het begrip bestaan op te helderen. Hij zegt echter wel, met een karakteristieke huidige omslachtigheid: "Ik vrees onvoorstelbaar te worden door een te uitgebreide bespreking van zo'n eenvoudig idee [als dat van het zijn]. Ik ben misschien ook bang om de tederheid te beledigen van degenen die voornamelijk klagen over droogte. Maar zonder deze berisping tegen iets kleins te gebruiken, moet ik deze keer om toestemming vragen. Want of ik al zo weinig tevreden ben met de superfijne wijsheid van hen die veilige en bruikbare concepten overdrijven, afbijten en verfijnen in hun logische smeltkeuken tot ze opbranden in dampen en vluchtige zouten, "Als ik het object van mijn contemplatie smakelijker vind dan wie dan ook, dan is het object van contemplatie dat ik voor me heb van dien aard dat men ofwel volledig moet opgeven ooit een aantoonbare zekerheid ervan te bereiken, ofwel zichzelf moet toestaan zijn concepten op te lossen tot op deze atomen. "Als men zich realiseert dat onze hele cognitie uiteindelijk eindigt in onverbrekelijke concepten, dan begrijpt men ook dat er enkele zullen zijn die bijna onverbrekelijk zijn, d.w.z. waar de kenmerken slechts een heel klein beetje duidelijker en eenvoudiger zijn dan het ding zelf. Dit is het geval met onze uitleg van het bestaan. Ik geef graag toe dat daardoor het concept van wat uitgelegd wordt slechts in zeer geringe mate duidelijk wordt.

Maar de aard van het object in relatie tot de mogelijkheden van ons begrip laat geen hogere graad toe". Na deze bekentenis van Kant lijkt het erop dat de verlichting van zijn en bestaan inderdaad niet verder kan worden doorgedreven dan tot het kenmerk: zijn is gelijk aan positie, bestaan is gelijk aan absolute positie. Daarom proberen we in eerste instantie niet om het beter te treffen dan Kant. We blijven liever bij de Kantiaanse uitleg, bij wat hij raakte, en vragen ons alleen af of die zelf, los van elke andere standaard, inderdaad geen "hogere graad" van helderheid toelaat.

Is deze uitleg, gelijk zijn aan positie, in elk opzicht duidelijk? Staat alles in het licht of in de duisternis door wat gezegd is: gelijk zijn aan positie? Vervaagt alles niet in een onbepaaldheid? Wat betekent positie? Wat kan deze uitdrukking betekenen? We proberen eerst een verduidelijking van deze uitleg van Kant zelf te krijgen, en dan vragen we of de fenomenen die zo ter verduidelijking worden geraadpleegd zelf transparant zijn en of de uitleg zelf bepaald is wat betreft zijn methodologische karakter en gerechtvaardigd is in zijn juistheid en noodzakelijkheid.

We zagen dat er in de ervaring van het existente ook een synthese is, hoewel niet de synthese van het predicaat, d.w.z. de toevoeging van een predicaat aan een subject.

In de uitspraak: A is B, is B een reëel predicaat, toegevoegd aan A. In de uitspraak daarentegen: A bestaat, is de A, en inderdaad met het geheel van zijn werkelijke determinaties, B, C, D etc., absoluut gesteld. Aan A wordt dit positief toegevoegd, maar niet zoals in het vorige voorbeeld B wordt toegevoegd aan A.

Wat is deze toegevoegde positie? Uiteraard zelf een relatie, echter niet een feitelijke en werkelijke relatie binnen de werkelijke bepalingen van het ding, van de A, maar de relatie van het hele ding (A) tot mijn gedachte van het ding. Door deze relatie komt dit aldus geregelde ding in relatie met mijn ik-staat. Omdat de in eerste instantie enige gedachte A in deze gedachte-verwijzing van het loutere denken ook al in relatie tot mij staat, wordt deze loutere gedachte-verwijzing, de enige-voorstelling van A, natuurlijk een andere door de toevoeging van de absolute positionering. In de absolute positie wordt het object van het concept, d.w.z. het werkelijke wezen dat ermee overeenkomt, in relatie gebracht met het enige-gedachte-concept als werkelijk.

Bestaan, Dasein, drukt dus een relatie uit van het object tot het cognitieve vermogen. Kant zegt aan het begin van de uitleg van de "postulaten van het empirisch denken in het algemeen":

"De categorieën van modaliteit [mogelijkheid, werkelijkheid, noodzakelijkheid] hebben het bijzondere in zich: dat ze het concept, waaraan ze als predikaat worden toegevoegd, niet in het minst vermeerderen tot een bepaling van het object, maar alleen de relatie [van het object] tot het cognitieve vermogen uitdrukken. Mogelijkheid drukt de relatie uit van het object met al zijn determinaties, d.w.z. de hele werkelijkheid, tot het begrip, tot het loutere denken.

Wirklichkeit, d.w.z. bestaan, Dasein, drukt de relatie uit met het empirische gebruik van begrip of, zoals Kant ook zegt, met het empirische vermogen tot oordelen. Noodzakelijkheid drukt de relatie uit van het object tot de rede in haar toepassing op de ervaring.

We beperken ons tot het definiëren van de relatie van het object dat door de werkelijkheid wordt uitgedrukt tot het empirische gebruik van begrip. Dasein, d.w.z. Wirklichkeit, Existenz, heeft volgens Kant "alleen te maken met de vraag:

Of zoiets [zoals we het alleen kunnen denken volgens zijn mogelijkheid] ons op zo'n manier wordt gegeven dat de waarneming ervan hoogstens aan het concept vooraf kan gaan. "7 "De waarneming echter, die het materiaal voor het concept geeft, is het enige karakter van de werkelijkheid."8 "Waar daarom de waarneming en haar aanhangsel volgens empirische wetten reikt, daar reikt ook onze kennis van het bestaan van dingen. "9 Het is de waarneming die in zichzelf het bereik draagt naar het bestaan, de werkelijkheid, het bestaan van dingen, in onze terminologie naar het bestaan van dingen. Het specifieke karakter van de absolute positie, zoals Kant die afbakent, openbaart zich dus als waarneming. De predicaten die slechts inauthentiek zo genoemd worden, Werkelijkheid, Mogelijkheid, noodzakelijkheid, zijn niet reëel-synthetisch, ze zijn, zoals Kant zegt, "slechts subjectieve dingen". Ze "voegen aan het concept van een ding, (echt)... het vermogen van cognitie toe. "10 Het predicaat werkelijkheid voegt waarneming toe aan het concept van een ding. Kant stelt dus in het kort:

Werkelijkheid, bestaan, Dasein gelijk absolute positie gelijk perceptie.

Maar wat betekent dit: Het cognitieve vermogen, de waarneming, wordt toegevoegd aan het ding wanneer het wordt begrepen als bestaande verzamelingen? Ik denk bijvoorbeeld alleen maar aan een raam met al zijn bepalingen. Ik stel me zoiets voor. In de loutere verbeelding visualiseer ik een raam. Aan het aldus verbeelde voeg ik geen verdere werkelijke predikaten toe, zoals de kleur van het kozijn of de hardheid van het glas, maar iets subjectiefs, iets dat aan het subject is ontleend, het vermogen tot kennisnemen, de waarneming. Deze toegevoegde perceptie of de toevoeging van perceptie wordt verondersteld het bestaan van het raam te vormen? Kant zegt letterlijk: "De waarneming ... is het enige karakter van de werkelijkheid."11 Hoe moet ik een gedachte, het ding "raam", begiftigen met een waarneming? Wat zegt de toevoeging van een "subjectieve cognitieve kracht" aan een object? Hoe wordt daarmee het bestaan van het object uitgedrukt? Wat is dit dan: een raam begiftigd met een waarneming, een huis begiftigd met een "absolute positie"? Bestaan er zulke entiteiten? Kan zelfs de sterkste verbeelding zo'n gedrocht bedenken: een raam dat behept is met een waarneming?

Maar misschien bedoelt Kant iets anders met deze ruwe uitspraak over de toevoeging van mijn cognitieve vermogen, de waarneming, aan het ding, hoewel zijn interpretatie van Dasein, het bestaan, daar expliciet geen verdere informatie over geeft. Wat bedoelt hij in wezen en wat kan hij alleen bedoelen?

Het is duidelijk dat er maar één ding is: de waarneming die bij het subject hoort als zijn gedragswijze wordt toegevoegd aan het ding, dat wil zeggen: het subject brengt zichzelf perceptief in een relatie met het ding, waarbij het dit ding "in en voor zichzelf" waarneemt en accepteert. Het ding wordt in de relatie van cognitie gebracht. In deze waarneming geeft het bestaande, het existente, zichzelf aan hem. Het werkelijke toont zichzelf als werkelijk.

Maar wordt het concept van bestaan verlicht door de terugval naar de perceptimg die een existent hoort?

Hoe kan Kant überhaupt zeggen, en hij zegt het de hele tijd, dat Dasein gelijk is aan absolute positie gelijk is aan perceptie, dat perceptie en absolute positie het enige karakter van de werkelijkheid zijn?

b) Waarnemen, waarnemen, waarnemen

Verschil tussen waarneming en bestaan van het Bestaande Hetzelfde als bestaan is niet waarneming. Waarneming zelf is iets dat is, een wezen, een houding uitgevoerd door het Ik, iets werkelijks in het werkelijke subject. Deze werkelijkheid in het subject, de waarneming, is niet de werkelijkheid, en deze werkelijkheid van het subject is helemaal niet de werkelijkheid van het object. Waarneming als waarnemen kan niet gelijkgesteld worden aan bestaan. Waarneming is geen bestaan, maar dat wat waarneemt wat bestaat en betrekking heeft op wat wordt waargenomen. Dit waargenomene in de waarneming noemen we kortweg perceptie. Misschien begrijpt Kant de uitdrukking waarneming in de identificatie van werkelijkheid en perceptie in de betekenis van waargenomen, zoals men zegt: De waarneming die ik daar moest doen was pijnlijk. Hier bedoel ik niet dat het waarnemen, de handeling van het zien, me pijn deed, maar dat wat ik ervoer, het waargenomene, me benauwde. Hier nemen we waarneming niet in de betekenis van de handeling van het waarnemen, maar in die van het waargenomene en vragen:

Kan waarneming in deze betekenis gelijk worden gesteld aan bestaan, aan werkelijkheid? Kan bestaan gelijkgesteld worden aan het waargenomen bestaande? In dat geval zou het zelf een wezen, een werkelijkheid zijn. Dat het dat niet is, zegt de onbetwiste negatieve inhoud van Kants stelling.

Volgens dit principe is het onmogelijk dat de werkelijkheid gelijk is aan de waargenomen werkelijkheid.

Hieruit volgt: Bestaan is niet gelijk aan waarnemen, noch in de zin van waarnemen, noch in de zin van het waargenomene. Wat blijft er dan over van de Kantiaanse vergelijking van waarneming en werkelijkheid (bestaan)?

We willen een stap verder gaan en Kant in zijn voordeel interpreteren. We zeggen: het bestaan kan niet gelijk worden gesteld aan het waargenomen bestaande, maar misschien wel aan het waargenomen zijn van het waargenomene, de waargenomenheid. Niet het bestaande, bestaande raam, want dit bestaande is het bestaan, het aanwezig zijn, maar het bestaan van het raam wordt uitgedrukt in het moment van waargenomen worden, waarbij het ding ons ontmoet als waargenomen, als ontdekt en dus voor ons toegankelijk is als bestaand vanwege het waarnemen.

In Kants spraak zou waarneming dan zoveel betekenen als waargenomenheid, ontdekking in het waarnemen. Kant zelf zegt hier niets over, net zo min als hij een duidelijke uitspraak doet over de vraag of hij waarneming opvat in de zin van waarnemen als handeling of in de zin van waarnemen als object van de handeling. Eén ding is dus onbetwistbaar: Kants bespreking van het begrip Dasein, Existenz, Werkelijkheid als waarneming is in ieder geval onduidelijk en voor zover in staat tot een hogere mate van duidelijkheid in tegenstelling tot zijn opvatting, als verschillend kan en moet worden besloten of waarneming moet worden opgevat als waarnemen of als waargenomen of als waargenomenheid van het waargenomene, of dat alle drie de betekenissen in hun eenheid worden bedoeld, en wat dit dan betekent.

Dezelfde dubbelzinnigheid die bestaat met betrekking tot de term "Wahrnehmung", vinden we ook terug in de meer algemene interpretatie die Kant geeft van Zijn en Dasein, wanneer hij het Zijn van de positie en Dasein van de absolute positie aan elkaar gelijkstelt. Kant zegt in de geciteerde zin van de "Beweisgrund": "Het begrip positie of positing is... 12 We vragen: Betekent positie, positeren, zoveel als de houding van het subject, of betekent positie het geposeerde, het object, of zelfs de geposeerdheid van het geposeerde object? Kant laat dit in het midden.

Laten we deze onduidelijkheid, die niet bevorderlijk is voor zulke fundamentele concepten als Dasein en Existenz, buiten beschouwing laten. Laten we uitgaan van de interpretatie van perceptie of positie die voor Kant het gunstigst is en Dasein, Existenz, vereenzelvigen met Perceptiviteit of absoluter Zijn überhaupt en dienovereenkomstig Zijn überhaupt met wetmatigheid. We vragen ons dan af: Bestaat iets doordat het wordt waargenomen? Vormt de waarneembaarheid van een wezen, van een bestaand iets, zijn bestaan? Zijn bestaan, werkelijkheid en waargenomenheid één en hetzelfde? Het raam krijgt geen bestaan door het feit dat ik het waarneem, maar omgekeerd, ik kan het alleen waarnemen als het bestaat en omdat het bestaat. Waargenomenheid veronderstelt in elk geval waarneembaarheid, en waarneembaarheid van haar kant vereist al het bestaan van het waarneembare of waargenomen wezen. Waarneming of de absolute positie is hooguit de weg van toegang tot het bestaande, tot het bestaande, de weg van de ontdekking ervan; de ontdekking is echter niet het bestaan van het bestaande, het bestaan van het bestaande. Dit is de eigenschap van het bestaande, van het bestaande, zonder dat het ontdekt wordt. Alleen daarom is het ontdekbaar. Op dezelfde manier is positie in de zin van wetmatigheid niet het zijn van het bestaande en hetzelfde ermee, maar hoogstens het hoe van het grijpen van een wet.

De voorlopige analyse van Kants interpretatie van Dasein en Existenz levert dus een dubbel resultaat op. Ten eerste is deze interpretatie niet alleen onduidelijk en dus toe aan een hogere interpretatie; ten tweede is ze zelfs twijfelachtig in de meest gunstige interpretatie, namelijk gelijk aan waarneming.

Moet het bij deze negatieve kritische verklaring blijven?

Een louter negatieve kritiek zou een onwaardige onderneming jegens Kant zijn en tegelijkertijd een onvruchtbare zaak met betrekking tot het doel dat we nastreven. We willen komen tot een positieve opheldering van de concepten Dasein, Bestaan en Zijn in het algemeen, op zo'n manier dat we Kant niet simpelweg met onze eigen, d.w.z. met een vreemde mening bestrijden. In plaats daarvan willen we Kants eigen benadering, de interpretatie van zijn en bestaan, in zijn eigen kijkrichting volgen. Uiteindelijk gaat Kant heel erg de goede kant op in zijn poging om Dasein en Existenz te verlichten. Alleen ziet hij de horizon van waaruit en waarbinnen hij de verlichting wil doorvoeren niet duidelijk genoeg, en wel omdat hij zich niet van tevoren van deze horizon heeft verzekerd en deze niet expliciet voor zijn uitleg heeft gegeven. Wat hieruit volgt, bespreken we in de volgende paragraaf.

§ 9. Bewijs van de noodzaak van een fundamenteler

Versie van het probleem Inhoud van de stelling en de radicalere rechtvaardiging ervan a) De ontoereikendheid van de psychologie als positieve wetenschap voor de ontologische verlichting van de waarneming We vragen ons af: is het toeval en slechts een bevlieging van Kant dat hij, in zijn poging om het zijn, het bestaan, de werkelijkheid, het bestaan te verlichten, zijn toevlucht neemt tot dingen als positiviteit en waarneming? Waar richt hij zijn blik op in deze toevlucht?

Waar haalt hij de verhelderende kenmerken van het concept Dasein, het bestaan, vandaan? Waar komt zoiets als positie vandaan? Wat wordt daarin noodzakelijkerwijs gedacht als datgene wat zoiets als positie mogelijk maakt? Heeft Kant zelf deze voorwaarden voor de mogelijkheid van positie überhaupt voldoende afgebakend en zo het wezen van positie verduidelijkt en in het licht gezet wat daardoor verlicht wordt, het zijn, de werkelijkheid, zelf?

We zagen dat waargenomen worden, ontdekken wat aanwezig is, niet hetzelfde is als aanwezig zijn.

Maar in elke ontdekking van wat aanwezig is, wordt dit ontdekt als wat aanwezig is, d.w.z. in zijn aanwezigheid. Daarom is er in de waarneembaarheid of ontdekking van iets dat aanwezig is, op de een of andere manier inbegrepen, inbegrepen met open aanwezigheid. Zijn is niet identiek met geposeerdheid, maar dit is de manier waarop de geposeerdheid van het zijn zichzelf verzekert van het zijn van dit geposeerde zijn. Misschien kan vanuit waargenomenheid en geposeerdheid het daarin ontdekte zijn, respectievelijk de werkelijkheid en de betekenis ervan, worden opgehelderd, als de analyse voldoende is. Als het dus mogelijk is om de ontdekking van het bestaande, de waarneming, de absolute setting, voldoende te verhelderen volgens alle essentiële structuren, dan moet het ook mogelijk zijn om op zijn minst zaken als bestaan, Dasein, Existentie tegen te komen. De vraag rijst: Hoe komt men tot een voldoende bepaling van de verschijnselen van waarneming en instelling, die Kant gebruikt voor de opheldering van werkelijkheid en bestaan? We hebben laten zien dat de begrippen met behulp waarvan Kant de begrippen Zijn, Dasein probeert op te helderen zelf ook opheldering behoeven, ten eerste omdat de begrippen waarneming en positie dubbelzinnig zijn, voor zover niet vaststaat in welke betekenis Kant ze opvat of wat ermee bedoeld wordt, en ten tweede omdat het zelfs in de meest gunstige interpretatie de vraag is of Zijn als positie kan worden opgevat, Dasein als waarneming. Deze fenomenen, Waarneming en Positie, vereisen zelf opheldering, en de vraag is hoe die moet worden bereikt. Het is duidelijk, in de achteruitgang naar dat, wat perceptie, positie, zulke krachten van cognitie mogelijk maakt, wat ten grondslag ligt aan perceptie, positie, wat hen bepaalt als houdingen van het wezen, waartoe ze behoren.

Alle denken, instellen is volgens Kant een ik-denken. Het Ik en zijn toestanden, zijn houdingen, het psychische, zoals over het algemeen wordt gezegd, vereisen een voorafgaande verlichting.

De reden voor het tekortschieten van Kants conceptuele uitleg over het bestaan, Dasein, ligt blijkbaar voor de hand: Kant werkt nog steeds met een zeer ruwe psychologie.

Als hij de mogelijkheid had gehad die vandaag de dag bestaat, om zoiets als perceptie precies te onderzoeken en in plaats van zich te bewegen in lege scherpzinnigheid en in dualistische conceptuele constructies, op de grond van feiten te gaan staan, dan zou er ook voor hem een ander inzicht in de essentie van Dasein en bestaan zijn ontstaan.

Maar hoe zit het met deze roep om wetenschappelijke psychologie op basis van feiten als fundament van Kants probleem en als middel voor elk filosofisch probleem? We moeten kort bespreken of de psychologie in het algemeen, en niet alleen in deze of gene richting van haar werk, in staat is om de grond te leveren voor Kants probleem en om de middelen te verschaffen voor de oplossing ervan.

De psychologie plaatst zichzelf op de grond van feiten, die ze terecht als haar verdienste opeist. Als een exact inductief feitenonderzoek heeft ze haar model in de wiskundige natuurkunde en scheikunde. Het is een positieve wetenschap van een bepaald wezen, een wetenschap die ook in haar historische ontwikkeling, vooral in de negentiende eeuw, de mathematische fysica als model nam voor wetenschappelijkheid. De psychologie van vandaag zegt in al haar richtingen die bijna alleen verschillen in terminologie, of het nu Gestaltpsychologie of ontwikkelingspsychologie of gedachtepsychologie of eidetisme is:

Vandaag de dag zijn we het naturalisme van de vorige eeuw en de laatste decennia voorbij, het leven is voor ons het object van de psychologie, niet langer alleen sensaties, tactiele indrukken en geheugenvoorstellingen; we onderzoeken het leven in zijn volle werkelijkheid, en als we het onderzoeken, wekken we zelf levendigheid in onszelf op; onze wetenschap van het leven is tegelijkertijd de echte filosofie, omdat ze het leven zelf vormt en leven en wereldbeeld is; dit onderzoek van het leven bevindt zich op het gebied van de feiten, het bouwt zich van onderaf op en beweegt zich niet in de luchtige ruimte van de gebruikelijke filosofie. Niet alleen is er niets in te brengen tegen een positieve wetenschap van de fenomenen van het leven, tegen een biologische antropologie, maar zoals elke positieve wetenschap heeft ze haar eigen recht en haar eigen betekenis. Dat de huidige psychologie in deze antropologische oriëntatie, die zich sinds enkele jaren in al haar richtingen ontwikkelt, min of meer expliciet en programmatisch een filosofische betekenis aan zichzelf toevoegt, omdat ze meent te werken aan de vorming van een levende levensbeschouwing en aan de zogenaamde nabijheid van het leven van de wetenschap, en daarom de biologische antropologie filosofische antropologie noemt, is een triviaal neveneffect, dat vaak voorkomt in de positieve wetenschappen, vooral in de natuurwetenschappen. We hoeven alleen maar te denken aan Häckel of de pogingen van de huidige tijd, bijvoorbeeld, om een wereldbeeld of een filosofisch standpunt vast te stellen en te verkondigen met behulp van de natuurkundige theorie die relativiteit heet, Voor ons zijn, met betrekking tot de psychologie als zodanig, los van welke richting dan ook, twee vragen belangrijk.

Ten eerste: Als de huidige psychologie zegt: We zijn nu het naturalisme van de voorgaande decennia voorbij, dan zou het een misverstand zijn om te geloven dat de psychologie zelf het naturalisme voorbij is. Waar de psychologie vandaag in al haar richtingen staat met de nadruk op het antropologische probleem, daar stond Dilthey meer dan drie decennia geleden al absoluut ondubbelzinnig, alleen bestreed in zijn tijd juist de veronderstelde wetenschappelijke psychologie, de voorloper van de huidige psychologie, hem het felst als onwetend en verwierp hem. Wat dat laatste betreft, vergelijk Ebbinghaus' kritiek op Dilthey. De psychologie is niet vanzelf gekomen waar ze nu is, door haar resultaten, maar door een min of meer bewust doorgevoerde fundamentele omschakeling naar het geheel van levensverschijnselen. Ze kon deze verandering niet langer uit de weg gaan, omdat Dilthey en de fenomenologie er al tientallen jaren om vroegen. De verandering is noodzakelijk als de psychologie geen filosofie wil worden, maar tot zichzelf wil komen als positieve wetenschap. Deze nieuwe vragen van de huidige psychologie, die van een niet te overschatten belang zijn, moeten natuurlijk leiden tot nieuwe resultaten binnen de positieve psychologische wetenschap van het leven in vergelijking met de oude vragen. Want de natuur, zowel fysiek als psychologisch, antwoordt in het experiment altijd alleen op datgene waarnaar gevraagd wordt. Het resultaat van het positieve onderzoek kan altijd alleen maar de basisvraag bevestigen waarin het zich beweegt. Maar het kan de fundamentele vraag zelf en de manier van thematisering van het zijn die erin schuilt niet rechtvaardigen, of zelfs maar de betekenis ervan uitmeten.

Dit brengt ons bij de tweede fundamentele vraag over psychologie. Als de psychologie tegenwoordig haar onderzoekswerk uitbreidt tot het gebied dat Aristoteles haar al in zijn geheel toekende, tot het geheel van levensverschijnselen, dan is deze uitbreiding van het gebied slechts de voltooiing van het gebied dat bij de psychologie hoort, dat wil zeggen dat slechts een eerder tekort wordt opgeheven. Psychologie blijft wat ze is, ze wordt wat ze kan zijn: een wetenschap van een bepaald gebied van het bestaan, van het leven. Het blijft een positieve wetenschap. Als zodanig vereist ze echter, net als elke positieve wetenschap, een voorafgaande afbakening van de zijnsconstitutie van het wezen dat ze tot haar onderwerp maakt. De conceptie van het zijn van haar gebied, die de psychologie, net als elke andere positieve wetenschap, natuurkunde, scheikunde, biologie in engere zin, maar ook filologie, kunstgeschiedenis, vooronderstelt, is zelf ontoegankelijk voor de positieve wetenschap, als anders het zijn geen zijn is en, dienovereenkomstig, een fundamenteel andere manier vereist om het te vatten. Elke positieve instelling van het zijn omvat een a priori kennis en een a priori begrip van het wezen van dit zijn, hoewel de positieve ervaring van het zijn niets weet over dit begrip en niet in staat is te conceptualiseren wat erin begrepen wordt. De constitutie van het zijn van het zijn is alleen toegankelijk voor een totaal andere wetenschap, de filosofie als wetenschap van het zijn. Alle positieve wetenschappen van het zijn kunnen alleen maar dromen van het zijn, d.w.z. van hun thematische object, zoals Plato eens zegt, d.w.z. de positieve wetenschap van het zijn is niet wakker voor wat het zijn maakt tot wat het is als zijnde, voor het zijn. Maar niettemin wordt het zijn er op een bepaalde manier aan gegeven, d.w.z. dromerig. Plato raakt dit verschil aan tussen de wetenschappen, die dromen, en dat niet toevallig, maar noodzakelijk, en de filosofie met betrekking tot de relatie van geometrie tot filosofie.

   Meetkunde is een wetenschap die, volgens haar kennismethode, lijkt samen te vallen met filosofie. Want het is geen ervaringswetenschap in de zin van natuurkunde of plantkunde, maar a priori kennis. Het is dan ook geen toeval dat de moderne filosofie ernaar streefde haar problemen meer geometrisch, volgens de wiskundige methode, te stellen en op te lossen. Kant benadrukt zelf dat een positieve wetenschap alleen wetenschap is voor zover deze wiskunde bevat. Niettemin zegt Plato: "Hoewel meetkunde a priori kennis is, verschilt zij toch fundamenteel van de filosofie, die ook a priori kennis en het a priori als onderwerp heeft. Meetkunde heeft een bepaald wezen van bepaalde wat-inhoud, de zuivere ruimte, als object, dat niet bestaand is, zoals een fysiek materieel ding, dat ook niet is zoals een levend ding, het leven, maar dat op weg is om te bestaan. Plato zegt in de "Staat"1: αἱ δὲ λοιπαί, ας τοῦ ὄντος τι εφαμεν ἐπιλαμβάνεσθαι, γεωμετρίας τε καὶ τὰς ταύτῃ ἑπομένας, ὁρῶμεν ὡς ὀνειρώττουσι μὲν περὶ τὸ ὄν, υπαρ δὲ ἀδύνατον αὐταῖς ἰδεῖν, εως αν ὑποθέσεσι χρώμεναι ταύτας ἀκινήτους ἐῶσι, μὴ δυνάμεναι λόγον διδόναι αὐτῶν. De overige τέχναι, manieren van omgaan met het zijn, waarvan we zeiden dat ze elk thematisch een stukje van het zijn als zodanig grijpen, nl.

De wetenschappen van het zijn, de geometrie en de wetenschappen die erop volgen, dromen van het zijn, maar ze zijn niet in staat het zijn te zien als iets dat gezien wordt in het waken, ἰδεῖν, ἰδέα, d.w.z. het wezen van dit zijn te vatten. Ze zijn daartoe niet in staat zolang ze afhankelijk zijn van vooronderstellingen over het wezen, over zijn constitutie van de Sems, gebruik maken van deze vooronderstellingen en ze ἀκινήτους, onbewogen laten, d.w.z. ze niet doorlopen in filosofische cognitie, in dialectiek. Maar ze zijn hier fundamenteel niet toe in staat, omdat ze niet in staat zijn om te laten zien wat het wezen in zichzelf is. Ze zijn niet in staat om rekenschap te geven van wat het zijnde als zijnde is. Het concept van het zijn en de constitutie van het zijn is voor hen gesloten. Plato maakt een verschil in de manier waarop voor positieve wetenschappen, zoals we tegenwoordig zeggen, en voor filosofie het zijn, het ov, toegankelijk is. Het ov is toegankelijk voor positieve wetenschappen in dromen. De Grieken hebben er een korte uitdrukking voor: δναρ. Maar het ov is voor hen niet toegankelijk als iets dat gezien wordt in waken, ὕπαρ. Tot de wetenschappen die zelfs dromen van hun object rekent Plato ook de meetkunde. Dus, wat meetkunde a priori behandelt is gebaseerd op een andere a priori, waarvoor ze zelf niet wakker is, niet alleen toevallig, maar volgens haar wetenschappelijke karakter kan ze niet wakker zijn, net zo min als bijvoorbeeld rekenkunde de stelling van tegenspraak, waarvan ze voortdurend gebruik maakt, in haar eigenlijke essentie kan begrijpen en verduidelijken. Ik kan de stelling van tegenspraak niet rekenkundig of anderszins verklaren. Als zelfs a priori wetenschappen als meetkunde, die nooit en te nimmer met empirische feiten te maken hebben, iets vooronderstellen dat voor hen ontoegankelijk is, de zijnsconstitutie van hun thematisch gebied, dan geldt dit des te meer voor alle feitelijke wetenschappen, dus ook voor de psychologie als wetenschap van het leven, of zoals men nu vaak zegt, in navolging van Dilthey: antropologie, de wetenschap van de levende mens. Elke psychologie droomt alleen van de mens en het menselijk bestaan, omdat ze noodzakelijkerwijs vooronderstellingen moet maken over de zijnsconstitutie van het menselijk bestaan en zijn manier van zijn, die we bestaan noemen. Deze ontologische vooronderstellingen blijven tot in de eeuwigheid gesloten voor de psychologie als ontische wetenschap. De psychologie moet ze door de filosofie als ontologie laten geven. Maar de positieve wetenschappen, dit is het opmerkelijke, komen tot hun resultaten in deze dromen. Ze hoeven niet filosofisch wakker te worden, en als ze dat wel doen, worden ze zelf nooit filosofie. De geschiedenis van alle positieve wetenschappen laat zien dat ze maar heel even wakker worden uit hun dromen en hun ogen openen voor het wezen van het wezen dat ze onderzoeken. Vandaag bevinden we ons in zo'n situatie. De basisconcepten van de positieve wetenschappen zijn in beweging. Men vraagt om hun herziening in de terugkeer naar de oorspronkelijke bronnen waaruit ze voortkomen. Om precies te zijn, we zijn net in zo'n situatie geweest. Wie vandaag beter luistert en de feitelijke bewegingen van de wetenschappen voelt boven het externe lawaai en de drukte van het wetenschappelijke bedrijf, moet zien dat ze al weer aan het dromen zijn, wat natuurlijk niet bedoeld is als een verwijt aan het adres van bijvoorbeeld de wetenschap, vanuit het hoge gezichtspunt van de filosofie, maar dat ze al aan het terugkeren zijn naar hun juiste en vertrouwde staat. Het is te ongemakkelijk om op een kruitvat te zitten en te weten dat de basisconcepten achterhaalde meningen zijn. Men is het al beu om naar de basisconcepten te vragen, men wil zijn rust hebben. Filosofie als wetenschap van de "verkeerde wereld" is eng voor de vulgaire geest. Daarom wordt het begrip filosofie niet gerangschikt naar zijn idee, maar naar de geldige behoeften en begripsmogelijkheden van de gewone geest, zoals Kant zegt, die nergens zo van onder de indruk is als van feiten.

Deze overwegingen over de relatie van de positieve wetenschappen tot de filosofie na het Platonische woord zullen duidelijk maken: als Kant ook een exacte 76 De stelling Kants psychologie van perceptie en cognitie had gehad, zou dat de taak om de concepten Dasein en bestaan te verhelderen niet in het minst hebben bevorderd. Het was niet omdat de psychologie van zijn tijd niet exact en empirisch genoeg was dat Kants verheldering van de concepten in kwestie niet van de grond kwam, maar omdat ze niet voldoende apriori gegrond waren, omdat de ontologie van het Dasein van de mens ontbrak. Het gebrek van Kants interpretatie van Dasein en bestaan als perceptie en positie, dat in meer detail zal worden besproken, kan nooit door de psychologie worden verholpen, omdat ze zelf moet worden geholpen. Om antropologie in de zin van psychologie als positieve wetenschap tot basis van filosofie te maken, bijvoorbeeld van logica, is in principe nog weerzinwekkender dan wanneer iemand zou willen proberen meetkunde vast te stellen met behulp van scheikunde en natuurkunde van fysieke dingen. Van deze wetenschap, die zoals altijd in ontwikkeling is, kunnen we geen hulp verwachten voor de opheldering van een filosofisch probleem. Het hoeft nauwelijks gezegd dat wat gezegd is over psychologie niet kan betekenen dat het geen wetenschap is. Integendeel, de fundamentele vaststelling van het wetenschappelijke karakter van de psychologie als een positieve, d.w.z. niet-filosofische wetenschap spreekt niet tegen de psychologie, maar ervoor, om haar uit de algemene verwarring te halen.

Als Kant Dasein, bestaan, aanwezig zijn, interpreteert als waarneming, dan kan dit fenomeen "waarneming" zelf niet helder worden gemaakt door de psychologie.

De psychologie moet eerder al weten wat perceptie überhaupt is, als ze de feitelijke processen van perceptie en hun ontstaan niet blindelings en tastend wil onderzoeken.

§ Uit wat Kant onverklaard laat in de fenomenen 'waarneming' en 'positie' en wat hij vaag laat in de aangetoonde dubbelzinnigheid, proberen we nu te halen welk onderzoek van welke verbanden het vooraf nodig heeft om de taak van een interpretatie van Dasein, bestaan, aanwezigheid, werkelijkheid, zijn in het algemeen te voorzien van de vaste grond, de heldere horizon en de zekere toegang.

Kants stelling dat het zijn geen echt predikaat is, kan niet worden aangeraakt in zijn negatieve inhoud. Kant wil eigenlijk zeggen: Zijn is niets zijn. Aan de andere kant, Kant's positieve interpretatie: Dasein als absolute positie (perceptie), Sein als positie in het algemeen, zowel onduidelijk en dubbelzinnig gebleken en tegelijkertijd twijfelachtig in zijn passende versie. We vragen ons nu af: wat laat Kant eigenlijk onbepaald als hij perceptie, positie in de genoemde dubbelzinnigheid gebruikt? Wat blijft er in het duister als het waarnemen, het waargenomene en de waarneembaarheid van het waargenomene niet worden onderscheiden, maar in gelijke mate worden bepaald als uniform behorend tot de waarneming?

Niets minder dan de staat van zijn van de waarneming in het algemeen, d.w.z. haar ontologische wezen, en evenzo de staat van zijn van de instelling. Het dubbelzinnige resp. onduidelijke gebruik van de term "waarneming", "instelling" in Kant is de index voor het feit dat hij de ontologische essentie van instelling en waarneming in het algemeen onbepaald laat. Maar dat is nog niet alles: Uiteindelijk zijn überhaupt de relaties van het Ik, van Dasein in onze terminologie, ontologisch onbepaald. De adequate expliciete ontologie van Dasein, van het wezen dat we zelf zijn, zit in de problemen. Maar dat niet alleen, er wordt ook niet onderkend dat de toereikende uitwerking ervan de voorwaarde is voor het stellen van het probleem waarvan Kant de oplossing tot zijn taak maakt met de uitleg van het begrip 'zijn'.

Het basisconcept van een ontologie van Dasein willen we voorlopig niet behandelen. Het zal ons bezighouden in het tweede en derde deel van de lezing. We willen niet ingaan op de discussie over de functie ervan als fundament van filosofisch onderzoek in het algemeen, en het is nog minder mogelijk om de ontologie van Dasein hier zelfs maar in haar hoofdlijnen uit te werken en te presenteren. Ik heb een poging daartoe gepresenteerd in de zojuist gepubliceerde eerste helft van mijn verhandeling "Zijn en Tijd". We proberen nu, omgekeerd, het gebied van de ontologie van Dasein als fundament van de ontologie in het algemeen binnen te leiden door een verdere analyse van het Kantiaanse probleem en de Kantiaanse oplossing.

Kant interpreteert het bestaan nu in onze terminologie, omdat we de titel "bestaan" voor de mens opeisen als waarneming. De drievoudige betekenis: waarnemend, waargenomen, waargenomenheid van het waargenomene moet worden opgemerkt. Maar is er iets gewonnen voor de verheldering van het begrip bestaan door specifiek de dubbelzinnigheid van de uitdrukking "waarnemen" op te merken en de verschillende betekenissen vast te leggen? Zijn we, door de drie betekenissen van het woord 'waarneming' uit elkaar te houden, verder gekomen in het begrip van het fenomeen dat met deze uitdrukking bedoeld wordt? Door op te sommen wat een woord in zijn dubbelzinnigheid kan betekenen, komt men niet verder in de kennis van de materie. Zeker niet. Maar deze betekenisverschillen van de term 'waarneming' hebben uiteindelijk hun reden in datgene wat ermee bedoeld wordt, in het fenomeen van de waarneming zelf. Niet alleen de verschillen in betekenis zoals die expliciet bekend zijn, maar ook de meer fundamentele versie van het dubbelzinnige woord kunnen het gevolg zijn van de eigenaardigheid van het betekende ding. Vermoedelijk is deze ambiguïteit van de uitdrukking "waarneming" niet toevallig, maar toont ze gewoon aan dat het fenomeen dat ermee bedoeld wordt de vulgaire ervaring en het vulgaire begrip al de aanwijzing geeft om het te vatten als waarnemen, waarnemend gedrag, als waargenomen in de zin van waar het waarnemend gedrag mee te maken heeft, als waargenomenheid in de zin van het waargenomen worden van wat waargenomen wordt in het waarnemend gedrag. Het kan zijn dat het fenomeen dat bedoeld wordt met waarnemen de reden is voor de ambiguïteit, omdat het niet eenvoudig is maar ambigu in zijn eigen structuur.

Waarschijnlijk behoort wat in drie betekenissen elk afzonderlijk wordt bedoeld oorspronkelijk tot de uniforme structuur van wat we als waarneming moeten begrijpen. Misschien wordt dit in de afzonderlijke betekenissen en het daardoor geleide grijpen van het genoemde in elk afzonderlijk geval in verschillende opzichten nagestreefd.

Dit is inderdaad het geval. Wat we in het kort Wahrnehmimg noemen is expliciter gezegd: perceptuele oriëntatie op het waargenomene, zodanig dat het waargenomene wordt begrepen als waargenomen in zijn waargenomenheid zelf. Deze uitspraak lijkt geen bijzondere wijsheid. Waarnemen is waarnemen, waartoe een waargenomene behoort in zijn waargenomenheid. Is dit geen lege tautologie? Een tafel is een tafel. De verklaring, hoewel voorlopig, is meer dan een tautologie.

We zeggen daarmee: waarneming en het waargenomene in zijn waarneembaarheid horen bij elkaar. We zeggen met het spreken van de percipiënt "Sichrichten-auf" dat het bij elkaar horen van de drie momenten van waarneming tekens zijn van dit "Sichrichtens-auf". Deze "Sichrichten-auf" vormt als het ware het kader van het hele fenomeen "Wahrnehmung".

80 Alleen al Kants stelling dat waarnemen gericht is op een waargenomen ding of, formeel gesproken, daarmee verband houdt, is te vanzelfsprekend om speciaal genoemd te hoeven worden. Kant zegt hetzelfde als hij het heeft over het ding, het waargenomene, als zijnde gerelateerd aan het cognitieve vermogen, het waarnemende, als hij het heeft over een subjectieve synthese. Bovendien behoort deze expressief genoteerde relatie van het waarnemen tot het waargenomene ook tot andere gedragswijzen: het louter verbeelden, dat verwijst naar het verbeelde, het denken, dat een gedachte denkt, het oordelen, dat een gedachte bepaalt, het liefhebben, dat verwijst naar een geliefde.

Dit zijn, zo zou men willen denken, onovertroffen trivialiteiten, waar men voor terugdeinst om ze te zeggen. Toch verloochenen we ons niet om deze uitspraak expliciet vast te leggen: Gedragingen hebben betrekking op iets, ze zijn daarop gericht, dus formeel gesproken: gerelateerd. Maar wat moeten we met deze uitspraak over de relatie van houdingen tot datgene waarop ze betrekking hebben? Is dit überhaupt nog filosofie? Of dit filosofie is of niet, laten we in het midden. We geven zelfs toe dat het geen filosofie is of nog niet is. Het maakt ons ook niet uit wat we doen met de vaststelling van de vermeende trivialiteiten, of we daarmee doordringen tot in de geheimen van de wereld en van het bestaan of niet.

We geven maar om één ding, dat deze triviale uitspraak en wat erin bedoeld wordt ons niet ontgaat, dat we het misschien dichter bij ons brengen. Misschien verandert de vermeende trivialiteit dan in complete mysterie. In veel gevallen wordt deze trivialiteit een van de spannendste problemen voor degenen die weten hoe ze moeten filosoferen, dat wil zeggen voor degenen die hebben leren begrijpen dat het vanzelfsprekende het ware en enige onderwerp van de filosofie is.

De attitudes hebben de structuur van gericht zijn op, georiënteerd zijn op. De fenomenologie noemt deze structuur intentionaliteit in navolging van een term uit de scholastiek. De scholastiek spreekt van de intentio van de wil, de voluntas, d.w.z., ze spreekt er alleen over met betrekking tot de wil. Het is ver verwijderd van het toewijzen van de intentio, zelfs aan de andere gedragingen van het subject, of zelfs van het begrijpen van de zin van deze structuur in principe. Het is daarom zowel een historische als een feitelijke vergissing om te zeggen, zoals tegenwoordig meestal wordt gedaan, dat de doctrine van de intentionaliteit een doctrine van de scholastiek is. Maar zelfs als dit waar zou zijn, zou dit geen reden zijn om het te verwerpen, maar alleen om ons af te vragen of het op zichzelf houdbaar is. Maar de scholastiek kent de doctrine van intentionaliteit niet. Franz Brentano daarentegen legde in zijn "Psychologie vanuit het empirische gezichtspunt" (1874), sterk beïnvloed door de scholastiek, vooral door Thomas en Suarez, meer nadruk op intentionaliteit en zei dat met betrekking tot deze structuur, dat wil zeggen de manier waarop je je op iets richt, de totaliteit van psychische ervaringen kan en moet worden geclassificeerd. De titel "Psychologie vanuit empirisch oogpunt" betekent iets heel anders dan de hedendaagse uitdrukking "empirische psychologie". Van Brentano is Husserl afgeleid, die de essentie van intentionaliteit voor het eerst verduidelijkt in de "Logische Onderzoekingen" en deze verduidelijking voortzet in de "Ideeën". Toch moet het gezegd worden: Dit raadselachtige fenomeen van intentionaliteit wordt filosofisch nog lang niet voldoende begrepen. Onderzoek concentreert zich op het duidelijker zien van dit fenomeen.

Terugdenkend aan wat we zeiden over de waarneming zelf, kan het concept intentionaliteit eerst op deze manier worden verduidelijkt: Elke houding is een gedrag-naar, waarneming een waarnemen-van. Dit gedrag-naar noemen we in engere zin het intendere of de intentio. Elk gedrag-naar en elk gericht-zijn-naar heeft zijn specifieke waarom van gedrag en waarom van gericht-zijn. Dit "waarom" van gedrag en "waarom" van geoordeeld worden, dat bij de intentio hoort, noemen we 82 Kants stelling intentum. Intentionaliteit omvat beide momenten, de intentio en het intentum, in hun nog duistere eenheid. Beide momenten zijn verschillend in elke houding, het verschil van de intentio of het intentum vormt het verschil van de houdingen. Ze zijn verschillend met betrekking tot hun eigen intentionaliteit.

Het is nu nodig om deze structuur van de houdingen van Dasein na te streven met speciale aandacht voor waarneming en om ons af te vragen hoe deze structuur van intentionaliteit er zelf uitziet, maar vooral hoe ze ontologisch gegrond is in de basisconstitutie van Dasein. Allereerst is het belangrijk om intentionaliteit als structuur van het gedrag van Dasein nog dichter bij ons te brengen, dat wil zeggen, om het te behoeden voor voor de hand liggende en voortdurend opdringende misinterpretaties. We denken hierbij niet zozeer aan de misinterpretaties waarmee de hedendaagse filosofie de intentionaliteit overlaadt, misinterpretaties die allemaal voortkomen uit vooropgezette epistemologische of metafysische gezichtspunten.

We laten bepaalde epistemologieën, in het algemeen bepaalde filosofische theorieën, buiten beschouwing. We moeten proberen het fenomeen intentionaliteit eenvoudig en zonder vooroordelen te zien. Maar zelfs als we de vooroordelen vermijden die voortkomen uit filosofische theorieën, zijn we nog steeds niet immuun voor alle verkeerde interpretaties. Integendeel, de gevaarlijkste en hardnekkigste vooroordelen met betrekking tot het begrijpen van intentionaliteit zijn niet de expliciete in de vorm van filosofische theorieën, maar de impliciete die voortkomen uit de natuurlijke opvatting en interpretatie van dingen door de alledaagse begrijpelijkheid van het bestaan. Deze zijn juist het minst opvallend en het moeilijkst te verwerpen. Op welke manier deze vulgaire vooroordelen hun reden hebben, op welke manier ze hun eigen recht hebben binnen het alledaagse bestaan, vragen we ons nu niet af. Eerst proberen we een verkeerde interpretatie van intentionaliteit te identificeren, die juist gebaseerd is op de naïeve, natuurlijke, meer fundamentele kijk op de dingen. We oriënteren ons opnieuw op het intentionele karakter van de waarneming.

Waarnemen heeft intentioneel karakter, zegt eerst: Waarnemen, zijn intentio, verwijst naar wat wordt waargenomen, intentum. Ik neem het raam daar waar. We spreken kort over de relatie van de waarneming tot het object. Hoe zullen we deze relatie natuurlijk karakteriseren? Het object van de waarneming is het raam daar. De relatimg van de waarneming van het raam drukt uiteraard de relatie uit waarin het daar aanwezige raam staat tot mij als de hier aanwezige mens, het subject. Met deze nu bestaande waarneming van het raam wordt een bestaande relatie tussen twee bestaande dingen gecreëerd, het bestaande object en het bestaande subject. De waarnemingsrelatie is een bestaande relatie tussen twee bestaande dingen. Als ik het ene familielid wegneem, bijvoorbeeld het subject, dan is de relatie zelf niet langer aanwezig. Als ik het andere familielid, het object, het bestaande raam, laat verdwijnen of denk dat het verdwenen is, dan verdwijnt uiteraard ook de relatie tussen mij en het bestaande object, ja, de mogelijkheid van de relatie überhaupt. Want de relatie heeft nu als het ware geen steunpunt meer in het bestaande object. De intentionele relatie kan, zo lijkt het, alleen aanwezig zijn als relatie, als beide leden van de relatie aanwezig zijn, en de relatie bestaat alleen zolang die leden van de relatie zelf aanwezig zijn. Anders gedraaid: Het psychische subject vereist, om een mogelijke relatie tussen hem en een ander te laten bestaan, de aanwezigheid van een fysiek object. Als er geen fysieke dingen waren, zou het psychische subject geïsoleerd moeten bestaan zonder deze intentionele relatie voor zichzelf. De intentionele relatie komt tot het subject bij gratie van de aanwezigheid van het object, en vice versa. Dit lijkt allemaal vanzelfsprekend.

84 Toch wordt in deze karakterisering van intentionaliteit als een bestaande relatie tussen twee bestaande dingen, een mentaal subject en een fysiek object, zowel de essentie als de zijnswijze van intentionaliteit fundamenteel gemist. De fout ligt in het feit dat de interpretatie de intentionele relatie beschouwt als iets dat alleen aan het subject wordt toegevoegd door de verschijning van de aanwezigheid van een object. Daarin ligt de mening besloten: Op zichzelf als geïsoleerd psychisch subject is het zonder intentionaliteit. Aan de andere kant moet gezien worden dat de intentionele relatie niet alleen ontstaat door de toevoeging van een object aan een subject, net zoals een

afstand tussen twee bestaande lichamen alleen ontstaat en bestaat wanneer een ander aan een bestaand lichaam wordt toegevoegd. De intentionele relatie met het object ontstaat niet alleen in het subject met en door de aanwezigheid van het object, maar het subject is intentioneel gestructureerd in zichzelf. Als subject is het gericht op ... Laten we aannemen dat iemand getroffen wordt door een hallucinatie. Hallucinerend ziet hij nu hier in deze hal dat er olifanten bewegen. Hij neemt deze objecten waar ook al zijn ze er niet. Hij neemt ze waar, hij is er perceptief op gericht. We hebben hier een gericht zijn op objecten zonder dat ze aanwezig zijn. Ze zijn, zeggen we, de anderen, voor hem alleen zogenaamd gegeven als bestaand. Maar deze objecten kunnen alleen zogenaamd gegeven zijn in de hallucinerende, omdat zijn waarnemen op de manier van hallucineren zodanig is dat in dit waarnemen iets kan worden aangetroffen, omdat het waarnemen op zichzelf een gedrag-to is, een relatie tot het object, of het nu echt is of alleen zogenaamd aanwezig. Alleen omdat het hallucinerende waarnemen als waarneming in zichzelf het karakter heeft van gericht-zijn-op, kan het hallucinerende zogenaamd iets betekenen. Ik kan alleen zogenaamd iets begrijpen als ik, als begrijpen, überhaupt iets bedoel. Dan kan alleen betekenis de wijziging van veronderstheid aannemen. De intentionele relatie komt niet voort uit de werkelijke aanwezigheid van de objecten, maar ligt in het waarnemen zelf, of het nu vrij is van bedrog of zichzelf bedriegt. Waarnemen moet waarnemen-van-iets zijn, zodat ik mezelf over iets kan bedriegen.

Zo wordt het duidelijk: De spraak van de relatie van waarnemen tot een object is dubbelzinnig. Het kan zeggen: Waarnemen als iets psychisch in het bestaande subject staat in een relatie met een bestaand object, dat zelf bestaand is vanwege deze twee bestaande.

Deze relatie staat en valt met het bestaan van de relationele elementen. Of de uitdrukking "relatie van de waarneming tot een object" betekent: Waarneming wordt op zichzelf, volgens haar structuur, gevormd door deze relatie, ongeacht of datgene, waarop ze betrekking heeft, als object aanwezig is of niet. De tweede betekenis van de uitdrukking "relatie van de waarneming tot een object" beantwoordt eerder aan de eigenaardigheid van intentionaliteit. De uitdrukking "relatie van de waarneming" betekent niet een relatie, waarin de waarneming eerst binnentreedt als het ene punt van relatie, dat valt op de waarneming, die op zichzelf vrij is van relatie, maar een relatie, die de waarneming als zodanig zelf is. Deze relatie, die we bedoelen met intentionaliteit, is het apriori relationele karakter van wat we zelfgedrag noemen.

Intentionaliteit is een structuur van het zich gedragende subject als een structuur van het gedrag zelf. Het zit in de manier van zijn van het zich gedragende subject als het relatiekarakter van deze relatie. Het behoort tot de essentie van de gedragingen, zodat de uitspraak van de intentionele houding al een pleonasme is en ongeveer gelijk is aan zeggen: een ruimtelijke driehoek. Omgekeerd, zolang de intentionaliteit als zodanig niet wordt gezien, worden de relaties verward gedacht, alsof ik me alleen maar een driehoek voorstel zonder het bijbehorende ruimtelijke idee dat eraan ten grondslag ligt en het mogelijk maakt.

Hiermee hebben we een misinterpretatie van intentionaliteit voorkomen die vertrouwd is voor de gewone geest, maar tegelijkertijd hebben we een nieuwe misinterpretatie gesuggereerd waar de niet-fenomenologische filosofie bijna universeel het slachtoffer van wordt. We willen ook deze tweede misinterpretatie bespreken zonder in te gaan op specifieke theorieën.

Het resultaat van de vorige verduidelijking was: De intentionaliteit is niet een objectief bestaande relatie tussen twee bestaande dingen, maar als het relationele karakter van het gedrag een bepaling van het subject. De gedragingen zijn die van het ego. Ze worden ook ervaringen van het subject genoemd. Ervaringen zijn intentioneel en behoren daarom toe aan het ego, of zoals mem geleerd zegt, ze zijn immanent aan het subject, ze behoren tot de subjectieve sfeer. Maar het subject en zijn ervaringen zijn datgene wat gegeven is voor het subject, het ik zelf, allereerst alleen en zonder twijfel, volgens een algemene methodische overtuiging van de nieuwere filosofie sinds Descartes. De vraag rijst: Hoe kan dit Ik met zijn intentionele ervaringen uit zijn ervaringssfeer treden en een relatie aangaan met de bestaande wereld? Hoe kan het Ik zijn eigen sfeer en de daarin besloten intentionele ervaringen overstijgen, en waaruit bestaat deze transcendentie?

Meer precies moeten we ons afvragen: Wat draagt de intentionele structuur van ervaringen bij aan de filosofische opheldering van transcendentie? Want intentionaliteit duidt op een relatie van het subject met het object. Maar we hoorden dat intentionaliteit een structuur van ervaringen is en dus tot de subjectieve sfeer behoort. Dus ook de intentionele gerichtheid op het object lijkt binnen de subjectsfeer te blijven en op zichzelf genomen niets bij te dragen aan de opheldering van transcendentie. Hoe komen we van de intentionele ervaringen binnenin, in het subject, naar buiten, naar de dingen als objecten? Op zichzelf, zegt men, verwijzen de intentionele ervaringen als behorend tot de subjectieve sfeer alleen naar dat wat immanent is aan deze sfeer. De waarnemingen als iets psychisch zijn gericht op gewaarwordingen, beelden, geheugenresten en determinaties, die het denken, dat ook immanent is aan het subject, toevoegt aan wat aanvankelijk subjectief gegeven is. Dus moet vooral het veronderstelde centrale filosofische probleem worden gesteld: Hoe verhouden de ervaringen en waar ze als intentioneel op gericht zijn, het subjectieve van gewaarwordingen, ideeën, zich tot het objectieve?

Deze vraag lijkt ook plausibel en noodzakelijk, omdat we zelf hebben gezegd: De ervaringen, waarvan verondersteld wordt dat ze het karakter van intentionaliteit hebben, behoren tot de subjectieve sfeer. De volgende vraag lijkt onvermijdelijk: Hoe verhouden de intentionele ervaringen die tot de subjectieve sfeer behoren zich tot de transcendentale objecten? Hoe aannemelijk deze vraag ook lijkt, en hoe wijdverbreid ze ook mag zijn, zelfs binnen de fenomenologie en de richtingen van het nieuwe epistemologisch realisme die er dicht bij staan, bijvoorbeeld de opvatting van N. Hartmann, deze interpretatie van intentionaliteit miskent dit fenomeen op een elementaire manier. Het ontkiemt het, omdat theorie het eerste is voor de vervulling van de eis om de ogen te openen en de fenomenen tegen alle stevig gewortelde theorie in te nemen en ze te trotseren zoals ze zichzelf geven, d.w.z. de theorie te richten naar de fenomenen, en niet omgekeerd, de fenomenen te verkrachten door een vooropgezette theorie.

Waar ligt de bron van de tweede misinterpretatie van intentionaliteit die nu opgehelderd moet worden? Deze keer niet in het karakter van intentio zoals in de eerste, maar in het karakter van intentum, waar de houding, in ons geval de waarneming, op gericht is. Men zegt: Intentionaliteit is een karakter van ervaringen. Deze behoren tot de sfeer van het subject.

88 Kants stelling Wat is er natuurlijker en logischer dan nu te concluderen: Bijgevolg moet datgene waarop de immanente ervaringen zijn gericht zelf ook subjectief zijn. Maar hoe natuurlijk en logisch deze conclusie en hoe kritisch en zorgvuldig deze karakterisering van de intentionele ervaringen en waar ze op gericht zijn er ook uitziet, het blijft een theorie waarin men de ogen sluit voor de verschijnselen en ze niet zelf aan het woord laat.

Laten we een natuurlijke waarneming nemen zonder enige theologie, zonder alle vooropgezette meningen over de relatie tussen subject en object en dergelijke, en

laten we deze concrete waarneming waarin we leven
eens ondervragen, bijvoorbeeld de waarneming van het
raam. Waarnaar verwijst het volgens zijn eigen gevoel
van richting van zijn intentio? Waarop is de waarneming
gericht volgens haar eigen gevoel van waarneming
waardoor ze wordt geleid? In alledaags gedrag,
bijvoorbeeld als ik rondloop in deze kamer, rondkijk in
de omgeving, neem ik muur en raam waar. Waar richt ik
me op in deze waarneming? Naar sensaties? Of, wanneer
ik vermijd wat ik waarneem, vermijd ik dan
vooroordelen en let ik erop dat ik niet door deze
vooroordelen en gewaarwordingen heen naar de
binnenplaats van het universiteitsgebouw spring?

Dit alles is pure theorie om te zeggen, ik ben eerst
gericht op waarnemingen. Volgens zijn richtingsgevoel is
waarneming gericht op het bestaande wezen zelf. Het
betekent dit net zoals het bestaande en helemaal geen
weet heeft van gewaarwordingen, die het waarneemt. Dit
is ook waar als ik me in een waarnemingsillusie beweeg.

Als ik mezelf misleid door te denken dat een boom in
het donker een mens is, moet je niet zeggen dat deze
waarneming op een boom gericht is, maar denkt dat het
een mens is;

Maar de mens is slechts een conceptie, dus in deze
misleiding word ik naar een conceptie geleid.
Integendeel, het is juist de zin van de illusie dat ik, die de
boom voor een mens aanneemt, waarneem wat ik
waarneem en meen waar te nemen als iets bestaands. In
deze perceptuele illusie wordt de mens zelf aan mij
gegeven en niet een idee van de mens.

Datgene waarnaar de waarneming is gericht overeenkomstig haar zintuiglijke waarneming, is het waargenomene zelf. Dit wordt bedoeld. Wat ligt er in deze niet door theorieën verblinde instructie?

Niets minder dan dat de vraag hoe de subjectieve intentionele ervaringen kunnen verwijzen naar iets dat objectief bestaat fundamenteel verkeerd is.

Ik kan en mag niet vragen: Hoe komt de innerlijke intentionele ervaring naar buiten? Zo kan en mag ik het niet vragen, omdat de intentionele houding zelf als zodanig betrekking heeft op het bestaande. Ik hoef niet te vragen hoe de immanente intentionele ervaring transcendentale geldigheid krijgt, maar ik moet zien dat het de intentionaliteit is en niets anders waarin de transcendentie bestaat. Hiermee zijn intentionaliteit en transcendentie nog niet voldoende opgehelderd, maar de vraagstelling is gewonnen, wat overeenkomt met de eigen feitelijke inhoud van het ondervraagde, omdat het daaruit getrokken wordt. De gebruikelijke opvatting van intentionaliteit miskent waar de waarneming in het geval van perceptie op gericht is. In overeenstemming daarmee miskent ze ook de structuur van het gericht zijn op, de intentio. De misinterpretatie ligt in een verkeerde subjectivering van intentionaliteit. Men gaat uit van een ego, een subject, en laat intentionele ervaringen tot zijn zogenaamde sfeer behoren. Hier is het ego iets met een sfeer waarin zijn intentionele ervaringen als het ware zijn ingekapseld.

Nu wordt het ons duidelijk dat de intentionele relaties zelf het transcendente vormen. Hieruit volgt dat intentionaliteit niet verkeerd geïnterpreteerd moet worden op basis van een arbitrair concept van subject en ego en van subjectieve sfeer en als oorzaak genomen moet worden voor een verkeerd probleem van transcendentie, maar dat men integendeel eerst het subject in zijn essentie moet bepalen op basis van Kants these groots van het onbevooroordeelde karakter van intentionaliteit en zijn transcendentie. Omdat de gebruikelijke scheiding van een subject met zijn immanente en een object met een transcendente sfeer, omdat in het algemeen het verschil van een binnen en een buiten constructief is en voortdurend aanleiding geeft tot verdere constructies, spreken we voortaan niet meer van een subject, maar begrijpen we het wezen, waartoe de intentionele houdingen behoren, als Dasein, op zo'n manier dat we het wezen van Dasein, een van zijn basisconstituties, op gepaste wijze proberen te karakteriseren met behulp van het juist begrepen intentionele gedrag. Het gedrag van het zijn is intentioneel, dat wil zeggen, de manier van zijn van onszelf, van Dasein, is in zijn essentie zodanig dat dit zijn, voor zover het is, al verblijft bij een zijn dat bestaat. Het idee van een subject, dat alleen in zijn sfeer intentionele ervaringen heeft en nog niet buiten, maar ingesloten is in zijn capsule, is een non-concept, dat de ontologische basisstructuur van het zijn, dat we zelf zijn, miskent. Als we, zoals eerder opgemerkt, de zijnsmodus van Dasein kortweg bestaanswijze noemen, is het te zeggen: Dasein bestaat en is nooit aanwezig als een ding. Een onderscheidend karakter tussen wat bestaat en wat aanwezig is ligt precies in de intentionaliteit. Dasein bestaat betekent, onder andere, dat het op zo'n manier is dat het is in relatie tot wat aanwezig is, tot wat aanwezig is niet als een subjectief. Een raam, een stoel, in het algemeen elk bestaand ding in de breedste zin van het woord, bestaat nooit, omdat het zich niet kan verhouden tot bestaande dingen op de manier van een intentionele oriëntatie daarop. Bestaan is slechts ook bestaan tussen andere dingen.

Dit is slechts een eerste poging om het fenomeen intentionaliteit te beschermen tegen de grofste misverstanden en het min of meer in beeld te brengen. Dit is de voorwaarde om van intentionaliteit een op zichzelf staand probleem te maken, zoals we in het tweede deel van de lezing zullen proberen.

Allereerst hebben we, met de bedoeling om het fenomeen perceptie in principe te verduidelijken, twee natuurlijke en hardnekkige misinterpretaties met betrekking tot intensionaliteit verworpen. We vatten beide misinterpretaties kort samen. Ten eerste moet tegen de omgekeerde objectivering van intentionaliteit worden gezegd: intentionaliteit is geen bestaande relatie tussen existent, subject en object, maar een structuur die het relationele karakter van het gedrag van Dasein als zodanig vormt. Ten tweede moet de omgekeerde subjectivering worden tegengegaan: De intentionele structuur van de gedragingen is niet iets dat immanent is aan het zogenaamde subject en in de eerste plaats transcendentie nodig zou hebben, maar de intentionele constitutie van de gedragingen van Dasein is juist de ontologische voorwaarde voor de mogelijkheid van enige transcendentie. Transcendentie, overstijgen, behoort tot de essentie van het zijn, dat (op zijn grond) bestaat als intentioneel, dat wil zeggen dat bestaat op de manier van blijven bij wat bestaat. Intentionaliteit is de ratio cognoscendi van transcendentie. Dit is de ratio essendi van intentionaliteit op zijn verschillende manieren.

Uit deze twee vaststellingen volgt het volgende: Intentionaliteit is noch iets objectiefs, bestaand als een object, noch is het subjectief in de zin van iets dat zich voordoet binnen een zogenaamd subject waarvan de wijze van zijn volledig onbepaald blijft. Intentionaliteit is noch objectief noch subjectief in de gebruikelijke zin, maar het is beide, vooral in een veel originelere zin, voor zover intentionaliteit, behorend tot het bestaan van Dasein, het mogelijk maakt dat dit wezen, Dasein, bestaat in relatie tot wat bestaat. Met de voldoende interpretatie van intentionaliteit wordt het traditionele concept van subject en subjectiviteit twijfelachtig, niet alleen wat de psychologie onder subject verstaat, maar ook wat zij zelf als positieve wetenschap moet vooronderstellen Kants onuitgesproken these over de idee en constitutie van het subject en wat de filosofie zelf tot nu toe ontologisch uiterst onvolmaakt heeft vastgesteld en in het duister heeft gelaten.

Ook het traditionele filosofische concept van het subject is onvoldoende bepaald met betrekking tot het basisconcept van intentionaliteit. Je kunt niet iets over intentionaliteit beslissen vanuit een concept van subject, omdat dit de essentiële, zelfs als niet de meest oorspronkelijke structuur van het subject zelf is.

Gezien de hierboven genoemde misinterpretaties is het niet vanzelfsprekend wat er bedoeld wordt met de triviale spraak: Perceptie verwijst naar een waargenomen ding, wordt bedoeld. Ook al spreekt men tegenwoordig onder invloed van de fenomenologie veel over intentionaliteit of introduceert men er een ander woord voor, het is nog niet bewezen dat de fenomenen die op deze manier beschreven worden fenomenologisch gezien zijn. Het feit dat de gedragingen: verbeelden, oordelen, denken, willen, intentioneel gestructureerd zijn, is geen zin die onthouden en gekend kan worden om er conclusies uit te trekken, maar is de opdracht om te visualiseren wat ermee bedoeld wordt, de structuur van de gedragingen, en om zich voortdurend opnieuw te verzekeren van de legitimiteit van deze uitspraak aan de hand van de verschijnselen.

De misinterpretaties zijn niet toevallig. Ze zijn ook niet uitsluitend en primair gebaseerd op een oppervlakkigheid van denken en filosofische discussie, maar ze hebben hun reden in de natuurlijke conceptie van de dingen zelf, zoals ze in Dasein liggen volgens zijn essentie.

Volgens deze benadering heeft Dasein de neiging om alles wat bestaat te begrijpen, of het nu bestaand is in de zin van de natuur, of van het soort wezen van het subject, eerst in de zin van een bestaand en dan in de zin van het bestaande. Dit is de basale tendens van de oude ontologie, die tot op de dag van vandaag niet is overwonnen, omdat het behoort tot het begrip van het zijn en de manier van begrijpen van het zijn van Dasein. Voor zover in deze opvatting van alles wat gegeven is als een fundamentelere versie van het bestaande, intentionaliteit als relatie binnen de bestaande dingen niet kan worden gevonden, moet het blijkbaar worden toegewezen aan het subject; als het niets objectiefs is, dan is het iets subjectiefs. Het subject wordt opnieuw opgevat in dezelfde onbepaaldheid van zijn wezen als bestaand, zoals het door Descartes wordt getoond in de cogito sum. Dus de intentionaliteit, of die nu objectief of subjectief wordt begrepen, blijft iets dat op de een of andere manier aanwezig is. Aan de andere kant is het juist met behulp van intentionaliteit en haar eigenaardigheid dat het noch iets objectiefs noch iets subjectiefs is, dat men achterdochtig moet worden en zich moet afvragen: Moet het wezen, waartoe het duidelijk behoort, niet anders worden opgevat dan voorheen vanwege dit noch objectieve noch subjectieve verschijnsel?

Als Kant het heeft over een relatie van het ding tot het cognitieve vermogen, wordt het nu duidelijk dat deze toespraak en de vragen die daaruit voortvloeien vol verwarring zitten. Het ding verwijst niet naar een cognitief vermogen in het subject, maar het cognitieve vermogen zelf en dus dit subject zijn gestructureerd volgens hun constitutie op een intentionele manier. Het cognitieve vermogen is niet het ene eindlid van de relatie tussen een ding buiten en het subject binnen, maar zijn essentie is het verwijzen zelf, zodat het intentionele

Dasein, dat zichzelf op deze manier verwijst, als existent al direct bij de dingen blijft. Voor Dasein is er geen buitenkant, daarom is het ook absurd om van een binnenkant te spreken.

Als we Kants dubbelzinnige spraak over waarneming aanpassen en proberen er onafhankelijkheid aan te geven door het onderscheid tussen waarnemingsintentie en waargenomene, corrigeren we niet simpelweg woordbetekenissen en terminologieën, maar gaan we terug naar de ontologische essentie van wat er met waarneming wordt bedoeld. Omdat waarneming een intentionele structuur heeft, kan, maar moet, in het geval van niet zien, de eerder genoemde ambiguïteit er noodzakelijkerwijs uit voortvloeien. Kant zelf moet gebruik maken van de intentionele structuur van de waarneming onder dwang van de dingen, voor zover hij überhaupt met de waarneming te maken heeft, zonder haar als zodanig te herkennen.

Hij heeft het eens over het feit dat de waarneming ergens reikt en dat daar, waar ze reikt, iets werkelijks, iets bestaands gevonden kan worden.2 Maar waarneming kan alleen maar een reikwijdte hebben als ze, volgens haar eigen essentie, überhaupt reikt, reikt naar, d.w.z. gericht is op. Waarnemingen verwijzen naar een vooraf ingesteld ding, wijzen naar zo'n ding, maar niet op zo'n manier dat deze referentiestructuur hen eerst aangereikt moet worden, maar ze hebben het van nature als vooronderstelling. Of ze ooit terecht geven wat ze beweren te geven is een tweede vraag, die zinloos is om te bespreken als de essentie van de bewering in het duister blijft.

c) Intentionaliteit en begrip van semes Het ontdekken (waarnemen) van het bestaande en het openen van het zijn We willen de juistheid van Kants interpretatie van werkelijkheid en bestaan behouden en alleen de horizon van waaruit en waarin hij de verlichting uitvoert duidelijker en adequater karakteriseren. Wat hebben we tot nu toe bereikt met de voorlopige opheldering van de intentionele structuur van de waarneming? We komen terug op de structuur van de positie in het algemeen bij de bespreking van de vierde stelling. We geven toe dat Kant aanwezigheid niet gelijk wil stellen aan perceptie, intentio, en zelfs niet aan het waargenomene, intentum, ook al noemt hij dit verschil niet. Er blijft dus alleen de mogelijkheid over om Kants gelijkstelling van werkelijkheid en waarneming te interpreteren in de zin dat waarneming hier waargenomenheid betekent. Het bleek twijfelachtig of "

De realiteit van een realiteit (het bestaan van iets dat aanwezig is) kan worden geïdentificeerd met de waarneembaarheid ervan. Aan de andere kant hebben we onszelf echter gegeven om te overwegen dat in de waarneembaarheid (het waargenomen worden) van het waargenomen en dus ontdekte werkelijke, de werkelijkheid ervan natuurlijk mede moet worden opgenomen, en in zekere zin ligt in de waarneembaarheid van een waargenomen heden de aanwezigheid van hetzelfde besloten, dat het door de analyse van de waarneembaarheid van het waargenomene op de een of andere manier mogelijk moet zijn om door te dringen tot de aanwezigheid van het heden. Hiermee is echter al gezegd dat waargenomenheid niet gelijkgesteld moet worden aan aanwezigheid, maar dat de laatste slechts een noodzakelijke, maar niet voldoende voorwaarde is voor toegang tot de laatste.

Deze context vereist dat we proberen perceptualiteit als zodanig te karakteriseren.

We vragen daarom: Hoe verhoudt dit karakter van de waarneembaarheid van een waargenomen ding zich tot wat we tot nu toe hebben gezegd over intentionele constitutie in het algemeen?

Waargenomenheid is dat van het waargenomene. Hoe hoort het erbij? Kunnen we doordringen tot de zin van de werkelijkheid van deze werkelijkheid door de waarneembaarheid van het werkelijke te analyseren? Gericht op de intentionaliteit van de waarneming, moeten we zeggen: De waarneembaarheid die bij een waargenomen ding hoort, valt uiteraard in het intentum, d.w.z. in datgene, waarop de waarneming is gericht. Eerst moeten we verder onderzoeken wat het intentum van de waarneming is. We hebben al gezegd dat het in de intentionele zin van richting van de waarneming is om het waargenomene te bedoelen als bestaand in zichzelf.

Het intentionele richtingsgevoel van het waarnemen zelf, of het zich nu vergist of niet, richt zich op het bestaande als het bestaande. Waarnemend, ben ik gericht op het raam daar als dit bepaalde ding van gebruik. Met dit wezen, bestaand in de breedste zin van het woord, heeft het een bepaalde relatie. Het dient om de hal te verlichten en tegelijkertijd te beschermen. Uit wat het dient, zijn bruikbaarheid, zijn constitutie is vooraf bepaald, dat wil zeggen alles wat behoort tot zijn zekere werkelijkheid in Kantiaanse zin, tot zijn objectiviteit. We kunnen op de alledaagse manier, naïef, waarnemend dit bestaande beschrijven, pre-wetenschappelijke, maar ook positief-wetenschappelijke uitspraken doen over dit object. Het raam staat open, sluit niet goed, zit goed in de muur; het kozijn heeft die en die kleur, is zo en zo uitgestrekt. Wat we dus in dit bestaande ding aantreffen zijn enerzijds bepalingen die erbij horen als gebruiksvoorwerp, zoals we ook zeggen als materiaal, en anderzijds ook bepalingen zoals hardheid, zwaarte, uitgestrektheid, die niet bij het raam horen als raam, maar als puur materieel ding. We kunnen de stoffelijke kenmerken, die het eerste zijn dat ons opvalt in onze natuurlijke omgang met dingen als ramen, negeren en het raam alleen als een bestaand ding beschouwen. In beide gevallen echter, of we het raam nu beschouwen en beschrijven als een gebruiksvoorwerp, als spullen of als een puur natuurlijk ding, begrijpen we al op een bepaalde manier wat spullen en dingen betekenen. In de natuurlijke omgang met spullen, gereedschappen, meetinstrumenten, voertuigen, begrijpen we iets als getuigenis, en in het vinden van materiële dingen begrijpen we iets als dingheid. Maar we zijn op zoek naar de waarneembaarheid van het waargenomene. Onder al deze bepalingen die het getuigeniskarakter van het waargenomene uitmaken, maar ook onder de bepalingen die tot het gewone dingkarakter van het bestaande behoren, vinden we niet zijn waarneembaarheid, die het wel heeft. We zeggen: het bestaande is het waargenomene. Daarom is ook de waarneembaarheid geen "echt predicaat Hoe hoort dit bij het bestaande? Het bestaande verandert niet door het feit dat ik het waarneem.

Het ervaart geen toename of afname van wat het is als dit bestaande ding. Het wordt niet beschadigd en onbruikbaar door waarnemen. Integendeel, in de zin van perceptieve waarneming zelf, is het juist om het waargenomene op zo'n manier te ontdekken dat het zichzelf in zichzelf laat zien. Perceptualiteit is dus niets objectiefs aan het object. Maar misschien, zal men concluderen, iets subjectiefs, niet behorend tot het waargenomene, het intentum, maar tot het waarnemende, de intentio?

We zijn echter al wantrouwig geworden over de juistheid van dit gebruikelijke onderscheid tussen subject en object, subjectief en objectief in de analyse van intentionaliteit.

Waarnemen als intentioneel valt niet in een subjectieve sfeer maar overstijgt die, als men van zo'n sfeer wil spreken. Waarnemen behoort misschien tot het intentionele gedrag van Dasein, d.w.z. het is niets subjectiefs en ook niets objectiefs, hoewel we dat steeds opnieuw moeten stellen: Het waargenomen zijn, het bestaande, wordt waargenomen, heeft het karakter van waargenomenheid. Deze waargenomenheid is een vreemde en raadselachtige structuur, die in zekere zin bij het object, bij het waargenomene hoort en toch niets objectiefs heeft, die bij het bestaan en zijn intentionele bestaan hoort en toch niets subjectiefs heeft. Telkens weer is het nodig om de methodologische stelregel van de fenomenologie in te prenten, niet om de geheimzinnigheid van de fenomenen voortijdig te ontvluchten of te elimineren door de gewelddadige slag van een wilde theorie, maar eerder om de geheimzinnigheid te vergroten. Alleen op die manier wordt het tastbaar en conceptueel grijpbaar, d.w.z..

Het probleem is om het fenomeen op zo'n manier en op zo'n concrete manier te begrijpen dat de instructies voor de oplossing van het fenomeen uit het raadselachtige ding zelf springen. Met betrekking tot waargenomenheid, maar ook, zoals zal blijken, met betrekking tot overeenkomstige andere tekens, doet zich het probleem voor: Hoe kan iets op een bepaalde manier tot het existente behoren zonder existent te zijn, en tegelijkertijd als zodanig tot Dasein behoren zonder iets subjectiefs te betekenen? We zullen dit probleem nu niet oplossen, maar alleen verergeren om in het tweede deel te laten zien dat de verklaring voor de mogelijkheid van zo'n raadselachtig fenomeen in het wezen van de tijd ligt.

Eén ding is duidelijk: Waargenomenheid van iets dat aanwezig is, is niet aanwezig in dit zelf, maar behoort tot het bestaan, wat niet betekent dat het behoort tot het subject en zijn immanente sfeer. Waargenomenheid behoort tot het waarnemende intentionele gedrag. Dit maakt het mogelijk dat wat aanwezig is zichzelf ontmoet.

Waarnemen onthult wat aanwezig is en laat het op een bepaalde manier ontdekken. Waarnemen neemt de verborgenheid van het aanwezige weg en laat het los, zodat het zichzelf in zichzelf kan laten zien. Dit is de betekenis van elk natuurlijk rondkijken en van elke natuurlijke oriëntatie op iets, omdat in het waarnemen zelf, volgens de opzettelijke betekenis ervan, deze manier van onthullen ligt.

Met de verwijzing naar het feit dat perceptie verwijst naar iets dat wordt waargenomen, is het nog niet voldoende onderscheiden van het louter verbeelden, het visualiseren. Het laatste verwijst ook naar iets, naar een wezen, op een bepaalde manier en kan zelfs verwijzen naar een bestaand ding zoals waarneming. Zo kan ik nu het treinstation in Marburg visualiseren. Daarbij verwijs ik niet naar een idee en bedoel ik niet een ingebeeld iets, maar het station als een bestaand iets. Tegelijkertijd wordt dit bestaande in deze zuivere visualisatie op een andere manier opgevat en gegeven dan in de onmiddellijke waarneming. Deze essentiële verschillen van intentionaliteit en intentum interesseren ons hier niet.

Waarnemen is vrij laten ontmoeten wat aanwezig is. Het overstijgen is een ontdekken. Bestaan bestaat als ontdekken. Het ontdekken van het bestaande is dat wat het loslaten ervan mogelijk maakt als een ontmoeting.

Waarneembaarheid, d.w.z. de specifieke loslating van een wezen in het waarnemen, is een manier van ontdekbaarheid in het algemeen. Ontdekbaarheid is ook de bepaling van het vrijkomen van iets in het maken of in het oordelen over...

We vragen: Wat hoort bij een ontdekking van het zijn, in ons geval bij de perceptieve ontdekking van wat aanwezig is? De manier van ontdekken en de manier van ontdekken van wat er is moet natuurlijk bepaald worden door het wezen dat erdoor ontdekt moet worden en zijn manier van zijn. Ik kan geen geometrische relaties waarnemen in de zin van de natuurlijke, zintuiglijke waarneming.

Maar hoe kan de manier van ontdekken gestandaardiseerd en vooraf bepaald worden door het te ontdekken wezen en zijn manier van zijn, als het niet op zo'n manier is dat het wezen zelf van tevoren ontdekt wordt, zodat de manier van grijpen erop gericht kan worden? Aan de andere kant wordt verondersteld dat deze ontdekking zich afmeet aan het te ontdekken wezen. De wijze van de mogelijke ontdekbaarheid van het bestaande in het waarnemende moet al van tevoren in het waarnemende zelf getekend zijn, d.w.z. het waarnemende ontdekken van het bestaande moet van tevoren al iets als het bestaande begrijpen.

In de intentionaliteit van het waarnemen moet zoiets als begrip van het bestaan al van tevoren liggen. Is dit slechts een a priori eis die we moeten stellen, omdat anders de perceptuele ontdekking van wat aanwezig is onbegrijpelijk zou blijven, of kan worden aangetoond dat in de intentionaliteit van het waarnemen, d.w.z. in de perceptuele ontdekking, zoiets als begrip van wat aanwezig is bestaat? Dit kan niet alleen worden aangetoond, we hebben het al aangetoond, voorzichtiger gezegd, we hebben al gebruik gemaakt van dit begrip van aanwezigheid dat bij de intentionaliteit van de waarneming hoort, zonder deze structuur tot nu toe expliciet te hebben gemarkeerd.

In de eerste karakterisering van intentum, datgene waarop de waarneming is gericht, was het nodig om aan te tonen, in tegenstelling tot de subjectivistische misinterpretaties dat de waarneming in eerste instantie alleen gericht is op subjectieve dingen, d.w.z. gewaarwordingen, dat de waarneming gericht is op bestaande dingen zelf.

Bij deze gelegenheid zeiden we dat we, om dit te zien, alleen maar de neiging van de waarneming zelf of haar richtingsgevoel in twijfel hoeven te trekken. Volgens haar richtingsgevoel bedoelt de waarneming wat aanwezig is in haar aanwezigheid. Het behoort tot het richtingsgevoel, d. w. z.

De intentio is gericht op de ontdekking van wat aanwezig is in het bestaan. In zichzelf is er al een begrip van het bestaan, al is het maar een preconceptueel begrip. In dit begrip wordt onthuld wat aanwezigheid betekent, geopend, zeggen we geopend. We spreken van de ontwikkeling die gegeven wordt in het begrip van aanwezigheid. Dit begrip van aanwezigheid ligt als preconceptueel antecedent in de intentio van perceptuele ontdekking als zodanig. Dit "voorafgaan" betekent niet dat ik, om waar te nemen en te ontdekken wat aanwezig is, de betekenis van aanwezigheid vooraf moet verhelderen.

Het pre-existente begrip van aanwezigheid is niet pre-existent in de volgorde van de tijd die we meten. De pre-communiteit van het begrip van aanwezigheid dat tot de perceptuele ontdekking behoort, zegt eerder het omgekeerde: Dit begrip van aanwezigheid, werkelijkheid in Kantiaanse zin, is zo pre-commonair, d.w.z. behorend tot de essentie van het perceptuele gedrag, dat ik het niet eens vooraf uitvoer. Het ligt, zoals we zullen zien, in de basisconstitutie van het Dasein zelf, dat het de zijnswijze van het existente, waartoe het zich op een existente manier verhoudt, al begrijpt, los van de vraag in hoeverre dit existente ontdekt wordt en of het voldoende en passend ontdekt wordt of niet. Tot de intentionaliteit van de waarneming behoren niet alleen intentio en intentum, maar ook het begrip van de zijnswijze van wat in het intentum bedoeld is.

Hoe dit voorlopige preconceptuele begrip van het bestaan (de werkelijkheid) ligt in de ontdekking van wat er is, wat dit liggen betekent en hoe het mogelijk is, zal ons later bezighouden. Nu is het alleen belangrijk om te zien dat het ontdekkende gedrag ten opzichte van het existente zichzelf in stand houdt in een begrip van het existente en dat bij dit gedrag, d.w.z. bij het bestaan van Dasein, de ontdekking van het existente hoort. Dit is de voorwaarde voor de mogelijkheid van ontdekbaarheid van wat bestaat. De ontdekbaarheid, d.w.z. de waarneembaarheid van wat aanwezig is, veronderstelt de toegankelijkheid van wat aanwezig is.

Waargenomenheid is, met betrekking tot haar mogelijkheid, gebaseerd op het begrip van het bestaan.

Alleen als we de waargenomenheid van het waargenomene op deze manier terugbrengen tot haar fundamenten, d.w.z. als we dit begrip van het Bestaan zelf analyseren, dat inherent is aan de volledige intentionaliteit van de waarneming, zijn we in staat om de zin van het op deze manier begrepen Bestaan te verduidelijken, Kantiaans gesproken de zin van Dasein en Existenz.

Dit begrip van zijn is duidelijk waar Kant naar verwijst, zonder het duidelijk te zien, wanneer hij zegt dat Dasein, Wirklichkeit, gelijk is aan waarneming. Zonder een antwoord te geven op de vraag hoe de werkelijkheid geïnterpreteerd moet worden, moeten we in gedachten houden dat in tegenstelling tot de Kantiaanse interpretatie: werkelijkheid is gelijk aan waarneming, er een overvloed aan structuren en structurele momenten wordt gepresenteerd van waar Kant in wezen naar verwijst. Ten eerste komen we intentionaliteit tegen. Hiertoe behoren niet alleen intentio en intentum, maar oorspronkelijk ook een ontdekkingswijze van het intentum dat in de intentio wordt ontdekt. Bij het wezen, dat in de waarneming wordt waargenomen, hoort niet alleen dat het ontdekt wordt, de ontdekbaarheid van het wezen, maar ook dat de zijnswijze van het ontdekte wezen wordt begrepen, d.w.z. ontsloten. Daarom maken we niet alleen terminologisch, maar ook om feitelijke redenen onderscheid tussen de ontdekking van een wezen en de ontwikkeling van zijn wezen. Het zijn kan alleen ontdekt worden, of dat nu door middel van waarneming of een andere vorm van toegang is, als het wezen van het wezen al toegankelijk is gemaakt, dat wil zeggen als ik het begrijp. Alleen dan kan ik me afvragen of het echt is of niet, en kan ik op de een of andere manier de werkelijkheid van het bestaande vaststellen. Nu moet het mogelijk zijn om het verband tussen de ontdekking van het wezen en de ontsluiering van het wezen nauwkeuriger aan te tonen en te laten zien hoe de ontsluiering (onthulling) van het wezen functioneert, d.w.z. de reden geeft, de basis voor de mogelijkheid van de ontdekking van het wezen. Met andere woorden, het moet mogelijk zijn om het verschil tussen ontdekken en onthullen te conceptualiseren en het te begrijpen als mogelijk en noodzakelijk, maar ook als de mogelijke eenheid van beide.

Daarin ligt tegelijkertijd de mogelijkheid om het verschil te vatten tussen het ontdekte zijn in ontdekbaarheid en het expliciet geopende zijn, dat wil zeggen om het onderscheid tussen zijn en zijn, het ontologische verschil, vast te leggen. Bij het nastreven van het Kantiaanse probleem komen we bij de kwestie van het ontologische verschil. Alleen op de weg van de oplossing van dit ontologische basisprobleem kan het lukken om de Kantiaanse stelling "het zijn is geen reëel predikaat" niet alleen positief te onderbouwen, maar tegelijkertijd positief aan te vullen met een radicale interpretatie van het zijn in het algemeen als bestaan (werkelijkheid, Dasein, existentie).

We zien nu dat de mogelijkheid om op het ontologische verschil te wijzen uiteraard verbonden is met de noodzaak om de intentionaliteit te onderzoeken, d.w.z. de wijze van toegang tot het wezen, waarbij niet gezegd wordt dat de wijze van toegang tot elk wezen de waarneming in Kantiaanse zin vertegenwoordigt.

Kant drijft de verklaring van de werkelijkheid, het bestaan, niet het centrum in wanneer hij de werkelijkheid gelijkstelt aan de waarneming. Hij stopt aan de uiterste rand van het probleemveld en op zo'n manier dat deze rand zelfs voor hem in onduidelijkheid verdwijnt. Toch is de richting die hij neemt de enige mogelijke en juiste, vanwege de terugval naar het onderwerp in de breedste zin van het woord. Het is de richting van de interpretatie van het zijn, de werkelijkheid, het bestaan die niet alleen de nieuwere filosofie sinds Descartes is ingeslagen door haar expliciete oriëntatie van het filosofische probleem op het subject. De ontologische vraagstelling van de oudheid, die van Plato en Aristoteles, die nog niet subjectivistisch georiënteerd was in de nieuw-temporele zin, gaat al in de richting van het subject of van wat er in wezen mee bedoeld wordt, ons bestaan. Dit betekent echter niet dat men de filosofische basistendens van Plato en Aristoteles kan interpreteren in de zin van Kant, zoals de Marburg School jaren geleden deed. De Grieken gaan in hun poging om het zijn te verlichten in dezelfde richting als Kant als ze teruggaan naar de λόγος. De λόγος heeft de eigenaardigheid iets te openbaren, te ontdekken of te ontsluiten, waar de Grieken net zo weinig van hebben gescheiden als de new-age filosofie. De λόγος, als het basisgedrag van de ψυχή, is een ἀληθεύειν, het manifest maken, dat eigen is aan de ψυχή in de breedste zin of aan de νοῦς, welke termen slecht begrepen worden als ze gedachteloos vertaald worden als ziel en geest en georiënteerd op overeenkomstige termen. De ψυχή spreekt tot zichzelf, zegt Plato, over het zijn, het spreekt door tot zichzelf zijn, anders-zijn, zelf-zijn, beweging, rust, en dergelijke, dat wil zeggen, het begrijpt in zichzelf al dingen als zijn, werkelijkheid, bestaan, enzovoort. De λόγος ψυχῆς is de horizon, waarin elke procedure, om zulke dingen als zijn en werkelijkheid te verhelderen, binnengaat. Alle filosofie, hoe ze het "subject" ook opvat en in het centrum van het filosofisch onderzoek plaatst, keert terug naar ziel, geest, bewustzijn, subject, ik in de opheldering van de ontologische basisverschijnselen.

Zowel de oude als de middeleeuwse ontologie zijn niet, zoals de gewone onwetendheid denkt, een zuiver objectieve ontologie met uitschakeling van het bewustzijn, maar de eigenaardigheid is juist dat het bewustzijn en het ik in dezelfde zin als het objectieve worden opgevat.

Dit komt tot uiting in het feit dat de antieke filosofie haar ontologie richtte op de λόγος en men zou met enig recht kunnen zeggen dat de antieke ontologie een logica van het zijn was. Dit is waar voor zover de logos het fenomeen is dat verondersteld wordt op te helderen wat zijn betekent. Maar de "logica" van het zijn betekent niet dat de ontologische problemen gereduceerd zouden worden tot de logische problemen in de zin van de schoollogica.

De terugval naar het ego, naar de ziel, naar het bewustzijn, naar de geest en naar Dasein is noodzakelijk om bepaalde feitelijke redenen.

We kunnen de eensgezindheid van deze richting in de filosofische interpretaties van zijn en werkelijkheid uitdrukken door een andere formulering van het probleem. Zijn, werkelijkheid, bestaan, behoren tot de meest algemene begrippen, die het Ik als het ware meebrengt. Daarom noemde en noemt men deze begrippen aangeboren ideeën", ideae innatae. Ze zijn inherent aan het menselijk bestaan.

Dit brengt, vanwege zijn constitutie van zijn, een zien met zich mee, 'ιδεῖν, een begrijpen van zijn, werkelijkheid, bestaan.

Leibniz zegt op veel plaatsen, hoewel veel grover en dubbelzinniger dan Kant, dat we alleen in de reflectie op onszelf begrijpen wat wezen, substantie, identiteit, duur, verandering, oorzakelijkheid en gevolg zijn. De doctrine van de aangeborenheid van ideeën domineert min of meer duidelijk de hele filosofie. Het is echter meer een uitweg en een verwijdering van het probleem dan een oplossing. Men trekt zich te eenvoudig terug op een wezen en een eigenschap ervan, de aangeborenheid, die men niet verder verduidelijkt.

Geboorte moet hier niet, zo dubbelzinnig als het wordt opgevat, in fysiologisch-biologische zin worden opgevat, maar het is bedoeld om te zeggen dat het zijn en het bestaan eerder worden begrepen dan het zijn. Dit betekent echter niet dat het zijn, het bestaan en de werkelijkheid datgene is wat het individu het eerst in zijn

biologische ontwikkeling begrijpt, dat de kinderen het
eerst begrijpen wat het bestaan is, maar deze
dubbelzinnige uitdrukking "nativiteit" duidt alleen op het
vroegere, voorafgaande, het apriori, dat men sinds
Descartes tot Hegel met het subjectieve identificeert.
Het probleem van de verlichting van het zijn kan alleen
uit deze impasse worden gehaald of kan eigenlijk alleen
als probleem worden gesteld, als men zich afvraagt: Wat
betekent deze aangeborenheid, hoe is ze mogelijk op
basis van de zijnsopvatting van Dasein, hoe is ze af te
bakenen? De aangeborenheid is geen fysiologisch-
biologisch feit, maar haar betekenis ligt in de richting dat
het zijn, het bestaan, eerder is dan het zijn. Het moet
begrepen worden in filosofisch-ontologische zin.
Daarom moet men niet denken dat deze concepten en
principes aangeboren zijn omdat alle mensen de
geldigheid van deze stellingen erkennen. De
overeenstemming van mensen over de geldigheid van de
propositie van tegenspraak is slechts een teken van
aangeborenheid, maar niet de reden. De val tot algemene
overeenstemming en instemming is nog geen
filosofische grond van de logische of ontologische
axioma's. Dat zullen we zien in de fenomenologische
beschouwing van de tweede stelling: Bij elk zijn hoort
een wat en een weg-tot-zijn, dat daar dezelfde horizon
opent, namelijk de poging om de begrippen van het zijn
te verhelderen vanuit de regressie naar het zijn van de
mens. Er zal echter ook worden aangetoond dat deze
teruggang niet zo expliciet wordt geformuleerd in de

oude en middeleeuwse ontologie als in die van Kant. Feitelijk is het echter wel aanwezig.

Het is op verschillende manieren duidelijk geworden: De kritische bespreking van Kants these leidt tot de noodzaak van een expliciete ontologie van Dasein. Want alleen op basis van de uitwerking van de ontologische basisconstitutie van Dasein zijn we in staat dat fenomeen adequaat te begrijpen dat verbonden is met de idee van het zijn, het begrip van het zijn dat ten grondslag ligt aan en richting geeft aan alle gedragingen in de richting van het zijn. Alleen als we de ontologische basisopvatting van Dasein begrijpen, kunnen we duidelijk maken hoe begrip van het zijn daarin mogelijk is. Maar het is ook duidelijk geworden dat de ontologie van Dasein het latente doel en de constante min of meer duidelijke eis is van de hele ontwikkeling van de westerse filosofie. Maar dit kan alleen worden gezien en bewezen als deze eis zelf expliciet wordt gesteld en in zijn basiskenmerken wordt vervuld. De bespreking van Kants these leidde in het bijzonder tot een fundamenteel ontologisch probleem, tot de vraag naar het verschil tussen zijn en zijn, tot het probleem van het ontologische verschil. Bij de bespreking van Kants stelling raakten we bij elke stap problemen aan zonder ze specifiek als zodanig te benoemen. Om de Kantiaanse these volledig te kunnen bespreken, zou het dus nodig zijn geweest om niet alleen de vergelijking van Dasein, de werkelijkheid, met de absolute positie te analyseren, maar ook de vergelijking van het zijn überhaupt met de positie überhaupt dienovereenkomstig te analyseren, d.w.z. om te laten zien dat de positie, het poneren, ook een intentionele structuur heeft. We komen hierop terug in de context van de bespreking van de vierde stelling, waar we het zijn behandelen in de betekenis van het "is" van de copula, die Kant interpreteert als respectus logicus, d.w.z. als het poneren van het zijn in het geheel. Kant vat het zijn, dat hij überhaupt als positie beschouwt, op als het "ist" dat wordt geponeerd als de conjunctie van subject en predicaat in de propositie.

Om het te analyseren, is het nodig om de structuur van de zin te laten zien.

De voorafgaande verheldering van intentionaliteit leidde ons verder naar het verschil in zijnsconstitutie van het objectief bestaande en dat van het subjectieve of van Dasein, dat bestaat. Het is duidelijk dat dit onderscheid tussen het zijn, dat we zelf zijn, en het zijn, dat we niet zijn, formeel gesproken van het ik en het niet-ik, niet toevallig is, maar van dien aard, dat het zich op de een of andere manier al aan het vulgaire bewustzijn moet opdringen en waarnaar de filosofie vanaf het begin heeft gestreefd. We zullen het bespreken in de derde stelling, zodat het verband van de eerste stelling met de vierde en derde al duidelijk wordt.

Bij het verduidelijken van de inhoud van Kants stelling zijn we uitgegaan van het begrip werkelijkheid, Sachheit, waarvan het bestaan als niet-werkelijk karakter moet worden onderscheiden.

Niettemin moet worden bedacht dat de werkelijkheid net zo min iets werkelijks is als het bestaan iets bestaands is, wat door Kant wordt uitgedrukt in het feit dat voor hem de werkelijkheid net als het bestaan een categorie is. Werkelijkheid is een ontologische zekerheid die bij elk wezen hoort, of het nu echt is of alleen maar mogelijk, voor zover elk wezen iets is, een feitelijke inhoud heeft. Het is niet alleen nodig om het bestaan als iets niet-werkelijks uit te sluiten van de werkelijke bepalingen van een ding, maar evenzeer om de ontologische betekenis van werkelijkheid in het algemeen vast te stellen en de vraag te stellen hoe het verband tussen werkelijkheid en bestaan begrepen moet worden en hoe de mogelijkheid ervan bewezen kan worden. Dit is een probleem dat als het ware verborgen ligt in Kants these. Het is niets anders dan de inhoud van de tweede stelling, die we nu zullen bespreken. We moeten in gedachten houden dat de vier stellingen met elkaar samenhangen. De inhoud van het ene probleem omvat die van de andere. De vier stellingen formuleren alleen van buitenaf en nog steeds verborgen de systematische eenheid van de ontologische basisproblemen, waar we naartoe gaan via de voorbereidende bespreking van de stellingen.

TWEEDE HOOFDSTUK

De stelling van de middeleeuwse ontologie die teruggaat tot Aristoteles: Bij de constitutie van het zijn van een wezen horen het zijn van water (essentia) en het aanwezige zijn (existentia)

§ 10. De inhoud van het proefschrift en de traditionele bespreking ervan

a) Het vooraf schetsen van de traditionele probleemcontext voor het onderscheid tussen essentia en existentia De bespreking van de eerste stelling, Zijn is geen reëel predikaat, had tot doel de betekenis van zijn, existentie, te verduidelijken en Kant's interpretatie met betrekking tot deze taak radicaler te bepalen. Er werd benadrukt dat existentie iets anders is dan realiteit. De werkelijkheid zelf werd niet tot probleem gemaakt, evenmin als de mogelijke relatie tot het bestaan of zelfs het verschil tussen de twee. Aangezien de werkelijkheid in Kants betekenis niets anders betekent dan essentia, omvat de bespreking van de tweede stelling over essentia en existentia alle vragen die in de voorgaande filosofie over hun relatie zijn opgeworpen en die in Kant niet verder worden behandeld, maar bij hem als een vanzelfsprekende traditionele opvatting aan de basis liggen.

In de loop van de bespreking van de tweede stelling zal nog duidelijker worden hoe sterk het Kantiaanse probleem geworteld is in de oude en middeleeuwse traditie. Hoewel de tweede stelling zeer nauw verwant is aan die van Kant, is de bespreking van de tweede stelling toch geen herhaling van Kants probleem, in zoverre dat nu de werkelijkheid zelf het ontologische probleem wordt onder de titel essentia. Bijgevolg wordt het probleem geïntensiveerd: Hoe behoort de werkelijkheid en hoe behoort het bestaan tot een wezen? Hoe kan werkelijkheid§ 10. Traditionele bespreking van these 109 les bestaan? Hoe moet de ontologische verbinding van werkelijkheid en bestaan worden bepaald? Nu komen we niet alleen voor fundamenteel nieuwe problemen te staan, maar het Kantiaanse probleem wordt er één mee.

We kunnen het nieuwe probleem ook karakteriseren met betrekking tot het ontologische verschil. Hierin gaat het om het verschil van zijn en zijn. Het ontologische verschil zegt: Zijn wordt gekenmerkt door een bepaalde voorwaarde van zijn. Dit zijn zelf is niets zijn. Daarbij is het niet duidelijk wat tot het zijn van een wezen behoort. Tot nu toe hebben we de term zijn, in navolging van Kant, opgevat als bestaan, Dasein, werkelijkheid, d.w.z. als de manier waarop een echt, bestaand ding is. Maar nu zal worden aangetoond dat de constitutie van het zijn van een wezen niet wordt uitgeput door de respectieve manier van zijn, als we daar werkelijkheid, bestaan, existentie onder verstaan. Het moet eerder duidelijk worden dat het bij elk wezen hoort, hoe het ook is, dat het dit en dat is. Het karakter van het wat, het feitelijke karakter, of zoals Kant zegt, de feitelijkheid, de werkelijkheid, behoort tot de zijnsconstitutie van een wezen.

Werkelijkheid is net zo min iets bestaands, echts, als bestaan en zijn iets bestaands en bestaands is. Het verschil tussen realitas of essentia en existentia valt dus niet samen met het ontologische verschil, maar het behoort tot de kant van één lid van het ontologische verschil, d.w.z. noch realitas noch existentia is een wezen, maar ze vormen allebei de structuur van het wezen zelf. Het verschil tussen realitas en existentia articuleert het wezen in zijn essentiële constitutie.

Zo zien we al dat het ontologische verschil op zichzelf niet zo eenvoudig is als de eenvoudige formulering lijkt, maar dat het différente waar de ontologie zich op richt, het zijn zelf, meer en meer een rijkere structuur in zichzelf onthult. De tweede stelling zal leiden tot het probleem dat we in het tweede deel bespreken onder de titel Fundationele stelling van de middeleeuwse ontologie van het zijn, namelijk de bepaaldheid van elk wezen met betrekking tot zijn wezen door essentia en mogelijk bestaan.

De traditionele discussie over de tweede stelling, dat essentia en existentia of mogelijk bestaan bij elk wezen horen, mist een solide basis en een zekere leidraad. Het feit van dit verschil tussen essentia en existentia is bekend sinds Aristoteles en is geaccepteerd als iets vanzelfsprekends. Het is in de traditie de vraag hoe dit verschil tussen beide bepaald moet worden. In de oudheid is deze vraag ook nog niet gesteld. Het probleem van het verschil en de verbinding, de distinctio en de compositio, tussen het feitelijke karakter van een wezen en de manier van zijn, essentia en existentia, wordt pas brandend in de Middeleeuwen, maar niet tegen de achtergrond van de basisvraag van het ontologische verschil, dat nooit als zodanig werd gezien, maar weer binnen dezelfde probleemcontext, die we al af en toe tegenkwamen in de karakterisering van Kants these. Het is waar dat het nu niet zozeer gaat om de vraag naar de herkenbaarheid en bewijsbaarheid van het bestaan van God, maar om het nog oorspronkelijkere probleem van het verschil tussen het concept van God als een oneindig wezen, ens infinitum, en het wezen dat niet God is, ens finitum. We hoorden in de karakterisering van de Kantiaanse stelling dat het bestaan behoort tot het wezen van God, tot de essentia dei. Dit is een stelling die Kant ook niet ontkent. Wat hij ontkent is alleen dat mensen in staat zijn om zo'n wezen, tot wiens essentie het bestaan behoort, absoluut te stellen, d.w.z. om het direct waar te nemen, om er in de breedste zin naar te kijken. God is een wezen dat, volgens zijn essentie, nooit niet kan zijn. Maar het eindige wezen kan ook niet zijn. Dit betekent dat het bestaan niet noodzakelijkerwijs behoort tot wat het is, tot zijn realitas. Als nu zo'n mogelijk wezen (ens finitum) of zijn werkelijkheid gerealiseerd wordt, als dit mogelijke bestaat, dan zijn natuurlijk, uiterlijk beschouwd, de mogelijkheid en de werkelijkheid samengekomen in het wezen. Het mogelijke is geactualiseerd, de essentia is werkelijk, bestaat. Dus rijst de vraag: Hoe moet de relatie van het feitelijke karakter van een werkelijk tot zijn actualiteit begrepen worden? Nu gaat het niet alleen om het Kantiaanse probleem, om de werkelijkheid in het algemeen, maar om de vraag hoe de werkelijkheid van een wezen zich verhoudt tot zijn werkelijkheid. We zien dat ook dit ontologische probleem, dat ons terugbrengt naar het basisprobleem van de articulatie van het zijn in het tweede deel, in de traditie georiënteerd is op het probleem van God, op het concept van God als het ens perfectissimum. De oude vergelijking van Aristoteles, dat de πρώτη φιλοσοφία, de eerste kennis, wetenschap van het zijn, gelijk is aan de θεολογία, wordt opnieuw bevestigd. We moeten dit verband nu nog verder verduidelijken om de inhoud van de tweede stelling op de juiste manier te kunnen begrijpen en om het filosofisch doorslaggevende uit de traditionele bespreking van deze stelling in de Middeleeuwen te kunnen halen. Reeds in de uiteenzetting van de inhoud van de stelling moeten we ons beperken tot de essentie en slechts een gemiddelde karakteristiek van het probleem geven. We kunnen het historische verloop van de discussie over deze stelling over de relatie en het verschil tussen essentia en existentia in de scholastiek (St. Thomas, de oudere Thomistische school, Duns Scotus, Suarez, de Spaanse scholastiek in het tijdperk van de contrareformatie) niet in detail weergeven, maar we zullen proberen, door de belangrijkste doctrines te karakteriseren, d.w.z. de opvattingen van St. Thomas, de belangrijkste argumenten van de stelling te geven. We proberen een idee te geven van hoe de scholastiek met deze problemen omging en hoe tegelijkertijd, in deze behandeling van het probleem zelf, in haar benadering, de invloed van de antieke filosofie wordt onthuld.

Suarez behoort tot de zogenaamde late scholastiek, die tijdens de Contrareformatie in Spanje in de jezuïetenorde herleefde. Thomas was Dominicaan O. Pr., Duns Scotus Franciscaan OFM. Suarez is de denker die de moderne filosofie het meest beïnvloedde. Descartes is direct van hem afhankelijk en gebruikt zijn terminologie bijna overal. Het is Suarez die als eerste de middeleeuwse filosofie systematiseerde, vooral de ontologie. Daarvoor behandelden de Middeleeuwers, inclusief Thomas en Duns Scotus, de oudheid alleen in commentaren, die de teksten voortdurend behandelen. Het basisboek van de oudheid, de "Metafysica" van Aristoteles, is geen samenhangend werk, heeft geen systematische structuur. Suarez zag dit en probeerde deze tekortkoming, die hij als zodanig zag, te verhelpen door voor het eerst de ontologische problemen in een systematische vorm te gieten, die bepalend was voor een indeling van de metafysica in de volgende eeuwen tot aan Hegel. Men onderscheidde daarna metaphysica generalis, algemene ontologie, en metaphysica specialis, namelijk cosmologia rationalis, ontologie van de natuur, psychologia rationalis, ontologie van de geest, en theologia rationalis, ontologie van God. Deze groepering van de centrale filosofische disciplines komt terug in Kants "Kritiek van de zuivere rede". De "transcendentale logica" komt in zijn basis overeen met de algemene ontologie. Wat Kant behandelt in de "transcendentale dialectiek", de problemen van de rationele psychologie, kosmologie en theologie, komt overeen met wat de nieuwere filosofie aan vragen kende. Suarez, die zijn filosofie presenteerde in de "Disputationes metaphysicae" (1597), was niet alleen van grote invloed op de verdere ontwikkeling van de theologie binnen het katholicisme, maar had ook, samen met zijn religieuze collega Fonseca, een sterke invloed op de vorming van de protestantse scholastiek in de 16e en 17e eeuw.

Eeuw. De grondigheid en het filosofische niveau is veel hoger dan wat Melanchthon bijvoorbeeld bereikt in zijn commentaren op Aristoteles.

Dit probleem van de relatie tussen essentia en existentia heeft vooral een theologische betekenis, die ons niet in enge zin interesseert. Het betreft de problemen van de christologie en wordt daarom vandaag de dag nog steeds besproken in de scholen van theologen, vooral in de filosofische opvattingen van de afzonderlijke orden. Het geschil is tot op de dag van vandaag niet beslecht. Maar omdat Thomas in het bijzonder als de gezaghebbende scholasticus wordt beschouwd en ook door de Kerk wordt voorgestaan, hebben de jezuïeten, die in hun leerstellige opvatting aansluiten bij Suarez, die het probleem waarschijnlijk het scherpst en het juistst zag, er tegelijkertijd belang bij hun opvatting met die van Thomas in overeenstemming te brengen. Nog in 1914 eisten zij rechtstreeks van de paus een beslissing over de vraag of het noodzakelijk was Thomas in deze kwestie in alle opzichten te volgen. Deze vraag werd negatief beantwoord in een beslissing die niet ex cathedra werd genomen, maar op zo'n manier dat het een oriëntatie gaf in theologische en filosofische kennis. Deze vragen interesseren ons hier niet direct, maar wel achteruit voor het begrip van de antieke filosofie en vooruit voor de problemen waarmee Kant in de "Kritiek van de zuivere rede" en Hegel in zijn "Logica" geconfronteerd worden. De geschiedenis van het probleem is zeer verstrengeld en nog steeds niet transparant.

Allereerst gaat het probleem terug op de Arabische filosofie, met name op Avicenna en zijn commentaar op Aristoteles. Maar het Arabische Aristotelianisme is hoofdzakelijk beïnvloed door het Neo-Platonisme en door een geschrift dat een grote rol speelde in de Middeleeuwen, "Liber de causis", het boek van de oorzaken. Dit geschrift werd lange tijd beschouwd als een Aristotelisch geschrift, maar dat is het niet. Het onderscheid wordt vervolgens ook gevonden bij Plotinus, Proclus, Jamblichos, en is van daaruit overgegaan naar Dionysius Pseudoareopagita. Ze werden allemaal van bijzonder belang voor de middeleeuwse filosofie.

Het probleem moet worden begrepen in de filosofische context van het onderscheid tussen het concept van het oneindige wezen en het eindige wezen. Dit onderscheid staat in de thesis van de middeleeuwse ontologie Suarez nog in een andere context. Het eerste deel van de "Disputationes metaphysicae", dat 54 disputaties bevat, disputatio I-XXVII, gaat over de communis conceptus entis ejusque proprietatibus, over het zijn in het algemeen en zijn eigenschappen. Het eerste deel van de metafysica gaat over het zijn in het algemeen, waarbij het onverschillig is aan welk wezen wordt gedacht. Het tweede deel, disp. XXVIII-LIII, gaat over het zijn van het bepaalde zijn. Binnen het geheel van het zijn maakt Suarez het fundamentele onderscheid tussen ens infinitum, deus, en ens finitum, creatura. De laatste disputatie LIV gaat over de ens rationis, zoals men tegenwoordig graag zegt: over het ideale zijn.

Suarez is de eerste die, zij het schuchter, probeert aan te tonen, tegen de gebruikelijke mening van de scholastiek in, dat de ens rationis ook het object van de metafysica is. Hoewel de Untersuchimg des Seins überhaupt een essentiële taak van de metafysica is, is deus als primum en principuum ens tegelijkertijd id, quod et est totius metaphysicae primarium objectum, et primum significatum et analogatum totius significationis et habitudinis entis (Opera omnia. Paris 1856-61. vol. 26,disp . XXXI, prooem.) : God, als het eerste en voortreffelijkste wezen, is ook het eerstelijns object van alle metafysica, d.w.z. van alle ontologie, en het primum significatum, dat wat het eerst bedoeld wordt, d.w.z. dat wat de betekenis van alle betekenissen vormt; het primum analogatum, d.w.z. dat waar elke uitspraak over het zijn en elk begrip van het zijn op teruggevoerd wordt. De oude overtuiging is: Omdat alles wat is, wat werkelijk is, van God komt, moet ook het begrip van het wezen van het zijn uiteindelijk tot Hem teruggevoerd worden. De prima divisio entis is die tussen ens infinitum en ens finitum. Suarez bespreekt in de disputatio XXVIII een aantal formuleringen van dit verschil, die allemaal al in de voorgaande filosofie voorkwamen en ook expliciet termino-logisch zijn vastgelegd. In plaats van het zijn te verdelen in het oneindige en het eindige, kan men het ook verdelen in ens a se en ens ab alio: het zijn dat uit zichzelf is en het zijn dat uit een ander is. Suarez voert dit onderscheid terug tot Augustinus; in feite is het een Neoplatonisch onderscheid.

Daarom spreekt men ook van de aseity van God. Dit verschil komt overeen met het volgende verschil: ens necessarium et ens contingens, het noodzakelijke wezen en het enige voorwaardelijke wezen.

Een andere formulering van het verschil is: ens per essentiam en ens per participationem, zijn, dat bestaat vanwege zijn essentie, en sedendes, dat alleen bestaat door deelname aan het eigenlijke zijn. Hier verschijnt een tegenspraak met de oude Platonische μέθεξις. Een ander verschil is dat tussen ens increatum en ens creatum, het ongeschapen wezen en het geschapen, schepselachtige wezen.

Een laatste verschil is: het ens als actus purus en als ens potentiale, het zijn als pure werkelijkheid en het zijn-einde, dat behept is met de mogelijkheid. Want ook dat wat echt is, maar niet God zelf is, staat op elk moment in de mogelijkheid van niet zijn. Het is ook als werkelijk nog steeds mogelijk, namelijk in de mogelijkheid niet te zijn, respectievelijk anders te zijn dan het is, terwijl God volgens zijn essentie nooit niet kan zijn. Suarez kiest voor de eerste verdeling van het zijn in ens infinitum en ens finitum als de meest fundamentele, waarmee hij de anderen hun recht verleent. Dit onderscheid wordt ook gebruikt door Descartes in zijn Meditaties. We zullen zien dat voor een meer doordringend filosofisch begrip van dit onderscheid, los van de theologische oriëntatie, d.w.z. ook los van de vraag of God echt bestaat of niet, het onderscheid in ens increatum en creatum doorslaggevend is.

We zullen het scholastieke probleem begrijpen vanuit dit verschil, dat overal aanwezig is, zelfs waar het niet genoemd wordt, en tegelijkertijd de moeilijkheden, maar ook de onmogelijkheid om op deze manier vooruit te komen. Het ens infinitum is necessarium, het kan niet niet zijn, het is per essentiam, tot zijn essentie behoort het actus purus, pure werkelijkheid zonder enige mogelijkheid. Zijn essentia is zijn existentia. In dit wezen vallen bestaan en essentie samen. De essentie van God is zijn bestaan. Omdat in dit wezen essentia en existentia samenvallen, kan het probleem van het verschil tussen beide zich hier natuurlijk niet voordoen, terwijl het zich noodzakelijkerwijs moet opdringen met betrekking tot het ens finitum.

Want het ens per participationem ontvangt eerst zijn werkelijkheid. De werkelijkheid valt eerst toe aan het mogelijke, aan wat iets kan zijn, d.w.z. aan zijn wat is, de essentie.

Nadat Suarez in het tweede deel van zijn Disputationes de ens infinitum, het concept en de herkenbaarheid ervan heeft besproken, gaat hij in de disputatio XXXI e.v. over tot het ontologisch onderzoek van de ens finitum. De eerste taak is de afbakening van de communis ratio entis finiti seu creati, het algemene concept van het eindige of geschapen wezen. Hij bespreekt de algemene essentie van het geschapen wezen in de disputatio XXXI. Het heeft de karakteristieke titel: De essentia entis finiti ut tale est, et de illius esse, eorumque distinctione, "Uber das Wesen des finlichen

Seienden als solche und über sein Sein und ihre Unterschied".

Suarez gebruikt esse, net als Thomas, heel vaak in de betekenis van existentia.

b) Voorlopige afbakening van esse (ens), essentia en existentia aan de horizon van het antieke en scholastieke begrip Het is noodzakelijk om de begrippen die voortdurend gebruikt worden in de discussie over de these: essentia en existentia, af te bakenen, en alleen voor zover het begrip van de oudheid of de scholastiek reikt. Voor de conceptuele uitleg van essentia en existentia kiezen we niet de puur historische weg, maar oriënteren we ons daarboven op Thomas, die de traditie § 10. Traditionele bespreking van de these 117 oppakt en bepalend doorgeeft. Thomas behandelt essentia in een klein maar belangrijk jeugdschrift, getiteld: De ente et essentia, of ook: De entis quidditate.

Voordat we het concept essentia bespreken, sturen we eerst een korte oriëntatie op de concepten esse en ens.

Deze vormen de voorwaarde voor de hele filosofie die volgt.

Het concept van ens, zoals de scholastiek zegt, conceptus entis, moet op twee manieren worden opgevat, als conceptus formalis entis en als conceptus objectivus entis. Over de conceptus formalis moet het volgende worden opgemerkt. Forma, μορφή, is dat wat iets werkelijk maakt. Forma, formalis, formale betekent niet formeel in de zin van formalistisch, leeg, niet geldig, maar conceptus formalis is het echte concept, d.w.z.

begrip in de zin van actus concipiendi of conceptio. Wanneer Hegel het concept behandelt in zijn "Logica", begrijpt hij de term "concept" in de zin van de scholastiek als conceptus formalis, in tegenstelling tot het gangbare taalgebruik in zijn tijd. Voor Hegel betekent concept: het begrijpen en het begrepene in één, omdat voor hem denken en zijn identiek zijn, dat wil zeggen dat ze bij elkaar horen. Conceptus formalis entis is het begrijpen van het zijn, meer algemeen en voorzichtig: het grijpen van het zijn. Het is wat we onder andere begrip van het zijn noemen en mm nader zullen onderzoeken. We zeggen begrip van het zijn, omdat het expliciete concept niet noodzakelijkerwijs bij dit begrip van het zijn hoort.

Maar wat betekent conceptus objectivus entis? De conceptus objectivus entis is te onderscheiden van de conceptus formalis entis, het begrijpen van semes, het grijpen van het zijn. Het objectivum is datgene wat tegenovergesteld is in het grijpen en in het grijpen als het tastbare, meer precies als het gegrepen objectum, tegenovergesteld is, als datgene wat gegrepen is in het grijpen als zodanig, de conceptuele inhoud, of zoals men ook zegt, de betekenis. De term conceptus objectivus wordt in de scholastiek 118 thesis van de middeleeuwse ontologie vaak gelijkgesteld aan de term ratio, ratio entis, die weer overeenkomt met het Grieks. Conceptus, concipere is passend bij λόγος οὐσίας, het concept van zijn, ratio of ook intentio intellecta. Intentio zou hier preciezer moeten worden opgevat als intentum intellectum, dat wat bedoeld is in de begrijpende intentie.

Het object van de algemene ontologie is volgens Suarez, in navolging van Thomas, de conceptus objectivus entis, het objectieve concept van het zijn, d.w.z. het algemene van het zijn als zodanig, de betekenis van het zijn in het algemeen met betrekking tot zijn volledige abstractie, d.w.z. los van elke verwijzing naar een bepaald wezen. Dit begrip van zijn is, volgens de scholastiek en de filosofie in het algemeen, de ratio abstractissima et simplicissima, het leegste en eenvoudigste, d.w.z. het meest onbepaalde en het eenvoudigste, het onmiddellijke. Hegel definieert het zijn: Het zijn is het onbepaalde onmiddellijke. Hiermee correspondeert de ratio entis als abstractissima et simplicissima. Van dit meest algemene en meest lege is geen definitie mogelijk, definiri non potest. Want elke definitie moet het te definiëren ding in een hogere orde plaatsen. Tafel is een gebruiksvoorwerp, gebruiksvoorwerp is een bestaand, bestaand is een wezen, bij wezen hoort wezen. Ik kom niet verder dan het zijn, ik veronderstel het in elke definitie van het zijn, het is geen geslacht, het kan niet gedefinieerd worden. Maar Suarez zegt, het is alleen mogelijk declarare per descriptionem aliquam,1 om het zijn te verduidelijken door een bepaalde beschrijving.

Als we uitgaan van het taalgebruik: ens betekent zijn. Volgens de taalkundige vorm is het het deelwoord van sum, existo, ik ben. Het betekent ens quod sit aliquid actu existens: dat iets bestaat. In deze betekenis wordt de uitdrukking sumptum participaliter opgevat in de betekenis van deelwoord.

Ens, zijn, kan ook nominaliter, vi nominis, als nomen worden opgevat. Ens zegt dan niet zozeer dat iets bestaat, er wordt niet bedoeld iets dat bestaan heeft, maar id, quod sit habens essentiam realem estlb, dat wat bestaat dat een bepaalde werkelijkheid heeft, het bestaande zelf, het zijn, de res. Bij elk ens hoort dat het res is. Kant zegt werkelijkheid, feitelijkheid. We vatten de dubbele betekenis van de uitdrukking ens, zijn, samen. Als deelwoord zegt het dat het zijn bepaald wordt door een manier van zijn. De deelbetekenis dringt aan op het moment van existentia. Aan de andere kant benadrukt de nominale betekenis het moment van res of essentia.

Ens en res, wezen en ding, betekenen verschillend en zijn toch inwisselbaar. Elk wezen is ens en res, d. w. z.

het heeft zijn, en het heeft zijn als dat en dat. De res wordt nauwkeuriger begrepen als essentia realis of kortweg essentia: het feitelijke zijn, het wat, de feitelijkheid (realitas).

Hoe karakteriseert Thomas de feitelijkheid (realitas) die bij elk wezen hoort? Dit wordt duidelijk uit de verschillende termen die hij voor de werkelijkheid samenstelt en die allemaal teruggaan op de corresponderende Griekse ontologische basistermen.

We moeten het begrip werkelijkheid of, zoals de scholastiek gewoonlijk zegt, essentia nauwkeuriger vatten. De feitelijkheid wordt in de scholastiek ooit quidditas genoemd, een vorming van quid: quia est id, per quod respondemus ad quaestionem, quid sit res.2 De quidditas is datgene waarnaar we teruggaan in een wezen als we antwoord geven op de vraag die erover gesteld wordt: wat is het, τί εστιν. Dit wat, dat het τί εστιν bepaalt, vat Aristoteles nauwkeuriger op als het τὸ τί ἦν εἶναι.

Scholastiek vertaalt: quod quid erat esse, dat wat elk ding was in zijn feitelijkheid voordat het gerealiseerd werd. Een ding, raam, tafel, was al wat het is voordat het werkelijk is, en het moet al geweest zijn om gerealiseerd te worden. Het moest al geweest zijn met betrekking tot zijn feitelijkheid, want alleen voor zover het denkbaar is als een mogelijk te realiseren ding, kon het gerealiseerd worden.

Dat, wat elk wezen, elke werkelijkheid al is geweest, wordt in het Duits het wezen genoemd. Het is in dit wezen, τὸ τί ἦν, waarin was, het moment van het verleden, van het vroegere. We nemen onze toevlucht tot de quidditas wanneer we willen afbakenen wat een wezen primo is, in de eerste plaats, of wanneer we vaststellen wat het wezen feitelijk is, illud quod primo concipitur de re.3 Dit eerste moet niet worden opgevat in ordine originis, in de volgorde van de oorsprong van onze kennis, onze cognitie, (they enim potius solemus conceptionem rei inchoare ab his quae sunt extra essentiam rei), sed ordine nobilitatis potius et primitatis objecti,4 in de volgorde van het leren kennen van een ding zijn we eerder geneigd te beginnen met zulke bepalingen van het ding die buiten zijn essentie liggen, toevallige eigenschappen die ons het eerst opvallen. Dit eerste wordt niet bedoeld met het primo, maar het is het primo in ratione nobilitatis, de eerstheid van de res, dat wat het ding is volgens zijn feitelijkheid, als wat we het afbakenen in zijn feitelijkheid, en dit afbakenen is de ὁρισμός, Latijnse definitio. Daarom wordt de werkelijkheid niet alleen als quidditas begrepen, maar ook als definitio. Dit wat-zijn, dat in de definitie begrensbaar wordt, is datgene wat aan elk ding zijn bepaaldheid en zekere onderscheidbaarheid van anderen geeft, wat zijn begrensbaarheid, zijn Gestalt vormt. De definitieve afbakening, de certitudo, wordt nauwkeuriger bepaald als forma, μορφή. Forma, in deze betekenis, is dat wat de vorm van een wezen vormt. Het komt overeen met hoe het ding eruitziet, Grieks εἶδος, datgene zoals het wordt waargenomen. De derde betekenis van objectheid, forma, Grieks μορφή, gaat terug op εἶδος. Dat, wat de feitelijke bepaling van het wezen vormt, is tegelijkertijd de wortel ervan, het radicale, van waaruit alle kwaliteiten en activiteiten van het ding bepaald en afgebakend zijn. Daarom wordt dit wortelachtige in het wezen, zijn essentie, ook natura genoemd, het Aristotelische gebruik van φύσις. Ook vandaag de dag spreken we nog steeds van de "aard van het ding".

Op deze manier moet tenslotte de verdere titel voor de materie, die mem meestal gebruikt, begrepen worden: essentia. Het is datgene in de esse, in het wezen van een ens, van een wezen, dat, wanneer het in zijn werkelijkheid wordt gevat, er daadwerkelijk mee wordt gedacht, Grieks οὐσία in de ene betekenis.

We zullen zien dat deze verschillende namen voor de materie: quidditas (washeid), quod quid erat esse (essentie), definitio (omschrijving), forma (vorm, verschijning), natura (oorsprong), voor wat Kant de werkelijkheid noemt, wat de Scholastiek ook meestal essentia realis noemt, niet toevallig zijn en erin gefundeerd zijn, Het is geen toeval dat Kant alleen andere namen voor hetzelfde introduceert, maar dat ze allemaal corresponderen met verschillende opvattingen waaronder de objectiviteit kan worden geplaatst, bepaalde basisopvattingen over de interpretatie van de essentie, van de objectiviteit en dus van het wezen van een wezen in het algemeen. Tegelijkertijd laten de corresponderende Griekse termen zien dat deze interpretatie van materie teruggaat op de bevraging van de Griekse ontologie. Dit wordt vanaf hier begrijpelijk in zijn fundamentele oriëntatie.

In eerste instantie was het alleen nodig om met behulp van deze termen duidelijker te zien wat het ene verband van het verschil tussen essentia en existentia waarover in de scriptie wordt onderhandeld, betekent.

Nu moeten we de andere schakel van het onderscheid, existentia, voorlopig afbakenen. Het is opvallend dat de term existentia niet zo duidelijk gedefinieerd en terminologisch afgebakend is als die van essentia, hoewel essentia en quidditas juist vanuit esse begrijpelijk worden. De esse, existere, is in principe de meer oorspronkelijke. De onduidelijkheid van het concept van bestaan en zijn is geen toeval, omdat dit concept deels als vanzelfsprekend wordt beschouwd.

Met alle onvolkomenheden van de interpretatie van essentia in de oudheid en scholastiek, verder in de moderne tijd tot aan Kant, moeten we proberen aan te geven, vooral in de fenomenologische interpretatie van de tweede these, in welke richting de pre-Kantiaanse interpretatie van de betekenis van het zijn zich beweegt. Maar de moeilijkheid om het begrip in kwestie eenduidig te vatten is veel groter dan bij het begrip essentia. In geen geval mogen we nu zomaar het canonieke concept van existentie gelijk aan absolute positie in de discussie invoegen. In onze karakteristieken van het begrip existentia in de scholastiek of de antiek moeten we de Kantiaanse interpretatie helemaal buiten beschouwing laten. Later zal worden aangetoond dat de Kantiaanse interpretatie niet zo ver van de oudheid afstaat als op het eerste gezicht lijkt.

Eerst geven we slechts algemeen en voorlopig de communis opinio van de scholastiek over het concept van het bestaan. De oude filosofie heeft er in principe niets over gezegd.

Meestal wordt de term esse gebruikt voor existentia, existere, in het algemeen. Vooral Thomas zegt: esse [i.e. existere] est actualitas omnis formae, vel naturae5, zijn is actualitas, letterlijk vertaald "actualiteit van elk wezen en elke natuur, van elke vorm en elke natuur. Wat dit precies betekent hoeft ons op dit moment niet te interesseren. Zijn is actualitas.

Iets bestaat wanneer het actu is, εργω, op grond van een agere, van een handeling (ἐνεργεῖν). Bestaan (existere) in deze weidse betekenis, niet in het gebruik waarin we het opvatten als de zijnswijze van Dasein, maar in de betekenis van aanwezig zijn, Kantiaans Dasein, werkelijkheid, duidt op Gewirktheit of de werkelijkheid die in Gewirktheit ligt (actualitas, ἐνέργεια, ἐντελέχεια). Kant gebruikt deze uitdrukking ook voor het bestaan. Onze Duitse uitdrukking Realiteit is de Ubersetzung van actualitas. Het fenomeen actualitas, waaronder we in eerste instantie weinig kunnen denken, is het Griekse ἐνέργεια. Door actualitas, zegt de scholastiek, res extra causas constituitur, door actualiteit wordt een ding, d.w.z. een louter mogelijk, een bepaald wat, apart gezet en geplaatst van oorzaken. Dit betekent: Door de actualiteit wordt het ding dat geconstitueerd wordt onafhankelijk, het staat voor zichzelf, los van de oorzakelijkheid en de oorzaken. Zo is het bestaande als het actuele het voor zichzelf bestaande, losstaande resultaat, het εργον, het geëffectueerde. Voor zover door deze realisatie iets onafhankelijk buiten zijn oorzaken wordt geplaatst en als dit werkelijk is, staat het echter tegelijkertijd ook als dit werkelijke buiten het niets. De uitdrukking bestaan als existentia wordt door de scholastiek geïnterpreteerd als rei extra causas et nihilum sistentia, als de positiviteit van het ding buiten de oorspronkelijke dingen die het realiseren en buiten het niets.

We zullen later zien hoe deze Gestelltheit in de zin van actualitas samengaat met Conposure in de zin van Kants absolute positie.

Terwijl de essentia of de quidditas, de watheid, antwoord geeft op de vraag quid, sit res, ita actualitas respondit quaestioni an sit, geeft het bestaan antwoord op de vraag of iets is. We kunnen de stelling ook als volgt formuleren: Elk wezen is twijfelachtig als zijnde in de dubbele vraag: wat het is en of het is. Elk wezen is twijfelachtig door de wat-vraag en door de of-vraag. Waarom dit zo is, weten we in eerste instantie niet. In de filosofische traditie wordt het als vanzelfsprekend beschouwd. Vanwege de actualitas, het bestaan, is de res echt. Achterwaarts gezien, d.w.z. vanuit de actualiteit, is het dat wat gemeenschappelijk is voor een realisatie, het mogelijke. Alleen achterwaarts vanuit het idee van werkelijkheid ontstaat het kenmerk van watheid, realitas, dat bij Leibniz een belangrijke rol speelt: de bepaling van essentia als het possibile. Wat Kant realitas noemt, wordt bij Leibniz overwegend opgevat als possibilitas, Grieks δυνάμει ὄν. Deze benaming wordt bij hem duidelijk gesuggereerd door een directe afstamming van Aristoteles.

Hiermee hebben we de componenten van de tweede these, essentia en existentia, in het ruwe verduidelijkt. Bij een wezen hoort een wat (essentia) en een mogelijk hoe (existentia, bestaan). We zeggen: een mogelijke, omdat het niet in het wat van een wezen zit dat het bestaat.

c) Het verschil tussen essentia en existentia in de scholastiek (Thomas van Aquino, Duns Scotus, Suarez)

De scholastiek stelt twee stellingen vast met betrekking tot de relatie tussen essentia en existentia, die de stelling waar we mee te maken hebben nader verklaren. De eerste stelling luidt: Tn ente a se essentia et existentia stmt metaphysicae unum idemque sive esse actu est de essentia entis a se. In het wezen uit zichzelf zijn essentie en existentie [Kantiaans gesproken] metafysisch [d.w.z. ontologisch] één en hetzelfde, of echt zijn behoort tot de essentie, komt voort uit de essentie van een wezen dat in zichzelf en uit zichzelf is. Daarom wordt, zoals eerder benadrukt, het ens a se direct actus purus genoemd, pure werkelijkheid, d.w.z. met uitsluiting van elke mogelijkheid. God heeft geen mogelijkheden in de zin dat hij nog niet iets bepaalds is, wat hij alleen maar zou kunnen worden.

De tweede stelling is: In omni ente ab alio inter essentiam et existentiam est distinctio et compositio metaphysica seu esse actu non est de essentia entis ab alio, in elk wezen dat van een ander is, d.w.z. in elk geschapen wezen, is er een ontologisch onderscheid en compositio tussen wat-zijn en wijs-zijn, of wezen-zijn behoort niet tot de essentie van het geschapen wezen.

We moeten nu deze distinctio of deze compositio, die bestaat tussen essentia en existentia in de ens finitum, nauwkeuriger bepalen en zien hoe de distinctio wordt opgevat, om van hieruit een duidelijker beeld te krijgen van de betekenis van essentie en existentie en om de problemen te zien die zich hier voordoen. Men moet in gedachten houden, wat we al aanstipten in de presentatie van Kant, dat ook het mogelijke, het res, de quidditas, een zeker wezen heeft: het mogelijke wordt onderscheiden van het reële. Als werkelijkheid en mogelijk samenvallen, is het merkwaardig dat voor Kant werkelijkheid en mogelijkheid tot verschillende categorieën behoren, tot kwaliteit en modaliteit. Ook realitas is een bepaalde zijnswijze van het reële, net zoals Realiteit dat van het reële is.

Hoe moet de manier van zijn, zoals de scholastiek zegt, de entitas van res, de werkelijkheid, begrepen worden? Op welke manier verandert de werkelijkheid, het mogelijke zijn, zichzelf in de realisatie aan de werkelijkheid, d.w.z. wanneer de werkelijkheid wordt toegevoegd? Wat is deze toegevoegde werkelijkheid, krachtens welke het mogelijke werkelijk wordt? Is het zelf een res, zodat er in het werkelijke wezen een werkelijk verschil is tussen essentia en existentia, een distinctio realis? Of moet dit verschil anders begrepen worden? Maar hoe moet het begrepen worden? Dat er een verschil is tussen mogelijk zijn en werkelijk zijn wordt niet betwist; dit is iets anders dan dat. De vraag concentreert zich op de vraag of er een verschil is in het gerealiseerde mogelijke, in de essentia actu existens, en welke. Het gaat nu om het verschil tussen essentia en existentia in het ens finitum, in het ens creatum.

In het geval van de ens increatum is er in wezen geen verschil;

daar zijn ze unum idemque.

Met betrekking tot het probleem van het verschil tussen essentie en bestaan of werkelijkheid onderscheiden we drie verschillende opvattingen binnen de scholastiek, ten eerste de Thomistische, ten tweede de Scotistische, en ten derde de Suareziaanse.

We zeggen bewust: de Thomistische. Daarmee bedoelen we tegelijkertijd de opvatting van de distinctio tussen essentia en existentia als een distinctio realis, die door de oude school van Thomas van Aquino, maar ook tot op zekere hoogte tegenwoordig, werd aangehangen.

Hoe Thomas zelf over deze kwestie dacht, is tot op de dag van vandaag niet duidelijk en unaniem vastgesteld. Alles wijst er echter op dat hij geneigd was om het verschil als een werkelijk verschil op te vatten.

We kunnen deze drie visies kort karakteriseren.

Thomas en zijn school begrijpen het verschil tussen essentia en existentia, deze distinctio, als een distinctio realis. Volgens Scotus is de distinctio er een van modaliteit, distinctio modalis ex natura rei, of zoals de Scotisten ook zeggen, distinctio formalis. Het is onder deze titel dat de Scotistische distinctio beroemd is geworden. Suarez en zijn voorgangers vatten het verschil tussen essentie en bestaan op als distinctio rationis.

Als men deze scholastieke opvattingen slechts oppervlakkig neemt en ze voor scholastiek houdt in de gebruikelijke zin, d.w.z. als puntige controverses, dan moet men afstand doen van het begrip van centrale problemen van de filosofie in het algemeen, die eraan ten grondslag liggen. Dat de scholastiek deze vragen slechts onvolmaakt benaderde en besprak, is geen reden om het probleem zelf te negeren. Hun vraagstelling moet nog steeds hoger gewaardeerd worden dan de onovertroffen onwetendheid over deze problemen in de hedendaagse filosofie, die zich niet metafysisch genoeg kan gedragen.

We moeten proberen om tot de centrale inhoud van het scholastieke probleem door te dringen en ons niet laten storen door de vaak omslachtige en vervelende controverses van de individuele scholen. We beperken ons in de presentatie van deze doctrines en controverses tot de essentie. Dan wordt duidelijk hoe weinig de problemen van de antieke ontologie zelf worden opgehelderd, op wiens benadering de scholastieke discussie uiteindelijk teruggaat en waarmee ook de moderne filosofie vanzelfsprekend werkt. We onthouden ons van het presenteren en bespreken van de afzonderlijke argumenten. Een grondige kennis van dit probleem en zijn worteling in de scholastiek is een voorwaarde voor het begrijpen van de middeleeuwse en protestantse theologie. De mystieke theologie van de Middeleeuwen, bijvoorbeeld die van Meister Eckhart, is zelfs ruwweg niet toegankelijk als men de doctrine van essentia en existentia niet heeft begrepen.

Het is kenmerkend voor de middeleeuwse mystiek dat ze het wezen, God, ontologisch probeert te vatten als het feitelijke wezen, in zijn wezen zelf.

Door dit te doen komt de mystiek tot een eigenaardige speculatie, eigenaardig omdat ze het idee van het zijn in het algemeen, d.w.z. een ontologische bepaling van het zijn, de essentia entis, transformeert in een zijn en de ontologische grond van een zijn, zijn mogelijkheid, zijn essentie, werkelijk waar maakt. Deze vreemde transformatie van de essentie in een wezen zelf is de voorwaarde voor de mogelijkheid van wat mystieke speculatie wordt genoemd. Daarom spreekt Meister Eckhart meestal over het "super-essentiële wezen", d.w.z. hij is niet echt geïnteresseerd in God God is voor hem nog steeds een voorlopig object, maar in de Godheid. Als Meister Eckhart "God" zegt, bedoelt hij de Godheid, niet deus, maar de deitas, niet de ens, maar de essentia, niet de natuur, maar wat boven de natuur staat, d.w.z. de essentie, de essentie, waaraan nog steeds elke existentiële bepaling, elke additio existentiae moet worden ontzegd even 128 thesis van de middeleeuwse ontologie sam. Daarom zegt hij ook: "Als men van God zou spreken dat hij is, dan zou dat toegevoegd worden."6 Dit is de Duitse omzetting van: het zou een additio entis zijn, zoals Thomas zegt. "Zo is God in dezelfde zin niet en is niet aan het begrip van alle schepselen."7 Zo is God voor zichzelf zijn niet, d.w.z. hij is als het meest algemene wezen, als de zuiverste nog onbepaalde mogelijkheid van al het mogelijke, het zuivere niets. Hij is het niets in relatie tot het concept van al het schepsel, in relatie tot al het gedetermineerde mogelijke en geactualiseerde. Ook hier vinden we een vreemde parallel met de Hegeïsche bepaling van het zijn en de identificatie met het niets. De mystiek van de Middeleeuwen, meer precies de mystieke theologie is niet mystiek in onze zin en in de slechte zin, maar in een zeer eminente zin conceptueel.

a) De thomistische leer van de distinctio realis tussen essentia en existentia in ente creato Het probleem van de relatie tussen essentie en existentie wordt door de thomistische school zo beslist dat gezegd wordt: In een werkelijk wezen is het wat van dit wezen een andere res, iets anders voor zichzelf vergeleken met de werkelijkheid, d.w.z. we hebben in een werkelijk wezen de samenstelling, compositio, van twee werkelijkheden, de essentia en de existentia. Daarom is het verschil tussen essentie en existentie een distinctio realis. cum omne quod est praeter essentiam rei, dicatur accidens; esse quod pertinet ad quaestionem an est, est accidens;8 aangezien alles in een wezen, dat [sprekend in de Kantiaanse zin] geen echt predicaat is, iets wordt genoemd dat aan het wezen toekomt, het wat, wordt toegevoegd, dus de werkelijkheid of het bestaan dat Meister Eckhart, Predigten, Traktate. verwijst naar de vraag of een res bestaat met de totaliteit van zijn werkelijkheden, een accidens. De werkelijkheid is iets dat wordt toegevoegd aan het wat van een wezen. Accidens dicitur large omne quod non est pars essentiae; et sic est esse [i.e. existere] in rebus creatis, het bestaan is geen deel van de werkelijkheid, maar wordt toegevoegd. Quidquid est in aliquo, quod est praeter essentiam ejus, oportet esse causatum, alles wat buiten de feitelijke inhoud van een ding is, alles wat geen echt predicaat van een res is, moet veroorzaakt worden, namelijk: vel a prineipiis essentiae ... vel ab aliquo exteriori,10 ofwel vanuit de redenen van de essentie zelf of vanuit een andere. Om redenen van essentie behoort bestaan tot res in God. Zijn essentie is zijn bestaan. Maar in het geval van het geschapene is de oorzaak van zijn werkelijkheid niet in zichzelf. Si igitur ipsum esse [existere] rei sit aliud ab ejus essentia, necesse est quod esse illius rei vel sit causatum ab aliquo exteriori, vel a prineipiis essentialibus ejusdem rei, als daarom het zijn, het bestaande, iets anders is in relatie tot het wat, moet het noodzakelijk veroorzaakt worden. Impossibile est autem, quod esse sit causatum tantum ex prineipiis essentialibus rei; quia nulla res sufficit, quod sit sibi causa essendi, si habeat esse causatum.

Oportet ergo quod illud cujus esse est aliud ab essentia sua, habeat esse causatum ab alio11, maar het is onmogelijk dat het bestaan alleen veroorzaakt zou worden door de redenen van essentie van een ding [Thomas spreekt hier alleen over de geschapen entiteiten], omdat geen enkel ding volgens zijn feitelijke inhoud voldoende is om de oorzaak van zijn bestaan te zijn. Hier vinden we een echo van een principe dat Leibniz formuleerde als de stelling van de voldoende oorzaak, causa sufficiens entis, een stelling die volgens zijn traditionele grondslag teruggaat op dit probleem van de relatie tussen essentia en existentia.

Het existere is een ander dan de entiteit, het heeft zijn bestaan krachtens het veroorzaakt zijn door een ander. Omne quod est directe in praedicamento substantiae, compositum est saltern ex esse et quod est12, elk ens is daarom als ens ereatum een compositum ex esse et quod est, uit bestaand en uit water zijn. Dit compositum is, wat het is, compositio realis, d.w.z. dienovereenkomstig: de distinctio tussen essentia en existentia is een distinctio realis. Het esse of existere wordt ook begrepen in tegenstelling tot het quod est of esse quod als esse quo of ens quo. De werkelijkheid van een essentia is iets anders op zo'n manier dat het zelf een eigen res vormt.

De Thomistische stelling, als we die vergelijken met de Kantiaanse, zegt unaniem bij Kant dat het bestaan, het er zijn, de werkelijkheid geen echt predicaat is, het behoort niet tot de res van een ding, maar het is niettemin een res, die aan de essentia wordt toegevoegd, terwijl Kant door zijn interpretatie wil vermijden de werkelijkheid, het bestaan zelf, als een res te vatten, door het te interpreteren als de relatie met het kenvermogen, dus de waarneming als positie.

De belangrijkste leerlingen van Thomas, die ten tijde van de late scholastiek het verschil tussen essentia en existentia als distinctio realis onderwezen, zijn in de eerste plaats Aegidius Romanus, die in 1316 stierf. Hij is bekend en gewaardeerd vanwege zijn commentaar op de zinnen van Petrus Lombardus. Hij behoorde tot de Augustijner orde, waaruit Luther later voortkwam. Dan Johannes Capreolus, gestorven in 1444.

Hij wordt meestal de princeps Thomistarum genoemd, de prins van de Thomisten. In Aegidius Romanus is het motief al duidelijk verwoord, waarom de Thomisten zo hardnekkig het werkelijke verschil tussen essentie en bestaan verdedigen. Het is niets anders dan de opvatting dat het onmogelijk is om überhaupt van een geschapenheid van de dingen te spreken als het verschil niet als reëel wordt gezien.

Dit verschil is de voorwaarde voor de mogelijkheid dat iets geschapen kan worden, d.w.z. dat iets als een mogelijk ding kan worden overgebracht in de werkelijkheid en omgekeerd als zo'n eindig ding ook kan ophouden te bestaan. De Thomistische vertegenwoordigers van deze doctrine gaan in de tegenovergestelde opvattingen uit van een stelling die, omdat ze ontkent dat het verschil een werkelijk verschil is, tegelijkertijd de mogelijkheid van schepping moet ontkennen en dus eigenlijk het basisprincipe van deze hele metafysica is.

ß) De Scotistische leer van de distinctio modalis (formalis) tussen essentia en existentia in ente creato De tweede leer, die van Duns Scotus, heeft een distinctio modalis resp. esse creatum distinguitur ex natura rei ab essentia cujus est esse, de werkelijkheid van een geschapen ding wordt ex natura rei onderscheiden, van de essentie van het ding zelf, namelijk als een geschapen ding, van zijn essentie, non est autem propria entitas, maar het aldus onderscheiden bestaan is geen eigen wezen, omnino realiter distincta ab entitate essentiae, geen eigen wezen, dat realiter onderscheiden zou zijn van het wezen. Het esse creatum, het existere, is eerder modus ejus, zijn modus. Deze Scotistische distinctio formalis is inderdaad enigszins subtiel. Dune Scotus karakteriseert het verschillende keren. Dico autem aliquid esse in alio ex natura rei, quod non est in eo per actum intellectus negiciantis, nec per actum voluntatis comparantis, et universaliter, quod est in alio non per actum alicujus potentiae comparantis13, zeg ik, iets is in een ander ex natura rei, vanuit de aard van het ding, quod non est in eo, dat niet in hem is krachtens een actus intellectus percipientis, een grijpende activiteit van het verstand, noch krachtens een vergelijkend gedrag. Iets M Duns Scotus, Reportata Parisiensia is in een ander ex natura rei, wat helemaal niet teruggaat op een vergelijkend en bepalend, grijpend gedrag, maar het ligt in het ding zelf. Dico esse formaliter in aliquo, in quo manet secundum suam rationem formalem, et quidditativam, ik zeg, het is in een ander formaliter, volgens zijn vorm, waarin het blijft vanwege zijn quidditas.14 Met betrekking tot ons voorbeeld betekent dit: Bestaan, werkelijkheid, behoort werkelijk tot het geschapen werkelijke, dus Kantiaans gesproken is bestaan niet iets als gevolg van een relatie van de res tot het begrip, tot het begrijpend begrip, maar volgens Scotus behoort bestaan werkelijk tot het werkelijke, niettemin is het geen res. Waar iets bestaat, is er bestaan; het bestaat in hetzelfde en kan ervan worden onderscheiden omdat het erbij hoort, maar op zo'n manier dat dit verschil en dit onderscheiden niet in staat is om een eigen, bijvoorbeeld voor zichzelf bestaande feitelijke inhoud, een eigen res met een eigen werkelijkheid te geven.

γ) De leer van Suarez van de distinctio sola rationis tussen essentia en existentia in ente creato De derde opvatting is die van Suarez van de distinctio rationis. Het verschil tussen essentie en existentie in het geschapen wezen is slechts een conceptueel verschil. Suarez laat in zijn uitleg eerst zien dat zijn eigen opvatting feitelijk overeenkomt met die van Scotus, meer precies, dat het helemaal niet nodig is om dit verschil van een distinctio modalis in te voeren, zoals Scotus doet, maar dat dit niets anders is dan wat hij de distinctio rationis noemt.

Suarez zegt: Tertia opinio affirmat essentiam et existentiam creaturae ... non distingui realiter, aut ex natura rei tanquam duo extrema realia, sed distingui tantum ratione. Zo onderscheidt hij zijn opvatting van de twee hierboven genoemde doctrines. Zijn opvatting legt de vergelijkingspunten van het verschil in kwestie duidelijker vast: comp aratio fiat inter actualem existentiam, quam vocant esse in actu exercito, et actualem essentiam existentem.16 Hij benadrukt dat het probleem met betrekking tot het verschil tussen essentie en existentie bestaat uit de vraag of het gerealiseerde wat, d.w.z. het wat van een actual, en hoe het verschilt van zijn werkelijkheid. Het is niet het probleem hoe de zuivere mogelijkheid, de essentia als zuiver mogelijk en dan gerealiseerd, verschilt van de werkelijkheid, maar de vraag is: Is het nog mogelijk om werkelijkheid en feitelijke inhoud van het werkelijke te onderscheiden in het werkelijke zelf? Suarez zegt: essentia et existentia non distinguuntur in re ipsa, licet essentia, abstracte et praecise concepta, ut est in potentia [possibile], distinguatur ab existentia actuali, tanquam non ens ab ente,17 in het reële zelf kan ik geen realiter onderscheid maken tussen essentie en werkelijkheid, hoewel ik essentie abstract kan denken als pure mogelijkheid en dan het verschil tussen een non-essentie, non-existent, en een existent kan vastleggen. Hij zegt verder: Et hanc sententiam sic explicatam existimo esse omnino veram,18 ik ben van mening dat deze opvatting bij uitstek de ware is. Ej usque fundamentum breviter est, quia non potest res aliqua intrinsece ac formaliter constitui in ratione entis realis et actualis, per aliud distinetum ab ipsa, quia, hoc ipso quod distinguitur unum ab alio, tanquam ens ab ente, utrumque habet quod sit ens, ut condistinctum ab alio, et consequenter non per illud formaliter et intrinsece19: Het fundament van deze derde opvatting is alleen dit: er kan iets zijn als het bestaan, de werkelijkheid, wat intrinsece et formaliter, wat innerlijk en volgens zijn wezen iets vormt als het werkelijke, niet kan worden onderscheiden van dit aldus gevormde als een eigen wezen. Want als het bestaan, de werkelijkheid, zelf een res zou zijn, Kantiaans gesproken een reëel predikaat, dan zouden beide res, beide dingen, de essentie en het bestaan, één wezen hebben. De vraag zou rijzen hoe beide samen kunnen worden genomen in een eenheid van zijn.

Het is onmogelijk om het bestaan te vatten als iets bestaands.

Om dit probleem, dat in de drie doctrines volgens verschillende richtingen wordt besproken, toegankelijk te maken, vermelden we kort de Scholastieke kijk op de distinctio in het algemeen. De Scholastiek onderscheidt, als we de Scotistische mening buiten beschouwing laten, een distinctio realis en een distinctio rationis. Distinctio realis habetur inter partes alicujus actu (indivisi) entis quarum entitas in seu independenter a mentis abstractione, una non est altera, een echt onderscheid is aanwezig wanneer, van de dingen die verschillend zijn, volgens hun wat-inhoud, het ene niet het andere is, en dat op zichzelf, los van enige conceptie door het denken.

De distinctio rationis is dat qua mens unam eandemque entitatem diversis conceptibus repraesentat, dat onderscheid waardoor de geest zich niet twee verschillende res voorstelt, maar één en hetzelfde ding door verschillende concepten. De Scholastiek onderscheidt de distinctio rationis weer a) in een distinctio rationis pura of ook ratiocinantis en b) in een distinctio rationis ratiocinatae.

Het eerste is het onderscheid dat kan worden geïllustreerd door het verschil tussen homo en dierlijke ratio, mens en rationeel levend wezen. Daarmee onderscheid ik iets, maar wat ik onderscheid is een en dezelfde res. Alleen in de manier van opvatten is er een verschil; in het ene geval wordt het bedoelde, homo, onuitdrukkelijk gedacht, impliciet, in het andere geval expliciet, de essentiële momenten worden eruit gelicht.

In beide gevallen van deze distinctio rationis pura is de res liter één en dezelfde. Deze distinctio heeft zijn oorsprong en motieven alleen in de ratiocinari zelf, d.w.z. in het conceptuele onderscheiden. Het is een onderscheid dat alleen vanuit mij wordt uitgevoerd. Van deze distinctio rationis moet de distinctio rationis ratiocinatae of distinctio rationis cum fundamento in re worden onderscheiden. Dit is de gebruikelijke uitdrukking. Het gaat niet alleen om de wijze van apprehension en de mate van zijn onderscheidbaarheid, maar is aanwezig, quandocumque et quocumque modo ratio diversae considerationis ad rem relatam oritur, wanneer het onderscheid naar voren komt als niet gemotiveerd, als het ware, door de actief handelende apprehension, maar ratiocinata, van dat wat objicitur is in de ratiocinari zelf, er tegenaan geworpen, dus ratiocinata. Het wezenlijke is: voor de tweede distinctio rationis is er een feitelijk motief in het onderscheidene zelf. Zo krijgt de tweede distinctio rationis, die niet alleen gemotiveerd wordt door het grijpende intellect, maar door het grijpende ding zelf, een tussenpositie tussen de zuiver logische distinctio, zoals men ook de distinctio pura noemt, en de distinctio realis. Daarom valt het samen met de distinctio modalis of formalis van Duns Scotus, en daarom kan Suarez met recht zeggen dat hij het feitelijk eens is met Scotus, alleen vindt hij de introductie van dit verdere verschil overbodig. Dat de Scotisten hardnekkig aan hun distinctio modalis hebben vastgehouden, heeft theologische redenen.

Het probleem van het onderscheid tussen essentia en exstentia, dat ons voorlopig bezighoudt binnen het kader van de scholastieke opvatting, zal duidelijker worden naargelang de feitelijke inhoud en met betrekking tot de wortels in de antieke filosofie. Maar hiervoor moeten we de doctrine van Suarez wat nauwkeuriger volgen om het echte punt van de vraag te raken. Want de opvatting van hem en zijn voorgangers is het meest geschikt om de fenomenologische uiteenzetting van het probleem uit te voeren. Suarez rechtvaardigt zijn stelling niet alleen op de genoemde manier dat hij zegt dat het onmogelijk is om het bestaan als iets existents te vatten, want dan rijst weer de vraag hoe die twee existenties zelf een existente eenheid moeten vormen, maar ook door een beroep te doen op Aristoteles. Om dit beroep rechtsgeldig te maken, moet hij de Aristotelische opvatting uitbreiden. Suarez zegt: Probari igitur potest conclusio sie exposita ex Aristotele, qui ubique ait: ens adjunetum rebus nihil eis addere; nam idem est ens homo, quod homo; hoc autem, cum eadem proportione, verum est de re in potentia et in actu; ens ergo actu, quod est proprie ens, idemque quod existens, nihil addit rei seu essentiae actuali . Aristoteles zegt dat de uitdrukking "zijn", als die aan iets wordt toegevoegd, er niets aan toevoegt, maar dat het hetzelfde is of ik zeg mens, homo, of ens homo, zijnde mens. De passage bij Aristoteles is ταὐτὸ γὰρ εἷς ανθρωπος καί ὼν ανθρωπος καί ανθρωπος, καί οὐχ ε'τερόν τι δηλοϊ21: namelijk dat het hetzelfde is om te zeggen een mens of mens zijnde. Aristoteles wil hier alleen maar zeggen: zelfs al als ik een res denk, een louter wat, moet ik het in zekere zin denken als zijnde; want mogelijkheid en gedacht worden is ook mogelijk zijn en gedacht worden. Zijn is ook, als ik zeg mens, gedacht in dit zijn, dat op de een of andere manier gedacht wordt als zijnde.

Suarez brengt nu deze Aristotelische hint, dat in elke gedachte, of die nu als echt of als mogelijk wordt gedacht, het zijn ook wordt gedacht, over naar het bestaan. Hij zegt: Hetzelfde (dat het zijn niets toevoegt aan het bestaan) geldt ook voor proprie ens, voor het feitelijke zijn, dus voor het bestaan. Bestaan voegt niets toe. Dit is precies de Kantiaanse stelling, existentia nihil addit rei seu essentiae actuali. Bestaan voegt niets toe aan het actuele wat.

Om dit begrijpelijk te maken, moet Suarez zich bezighouden met de kenmerken van de wijze van zijn van het mogelijke in het algemeen, d.w.z..

over de wijze van zijn van het ding, de essentia priusquam a deo voordat het door God zelf geschapen is. Suarez zegt dat de entiteiten of mogelijkheden van dingen vóór hun realisatie geen eigen wezen hebben. Het zijn geen werkelijkheden, sed omnino nihil23, eerder niets bij uitstek. Wat in deze zin is als de zuivere mogelijkheden met betrekking tot het niets zijn, waaraan ook niets kan worden toegevoegd bij de realisatie. De essentie van de verwerkelijking is eerder dat de essentia eerst een zijn krijgt, of preciezer, ontstaat, zodat men daarna, als het ware vanuit het verwerkelijkte ding, de mogelijkheid ervan kan begrijpen als zijnde in een bepaalde zin. Suarez noemt deze zuivere mogelijkheid de potentia objectiva en staat toe dat deze mogelijkheid alleen in ordine ad alterius potentiam24 is, in relatie tot een ander wezen, dat de mogelijkheid heeft om zulke dingen te denken. Maar deze mogelijkheid, zoals het door God wordt gedacht, non dicere statum aut modum positivum entis, betekent niet een eigen positieve manier van zijn van het wezen, eerder moet deze mogelijkheid negatief worden begrepen als iets dat nondum actu prodierit, dat nog niet actueel is.25 Als deze mogelijkheid overgaat in werkelijkheid bij de schepping, dan moet deze overgang niet zo worden begrepen dat de mogelijkheid een manier van zijn opgeeft, maar dat het voor het eerst een zijn ontvangt. Nu is de essentia niet alleen, non tantum in illa, in die potentie, namelijk om door God gedacht te worden, maar het is nu alleen feitelijk werkelijk, ab illa, et in seipsa, het wezen is nu alleen door God geschapen en, als dit geschapene, tegelijkertijd onafhankelijk in zichzelf.28 De moeilijkheid van het probleem om het verschil überhaupt begrijpelijk te maken hangt af van hoe überhaupt de realisatie wordt opgevat als de overgang van een mogelijke naar zijn actualiteit. Nog scherper gesteld hangt het probleem van het onderscheid tussen essentia en existentia in ente creato af van de vraag of men de interpretatie van het zijn in de zin van bestaan in de eerste plaats richt op de realisatie, op het scheppen en voortbrengen. Misschien, als men de vraag naar het bestaan en de vraag naar de essentie oriënteert op realisatie in de zin van scheppen en voortbrengen, kan deze vraagcontext, zoals die zich in de drie doctrines opdringt, inderdaad niet vermeden worden. Maar de fundamentele vraag is, of men het probleem van werkelijkheid en bestaan moet oriënteren op de manier waarop de scholastiek en de oudheid dat doen.

Voordat we deze vraag beantwoorden, moeten we ons realiseren dat de vraag naar de zin van het bestaan en de werkelijkheid in de pre-Kantiaanse filosofie gericht is op het fenomeen van realisatie, van productie, en waarom. Tot slot zetten we de derde en eerste doctrine nog een keer tegenover elkaar. De distinctio rationis van Suarez zegt dat de werkelijkheid niet behoort tot de realitas, tot de feitelijkheid van het geschapene, voor zover deze feitelijkheid voor zichzelf gedacht wordt, maar dat anderzijds het reële niet gedacht kan worden zonder de werkelijkheid, zonder daarom te zeggen dat de werkelijkheid zelf een reëel is. Suarez beschouwt beide stellingen als verenigbaar, dat enerzijds de werkelijkheid niet realiter behoort tot het mogelijke, d.w.z. tot de essentia, maar dat anderzijds de werkelijkheid op zichzelf besloten ligt in het reële en niet alleen een relatie is van het reële tot een subject. De eerste leer daarentegen acht een unanimiteit van deze twee stellingen onmogelijk.

Alleen als het bestaan niet tot de essentia behoort, is er überhaupt zoiets als een schepping mogelijk. Want in dit geval wordt het bestaan toegevoegd aan de essentie en kan het er op elk moment weer aan worden onttrokken. Het is gemakkelijk te zien dat in deze controverse, vooral bij nadere bestudering, het eigenlijke punt van de vraag verschuift, namelijk aan de ene kant wordt de essentia opgevat als de zuivere mogelijkheid, het zuiver verwekte wezen, aan de andere kant als het gerealiseerde wezen in de werkelijkheid zelf. De eerste en derde doctrine verschillen ook in hun methodologische uitgangspunten. De eerste gaat puur deductief te werk. Het probeert zijn these te bewijzen vanuit het idee van het geschapene. Wil het geschapen zijn als geschapen mogelijk zijn, dan moet de werkelijkheid aan de mogelijkheid kunnen worden toegevoegd, d.w.z..

Beide moeten werkelijk verschillend zijn. Uit het principe "schepping van de wereld moet mogelijk zijn" wordt de noodzaak van het werkelijke verschil tussen essentia en existentia geconcludeerd. De derde leer gaat niet uit van de noodzaak van een mogelijke schepping, maar probeert het probleem op te lossen van de relatie tussen wat en de manier van zijn op het gegeven werkelijk zelf. Het probeert dit te doen zonder echt helder te worden. De gegeven werkelijkheid wordt beschouwd als de primaire instantie. Met het oog hierop kan de werkelijkheid zelf op geen enkele manier worden aangetoond als iets echts en werkelijk verbonden met de essentia als ens.

Werkelijkheid kan niet worden afgelezen van het werkelijke als een res van zichzelf, maar het kan alleen specifiek worden gedacht. Het moet gedacht worden als iets dat tot het werkelijke behoort volgens zijn essentie tot het gerealiseerde, maar niet tot de gedachte-essentie als zodanig. Maar dit is het resultaat: Suarez is het in zekere zin eens met Kant als hij zegt: Dasein, Wirklichkeit, is geen reëel predikaat. Hij verschilt echter van Kant in de positieve interpretatie, voor zover hij de werkelijkheid begrijpt als iets dat tot het werkelijke zelf behoort, hoewel het niet werkelijk is, terwijl Kant de werkelijkheid interpreteert als een relatie van het ding tot het cognitieve vermogen.

§ 11. Fenomenologische verheldering van het probleem dat ten grondslag ligt aan de tweede stelling

De karakterisering van de discussie over het verschil tussen essentie en Dasein maakte duidelijk dat hier wordt gesproken over het verschil van iets zonder dat het verschil zelf voldoende wordt verhelderd, zonder dat zelfs maar wordt geprobeerd om vooraf een voldoende verheldering te geven over wat er in het verschil zit of om zelfs maar in het reine te komen over de manier waarop en de vereisten waaraan zo'n verheldering moet voldoen. Dit moet echter niet naïef worden voorgesteld, alsof dit weglaten van een oorspronkelijke interpretatie van essentie en bestaan slechts een vergissing of een gemak was. Integendeel, deze termen worden ooit als vanzelfsprekend beschouwd. Men houdt vast aan de onwankelbare overtuiging dat het wezen begrepen moet worden als door God geschapen. Door deze ontische uitleg is een ontologische vraagstelling vanaf het begin veroordeeld tot onmogelijkheid. Bovenal heeft men geen mogelijkheid om deze termen te interpreteren. De horizon van de vraagstelling ontbreekt, de mogelijkheid ontbreekt om, om met Kant te spreken, de geboorteletter van deze begrippen vast te stellen en te bewijzen dat het een echte is. De termen die in de traditionele discussie worden gebruikt, moeten hun oorsprong vinden in een vulgaire interpretatie, die zich eerst en voortdurend voor dit doel aanbiedt. Waar komen de begrippen bestaan en waterwezen vandaan, vragen we ons nu af in een feitelijk-historische oriëntatie, d.w.z. waar ontlenen de begrippen, zoals ze gebruikt worden in de genoemde bespreking van de tweede stelling, hun betekenis aan? We moeten proberen de oorsprong van deze termen essentia en existentia te achterhalen. We vragen wat hun geboorteletter is en of het een echte is, of dat de genealogie van deze ontologische basisbegrippen anders loopt, zodat in principe ook hun verschil en hun verbinding een andere reden heeft. § 11. Fenomenologische verheldering 141 Het gaat erom de genealogie van deze basisbegrippen bloot te leggen, resp.

Als we allereerst de richting willen vinden waarin we verder kunnen gaan of terugkeren naar hun oorsprong, dan moet ook de stelling dat er bij elk wezen een wat en een mogelijk hoe van zijn hoort, zijn toegenomen verheldering en voldoende onderbouwing krijgen.

a) De vraag naar de oorsprong van essentia en existentia

We vergeten even de controverses over essentie en existentie en hun distinctio. We proberen de oorsprong van de concepten essentia en existentia resp. te achterhalen om de taak van een dergelijke interpretatie vanaf de oorsprong af te bakenen en te begrijpen. We willen niet vergeten dat ook vandaag de interpretatie van deze begrippen of van de fenomenen die eraan ten grondslag liggen niet verder is gebracht dan in de Middeleeuwen en in de oudheid, ondanks de impulsen die Kernt heeft gegeven. Deze laatste zijn tot nu toe alleen maar negatief opgepakt. Het is waar dat er sinds een halve eeuw een neo-Kantianisme is geweest en nog steeds is dat, voor zover het het werk van de Marburg School in het bijzonder betreft, zijn bijzondere verdienste heeft.

Nu probeert men de vernieuwing van Kant, die ouderwets begint te worden, te vervangen door een vernieuwing van Hegel.

Deze vernieuwingen gaan er meestal zelfs prat op dat ze de verering en waardering voor het verleden levend willen houden en cultiveren. In wezen zijn zulke vernieuwingen echter de sterkste veronachtzaming die het verleden kan ondergaan, voor zover het wordt gedegradeerd tot werktuig en dienaar van een mode. De basisvoorwaarde voor het serieus nemen van het verleden is de wil om het werk voor jezelf niet gemakkelijker te maken dan het was voor degenen die vernieuwd moeten worden. Dit betekent dat we eerst moeten doordringen tot de feitelijke inhoud van de problemen die zij hebben opgepakt, niet om het daarbij te laten en het te versieren met moderne ornamenten, maar om de aldus opgepakte problemen uit de 142 these van de middeleeuwse ontologie te plaatsen. We willen Aristoteles niet vernieuwen, noch de ontologie van de Middeleeuwen, noch Kant, noch Hegel, maar alleen onszelf, dat wil zeggen, ons bevrijden van de fraseologieën en gemakken van het heden, dat van de ene luchtige mode naar de andere hobbelt.

Maar we vergeten ook de Kantiaanse oplossing van het probleem en vragen ons nu af: Waarom wordt het bestaan opgevat als realisatie en werkelijkheid? Waarom gaat de interpretatie van het bestaan terug naar de agere, naar de agens, naar de ἐνεργεῖν, naar de ἐργάζεσθαι? Ogenschijnlijk komen we feitelijk terug op het probleem van de eerste stelling. Maar alleen schijnbaar, want nu omvat het probleem ook de vraag naar de oorsprong van de werkelijkheid, d.w.z. naar de oorsprong van de ontologische structuur van datgene wat Kant, bij het uitleggen van zijn stelling, helemaal niet tot een probleem maakt. Als hij zegt dat het bestaan geen reëel predikaat is, veronderstelt hij dat wat reëel is in helderheid is. Maar nu vragen we tegelijkertijd naar de ontologische oorsprong van het begrip essentia, Kants werkelijkheid, en verder niet alleen naar de oorsprong van deze twee begrippen, maar ook naar de oorsprong van hun mogelijke verband.

De volgende discussies verschillen van de eerdere in het kader van de stelling van Kant, omdat we bij het traceren van de oorsprong van het begrip bestaan te maken krijgen met een andere horizon van de interpretatie van het bestaan als werkelijkheid dan die van Kant, om precies te zijn een andere kijkrichting binnen dezelfde horizon, die in de Middeleeuwen en in de oudheid nog minder duidelijk was vastgelegd en uitgewerkt dan die van Kant en zijn opvolgers. De oorsprong van essentia en existentia aantonen betekent nu de horizon van begrip en interpretatie van wat in deze termen wordt genoemd aan het licht brengen. Pas later zullen we ons moeten afvragen in hoeverre de horizonten van de antieke en de Kantiaanse interpretatie van de begrippen 'zijn' in wezen samenvallen en waarom ze de ontologische vraagstelling domineren en nog steeds domineren. Eerst moeten we proberen deze horizon van de antieke en middeleeuwse ontologie te begrijpen.

Al de uitleg van het woord existentia maakte duidelijk dat actualitas terugverwijst naar een actie van een of ander onbepaald subject, of, als we uitgaan van onze terminologie, dat het existente op de een of andere manier ergens aan gerelateerd is, waar het als het ware voor de hand komt, waarvoor het een handig ding is. Ook de schijnbaar objectieve interpretatie van het zijn als actualitas wijst in principe terug naar het subject, maar niet, zoals bij Kant, naar het grijpende subject in de zin van de relatie van het res met de cognitieve krachten, maar in de zin van een relatieimg tot ons zijn als handelend, meer precies als scheppend, producerend. De vraag is of deze horizon van de interpretatie van het bestaan als actualitas alleen maar afgeleid is van het begrip van het woord, dat we uit de term voor het bestaan "actualitas" eenvoudigweg een agere concluderen, of dat het duidelijk kan worden gemaakt uit de betekenis van de werkelijkheid, zoals die in de oudheid en de scholastiek wordt begrepen, dat die wordt begrepen in de terugval naar het producerende gedrag van Dasein. Als dit het geval is, dan moet het ook mogelijk zijn om aan te tonen dat het begrip werkelijkheid en essentia, en dus alle begrippen die we voor essentia hebben opgesomd (quidditas, natura, definitio, forma) begrijpelijk moeten worden gemaakt vanuit deze horizon van producerend gedrag. De verdere vraag is dan: Hoe gaan beide traditionele interpretaties van bestaan en werkelijkheid, de Kantiaanse, die verwijst naar het grijpende, waarnemende gedrag, en de antiek-middeleeuwse, die verwijst naar het producerende gedrag, samen? Waarom zijn beide feitelijk noodzakelijk en waar komt het vandaan dat beide het ontologische probleem van de zijnsvraag hebben kunnen domineren in deze eenzijdigheid en uniciteit?

We vragen: Wat was er in gedachten voor het begrijpen en interpreteren van het zijn toen de concepten essentia en existentia werden gevormd? Hoe moest het zijn begrepen worden met betrekking tot het zijn, zodat de ontologische interpretatie deze concepten kon ontgroeien? Eerst vragen we naar de oorsprong van het begrip existentie.

We zeiden eerst heel ruw: existentia wordt opgevat als actualitas, werkelijkheid, dus in termen van actus, agere.

De werkelijkheid is in eerste instantie voor iedereen te begrijpen zonder dat er een concept voorhanden is. We willen ons kort oriënteren op hoe dit natuurlijke begrip eruit ziet in de middeleeuwse filosofie, die in zekere zin samenvalt met de natuurlijke verklaring van het bestaan.

We zagen dat de vertegenwoordigers van de derde doctrine naar het gegeven proberen te kijken en de werkelijkheid in het werkelijke proberen te vinden en te bepalen. Deze interpretaties zijn erg karig en ruw. In de oudheid zijn het slechts verspreide, incidentele opmerkingen (Aristoteles, Metafysica Boek IX). Ook de Middeleeuwen laten geen nieuwe benaderingen zien. Suarez probeert de term gedetailleerd te omschrijven, maar volledig binnen het kader van de traditionele ontologie. We willen uitgaan van zijn bespreking van het begrip bestaan en de Kantiaanse interpretatie stilzwijgend aanwezig houden.

Res existens, ut existens, non collocatur in aliquo praedicamento,1 een werkelijk ding als werkelijk wordt niet ondergebracht in een feitelijk predikaat. Dit is ook de stelling van Kant, quia series praedicamentorum abstrahunt ab actuali existentia; nam in praedicamento solum collocantur res secundum ea praedicata, quae necessario seu essentialiter eis conveniunt,2 omdat de reeks feitelijke basispredikaten zich onthoudt van de vraag of het wezen waarvan ze predikaat zijn echt is of niet, existentia rei absolute non est 1 Suarez, Disputationes metaphysicae, disp respectus, sed absolutum quid3, de werkelijkheid van een ding is geen relatie tot iets anders, maar is iets slechts in zichzelf. Hiermee wordt gezegd: de werkelijkheid behoort tot het werkelijke en maakt het gewoon werkelijk zonder zelf een werkelijk te zijn. Dit is het constante raadsel.

Het is waar dat in de zin van de christelijke conceptie de realisatie van het wezen plaatsvindt door God, maar het gerealiseerde wezen is niettemin absoluut bestaand als een gerealiseerd ding voor zichzelf, iets dat voor zichzelf bestaat. Op deze manier leren we echter niets over de werkelijkheid als zodanig, maar alleen over de realisatie van het actuele. De actualitas is een bepaling van het actum van een agens. Aegidius Romanus zegt in zijn "Commentaar op Zinnen": Nam agens non facit quod potentia sit potentia .... Nee facit agens ut actus sit actus, quia cum hoc competat actui sec. se; quod actus esset actus non indiget aliqua factione. Hoc ergo facit agens, ut actus sit in potentia et potentia sit sub actu.4 Esse nihil est aliud quam quaedam actualitas impressa omnibus entibus ab ipso Deo vel a primo ente. Nulla enim essentia creaturae est tantae actualitatis, quod possit actu existere, nisi ei imprimatur actualitas quaedam a primo ente.5 Hier wordt een naïeve opvatting onthuld, volgens welke de werkelijkheid iets is dat als het ware aan de dingen wordt opgelegd. Zelfs de verdedigers van de distinctio realis verzetten zich ertegen om de existentia als ens te vatten. Capreolus zegt6: esse actualis existentiae non est res proprie loquendo . . non est proprie ens, secundum quod ens significat actum essendi, cum non sit quod existit.... . Dicitur tamen [existentiae] entis, vel rei. Werkelijkheid is geen ding in de strikte zin van het woord, het is niet daadwerkelijk een bestaand ding, het is zelf niet iets dat bestaat, het is geen bestaand ding, maar iets in het bestaande ding (quid entis), iets, wat tot het zijn behoort. Duidelijker staat er op de volgende plaats: esse creaturae ... non subsistit; et ideo, nec illi debetur proprie esse, nec fieri, nec creari, ac per hoc nec dicitur proprie creatura, sed quid concreatum.... Nec valet si dicatur:esse creatum est extra nihil; igitur est proprie ens. Quia extra nihil non solum est quod est; immo etiam dispositiones entis, quae non dicuntur proprie et formaliter entia, sed entis; et in hoc différant a penitus nihilo.7 Het werkelijk zijn van het geschapene is niet zelf werkelijk, het vereist niet zelf een worden en een geschapen zijn. Daarom moet niet gezegd worden dat de werkelijkheid iets geschapen is. Het is eerder quid concreatum, mede geschapen met de schepping van een geschapen ding. Het is waar dat werkelijkheid tot het werkelijke behoort, maar het is niet zelf werkelijk, maar het is quid entis en als zodanig concreatum quid of een dispositio entis, een staat van zijn.

Samengevat kunnen we zeggen: De werkelijkheid is geen res, maar daarom ook niet niets. Het wordt niet, zoals bij Kant, geïnterpreteerd vanuit de relatie tot het ervarende subject, maar vanuit de relatie tot de schepper. Hier raakt de interpretatie in een impasse, waarin ze nooit van haar plaats komt.

Wat nemen we mee van dit kenmerk van de werkelijkheid met betrekking tot de vraag over de richting van de interpretatie?

Als we deze interpretatie vergelijken met de Kantiaanse, zien we dat Kant teruggaat naar de relatie met het vermogen van cognitie (waarneming) en de werkelijkheid probeert te interpreteren met betrekking tot cognitie en begrijpen. In de Scholastiek daarentegen wordt het werkelijke geïnterpreteerd met betrekking tot de realisatie, d.w.z. niet in de richting van hoe wat al aanwezig is als werkelijk wordt begrepen, maar in de richting van hoe wat aanwezig is wordt begrepen als iets dat achteraf kan worden begrepen, in het algemeen als wat aanwezig is, voor de handen 7 op. cit. VIII, qu. I, art II (Solutiones, I).

Fenomenologische verheldering komt en wordt überhaupt hanteerbaar. Zo wordt ook hier een relatie tot het "subject", tot Dasein, getoond, ook al is die nog onbepaald: het bestaande voor de hand hebben als het geproduceerde van een productie, als het reële van een realisatie. Dit komt overeen met de betekenis van actualitas en ἐνέργεια, d.w.z. de traditie van de term. In recentere tijden is het gebruikelijk om het concept van actualiteit en het reële anders te interpreteren. Het wordt opgevat in de zin van datgene wat inwerkt op het subject of in de zin dat het datgene is wat inwerkt op anderen, in een effectieve verbinding staat met anderen; de werkelijkheid van de dingen bestaat uit het feit dat ze onderling krachtswerkingen uitoefenen.

De twee betekenissen van werkelijkheid en dat wat werkelijk is, dat wat het subject beïnvloedt of dat wat anderen beïnvloedt, veronderstellen de eerste betekenis, die de ontologisch primaire is, d.w.z. werkelijkheid begrepen met betrekking tot realisatie en effect. Het handelen op het subject moet zelf al echt zijn in de eerste betekenis van het woord, en relaties van effect zijn alleen mogelijk als het echte aanwezig is. Het is ontologisch onjuist en onmogelijk om de werkelijkheid en haar ontologische betekenis te interpreteren vanuit deze laatste twee betekenissen. In plaats daarvan moet de werkelijkheid, zoals de traditionele term actualitas zegt, worden begrepen met betrekking tot realisatie. Maar het is volkomen duister hoe de werkelijkheid van hieruit begrepen moet worden. We proberen wat licht in deze duisternis te brengen en de oorsprong van de termen essentia en existentia te verduidelijken en te laten zien in hoeverre beide termen voortkomen uit een begrip van het zijn, dat het zijn begrijpt met betrekking tot een realiserend, of zoals we over het algemeen zeggen, een producerend gedrag van het bestaan. De twee termen essentia en existentia zijn voortgekomen uit een interpretatie van het zijn met betrekking tot het voortbrengende gedrag, namelijk tot een voortbrengend gedrag dat niet specifiek 148 de these van de middeleeuwse ontologie is die in deze interpretatie wordt begrepen en expliciet wordt opgevat. Hoe moet dit nauwkeuriger worden begrepen? Voordat we hierop antwoorden, moeten we laten zien dat we deze nu aangetoonde horizon van het begrijpen van het producerende bestaan niet alleen hebben vastgelegd vanwege de relatie voor het wezen van het wezen tot het subject en tot God als de maker der dingen, maar dat de ontologische basisbepalingen van het wezen consequent uit deze horizon voortkomen. We proberen dit bewijs met betrekking tot de interpretatie van de feitelijkheid, de realitas, waardoor de gemeenschappelijke oorsprong van essentia en existentia duidelijk wordt.

We karakteriseren het producerende gedrag van Dasein in eerste instantie niet in meer detail. We proberen alleen aan te tonen dat de genoemde determinaties voor de materie, voor de essentia forma, natura, quod quid erat esse, definitio worden verkregen met betrekking tot het voortbrengen van iets. Het maken bevindt zich in de leidende horizon van deze interpretatie van het wat.

Voor dit bewijs kunnen we niet vasthouden aan de middeleeuwse termen, want die zijn niet origineel, maar vertalingen van oude termen. We zijn alleen in staat om de echte oorsprong hierdoor zichtbaar te maken. We moeten ons verre houden van alle moderne interpretaties en overschilderingen van deze oude termen. Het bewijs van de oorsprong van de oude hoofdbepalingen voor de feitelijkheid van het zijn vanuit het producerende gedrag, vanuit de producerende conceptie van het zijn, kunnen we alleen in grote lijnen geven. Het zou nodig zijn om in te gaan op de afzonderlijke stadia van de ontwikkeling van de antieke ontologie tot Aristoteles en om de verdere ontwikkeling van de afzonderlijke basisbegrippen te karakteriseren.

b) De terugval naar het productieve gedrag van Dasein naar Zijn als een niet uitgedrukte horizon van begrip voor essentia en existentia Onder de termen die kenmerkend zijn voor essentia, noemden we μορφή, εἶδος (forma), τό τί ἦν εἶναι (dat wat al een wezen was, de essentie) of ook de γένος, verder φύσις (natuur), δρος, ὁρισμός (definitio) en οὐσία (essentia). We beginnen met de beschouwing van de μορφή-term. Wat de objectiviteit van het zijn bepaalt is zijn vorm. Iets wordt op deze en die manier gevormd, het wordt dit en dat. De uitdrukking komt uit de omgeving van het zintuiglijk beschrijvende. Men denkt in de eerste plaats aan de ruimtelijke vorm. Maar de term μορφή moet losgemaakt worden van deze beperking.

Wat bedoeld wordt is niet alleen de ruimtelijke vorm, maar het hele karakter van een wezen, waaruit we aflezen wat het is. Uit de vorm en het karakter van een ding leren we wat het is. Het inprenten en vormen verleent het te produceren en geproduceerde ding zijn eigen verschijningsvorm. Uiterlijk is de ontologische betekenis van de Griekse uitdrukking ειδος of ἰδέα. In het uiterlijk van een ding kunnen we zien wat het is, zijn feitelijkheid, zijn karakter. Als we een wezen nemen zoals het zich voordoet in de waarneming, dan moeten we zeggen: Het uiterlijk van iets is gebaseerd op zijn karakter. Het is de vorm die het ding zijn verschijning geeft.

Met betrekking tot de Griekse termen: de εἶδος, de verschijning, is gefundeerd in de μορφή, gefundeerd in de afdruk.

Voor de Griekse ontologie is de fundamentele verbinding tussen εἶδος en μορφή, verschijning en afdruk, echter precies omgekeerd: niet de verschijning is gefundeerd in de afdruk, maar de afdruk, de μορφή, is gefundeerd in de verschijning.

Deze stichtende relatie kan alleen zo verklaard worden dat de twee determinaties voor objectiviteit, het uiterlijk en het karakter van een ding, in de oudheid primair niet begrepen worden in de volgorde van het waarnemen van iets. In de 150 stelling van de middeleeuwse ontologische waarnemingsorde dring ik via het uiterlijk van een ding door tot het karakter ervan. Dat laatste is het feitelijk eerste in de volgorde van waarnemen. Maar als de relatie van verschijning en afdruk in de oudheid wordt omgekeerd, kan niet de volgorde van het waarnemen en het waarnemen de leidraad zijn voor de interpretatie ervan, maar de kijk op het maken. Het reliëf is, zoals we ook kunnen zeggen, een formatie. De pottenbakker vormt een kruik uit klei. Alle vorming van vormen vindt plaats op de richtlijn en op de standaard van een beeld in de zin van het voorbeeld. Door te kijken naar het verwachte uiterlijk van het te vormen ding, wordt dit ding geproduceerd. Deze verwachte en vooraf waargenomen verschijning van het ding is wat de Grieken ontologisch bedoelen met ειδος, ἰδέα. De entiteit die volgens het model gevormd wordt, is als zodanig het beeld van het model.

Als de vorm, het reliëf (μορφή) functioneert in de εἶδος, betekent dit dat beide termen worden begrepen met betrekking tot het vormen, reliëf maken, produceren. De volgorde en het verband van deze twee termen is vastgesteld vanuit de voltooiing van het vormen en stempelen en de anticipatie van de verschijning van het te vormen ding, die er noodzakelijkerwijs bij hoort. Het geanticipeerde uiterlijk, het pre-beeld, toont het ding, wat het is vóór de productie en hoe het eruit zou moeten zien als het geproduceerd is. De geanticipeerde verschijning wordt nog niet uitgedrukt als iets dat echt is, maar het is het beeld van de Einbildung, de φαντασία, zoals de Grieken zeggen: wat het vormende van tevoren vrijelijk tot zichzelf brengt, dat wat gezien wordt. Het is geen toeval dat Kant, bij wie de begrippen vorm en materie, μορφή en ὕλη, epistemologisch nog steeds een fundamentele rol spelen, tegelijkertijd de verbeelding een uitstekende functie toekent in de opheldering van de objectiviteit van de cognitie. De εἶδος als de in de verbeelding geanticipeerde verschijning van het in te prenten ding geeft het ding met betrekking tot wat dit al was en is vóór § 11. Fenomenologische verheldering 151 van alle realisatie. Daarom wordt de voorgewende verschijning, de εἶδος, ook wel de τό τί ην εἶναι genoemd, dat wat een wezen al was. Wat een wezen al was vóór de realisatie, de verschijning, waaraan de productie voldoet, is tegelijkertijd dat, van waaruit het gemunte feitelijk ontstaat. De εἶδος, wat een ding van tevoren al was, geeft het geslacht van het ding aan, zijn afkomst, zijn γένος. Daarom is ook de feitelijkheid identiek met γένος, dat vertaald moet worden als geslacht en stam. Dit is de ontologische betekenis van deze uitdrukking en niet, bijvoorbeeld, de gebruikelijke in de betekenis van genus. De logische betekenis is gegrond in de eerste. Plato spreekt meestal, als hij het heeft over de hoogste watbepalingen van het zijn, over de γένη τῶν ὄντων, over de stammen, de geslachten van het zijn. Ook hier wordt de feitelijkheid geïnterpreteerd in het licht van dat, waaruit het zijn in het zijn voortkomt.

In dezelfde richting van de interpretatie van wat ook de bepaling φύσις wijst. φύειν betekent laten groeien, voortbrengen, eerst zichzelf voortbrengen. Wat producten of het geproduceerde mogelijk (produceerbaar) maakt, is weer de verschijning van dat, hoe het te produceren ding zal worden en zijn.

Uit φύσις, de aard van het ding, ontstaat het werkelijke ding. Alles wat eerder is dan het gerealiseerde is nog vrij van de onvolmaaktheid, eenzijdigheid en sensualisatie die noodzakelijkerwijs gegeven is met alle realisatie. Het wat vóór alle realisatie ligt, het gezaghebbende zien, is nog niet onderworpen aan de veranderlijkheid van ontstaan en vergaan zoals het werkelijke. Het is zowel eerder dan dit, als als dit eerder altijd, d.w.z. dit, wat het wezen dat altijd begrepen werd als produceerbaar en geproduceerd al van tevoren was, is de waarachtigheid van het wezen van een wezen. Deze waarachtigheid van het wezen van een wezen wordt door de Grieken tegelijkertijd geïnterpreteerd als het ware wezen zelf, 152 thesis van de middeleeuwse ontologie, zodat wat de werkelijkheid van het werkelijke vormt, de ideeën, volgens Piaton het werkelijke werkelijke zelf zijn.

De verschijning, εἶδος, en de afdruk, μορφή, sluiten elk in zichzelf af wat bij een ding hoort. Als een omhullend ding vormt het de grens van datgene wat een ding bepaalt als voltooid, voltooid. De verschijning als dit omsluiten van het toebehoren van alle feitelijke determinaties wordt ook begrepen als dat wat de vaardigheid, de perfectie van een wezen vormt. Scholastiek zegt perfectio, Grieks de τέλειον.

Deze omcirkeling van het ding, die gemarkeerd wordt door zijn vaardigheid, is tegelijkertijd het mogelijke object van een uitdrukkelijk omvattende omcirkeling van het ding, d.w.z. voor de ὁρισμός, voor de definitie, voor het concept, dat de feitelijke grenzen van het gemarkeerde ding omvat.

Als we het samenvatten, resulteert het met betrekking tot de bepalingen van de realitas: Ze ontstaan allemaal met betrekking tot dat wat gevormd wordt in het vormen, gemunt in het vormen, gevormd in het vormen, geproduceerd en vervaardigd in het produceren. Vormen, vormen, produceren zijn in hun betekenis een laten-komen, een laten-komen-van. Al deze houdingen kunnen worden gekarakteriseerd door een basishouding van het bestaan, die we kortweg produceren noemen. De genoemde karakters van de werkelijkheid (realitas), die voor het eerst in de Griekse ontologie werden vastgelegd en later werden geformaliseerd, d.w.z. dat ze overgingen in de traditie. Ze bepalen wat tot de produceerbaarheid van een gefabriceerd ding in het algemeen behoort, maar tegelijkertijd: om het in de engere of bredere periferie van het toegankelijke te brengen, om het hier, in het daar te brengen, zodat het gefabriceerde voor zichzelf staat en als iets blijvends voor zichzelf aanwezig blijft en is. Vandaar de Griekse benaming ὑποκείμενον, het heden. Dat wat aanvankelijk en voortdurend aanwezig is in de onmiddellijke nabijheid van het menselijk gedrag en daarom voortdurend beschikbaar is, is het geheel van de gebruiksdingen waarmee we voortdurend te maken hebben, het geheel van de dingen die bestaan, die zelf in hun eigen betekenis op elkaar zijn afgestemd, de gebruikte spullen en de voortdurend gebruikte producten van de natuur: huis en erf, bos en veld, zon, licht en warmte. Wat op deze manier beschikbaar is, wordt door de alledaagse ervaring beschouwd als wat primair bestaat. De beschikbare goederen en bezittingen, het bezit, is het bestaande slecht, Grieks οὐσία. Deze uitdrukking οὐσία betekent nog in de tijd van Aristoteles, toen het al een stevige filosofisch-theoretische terminologische betekenis had, tegelijkertijd zoveel als bezit, eigendom, fortuin. De prefilosofische werkelijke betekenis van οὐσία hield nog steeds stand. Volgens deze betekenis betekent zijn zoveel als beschikbaar bestaan. Essentia is slechts de letterlijke vertaling van οὐσία. Deze uitdrukking essentia, die gebruikt wordt voor het water, voor de werkelijkheid, drukt tegelijkertijd de specifieke manier van zijn van het wezen uit, zijn beschikbaarheid, of zoals we ook zeggen, zijn aanwezigheid, die passend is voor het wezen omdat het geproduceerd is.

De bepalingen van essentia zijn gegroeid met betrekking tot wat geproduceerd wordt in het produceren of tot wat ertoe behoort als producerend.

Het basisconcept van οὐσία daarentegen benadrukt meer de geproduceerdheid van het geproduceerde in de zin van wat beschikbaar is. Hier wordt bedoeld, wat in eerste instantie beschikbaar is, huis en boerderij, het landgoed, zoals we ook zeggen, wat beschikbaar is als wat aanwezig is. Vanuit de betekenis van οὐσία als bestaand en aanwezig, moet het werkwoord ειναι, esse, existere geïnterpreteerd worden. Zijn, actief zijn, bestaan in de traditionele betekenis betekent aanwezig zijn. Maar het maken is niet de enige horizon voor de interpretatie van existentia. Het bestaande wordt ontologisch begrepen met betrekking tot zijn existentie, niet zozeer met betrekking tot de beschikbaarheid voor gebruik, niet in de terugval naar het produceren, in het algemeen het praktische gedrag, maar in de terugval naar het vinden van het beschikbare. Maar ook dit gedrag, het vinden van wat geproduceerd en beschikbaar is, behoort tot het produceren zelf. Al het maken is, zoals we zeggen, voorzichtigheid en voorzichtigheid. Het heeft überhaupt zicht, het is ziende, en alleen omdat het zo is, kan het soms blindelings te werk gaan. Het zicht is geen aanhangsel van het producerende gedrag, maar behoort er positief toe en tot zijn structuur en leidt het gedrag. Daarom is het niet verwonderlijk als dit zien in de zin van het voorzichtige zien, dat bij het ontologische begrip van het maken hoort, zichzelf ook al naar voren duwt waar de ontologie het te maken interpreteert. Al het vormen en stempelen heeft van tevoren een vooruitblik op het zien (εἶδος) van het ding dat gemaakt moet worden. Hier is al te zien dat in het kenmerk van de watheid van een ding als εἶδος het fenomeen van het zien zich aankondigt, dat bij het produceren hoort. Produceren is van tevoren al zien wat het ding was. Vandaar de voorrang van al deze uitdrukkingen in de Griekse ontologie: Ιδέα, ειδος, θεωρεῖν.

Plato en Aristoteles spreken van de ὄμμα τῆς ψυχῆς, van het oog van de ziel dat het zijn ziet. Dit kijken naar het geproduceerde of te produceren hoeft niet het theoretische kijken in engere zin te zijn, maar is eerst gewoon het kijken in de zin van de voorzichtige oriëntatie.

Niettemin bepalen de Grieken, om redenen die we hier niet zullen aanstippen, de wijze van toegang tot het bestaande primair als het contemplatieve vinden, als het contemplatieve nemen, het νοεῖν of ook het θεωρεῖν. Dit gedrag wordt ook wel αισθησις genoemd, het esthetisch aanschouwen in de eigenlijke zin, zoals Kant de term esthetica nog steeds gebruikt, het zuiver aanschouwend horen van wat aanwezig is. In dit zuiver waarnemende gedrag, dat slechts een modificatie is van het zien in de zin van omzichtigheid, van het produceren van gedrag, wordt de werkelijkheid van het werkelijke onthuld. Reeds Parmenides, de eigenlijke grondlegger van de antiken ontologie, zegt: τὸ γὰρ αὐτὸ νοεῖν ἐστίν τε καὶ εἶναι, het is dezelfde νοεῖν, het waarnemen, het eenvoudig waarnemen, het kijken naar, en het zijn, de werkelijkheid. In deze zin van de Parmenides wordt letterlijk vooruitgelopen op de stelling van Kant als hij zegt: Werkelijkheid ist Wahrnehmimg.

We zien nu duidelijker dat de interpretatie van essentia en ook alleen die van de basisterm voor essentia, οὐσία, terugwijst naar het producerende gedrag ten opzichte van het wezen, terwijl als de feitelijke toegang tot het wezen in zijn wezen-in-zichzelf het zuivere kijken vastligt. We merken terloops op dat deze interpretatie van de ontologische basisconcepten van de antieke filosofie niet alles uitput wat hier gezegd zou moeten worden. Bovenal wordt het Griekse concept van de wereld nog steeds volledig genegeerd, wat alleen verklaard zou kunnen worden door een interpretatie van het Griekse bestaan.

Voor ons is het de taak om aan te tonen dat essentia en existentia een gemeenschappelijke oorsprong hebben in de interpretatieve achteruitgang naar het producerende gedrag. In de antieke ontologie zelf leren we niets over dit verval. De antieke ontologie voert de interpretatie van het zijn en de uitwerking van de genoemde termen als het ware naïef uit. We leren niets over hoe de verbinding en het verschil van beide moet worden begrepen en hoe het moet worden gerechtvaardigd als zijnde noodzakelijk voor elk wezen. Maar is dit een gemis en niet juist een voordeel? Is het naïeve onderzoek niet superieur aan al het gereflecteerde en al te bewuste in de zekerheid en relevantie van zijn resultaten? Dit kan worden bevestigd en toch moet tegelijkertijd worden begrepen dat ook de naïeve ontologie, als het al ontologie is, altijd, want noodzakelijk, reflectief moet zijn, reflectief in de oprechte zin dat ze het zijn met betrekking tot zijn wil vatten (ψυχή, νοῦς, λόγος). De verwijzing naar de relaties van Dasein in de ontologische interpretatie kan op zo'n manier plaatsvinden dat waarnaar verwezen wordt, Dasein en zijn relaties, geen probleem op zich wordt, maar dat de naïeve ontologische interpretatie teruggaat naar de relaties van Dasein zoals die bekend zijn in het alledaagse en natuurlijke zelfverstaan van Dasein. De ontologie is dan niet naïef voor zover ze helemaal niet terugkijkt op Dasein, niet reflecteert op alles wat uitgesloten is, maar voor zover dit noodzakelijke terugkijken op Dasein niet verder gaat dan een vulgaire opvatting van Dasein en zijn gedragingen en ze dus niet specifiek benadrukt omdat ze behoren tot de alledaagsheid van Dasein in het algemeen. De terugblik blijft in de paden van de prefilosofische cognitie.

Als de beschouwing van Dasein en zijn houdingen tot de essentie van de ontologische vraagstelling en interpretatie behoort, dan zal ook het ontologische probleem van de oudheid alleen tot zichzelf worden gebracht en kan het alleen in zijn mogelijkheid worden begrepen, als de noodzaak van deze terugval naar Dasein duidelijk wordt gemaakt.

Dit verval is in feite helemaal geen verval, voor zover het bestaan, volgens de essentie van zijn bestaan, al bij zichzelf is, voor zichzelf geopend is en als zodanig altijd al iets begrijpt als het wezen van een bestaand. Het heeft niet eerst een achteruitgang naar zichzelf nodig.

Dit spreken over het verval wordt alleen gerechtvaardigd door het feit dat in de naïeve antieke ontologie Dasein blijkbaar vergeten wordt. De expliciete uitwerking van de grond van de antieke ontologie is niet alleen in principe mogelijk voor een mogelijk filosofisch begrip, maar wordt feitelijk geëist door de imperfectie en onbepaaldheid van de antieke ontologie zelf. Afgezien van het feit dat de basisconcepten zelf niet specifiek en expliciet gefundeerd zijn, maar er gewoon zijn, weet men niet hoe, blijft het vooral duister of wat de tweede stelling zegt terecht bestaat, en waarom het terecht bestaat: dat tot elk wezen essentia en existentia behoren. Het is geenszins bewezen en vanzelfsprekend dat deze stelling voor elk wezen geldt. Deze vraag wordt pas beslisbaar als van tevoren vaststaat dat alles wat bestaat werkelijk is, dat het domein van het werkelijk bestaande samenvalt met dat van het bestaande in het algemeen en dat het zijn samenvalt met de werkelijkheid en dat elk bestaand wordt gevormd door een watheid. Als de poging om de legitimiteit van de stelling te bewijzen mislukt, d.w.z. als het zijn niet samenvalt met existentia in de oude betekenis van werkelijkheid, existentie, dan heeft de stelling des te meer een expliciete rechtvaardiging nodig in haar beperkte geldigheid voor het zijn in de betekenis van het existente. Dan moet opnieuw de vraag gesteld worden of wat in de stelling bedoeld wordt universele geldigheid behoudt, als de feitelijke inhoud van de stelling voldoende uitgebreid en fundamenteel opgevat wordt met betrekking tot alle mogelijke manieren van zijn. We willen, maar moeten de Grieken niet alleen beter begrijpen dan zij zichzelf begrepen. Alleen dan bezitten we werkelijk het erfgoed. Alleen dan is ons eigen fenomenologische onderzoek geen lappendeken en geen toevallig veranderen en verbeteren of verslechteren. Het is altijd een teken van de grootsheid van een productieve prestatie als het kan eisen beter begrepen te worden dan het zichzelf begreep. Trivialiteiten vereisen geen hogere begrijpelijkheid. Maar de oude ontologie is in principe niet triviaal en kan nooit overwonnen worden, omdat het de eerste noodzakelijke stap vertegenwoordigt die elke filosofie überhaupt moet zetten, zodat deze stap altijd herhaald moet worden door elke echte filosofie. Alleen de zelfgenoegzame en barbaarse moderniteit kan willen doen geloven dat Plato, zoals men smakelijk zegt, af is. Het is niet zo dat de oudheid beter begrepen wordt door de locatie te verschuiven naar een volgende fase in de ontwikkeling van de filosofie en deze bijvoorbeeld van Kant of van Hegel te nemen om de oudheid te interpreteren met behulp van een neo-Kantianisme of een neo-Hegelianisme. Alle 158 stellingen van de middeleeuwse ontologie deze vernieuwingen zijn al achterhaald voordat ze aan het licht komen. Het is noodzakelijk om te zien dat zowel Kant als Hegel nog steeds fundamenteel op de grond van de oudheid staan, dat ook bij hen de omissie niet wordt goedgemaakt, die verborgen bleef als een noodzaak in de hele ontwikkeling van de westerse filosofie. De stelling dat essentia en existentia tot ieder wezen behoren, behoeft niet alleen de opheldering van de oorsprong van deze termen, maar een universele rechtvaardiging in het algemeen.

Voor ons rijst de concrete vraag: Tot welke problemen leidt de poging om de tweede stelling werkelijk te begrijpen? We komen tot inzicht hierover door de ontoereikende basis van de traditionele behandeling van problemen aan te tonen.

§ 12. bewijs van de ontoereikende basis van de traditionele behandeling van het probleem

De ontoereikendheid van wat tot nu toe gedaan is, wordt zichtbaar in de noodzakelijke positieve taak. De ontologische basisconcepten van objectiviteit, essentia, en werkelijkheid, existentia, komen voort uit het zicht op het geproduceerde in het producerende gedrag of het produceerbare als zodanig en de produceerbaarheid van het geproduceerde, dat direct aanwezig is als voltooid in het zicht en de waarneming. Hiermee wordt de weg vrijgemaakt voor een meer originele interpretatie van essentia en existentia. In de bespreking van Kants stelling ontstond de taak om de intentionele structuur van de waarneming te onderzoeken om uit de dubbelzinnigheid van Kants interpretatie te komen. De weg dient zich nu dus aan om de concepten essentia en existentia oorspronkelijk ontologisch te gronden op zo'n manier dat we teruggaan naar de intentionele structuur van het producerende gedrag. We zullen analoog aan de toespraak van Kant zeggen:

Werkelijkheid (existere, esse) is duidelijk niet identiek met het voortbrengen en het voortgebrachte, net zo min als met het waarnemen en het waargenomene. Maar de werkelijkheid is ook niet identiek met het waargenomene, want het waargenomene is slechts een karakteristiek van het grijpen van het wezen, niet de bepaling van zijn-zijn-zoals-het-is. Maar wordt er misschien een karakter gewonnen met het voortgebrachte zijn, dat het zijn-in-zichzelf van het wezen afbakent? Want het voortgebrachte zijn van een ding is de voorwaarde voor zijn begrijpelijkheid in de waarneming. Als we de waarneming van een wezen bedoelen, dan begrijpen we noodzakelijkerwijs dit wezen in een relatie tot het waarnemende subject, tot Dasein, in het algemeen gesproken, maar niet het wezen van het wezen in zichzelf vóór alles en zonder alle waarneming. Maar bestaat niet dezelfde stand van zaken, zoals met betrekking tot het waarnemend grijpen, ook met betrekking tot de voortgebrachtheid? Is er niet ook een relatie van het subject met het voortgebrachte in het voortbrengende gedrag, zodat het karakter van de voortgebrachtheid niet minder een subjectieve relatie uitdrukt dan het karakter van de waargenomenheid? Maar hier is voorzichtigheid en wantrouwen geboden tegen alle zogenaamde scherpzinnigheid, die alleen argumenteert met zogenaamde strikte termen, maar verblind is voor wat er eigenlijk bedoeld wordt met de termen, de fenomenen.

Het ligt in het eigen gevoel van richting en begrip van het producerende gedrag om iets te nemen dat, waarop het producerende gedrag betrekking heeft, als iets dat verondersteld wordt aanwezig te zijn in en door het producerende als een voltooid ding op zichzelf. We hebben het gevoel van richting dat bij het intentionele gedrag hoort in elk geval gekarakteriseerd als het begrip van zijn dat bij intentionaliteit hoort. In het producerende gedrag naar iets toe, wordt het zijn van datgene waarnaar ik produceer op een bepaalde manier begrepen in de betekenis van de producerende intentie, namelijk op zo'n manier dat het producerende gedrag, volgens zijn eigen betekenis, het te produceren ding bevrijdt van de relatie met de producent. Het bevrijdt het te produceren ding en het geproduceerde van deze relatie, niet tegen zijn intentie in, maar volgens zijn intentie. Het begrip van zijn, dat behoort tot het producerende gedrag van het wezen, waar het betrekking op heeft, neemt dit wezen van tevoren als iets dat voor zichzelf bevrijd en onafhankelijk moet zijn. Het zijn, dat begrepen wordt in het producerende gedrag, is slechts het zijn-in-zicht van het voltooide.

Het is waar dat het gedrag van het produceren volgens zijn ontologische essentie blijft bestaan als de houding van Dasein ten opzichte van iets, altijd en noodzakelijkerwijs een relatie tot het bestaande, maar een gedrag van zo'n eigenaardige soort dat Dasein, dat zichzelf in het produceren vasthoudt, gewoon zichzelf zegt, al dan niet expliciet:

Het waarvoor van mijn gedrag is, volgens zijn eigen aard van zijn, niet gebonden aan deze referentie, maar wordt verondersteld onafhankelijk te worden als een voltooid ding door dit gedrag. Als voltooid ding is het niet alleen feitelijk niet langer gebonden aan de relatie van productie, maar ook al als een ding dat geproduceerd moet worden, wordt het bij voorbaat begrepen als een ding dat van deze relatie moet worden bevrijd.

In de specifieke intentionele structuur van het produceren, d.w.z. in zijn begrip van zijn, bestaat er dus een eigenaardig karakter van bevrijding en bevrijding met betrekking tot datgene waarop dit gedrag betrekking heeft. Dienovereenkomstig bevat Manufacturedness - Hergestelltheit (werkelijkheid als Gewirktheit) wel een verwijzing naar het producerende Dasein, maar precies zo'n Dasein dat het geproduceerde begrijpt als zijnde bevrijd voor zichzelf en dus in zichzelf, volgens zijn eigen ontologische betekenis. Zo'n gekarakteriseerde intentionaliteit van het produceren en zijn eigenaardige manier van het begrijpen van het zijn is eenvoudigweg te zien met ogen die niet verblind en scheel zijn geworden door welke circulerende theorie over cognitie dan ook § 12. Ontoereikend fundament 161. Hoe strikt logisch de concepten ook zijn, als ze blind zijn, zijn ze nutteloos. Zo'n intentionele productiestructuur onbevooroordeeld zien en in de analyse interpreteren, toegankelijk maken en vasthouden en de begripsvorming afmeten aan wat zo wordt vastgehouden en gezien, dat is de nuchtere betekenis van de veelbesproken zogenaamde fenomenologische kijk op essentie. Wie zijn informatie over fenomenologie uit de "Vossische Zeitung" of uit de "Uhu" haalt, moet zich laten overtuigen dat fenomenologie zoiets is als mystiek, zoiets als de "logica van de Indische navelwaarnemer". Dit is niet belachelijk, maar in omloop bij mensen die wetenschappelijk serieus genomen willen worden.

Het is noodzakelijk om te zien: In de intentionele structuur van het maken is er een verwijzing naar iets, waarbij dit begrepen wordt als niet gebonden aan het subject en afhankelijk daarvan, maar omgekeerd als losgelaten en onafhankelijk. Fundamenteel gesproken: We stuiten hier op een zeer eigenaardige transcendentie van Dasein, die we later in detail zullen beschouwen en die, zoals zal blijken, alleen mogelijk is op grond van tijdelijkheid.

Dit vreemde karakter van het vrijgeven van wat geproduceerd moet worden in het producerende gedrag wordt niet volledig geïnterpreteerd door wat er tot nu toe gezegd is. Het ding dat geproduceerd moet worden wordt in het producerende gedrag niet opgevat als iets dat überhaupt geacht wordt te bestaan als een geproduceerd ding, maar het wordt al als zodanig opgevat volgens de intentie van productie die erin schuilt, dat op elk moment beschikbaar is voor gebruik als een afgewerkt ding. In het productiegedrag wordt het niet simpelweg gezien als iets dat is opgeborgen, maar als iets dat is gemaakt, dat in de omgeving van het bestaan is gebracht, die niet noodzakelijkerwijs hoeft samen te vallen met de omgeving van de fabrikant. Het kan de omgeving van de gebruiker zijn, die zelf in een innerlijke zijnsverbinding staat met die van de maker.

Wat we dus aan het licht proberen te brengen met betrekking tot de intentionele structuur van het produceren door middel van fenomenologische analyse is niet bedacht en uitgevonden, maar ligt al besloten in het alledaagse, prefilosofische producerende gedrag van Dasein. Dasein leeft producerend in een dergelijk begrip van zijn, zonder het als zodanig te vatten of te grijpen.

In het producerende gedrag ten opzichte van iets is er direct het begrip van het zijn-zoals-het-is van datgene waar het gedrag betrekking op heeft. Daarom is het geen toeval dat de antieke ontologie, in haar specifieke naïviteit, zich in goede zin oriënteerde op dit alledaagse en voor de hand liggende gedrag van het er-zijn, hoewel niet expliciet, omdat in het producerende gedrag voor Dasein, een relatie tot het zijn wordt gesuggereerd door zichzelf, waarbinnen het zijn-zijn van het zijn direct wordt begrepen. Maar houdt de interpretatie van het zijn van het bestaande als geproduceerd niet een ondraaglijke eenzijdigheid in? Kan alles wat bestaat begrepen worden als geproduceerd en kunnen de concepten van het zijn verworven en gefixeerd worden met betrekking tot het producerende gedrag? Niet alles, waarvan we zeggen dat het is, wordt in het leven geroepen door het producerende bestaan. Juist dat zijn, dat de Grieken tot uitgangspunt en onderwerp van hun ontologisch onderzoek maakten, het zijn als natuur en kosmos, wordt niet geproduceerd door het producerende zijn. Hoe zou de Griekse ontologie, die primair gericht was op de kosmos, het zijn vanuit het producerende moeten hebben begrepen, vooral omdat de oudheid niet zoiets kent als een schepping en productie van de wereld, maar eerder overtuigd is van de eeuwigheid van de wereld? Voor hen is de wereld het ἀεί ὄν, het altijd al bestaande, ἀγένητος, ἀνώλεθρος, onwenselijk en onbegrijpelijk. Wat is, met het oog op dit wezen, van de kosmos, het doel van het standpunt van het maken? Schiet onze interpretatie van οὐσία, εἶναι, existere als bestaan en maakbaarheid hier niet tekort? Is het niet in elk geval ongrieks, kan het anders terecht bestaan? Als we door zulke argumenten onze nederlaag zouden toegeven en zouden toegeven dat het producerende gedrag duidelijk niet de leidende horizon voor de antieke ontologie kon zijn, dan zouden we door deze toegeving belijden dat we, ondanks de analyse van de intentionaliteit van het produceren die we zojuist hebben gemaakt, het nog niet voldoende fenomenologisch hebben gezien.

In het sem-begrip van het producerende gedrag, laat dit als het verwijzen naar iets, datgene los waarnaar het verwijst. Het lijkt alsof alleen het zijn, dat geproduceerd wordt, in deze zin begrepen kan worden. Maar zo lijkt het alleen maar.

Als we het productiegedrag visualiseren in de omgeving van zijn volledige structuur, dan zien we dat het altijd gebruik maakt van wat we substantie noemen, materiaal om bijvoorbeeld een huis te bouwen. Uiteindelijk wordt dit materiaal niet opnieuw geproduceerd, maar is het al aanwezig. Het wordt gevonden als zijnde, dat niet geproduceerd hoeft te worden. In het produceren en het begrijpen van zijn, verhoud ik me dus tot het zijn dat niet geproduceerd hoeft te worden. Ik verhoud me daar niet toevallig toe, maar volgens de betekenis en essentie van produceren, voor zover dit produceren altijd iets uit iets voortbrengt. Wat niet geproduceerd hoeft te worden kan alleen begrepen en ontdekt worden binnen het begrip van zijn van productie.

Met andere woorden, alleen in het begrip van zijn, dat bij het productieproces hoort, en dus in het begrip van wat niet nodig is voor productie, kan het begrip van zijn ontstaan, dat in zichzelf aanwezig is voor en voor alle verdere productie. Het begrijpen van dat wat niet geproduceerd hoeft te worden, wat alleen mogelijk is in het produceren, is wat het zijn begrijpt van dat wat al ten grondslag ligt aan en voorafgaat aan alles wat geproduceerd moet worden en daarom al in zichzelf aanwezig is. Het begrip van het wezen van het produceren is ver verwijderd van het begrijpen van alleen het wezen als geproduceerd, dat het juist het begrip opent van het wezen van dat wat al bij uitstek aanwezig is. In het produceren ontmoeten we dus precies dat wat geen productie nodig heeft. In de producerende-gebruikende omgang met het bestaande, springt de werkelijkheid van datgene ons tegemoet, dat voorafgaat aan al het producerende en produceerbare of dat zich verzet tegen het producerende, vormende remodelleren.

De termen materie en substantie vinden hun oorsprong in een begrip van zijn dat gericht is op maken.

Anders zou het idee van materie als dat waarvan iets is gemaakt verborgen blijven. De begrippen materie en substantie, de ὑλη, d.w.z. de tegenbegrippen van μορφή, de munt, spelen geen fundamentele rol in de antieke filosofie omdat de Grieken materialisten waren, maar omdat materie een ontologisch basisbegrip is, dat noodzakelijkerwijs ontstaat wanneer het bestaande, of het nu vervaardigd of niet vervaardigd is, wordt geïnterpreteerd in de horizon van het begrip van het zijn, dat ligt in het vervaardigingsgedrag als zodanig.

Het producerende gedrag is niet beperkt tot het alleen produceerbare en geproduceerde, maar bevat een vreemde breedte van de mogelijkheid om het zijn van het bestaande te begrijpen, wat tegelijkertijd de reden is voor de universele betekenis van de oude ontologische basisbegrippen.

Maar het is nog steeds onduidelijk waarom de oude ontologie het wezen juist van hieruit interpreteert. Dit is niet vanzelfsprekend en kan geen toeval zijn. Vanuit de vraag waarom juist het maken de horizon is voor de ontologische interpretatie van het zijn, ontstaat de noodzaak om deze horizon uit te werken en de ontologische noodzaak ervan expliciet te rechtvaardigen. Want het feit dat de antieke ontologie zich feitelijk in deze horizon beweegt, is nog niet de ontologische rechtvaardiging van haar recht en noodzaak. Pas als de rechtvaardiging gegeven is, krijgen de ontologische basisconcepten essentia en existentia, die uit deze ontologische vraag voortkomen, hun geldige geboorteletter. De rechtvaardiging van de legitimiteit van de gemarkeerde horizon voor de interpretatie van het zijn met betrekking tot zijn essentia en existentia kan alleen op zo'n manier worden uitgevoerd dat vanuit de meest eigenaardige zijnsconstitutie van Dasein begrijpelijk wordt gemaakt waarom het eerst en voor het grootste deel het zijn van zijn moet begrijpen in de horizon van het producerende-kijkende gedrag. Er moet worden gevraagd: Wat is de functie van het producerende-gebruikende gedrag in de ruimste zin binnen Dasein zelf? Het antwoord op deze vraag is alleen mogelijk als eerst de basiskenmerken van de zijnsopvatting van Dasein aan het licht worden gebracht, d.w.z. als de ontologie van Dasein wordt veiliggesteld.

Dan kan de vraag worden gesteld of vanuit de zijnswijze van Dasein, vanuit zijn bestaanswijze, begrijpelijk kan worden gemaakt waarom allereerst de ontologie naïef georiënteerd is op dit producerende of waarnemend-waarnemende gedrag.

Maar we zijn nog niet voorbereid op de meer doordringende analyse van de zijnswijze van Dasein. Voorlopig is het alleen nodig om te zien dat de oude ontologie het zijn in zijn wezen interpreteert vanuit het gezichtspunt van voortbrengen of waarnemen en dat, voor zover Kant de werkelijkheid ook interpreteert met betrekking tot waarnemen, hier een eenlijnig verband van de traditie wordt onthuld.

b) De innerlijke verbinding tussen de antieke (middeleeuwse) en Kantiaanse ontologie

De poging om het probleem dat in de tweede stelling is vastgelegd bij de wortel aan te pakken leidt dus opnieuw tot dezelfde taak als de oorspronkelijke interpretatie van Kants stelling. De Kantiaanse interpretatie van de werkelijkheid in het verval van de waarneming en Anschauung in het algemeen ligt in dezelfde richting als de Griekse opvatting van het zijn met 166 de these van de middeleeuwse ontologie beschouwing van de νοεῖν en θεωρεῖν. Alleen, met Kant en lang voor hem, is de voorraad ontologische categorieën die uit de oudheid is overgeleverd vanzelfsprekend geworden, dat wil zeggen, ontworteld, bodemloos en verkeerd begrepen in zijn oorsprong.

Als er zo'n innerlijke verbinding bestaat tussen de oude ontologie en die van Kant, dan moeten we ook in staat zijn om op basis van de interpretatie van de oude ontologie, d.w.z. van het producerende gedrag en zijn begrip van het zijn, duidelijk te maken wat Kants interpretatie van de werkelijkheid als absolute positivering in feite betekent. Klaarblijkelijk betekent Kants absolute positionering niet: Het subject poneert het werkelijke uit zichzelf in de zin dat het vrijelijk, willekeurig zulke dingen poneert en subjectief iets als werkelijk aanneemt, dat het om de een of andere reden gelooft dat iets werkelijk is, maar absoluut positeren betekent eerder - ook al interpreteert Kant het niet expliciet -: positeren als iets in zichzelf achterlaten, en dat absoluut, als onthecht, losgelaten als "aan en voor zichzelf", zoals Kant zegt. Ook in Kants interpretatie van de werkelijkheid als waarneming of absolute instelling kan men, als de fenomenologische interpretatie ver genoeg gaat, zien dat ook hier gebruik wordt gemaakt van het loslatende karakter dat zich vooral in de intentionele structuur van de productie aan ons heeft gepresenteerd. Met andere woorden, ook het specifieke richtingsgevoel van het waarnemen en van het begrijpen van het zijn dat bij het kijken hoort, wordt gekarakteriseerd als een loslatende ontmoeting van wat bestaat. Het is geen toeval dat juist al in de antieke ontologie het waarnemen, het νοεῖν in de breedste zin van het woord, functioneert als de houding waardoor het daarin aangetroffen zijn ontologisch bepaald wordt. Want zuiver kijken en waarnemen, als de intentionele betekenis ervan wordt begrepen, heeft nog zuiverder het karakter van loslaten dan van produceren, voor zover Dasein zich in het kijken, in het zuivere kijken, zo gedraagt dat het zelfs afstand neemt van iedere omgang met het bestaande, van ermee bezig zijn. In het zuivere kijken wordt elke referentie van het subject nog meer teruggezet en wordt het bestaande niet alleen begrepen als iets dat moet worden losgelaten, dat moet worden geproduceerd, maar als iets dat al in zichzelf bestaat, als iets dat vanuit zichzelf ontmoet. Daarom is Anschauung sinds de oudheid tot aan Kant en Hegel het ideaal van cognitie geweest, d.w.z. het ideaal van de greep op het zijn in het algemeen, en is het concept van waarheid in cognitie gericht op Anschauung. Wat Kant betreft, moet worden opgemerkt dat hij, volgens de traditionele theologische fundering van de ontologie, cognitie afmeet aan het idee van de scheppende cognitie, die, als cognitie, eerst het cognitieve instelt, het in het leven roept en het zo laat zijn (intellectus archetypus). Feitelijke waarheid is perceptuele waarheid, intuïtief begrip.

Met betrekking tot de oorsprong van de antieke ontologie vanuit het producerende en kijkende gedrag naar het bestaande, wordt nog iets duidelijk, dat we kort willen aanstippen. Op zich is het helemaal niet vanzelfsprekend dat de antieke filosofie wordt overgenomen door de christelijke theologie in de Middeleeuwen. Aristoteles, die sinds de dertiende eeuw de christelijke theologie heeft bepaald, en niet alleen de katholieke theologie, nam pas na moeizame strijd en geschillen de gezaghebbende positie in die hij sindsdien heeft ingenomen. De reden waarom dit kon gebeuren is echter dat voor de christelijke opvatting van de wereld, volgens het scheppingsverslag van Genesis, alles wat bestaat en niet God zelf is, geschapen is. Dit is een vanzelfsprekende voorwaarde. Zelfs als de schepping uit het niets niet identiek is met de productie van iets uit bestaand materiaal, heeft deze schepping het algemene ontologische karakter van productie. De schepping wordt geïnterpreteerd 168 als de stelling van de middeleeuwse ontologie ook in zekere zin met betrekking tot het maken. De oude ontologie was in haar grondslagen en basisbegrippen als het ware toegesneden op het lichaam, ondanks andere oorsprongen van de christelijke conceptie van de wereld en conceptie van het zijn als ens creatum. God is als ens increatum het wezen bij uitstek dat geen productie nodig heeft en voor al het andere zijn de causa prima. De antieke ontologie onderging echter een essentiële verandering door de receptie in de Middeleeuwen, zodat het specifiek antieke probleem verloren ging, waar we nu niet op in zullen gaan.

Maar in deze omvorming door de Middeleeuwen kwam de antieke ontologie via Suarez de moderne tijd binnen. Zelfs daar waar de moderne filosofie, zoals bij Leibniz en Wolff, een onafhankelijke regressie naar de oudheid uitvoert, gebeurt dat in het begrip van de oude basisconcepten, zoals die door de scholastiek werden gemodelleerd.

Zo is duidelijk geworden dat we onszelf niet moeten geruststellen met een vulgair begrip van de basisbegrippen essentia en existentia en dat we onszelf niet hoeven gerust te stellen dat de mogelijkheid bestaat om hun oorsprong aan te tonen. Alleen een radicale interpretatie van essentia en existentia biedt de grond om het probleem van hun verschil überhaupt aan de orde te stellen. Het verschil zelf moet voortkomen uit hun uniform gemeenschappelijke wortel.

Van hieruit rijst de vraag of de stelling dat essentia en existentia bij elk wezen horen, terecht in deze vorm bestaat, of ze überhaupt gerechtvaardigd kan worden in haar veronderstelde universele ontologische geldigheid voor alles wat bestaat. Als men zo'n rechtvaardiging probeert, dan blijkt dat onmogelijk te zijn. Met andere woorden, de stelling kan niet in deze gekarakteriseerde betekenis worden gehouden. Het is waar dat het bestaande wezen ontologisch geïnterpreteerd kan worden in de horizon van productie. Het is waar dat men kan aantonen dat een washeid met de genoemde eigenschappen tot het bestaande behoort. De vraag blijft echter of al het zijn wordt uitgeput door het bestaande. Valt het domein van het bestaande überhaupt samen met het domein van het zijn? Of is er een zijn dat, volgens zijn zin van zijn, niet begrepen kan worden als bestaand? In feite is het wezen dat het minst als bestaand begrepen kan worden, het bestaan dat we zelf zijn, precies datgene waarnaar alle begrip van het bestaan, van de werkelijkheid, terug moet gaan. De betekenis van dit teruggaan moet worden verduidelijkt.

c) Noodzakelijke beperking en wijziging van de tweede stelling.

Basisarticulatie van zijn en ontologisch verschil Als Dasein een heel andere zijnsconstitutie laat zien dan het existente en als existent in ons terminologisch gebruik iets anders betekent dan existere en existentia (εἶναι), dan wordt het ook de vraag of de ontologische constitutie van Dasein zoiets als Sachheit, essentia, οὐσία kan omvatten. Sachheit, realitas of quidditas, is dat wat antwoord geeft op de vraag: quid est res, wat is het ding?

Dat blijkt al uit de ruwe observatie: Het wezen, dat we zelf zijn, het Dasein, kan als zodanig helemaal niet bevraagd worden met de vraag: wat is het? We krijgen alleen toegang tot dit wezen als we vragen: wie is het? Dasein wordt niet gevormd door het wat, maar als we het zo mogen uitdrukken door het wat. Het antwoord geeft geen ding, maar een ik, jij, wij. Maar aan de andere kant vragen we: Wat is dit Wie en deze Werheit van Dasein, wat is het Wie in tegenstelling tot het eerder genoemde Wat in de engere zin van de feitelijkheid van het bestaande? Ongetwijfeld vragen we dat op deze manier. Maar dit laat alleen maar zien dat dit Wat, waarmee we ook naar het wezen van het Wie vragen, natuurlijk niet kan samenvallen met het Wat in de zin van de watheid. Met andere woorden, het basisconcept van essen170 Thesis of Medieval Ontology tia, van het wat, wordt des te problematischer in het licht van het wezen, dat we Dasein noemen. De ontoereikende fundering van de these als een universeel-ontologische wordt zichtbaar.

Als het überhaupt een ontologische betekenis moet hebben, dan vereist het een beperking en wijziging. Er moet positief worden aangetoond in welke zin elk wezen kan worden ondervraagd volgens zijn wat, maar in welke zin het wezen moet worden ondervraagd door de wie-vraag. Pas vanaf hier wordt het probleem van de distinctio tussen essentia en existentia ingewikkeld. Het is niet alleen de vraag naar de relatie tussen essentie en existentia, maar tegelijkertijd de vraag naar de relatie tussen essentie en existentia, existentia in onze zin opgevat als de zijnswijze van het wezen, dat we zelf zijn. Meer in het algemeen geeft de stelling: essentia en existentia behoren tot elk wezen, slechts het algemene probleem aan van de articulatie van elk wezen in een wezen, dat het is, en in het hoe van zijn wezen.

We hebben al eerder het verband aangegeven tussen de fundamentele articulatie van het zijn en het ontologische verschil. Het probleem van de articulatie van het zijn in essentia en existentia, scholastisch geformuleerd, is slechts een meer speciale vraag betreffende het ontologische verschil in het algemeen, d.w.z..

het verschil tussen zijn en zijn. Nu blijkt dat het ontologische verschil ingewikkelder wordt, hoe formeel dit verschil ook klinkt en lijkt. Ingewikkelder omdat onder de noemer "zijn" nu niet alleen essentia en existentia vallen, maar tegelijkertijd Werheit en Existenz in onze zin. De articulatie van het zijn varieert met de respectievelijke manier van zijn van een wezen. Dit kan niet beperkt worden tot bestaan en werkelijkheid in de zin van traditie. De vraag naar de mogelijke veelvormigheid van het zijn en daarmee tegelijkertijd de vraag naar de eenheid van het concept van het zijn wordt brandend. Tegelijkertijd wordt de lege formule voor het ontologische verschil rijker aan probleeminhoud.

Allereerst doet zich voor ons echter het probleem voor dat er naast het bestaande (existentie) een zijn is in de zin van Dasein, dat bestaat. Maar was dit zijn, dat we zelf zijn, niet altijd al bekend in de filosofie en zelfs in de prefilosofische cognitie? Is het mogelijk om zoveel ophef te maken over de expliciete nadruk dat er naast het bestaande ook het zijn is, dat we zelf zijn? Alle bestaan, voor zover het bestaat, weet altijd al over zichzelf en weet dat het anders is dan andere zijn. We zeiden immers zelf dat in de oude ontologie, die primair gericht is op het bestaande, toch ψυχή, νοῦς, λόγος, ζωή, βίος, ziel, rede, leven in de breedste zin, gekend zijn. Inderdaad; maar we moeten bedenken dat de ontische feitenkennis van een wezen niet al garant staat voor de adequate interpretatie van zijn wezen.

Dasein weet inderdaad dat het geen ander wezen is, dat het ervaart. Tenminste, het kan bekend zijn voor Dasein. Het is niet bekend aan elk Dasein, voor zover bijvoorbeeld het mythische en magische denken de dingen met zichzelf identificeert. Maar zelfs als het Dasein weet dat het zelf geen ander wezen is, is het nog niet het expliciete besef dat zijn manier van zijn een andere is dan die van het wezen, dat het zelf niet is. Dasein kan eerder, zoals we zien in het voorbeeld van de oudheid, zichzelf en zijn wijze van zijn ontologisch interpreteren met betrekking tot het bestaande en zijn wijze van zijn. De specifieke vraag naar de ontologische constitutie van Dasein wordt gehinderd en verward door allerlei vooroordelen die gegrond zijn in het bestaan van Dasein zelf. Dat dit het geval is zal duidelijk worden bij de bespreking van de derde these.

Het wil ons vooral dichter brengen bij het probleem van een veelheid aan manieren van zijn, voorbij de uniciteit van gewoon zijn.

DERDE HOOFDSTUK

De stelling van de moderne ontologie :

De basiswijzen van zijn zijn het wezen van de natuur (res extensa) en het wezen van de geest (res cogitans)

S 13. De identificatie van het ontologische verschil tussen res extensa en res cogitans op basis van Kants opvatting van het probleem

De bespreking van de eerste twee stellingen leidde er telkens toe dat de vraag naar de betekenis van de werkelijkheid resp. feit en werkelijkheid expliciet werd teruggeleid naar de houdingen van Dasein, om te vragen naar de constitutie van het zijn op basis van de intentionele structuur van deze houdingen en het begrip van het zijn dat inherent is aan elke houding, waarmee het gedrag telkens in verband staat: het waargenomene van het waarnemende in zijn waarneembaarheid, het geproduceerde (produceerbare) van het producerende in zijn produceerbaarheid. Beide gedragingen onthulden tegelijkertijd een onderling verband. Alle produceren is visueel perceptueel georiënteerd, waarnemen in de breedste zin van het woord.

De noodzaak van een dergelijke terugkeer naar de condities van het Dasein is in het algemeen de index voor het feit dat het Dasein zelf een uitstekende functie heeft om een voldoende gefundeerd ontologisch onderzoek in het algemeen mogelijk te maken. Daarin ligt het feit dat het onderzoek naar de specifieke zijnswijze en zijnsconstitutie van Dasein onvermijdelijk is.

Bovendien hebben we herhaaldelijk benadrukt dat alles, zelfs de meest primitieve ontologie, noodzakelijkerwijs terugkijkt naar Dasein. Overal waar de filosofie ontwaakt, bevindt dit wezen zich ook al in de gezichtscirkel, zij het in verschillende helderheid en met verschillend inzicht.

In de oudheid en in de Middeleeuwen wordt de terugval naar Dasein als het ware onvermijdelijk ingezet. Bij Kant zien we een bewuste terugval naar het ego. Deze terugval naar het subject heeft bij hem echter andere motieven. Het komt niet direct voort uit het inzicht in de fundamenteel-ontologische functie van Dasein. Dit verval in de specifiek Kantiaanse opvatting is eerder een gevolg van de oriëntatie van de filosofische problematiek op het subject, die bij hem al de overhand had. Deze oriëntatie zelf is bepalend voor de filosofische traditie en gaat sinds Descartes uit van het ik, van het subject. De drijfveer van deze primaire oriëntatie op het subject in de moderne filosofie is de opvatting dat dit wezen, dat we zelf zijn, als eerste en als enige zekere zaak aan de kenner wordt gegeven, dat het subject onmiddellijk en absoluut toegankelijk is, dat het kenbaarder is dan alle objecten. De objecten daarentegen zijn alleen toegankelijk door bemiddeling. Deze opvatting is in deze vorm onhoudbaar, zoals we later zullen zien.

a) De moderne oriëntatie op het subject, zijn niet-fundamentele ontologische motief en zijn gehechtheid aan de traditionele ontologie In de volgende bespreking van de derde stelling zijn we niet geïnteresseerd in de prominente rol die subjectiviteit opeist in de moderne filosofie, nog minder zijn we geïnteresseerd in de motieven die tot deze voorrang van het subject hebben geleid of de gevolgen die daaruit voortvloeien voor de ontwikkeling van de moderne filosofie. We richten ons eerder op een principieel probleem. Het resultaat: De antieke filosofie interpreteert en begrijpt het zijn van het zijn, de werkelijkheid van het werkelijke, als het bestaan. Het ontologisch exemplarische wezen, d.w.z. het wezen waaruit het zijn en zijn betekenis wordt afgelezen, is de natuur in de ruimste zin, de natuurproducten en de daaruit voortgebrachte dingen, het beschikbare in de ruimste zin, of in het spraakgebruik sinds Kant, de objecten. De nieuwere filosofie voerde een totale verandering door in de filosofische vraagstelling en ging uit van het subject, van het ego. Men zal aannemen en verwachten dat volgens deze fundamentele wending van de vraagstelling naar het Ik, het zijn in zijn specifieke manier van zijn, dat nu in het centrum staat, beslissend werd. Je zou verwachten dat nu de ontologie het subject als voorbeeldig wezen neemt en het concept van zijn interpreteert met betrekking tot de wijze van zijn van het subject, dat nu de wijze van zijn van het subject een ontologisch probleem wordt. Maar dit is precies niet het geval.

De motieven voor de primaire oriëntatie van de nieuwere filosofie op het onderwerp zijn niet de fundamenteel-ontologische, d.w.z. niet het besef dat juist en hoe vanuit Dasein zelf zijn en structuren van zijn kunnen worden opgehelderd.

Descartes, bij wie de wending naar het subject, die al op verschillende manieren was voorbereid, plaatsvond, stelt niet alleen niet de vraag naar het zijn van het subject, maar hij interpreteert het zijn van het subject zelfs aan de hand van het concept van het zijn en de categorie die daarbij hoort, die gevormd werd door de oude of middeleeuwse filosofie. De ontologische basisconcepten van Descartes zijn rechtstreeks ontleend aan Suarez, Duns Scotus en Thomas van Aquino. Het neo-Kantianisme van de afgelopen decennia heeft de historische constructie naar voren gebracht dat met Descartes een compleet nieuw tijdperk van de filosofie begint, vóór hem terug naar Plato, die men zelfs met Kantiaanse categorieën interpreteerde, slechts duisternis is. Tegenwoordig wordt daarentegen terecht benadrukt dat de nieuwere filosofie sinds Descartes nog steeds de oude problemen van de metafysica behandelt en dus, ondanks alle nieuwheid, nog steeds in de traditie staat. Maar met deze correctie van de neo-Kantiaanse constructie van de geschiedenis is voor het filosofische begrip van de nieuwere philosophie het beslissende punt nog niet bereikt. Het ligt in het feit dat niet alleen de oude metafysische problemen verder werden behandeld naast de nieuwe problemen, maar dat juist de nieuw gestelde problemen werden geplaatst en gewerkt op het fundament van de oude, dat bijgevolg de filosofische ommekeer van de nieuwere filosofie ontologisch gezien in wezen helemaal niet werd gezien. Integendeel, door deze ommezwaai, door dit zogenaamd kritische nieuwe begin van de filosofie met Descartes, wordt de overgeleverde ontologie overgenomen. Door dit vermeende kritische nieuwe begin wordt de oude metafysica dogmatisme, wat het daarvoor in deze stijl niet was, d.w.z. tot een manier van denken die een positief-ontische kennis van God, ziel en natuur probeert te winnen met behulp van de traditionele ontologische termen.

Hoewel in de nieuwere filosofie in principe alles bij het oude bleef, moest de nadruk op het subject op de een of andere manier leiden tot een centrering van het verschil tussen subject en object en, in samenhang daarmee, tot een indringender begrip van de aard van subjectiviteit.

Allereerst is het nodig om te zien op welke manier de nieuwere filosofie dit verschil tussen subject en object opvat, meer precies, hoe subjectiviteit wordt gekarakteriseerd. Dit onderscheid tussen subject en object loopt door de hele problematiek van de nieuwere filosofie heen en reikt zelfs tot in de ontwikkeling van de hedendaagse fenomenologie. Husserl zegt in zijn "Ideen zur reinen Phänomenologie und phänomenologischen Philosophie": "De theorie van de categorieën moet absoluut uitgaan van dit meest radicale van alle onderscheidingen van het zijn als bewustzijn [d.w.z. res cogitans] en het zijn als "gekend worden", "transcendent" in het bewustzijn [d.w.z. res extensa]. " bewustzijn [res cogitans] en werkelijkheid [res extensa] gaapt een ware afgrond van zin. "2 Husserl verwijst voortdurend naar dit verschil, en precies in de vorm waarin Descartes het uitsprak: res cogitans res extensa.

Hoe wordt dit verschil nauwkeuriger bepaald? Hoe wordt het zijn van het subject, van het ik, opgevat in relatie tot de werkelijkheid, d.w.z. hier de werkelijkheid, het bestaan? Met het feit dat dit verschil beweerd wordt, is nog niet gezegd dat de verschillende zijnswijzen van deze wezens ook specifiek begrepen worden.

Maar als het wezen van het subject zich zou openbaren als iets anders dan het zijn-tegenwoordig, dan wordt er een fundamentele grens gesteld aan de vorige vergelijking van zijn en werkelijkheid of zijn-tegenwoordig, d.w.z. aan de oude ontologie.

De vraag naar de eenheid van het concept van zijn in relatie tot deze twee multipliciteiten van zijn wordt nu des te urgenter.

Waarin worden subject en object ontologisch onderscheiden? Om deze vraag te beantwoorden, kunnen we ons op de juiste manier oriënteren op de determinaties van Descartes.

Voor het eerst bracht hij dit verschil expliciet in het middelpunt. Of we kunnen de informatie zoeken bij het beslissende eindpunt van de ontwikkeling van de moderne filosofie, bij Hegel, die het verschil formuleert als dat van natuur en geest, respectievelijk van substantie en subject. We kiezen noch het begin noch het einde van de ontwikkeling van dit probleem, maar het beslissende tussenstation tussen Descartes en Hegel, de Kantiaanse opvatting van het probleem, die zowel door Descartes als door Fichte, Schelling en Hegel wordt bepaald.

b) Kants opvatting van ik en natuur (subject en object) en zijn bepaling van de subjectiviteit van het subject Hoe vat Kant het verschil op tussen ik en natuur, subject en object? Hoe karakteriseert hij het Ik, d.w.z. wat is de essentie van het Ik-zijn?

a) De personalitas transcendentalis Kant houdt zich in principe aan Descartes' bepaling.

Hoe essentieel Kant's onderzoek naar de ontologische interpretatie van subjectiviteit ook is geworden en altijd zal blijven, het ik, het ego, is voor hem, net als voor Descartes, res cogitans, res, iets dat denkt, d.w.z. dat zich voorstelt, waarneemt, oordeelt, ermee instemt, verwerpt, maar ook liefheeft, haat, streeft en dergelijke.

Descartes noemt al deze gedragingen cogitationes.

Het ik is iets dat deze cogitaties heeft. Maar cogitare is volgens Descartes altijd cogito me cogitare. Elke verbeelding is een "ik verbeeld me", elk oordelen is een nch oordelen", elk willen is een "ik wil". Het "ik-denk", het "ik-cogitare", is in elk geval ook verbeeld, hoewel het niet specifiek en uitdrukkelijk bedoeld is.

Kant neemt deze bepaling van het ego op als res cogitans in de zin van cogito me cogitare, alleen pakt hij het ontologisch principiëler aan. Hij zegt: Het ego is dat waarvan de determinaties de ideeën zijn in de volledige betekenis van repraesentatio.

We weten dat voor Kant determinatie niet een arbitraire term en een arbitrair woord is, maar de vertaling van de term minus determinatio of realitas. Het ego is een res, waarvan de werkelijkheden de ideeën, de cogitationes, zijn. Met deze determinaties is het ik res cogitans. Onder res moet alleen worden verstaan wat het strikte ontologische begrip betekent: iets. Maar deze determinaties, determines of realitates, zijn in de traditionele ontologie herinneren we ons Baumgarten's "Metaphysics" § 36 de notae resp.

de praedicata, de predikaten van de dingen. De ideeën thesis van de middeleeuwse ontologie zijn de determinaties van de leb, de predikaten. Wat de predicaten heeft wordt het subject genoemd in de grammatica en de algemene logica. Het ik, als res cogitans, is een subject in grammaticaal-logische zin dat predicaten heeft. Subjectum moet hier worden opgevat als een formeel-apofantische categorie. "Apofantisch" wordt zo'n categorie genoemd, die behoort tot de structuur van wat de formele structuur is van de propositionele inhoud van een uitspraak in het algemeen. In elke uitspraak wordt iets gezegd over iets. Dat waarover gezegd wordt, of het wat, is het subjectum, het onderliggende van de uitspraak. Het genoemde wat is het predicaat. Het ik dat de bepalingen heeft, is net als elk ander iets een subjectum dat predicaten heeft. Maar hoe "heeft" dit subject als ik zijn predikaten, de proposities? Dit res est cogitans, dit iets denkt, en dit zegt volgens Descartes: cogitât se cogitare. Het denken van het denken is het denken in het denken. Het hebben van de determinaties, van de predikaten, is een kennis ervan. Het ik als subject, nog steeds genomen in de grammaticaal formeel-apofantische zin, is een kennen van zijn predikaten. Denken Ik ken dit denken als mijn denken. Ik ken als dit vreemde subject de predikaten die ik heb. Ik ken mezelf. Op grond van dit uitstekende hebben van zijn predikaten is dit subject een uitstekend, d. w. z.

het ik is het onderwerp κατ' ἐξοχήν. Het ik is subject in de zin van zelfbewustzijn. Dit subject is niet alleen onderscheiden van zijn predikaten, maar het heeft ze als gekend, dat wil zeggen, als objecten. Dit res cogitans, het iets dat denkt, is subject van predikaten en als dit subject voor objecten.

Het begrip subject in de zin van subjectiviteit, van ik-heid, is ontologisch het nauwst verbonden met de formeel-apofantische categorie van het subjectum, het ὑποκείμενον, waarin in eerste instantie helemaal niets van ik-heid is. Integendeel, het ὑποκείμενον is het existente, het beschikbare. Want in Kant is het Ik voor het eerst expliciet, hoewel al voorgespiegeld in Descartes en vooral in Leibniz, het eigenlijke § 1}. Kantiaanse opvatting van het probleem 179 subjectum is, Grieks gesproken, de actuele substantie, ὑποκείμενον, kan Hegel dan zeggen: de actuele substantie is het subject, of de actuele zin van substantie is subjectiviteit. Dit principe van Hegels filosofie ligt in de directe lijn van de ontwikkeling van de moderne kwestie.

Wat is de meest algemene structuur van het Ik, of: Wat vormt het ik-zijn? Antwoord: het zelfbewustzijn. Al het denken is "ik-denk". Het ik is niet zomaar een geïsoleerd punt, maar het is "ik-denk". Maar het ervaart zichzelf niet als een wezen, dat andere bepalingen zou hebben dan die, dat het alleen maar denkt. In plaats daarvan kent het Ik zichzelf als de reden van zijn determinaties, d. w. z.

van zijn houdingen, als de grond van zijn eigen eenheid in de veelheid van deze houdingen, als de grond van de zelfheid van zichzelf. Alle bepalingen en houdingen van het Ik zijn gegrond in het Ik. Ik neem waar, ik oordeel, ik handel. Het "ik-denken", zegt Kant, moet al mijn concepties kunnen begeleiden, dat wil zeggen alle cogitare van de cogitata.

Deze zin moet echter niet worden opgevat alsof elk gedrag, elk denken in de breedste zin ook gepaard gaat met de ik-beleving, maar ik ben me bewust van de verbinding van alle gedragingen met mijn ik, d.w.z. ik ben me bewust van hen in hun verscheidenheid als mijn eenheid, die zijn reden heeft in mijn ik-zijn (als subjectum) als zodanig.

Alleen op basis van "/(&-denken" kunnen mij veelvuldige dingen worden gegeven. Samengevat interpreteert Kant het ego als de "oorspronkelijke synthetische eenheid van de waarneming". Wat betekent dit? Het ik is de oorspronkelijke grond van eenheid van de veelheid van zijn determinaties op de manier waarop ik, als ik ze allemaal samen heb met betrekking tot mezelf, ze bij voorbaat bij elkaar houd, d.w.z. ze verbind, synthese. De oorspronkelijke reden van eenheid is wat het is, het is deze reden als verenigend, als synthetisch. Het verbinden van de veelheid aan ideeën en van wat daarin wordt gepresenteerd 180 Stelling van de moderne ontologie moet altijd worden meegedacht. Het verbinden is op zo'n manier dat ik midi denk, d.w.z. ik vat niet simpelweg wat gedacht en verbeeld wordt, ik neem niet hetzelfde als zodanig waar, maar in al het denken denk ik mezelf mee, ik neem niet waar, maar ik neem het Ik waar.

De oorspronkelijke synthetische eenheid van de waarneming is het ontologische kenmerk van het voorname subject.

Uit wat gezegd is wordt duidelijk: met dit concept van egoïsme wordt de formele structuur van persoonlijkheid verkregen, of zoals Kant zegt, de personalitas transcendentalis. Wat betekent deze uitdrukking "transcendentaal"? Kant zegt: "Ik noem alle cognitie transcendentaal die zich niet bezighoudt met objecten, maar met onze wijze van kennisnemen van objecten, voor zover dit apriori mogelijk is. "3 Transcendentale cognitie verwijst niet naar objecten, d.w.z. niet naarSiendes, maar naar de concepten die het Zijn van het Zijn bepalen. "Een systeem van zulke concepten zou transcendentale filosofie genoemd worden. "4

Transcendentale filosofie zegt niets anders dan ontologie. Dat deze interpretatie geen dwingende is, blijkt uit de volgende zin, die Kant ongeveer tien jaar na de tweede editie van de "Kritiek van de zuivere rede" schreef in de verhandeling die direct na zijn dood werd gepubliceerd: "Über die von der Königlichen Akademie der Wissenschaften zu Berlin für das Jahr 1791 ausgesetzte Preisfrage: Welches sind die wirklichen Fortschritte, die die Metaphysik seit Leibnizens und Wolffs Zeiten in Deutschland hat gemacht?": "Ontologie is die wetenschap (als onderdeel van de metafysica) die een systeem vormt van alle begripsconcepten en principes, maar alleen voor zover ze betrekking hebben op objecten die aan de zintuigen gegeven zijn en daarom door ervaring bewezen kunnen worden. Ontologie "wordt" transcendentale filosofie genoemd, omdat het de voorwaarden en eerste elementen van al onze kennis apriori bevat. "Kant benadrukt hier altijd dat ontologie als transcendentale filosofie te maken heeft met de cognitie van objecten. Dit betekent niet, zoals het Neo-Kantianisme het interpreteerde, epistemologie, maar omdat ontologie zich bezighoudt met het wezen van het zijn, maar zoals we weten is volgens Kants overtuiging wezen, werkelijkheid gelijk aan waargenomenheid, kenbaarheid, voor hem moet ontologie als wetenschap van het zijn de wetenschap van de kenbaarheid van objecten en hun mogelijkheid zijn. Daarom is ontologie transcendentale filosofie. De interpretatie van Kants "Kritiek van de zuivere rede" als epistemologie gaat volledig voorbij aan de werkelijke betekenis.

Dat weten we van eerder: Volgens Kant is zijn waargenomenheid. De basisvoorwaarden van het zijn van het zijn, d.w.z. van de waargenomenheid, zijn daarom de basisvoorwaarden van de cognitie van de dingen. Maar de basisvoorwaarde voor cognitie als cognitie is het ik als "ik-denk".

Daarom zegt Kant keer op keer: Het Ik is geen conceptie, d.w.z. geen ingebeeld object, geen wezen in de zin van objecten, maar de reden voor de mogelijkheid van alle verbeelding, alle waarneming, d.w.z. alle waarneembaarheid van het zijn, d.w.z. de reden van alle zijn. Het Ik als de oorspronkelijke synthetische eenheid van waarneming is de ontologische basisvoorwaarde voor alle zijn. De basisbepaling van het zijn van het zijn zijn de categorieën. Het Ik is niet één van de categorieën van het zijn, maar de voorwaarde van de mogelijkheid van de categorieën in het algemeen. Daarom behoort het ego zelf niet tot de basisbegrippen van het begrijpen, zoals Kant de categorieën noemt, maar is het ego, volgens zijn uitdrukking, "het voertuig van alle begrippen van het begrijpen". Het maakt de apriori ontologische concepten in de eerste plaats mogelijk.

Want het ik is niet iets losstaands, een of ander punt, maar is altijd "ik-denk", d.w.z. "ik-verbind". De categorieën echter interpreteert Kant als dat wat al van tevoren wordt gezien en begrepen in elke verbinding van het begrip als dat wat de overeenkomstige eenheid van het verbondene voorschrijft aan de respectieve verbinding die moet worden uitgevoerd. De categorieën zijn de mogelijke vormen van de eenheid van de mogelijke manieren van het denken "Ik verbind" en dienovereenkomstig ook de vorm van zichzelf, d.w.z. de respectieve eenheid ervan is gefundeerd in het "Ik verbind*. Het Ik is dus de ontologische basisvoorwaarde, d.w.z. het transcendentale, dat de basis is van alle speciale apriori. We begrijpen nu: Het ik als ik-denken is de formele structuur van persoonlijkheid als personalitas transcendentalis.

ß) De psychologische personalitas

Dit is echter geen volledige definitie van het begrip subjectiviteit in Kant. Hoewel dit transcendentale concept van het ego het schema blijft voor de verdere interpretatie van egoïsme, van persoonlijkheid in formele zin, valt de personalitas transcendentalis niet samen met het volledige concept van persoonlijkheid. Kant onderscheidt van de personalitas transcendentalis, d.w.z. het ontologische concept van ik-zijn in het algemeen, de personalitas psychologica. Hieronder verstaat hij het feitelijke vermogen, dat gebaseerd is op de personalitas transcendentalis, d.w.z. op het "ik-denken", om zich bewust te zijn van iemands empirische toestanden, d.w.z. van zichzelf.

Kant maakt een onderscheid tussen puur zelfbewustzijn en empirisch zelfbewustzijn of, zoals hij ook zegt, ik van apperceptie en ik van apprehension. Kant maakt een onderscheid tussen zuiver zelfbewustzijn en empirisch zelfbewustzijn of, zoals hij ook zegt, ik van apperceptie en ik van apprehensie.

Apprehension betekent waarneming, ervaring van wat bestaat, namelijk ervaring van de bestaande mentale processen via de zogenaamde innerlijke zintuigen. Het zuivere Ik, het Ik van het zelfbewustzijn, § 1}. Kant's conceptie van het probleem 183 van transcendentale waarneming, is geen kwestie van ervaring, maar in al het empirische ervaren als "ik ervaar" is dit ik altijd al bewust als de ontologische grond van de mogelijkheid van al het ervaren. Het empirische ik als ziel kan ook theoretisch worden gedacht als idee en valt dan samen met het begrip ziel, waarbij ziel wordt gedacht als de grond van dierlijkheid, of zoals Kant zegt, van dierlijkheid, van het leven in het algemeen. Het Ik als personalitas transcendentalis is het Ik, dat in wezen altijd alleen maar subject is, het Ik-subject. Het Ik als personalitas psychologica is het Ik dat altijd alleen object is, existent gevonden, Ik-object, of zoals Kant direct zegt: "dit ik-object, het empirische ik, is een ding." Alle psychologie is daarom positieve wetenschap van bestaande dingen. Kant zegt in het traktaat "Over de vooruitgang van de metafysica": "Psychologie is niets meer voor menselijk inzicht, en kan niets meer worden, dan antropologie, d.w.z. als kennis van de mens, alleen beperkt tot de voorwaarde dat hij zichzelf kent als object van de innerlijke zin. Maar hij is zich ook bewust van zichzelf als object van zijn uitwendige zintuigen, dat wil zeggen, als mens.

Hij heeft een lichaam, waarmee het object van de innerlijke zintuiglijke waarneming is verbonden, dat de ziel van de mens wordt genoemd. "7 Van dit psychologische ego onderscheidt Kant het ego van de waarneming als het logische ego. Deze uitdrukking "logisch ik" moet vandaag de dag nader worden geïnterpreteerd, omdat het Neo-Kantianisme, naast vele andere essentiële zaken, deze term bij Kant volledig verkeerd heeft begrepen. Kant wil met de term "logisch ik" niet zeggen dat dit ik, zoals Rickert denkt, een logisch abstract is, iets algemeens, naamloos en onwerkelijks. Het ik is logisch ik, betekent voor Kant niet, zoals voor Rickert, een logisch gedacht ik, maar het zegt: Het Ik is onderwerp van logos, d.w.z. van het denken, het Ik is het Ik als "ik verbindt zich met alle denken7 loc. cit. p. 294.

Tot overmaat van ramp zegt Kant op dezelfde plaats waar hij het over het logische ik heeft: "het is als het ware als het substantiële [d.w.z. als het ὑποκείμενον], wat overblijft als ik alle toevalligheden die er inherent aan zijn buiten beschouwing heb gelaten. "8 Dit ik-zijn is hetzelfde voor alle feitelijke subjecten. Dit kan niet betekenen dat dit logische ik iets gewoons is, naamloos, maar het is precies het mijne volgens zijn essentie. Het behoort tot het Ik-zijn dat het Ik altijd van mij is.

Een naamloos ik is een houten ijzer. Als ik zeg: "Ik denk" of "Ik denk mezelf", dan is het eerste Ik geen ander in de zin dat in het eerste leven een algemeen, onwerkelijk Ik spreekt, maar het is precies hetzelfde als het denken, of zoals Kant zegt, het bepaalbare Ik. Het ik van de waarneming is identiek met het ik van de waarneming. Het ik van de waarneming is identiek aan het bepaalbare ik, het ik van de waarneming, alleen is het in het concept van het bepaalbare ik niet nodig om na te denken over wat ik ben als een bepaald, empirisch ik. Fichte paste deze concepten van het bepalende en het bepaalbare ik fundamenteel toe voor zijn "Wissenschaftslehre". Het bepalende Ik van de waarneming is. Kant zegt dat we over dit wezen en zijn niets anders kunnen zeggen dan dat het is.

Alleen omdat dit Ik als dit Ik zelf is, kan het zichzelf vinden als empirisch.

"Ik ben me bewust van mezelf is een gedachte die al een tweevoudig ik bevat, het ik als subject en het ik als object. Hoe het mogelijk is dat ik, die denk, een object (van contemplatie) voor mezelf kan zijn, en mezelf zo van mezelf kan onderscheiden, is absoluut onmogelijk uit te leggen, hoewel het een onbetwistbaar feit is; maar het duidt op een begrip dat zo ver boven alle zintuiglijke indrukken staat dat het, als de reden voor de mogelijkheid van een begrip, de volledige afscheiding van al het vee is, waaraan we niet de oorzaak van het vermogen om "ik" tegen zichzelf te zeggen als gevolg heeft, en uitkijkt in een oneindigheid van zelfgemaakte ideeën en concepten [d.w.z. de ontologische ideeën en concepten].d.w.z. de ontologische]. Maar dit betekent geen dubbele persoonlijkheid, maar alleen ik die denkt en kijkt is de persoon, maar het ik van het object waarnaar ik kijk is, net als andere objecten los van mij, het ding. "9 Dat het Ik van de transcendentale waarneming logisch is, d.w.z. onderwerp van het 'ik' verbindt, betekent niet dat het een ander Ik is in vergelijking met het bestaande, echte psychische Ik, en zelfs niet dat het helemaal niets bestaands is. Er wordt alleen gezegd dat het wezen van dit Ik problematisch is, volgens Kant überhaupt onbepaalbaar, in ieder geval fundamenteel niet te bepalen met de middelen van de psychologie. De personalitas psychologica veronderstelt de persona litas transcendentalis.

y) De personalitas moralis Maar zelfs door de karakterisering van het ego als personalitas transcendentalis en als personalitas psychologica, als ego-subject en als ego-object, wordt de eigenlijke en centrale karakterisering van het ego, van subjectiviteit, niet door Kant verworven. Die ligt in het concept van de personalitas moralis. Dat volgens Kant het persoon-zijn van de mens, d.w.z. de constitutie van zijn persoon-zijn, niet wordt uitgeput door de personalitas psychologica, die de grond van de animaliteit vormt, noch door de personalitas transcendentalis, die de redelijkheid van de mens in het algemeen kenmerkt, noch door beide samen, blijkt uit een passage uit Kants geschrift "Religie binnen de grenzen van de zuivere rede". Kant noemt hier10 in het eerste deel drie elementen van de determinatie van de mens. Als zulke elementen noemt hij ten eerste dierlijkheid, ten tweede menselijkheid en ten derde persoonlijkheid.

De eerste bepaling, animaliteit, karakteriseert de mens als iets levends in het algemeen, de tweede bepaling, menselijkheid, als iets levends, maar tegelijkertijd zintuiglijk waarneembaar, de derde bepaling, persoonlijkheid, als een zintuiglijk waarneembaar wezen en tegelijkertijd in staat tot toeschrijving. Wanneer hij in de derde plaats persoonlijkheid noemt in tegenstelling tot de tweede, menselijkheid, is het duidelijk dat persoonlijkheid hier in engere zin bedoeld wordt, te onderscheiden van personalitas transcendentalis, die identiek is met menselijkheid. Bij het volledige concept van personalitas hoort niet alleen redelijkheid, maar ook geestelijke gezondheid. Persoonlijkheid betekent daarom iets tweeledigs in Kant: aan de ene kant het brede, formele begrip van ik-heid in het algemeen in de zin van zelfbewustzijn, of het nu transcendentaal, ik-denkend, of empirisch, ik-object is; aan de andere kant het engere en eigenlijke begrip, dat op een bepaalde manier de andere twee betekenissen omvat of wat ze betekenen, maar zijn centrum heeft in de bepaling die we nu gaan bekijken. De eigenlijke persoonlijkheid is personalitas moralis. Als de formele structuur van personalitas überhaupt in zelfbewustzijn ligt, dan moet personalitas moralis een bepaalde modificatie van zelfbewustzijn uitdrukken, dat wil zeggen, het moet een eigen soort zelfbewustzijn vertegenwoordigen. Dit morele zelfbewustzijn karakteriseert de persoon feitelijk in wat hij is. Hoe verduidelijkt Kant het morele zelfbewustzijn? Als wat kent de persoon zichzelf, voor zover hij zichzelf moreel begrijpt, d.w.z. als een handelend wezen? Hoe begrijpt hij zichzelf dan en wat is de aard van deze morele kennis van zichzelf? Het is duidelijk dat de morele kennis over zichzelf niet kan samenvallen met de eerder besproken soorten zelfbewustzijn, met het empirische of transcendentale. Bovenal kan het morele zelfbewustzijn geen empirisch kennen en ervaren van een feitelijke, net bestaande toestand zijn, geen empirisch, d.w.z. voor Kant altijd, geen zintuiglijk zelfbewustzijn, niet zo een, dat door het innerlijke of uiterlijke zintuig bepaald wordt. Moreel zelfbewustzijn zal, als het anders aan personalitas in de juiste zin beantwoordt, de juiste spiritualiteit van de mens zijn en niet bemiddeld worden door zintuiglijke ervaring. Volgens Kant omvat zintuiglijkheid in ruimere zin niet alleen het vermogen om te voelen, maar ook wat hij anders gewoonlijk het gevoel van genot en ongenoegen noemt, d.w.z. het genot van respectievelijk het aangename en het onaangename. Plezier in de ruimste zin is niet alleen plezier naar iets en in iets, maar altijd tegelijkertijd, zoals we zouden kunnen zeggen, amusement, d.w.z. een manier waarop de mens, in plezier naar iets, zichzelf als geamuseerd ervaart, d.w.z. maar grappig is.

We moeten dit feit fenomenologisch verduidelijken. Het behoort tot de essentie van gevoel in het algemeen dat het niet alleen een gevoel voor iets is, maar dat dit gevoel voor iets tegelijkertijd een tastbaar maken is van het gevoel zelf en van zijn toestand, van zijn wezen in de ruimste zin van het woord. Voor Kant drukt gevoel op een formeel algemene manier zijn eigen manier uit om het Ik manifest te maken. In het voelen voor iets is er altijd tegelijkertijd een sic/voelen, en in het sic/voelen een manier om zichzelf te openbaren. De manier waarop ik mezelf onthul in het voelen is mede bepaald door datgene waarvoor ik in dit voelen een gevoel heb. Het gevoel is dus niet een simpele reflectie op zichzelf, maar in het hebben van een gevoel voor iets sic/if gevoel. Dit is een complexere, maar op zichzelf verenigende structuur.

In wat Kant gevoel noemt, is de essentie niet wat we gewoonlijk bedoelen met alledaags begrip: voelen in tegenstelling tot conceptueel theoretisch grijpen en weten als iets onbepaalds, vaags, een kortstondige ingeving en dergelijke. Wat fenomenologisch doorslaggevend is in het fenomeen gevoel, is dat het het gevoelde direct ontdekt en toegankelijk maakt, niet op de manier van kijken, maar in de zin van een direct hebben van zichzelf. Beide momenten van de structuur van het voelen zijn op te merken: Voelen als voelen-voor, en in dit voelen-hebben-voor tegelijkertijd zichzelf voelen.

Opgemerkt moet worden dat volgens Kant niet elk gevoel zintuiglijk is, d.w.z. bepaald door genot en ongenoegen, d.w.z. zinnelijkheid. Als het morele zelfbewustzijn niet verondersteld wordt een toevallige momentane toestand van het empirische subject te openbaren, d.w.z. niet zintuiglijk-empirisch kan zijn, sluit dat niet uit dat het als het ware een gevoel is in de goed gedefinieerde Kantiaanse zin. Moreel zelfbewustzijn moet een gevoel zijn als het onderscheiden moet worden van theoretische kennis in de zin van het theoretische "ik denk ik". Kant spreekt daarom van het "morele gevoel" of van het "gevoel van mijn bestaan". Dit is geen toevallige empirische ervaring van mezelf, maar ook geen theoretische kennis en denken van het ik als onderwerp van het denken, maar een openbaring van het ik in zijn niet-sensibele bepaaldheid, d.w.z. van zichzelf als de handelende.

Wat is dit morele gevoel? Wat maakt het openbarend? Hoe bepaalt Kant de ontologische structuur van de morele persoon op basis van wat door het morele gevoel zelf geopenbaard wordt? Voor hem is het morele gevoel respect. Daarin moet het morele zelfbewustzijn, de personalitas moralis, de eigenlijke persoonlijkheid van de mens, zich openbaren.

We proberen eerst dichter bij Kants analyse van dit fenomeen van respect te komen. Kant noemt het een gevoel. Volgens wat eerder is gezegd, moet het in respect mogelijk zijn om de essentiële structuur van het gevoel in het algemeen te laten zien, namelijk, ten eerste, dat het een gevoel-hebben voor iets is, en ten tweede, dat dit gevoel-hebben-voor een onthulling van het zelf-voelen is. Kant geeft de analyse van Achtimg in de "Kritiek van de praktische rede", in het eerste deel, eerste boek, derde hoofddeel "Von den Triebfedern der reinen praktischen Vernunft". We kunnen niet ingaan op alle details en subtiliteiten om Kants analyse nu te karakteriseren binnen het kader van onze bedoelingen, nog minder § 1}. Kant's opvatting van het probleem 189 kunnen we alle begrippen van moraliteit presenteren die in principe noodzakelijk zijn voor het begrip, zoals plicht, handeling, wet, stelregel, vrijheid. Kants Intexpretatie van het fenomeen respect is waarschijnlijk de meest briljante fenomenologische analyse van het fenomeen moraliteit die we van Kant bezitten.

Kant zegt: "De essentie van de bepaling van de wil door de zedelijke wet is: dat ze als vrije wil bepaald wordt, dus niet alleen zonder de deelname van zinnelijke impulsen, maar zelfs met de verwerping van alle impulsen en met het afbreken van alle neigingen, voor zover ze met die wet in strijd zouden kunnen zijn, alleen door de wet"11 Door deze zin wordt de werking van de zedelijke wet als drijvende kracht van het zedelijk handelen alleen negatief bepaald. De wet veroorzaakt een abortus, die de neigingen, d.w.z. de zinnelijke gevoelens, overkomt. Maar dit negatieve effect op het gevoel, d.w.z. het afbreken van de zinnelijke gevoelens, het verwerpen ervan, "is zelf gevoel".12 Dit doet denken aan de bekende zin van Spinoza in zijn "Ethica", dat een affect altijd alleen door een affect overwonnen kan worden. Als er een afwijzing is van zintuiglijke gevoelens, dan moet er een positief gevoel zijn dat deze afwijzing uitvoert. Daarom zegt Kant: "Bijgevolg kunnen we a priori [d.w.z. uit het fenomeen van de verwerping van zinnelijke gevoelens] zien dat de zedenwet als determinant van de wil [zelf] een gevoel moet veroorzaken, doordat ze al onze neigingen [de zinnelijke gevoelens] invoert. "13 Uit het negatieve verschijnsel van de verwerping moet het a priori positief verwerpen en verwerpende rechtvaardigen zichtbaar worden. Alle zinnelijke neigingen, die afgebroken worden, zijn neigingen in de zin van eigenliefde en eigenwaan. De morele wet slaat de eigenwaan neer. "Maar omdat deze wet op zichzelf iets positiefs is, namelijk de vorm van een verstandelijke [d.w.z. niet zinnelijke] causaliteit, d.w.z. van de vrijheid, is ze, doordat ze de eigenwaan verzwakt tegenover de subjectieve tegenstelling, d.w.z. de neigingen in ons, tegelijkertijd een voorwerp van respect en doordat ze haar zelfs verslaat, d.w.z. vernedert, een voorwerp van het grootste respect. Het eerste dat gezegd wordt is dat het geen kwestie van empirische oorsprong is en a priori erkend wordt.

De eerbied voor de zedenwet is dus een gevoel dat door een verstandelijke rede veroorzaakt wordt en dit gevoel is het enige dat we a priori volledig kunnen herkennen en waarvan we de noodzakelijkheid kunnen zien. "14 Dit gevoel van eerbied voor de wet kan "een moreel gevoel genoemd worden. "15 "Dit gevoel (onder de naam van het morele) wordt dus alleen door de rede veroorzaakt [d.w.z., het is geen moreel gevoel.

niet door zinnelijkheid]. Het dient niet voor het oordeel over de handelingen en zelfs niet voor het fundament van de objectieve zedenwet zelf, maar alleen als drijfkracht om er een stelregel van te maken [d.w.z. de subjectieve reden voor de bepaling van de wil]. Maar met welke naam zou dit vreemde gevoel, dat met geen enkele pathologie vergeleken kan worden [d.w.z. met een gevoel dat in wezen door lichamelijke toestanden geconditioneerd is], treffender beschreven kunnen worden? Het is van zo'n eigenaardige aard dat het alleen ter beschikking lijkt te staan van de rede, en wel de praktische zuivere rede. "18 Laten we de wat moeilijke analyse in deze formuleringen verduidelijken. Wat maken we op uit wat er gezegd is? Eerbied is eerbied voor de wet als de bepalende factor van het zedelijk handelen. Als dit respect/voor, namelijk de wet, wordt respect bepaald door iets positiefs, de wet, die zelf niets empirisch is. Dit gevoel van respect voor de wet is een gevoel dat door de rede zelf wordt voortgebracht, niet een gevoel dat pathologisch door sensualiteit wordt opgewekt.

Kant zegt dat het niet dient om handelingen te beoordelen, d.w.z. het morele gevoel ontstaat niet achteraf, na de morele daad als de manier waarop ik een standpunt inneem over de uitgevoerde handeling, maar het respect voor de wet vormt als drijvende kracht de mogelijkheid van de handeling in de eerste plaats. Het is de manier waarop de wet voor het eerst als wet voor mij toegankelijk wordt. Dit betekent tegelijkertijd: Dit gevoel van eerbied voor de wet dient niet, zoals Kant het uitdrukt, voor het fundament van de wet, d.w.z. de wet is niet wat ze is omdat ik er eerbied voor heb, maar andersom, het eerbiedigende gevoel voor de wet en dus deze bepaalde manier om de wet manifest te maken is de manier waarop de morele wet als zodanig überhaupt tot mij kan komen.

Voelen is voelen-hebben-voor, op zo'n manier dat het aldus voelende ik tegelijkertijd zichzelf voelt. Toegepast op respect betekent dit: In de eerbied voor de wet moet het eerbiedigende ik zich tegelijkertijd op een bepaalde manier openbaren, niet achteraf, bij tijd en wijle, maar de eerbied voor de wet deze bepaalde manier van openbaren van de wet als de bepalende reden voor het handelen is als zodanig tegelijkertijd een bepaalde openbaring van mijzelf als het handelen. Het waarom van het respect, of datgene waarvoor dit gevoel een gevoel-hebben is, noemt Kant de morele wet. Deze wet geeft de rede als vrij zichzelf.

Respect voor de wet is respect van het handelende ik voor zichzelf als het zelf, dat niet begrepen wordt door eigenwaan en eigenliefde. Respect als respect voor de wet verwijst tegelijkertijd in zijn specifieke openbaring naar de persoon. "Respect gaat te allen tijde alleen naar personen, nooit naar dingen. "17 In het respect voor de wet plaats ik mij de wet. Het specifieke gevoel voor de wet, dat in het respect aanwezig is, is een onderwerping. In het respect voor de wet onderwerp ik mezelf aan mezelf als het vrije zelf. In deze onderwerping aan mezelf sta ik open voor mezelf, d.w.z. ik ben als mezelf. De vraag is: als wat of preciezer als wie?

Door mezelf aan de wet te onderwerpen, onderwerp ik mezelf als pure rede, d.w.z. maar in dit onderwerpen van mezelf aan mezelf, hef ik mezelf op aan mezelf als het vrije, zelfbepalende wezen. Dit onderwerpen van mezelf aan mezelf onthult, opent als zodanig mezelf voor mezelf in mijn waardigheid. Negatief gesproken, in het respect voor de wet, dat ik aan mezelf geef als een vrij wezen, kan ik mezelf niet verachten. Respect is de manier van zijn-met-zelf van het Ik, volgens welke het de helper in zijn ziel niet weggooit. Het morele gevoel als respect voor de wet is niets anders dan het verantwoordelijk zijn van het ik tegenover zichzelf en voor zichzelf.

Dit morele gevoel is een uitstekende manier waarop het Ik zichzelf begrijpt als Ik direct, zuiver en vrij van alle zinnelijke bepaling.

Dit zelfbewustzijn in de zin van respect vormt de personalitas moralis. Het is noodzakelijk om te zien: In respect als gevoel is er enerzijds het gevoel voor de wet in de zin van je eraan onderwerpen. Deze onderwerping is tegelijkertijd, volgens de inhoud van datgene waaraan ik me onderwerp en waarvoor ik in respect gevoel heb, een vrijwaring als open worden in de eigen waardigheid. Kant ziet duidelijk deze merkwaardig tegenstrijdige dubbele richting in de intentionele structuur van respect als een zich onderwerpend verheffen van zichzelf. In een noot bij de "Grundlegung zur Metaphysik der Sitten" zegt hij op een punt waar hij er bezwaar tegen maakt, alsof hij "achter het woord Achtung alleen in een duister gevoel voorkomt": Achtung heeft te maken met Neigung en angst "tegelijkertijd iets analoogs. " Om deze opmerking te begrijpen moet er even aan herinnerd worden dat al in de antieke filosofie praktisch gedrag in bredere zin, de ὄρεξις, gekarakteriseerd werd door δίωξις en φυγή. δίωξις betekent achtervolgen, ergens naar streven, φυγή betekent wijken, terugvluchten, wegstreven. Voor δίωξις, naar iets streven, zegt Kant neiging-voor, voor φυγή, terugwijken-voor, neemt hij angst als terugwijken-voor-angst. Hij zegt: Het gevoel van eerbied heeft met beide verschijnselen, neiging en angst, het streven-naar en het streven-af, iets analoogs, iets overeenkomstigs. Hij spreekt van het analoge omdat deze twee modificaties van de ὄρεξις, het gevoel, zintuiglijk bepaald zijn, terwijl respect een streven naar en tegelijkertijd wegstreven is van een zuiver geestelijke soort. Op welke manier heeft eerbied iets analoogs met neiging en vrees? De onderwerping aan de wet is op een bepaalde manier een angst ervoor, een terugtrekken van de wet als eis. Aan de andere kant echter is deze onderwerping aan de wet als φυγή tegelijkertijd een διωξις, een strevende neiging in de zin dat het in het respecteren van de wet, die de rede aan zichzelf geeft als vrij, naar zichzelf stijgt, naar zichzelf streeft.

Deze analogie van Achtung met neiging en angst maakt duidelijk hoe duidelijk Kant dit fenomeen van Achtimg zag. Deze basisstructuur van respect en de betekenis ervan voor de Kantiaanse interpretatie van moraliteit is in de fenomenologie over het hoofd gezien, waardoor Schelers kritiek op de Kantiaanse ethiek in "Formalism in Ethics and the Material Ethics of Values" fundamenteel ontbrak.

We hebben onszelf met de analyse van Achtimg duidelijk gemaakt dat hier sprake is van een fenomeen dat, in de zin van Kant, niet zomaar een gevoel is dat aanwezig is in de loop van de toestanden van het empirische subject, maar dat dit gevoel van eerbied de feitelijke modus is waarin het bestaan van het menselijk wezen wordt geopenbaard, niet in de zin van een louter vaststellen, kennis nemen van, maar op zo'n manier dat ik in eerbied mezelf ben, d.w.z. dat ik handel. De wet respecteren betekent eo ipso handelen. De manier van zelfbewustzijn in de zin van respect onthult al een manier van zijn van de werkelijke persoon. Ook al gaat Kant niet direct in deze richting, feitelijk is de mogelijkheid aanwezig. Voor het begrip is de formele basisstructuur van het gevoel überhaupt op te merken:

Voelen-voor, voelen-zelf, en dit voelen-zelf als een manier om zichzelf te openbaren. De Achtimg openbaart de waardigheid, waarvoor en waarvoor het zelf zich verantwoordelijk weet. In de verantwoordelijkheid openbaart alleen het zelf zichzelf, namelijk het zelf niet in algemene zin als de realisatie van een ik in het algemeen, maar het zelf als elk individu, het ik als het respectieve individuele feitelijke zelf.

c) Kants ontologische scheiding van persoon en ding
De zijnsconstitutie van de persoon als doel op zich
Hoewel Kant de vraag niet op de volgende manier stelt, zoals wij, laten we de vraag toch zo formuleren: Als wat moet het op deze manier in de morele zin van respect geopenbaarde zelf ontologisch bepaald worden als zijnde ik?

Respect is de ontische toegang van het feitelijk bestaande werkelijke Ik tot zichzelf. In deze openbaring van zichzelf als feitelijk bestaand, moet de mogelijkheid gegeven worden om de zijnsconstitutie van dit aldus geopenbaarde bestaande zelf te bepalen. Met andere woorden, wat is het ontologische concept van de aldus in de eerbied geopenbaarde zedelijke persoon, de personalitas moralis?

Kant geeft het antwoord op deze vraag, die hij niet expliciet stelde, in zijn "Metafysica van de Moraal".

Metafysica betekent ontologie. Metafysica van de moraal betekent ontologie van het menselijk bestaan. Dat Kant het antwoord geeft in de ontologie van het menselijk bestaan, in de metafysica van de moraal, laat zien dat hij een helder begrip heeft van de methodologische betekenis van de analyse van de persoon en dus van de metafysische vraag wat de mens is.

Laten we nog eens duidelijk maken wat er in het morele gevoel schuilt: de waardigheid van de mens, die hem verheft voor zover hij dient. In deze waardigheid in eenheid met dienstbaarheid is de mens meester en dienaar van zichzelf in één. In respect, d.w.z. in moreel handelen, verwerft de mens zichzelf, zoals Kant eens zei.[19] Wat is de ontologische betekenis van de persoon die zo in respect wordt geopenbaard? Kant zegt:

"Nu zeg ik: de mens, en in het algemeen ieder rationeel wezen, bestaat als doel op zichzelf, niet slechts als middel voor willekeurig gebruik voor deze of gene wil, maar moet in al zijn handelingen, die zowel op zichzelf als op andere rationele wezens gericht zijn, te allen tijde tegelijkertijd als doel beschouwd worden"[20] De mens bestaat als doel op zichzelf, hij is nooit een middel, hij is ook geen middel voor God, maar ook tegenover God is hij een doel van zichzelf. Van hieruit, d.w.z. vanuit de ontologische eigenschappen van het zijn, dat niet alleen door anderen als doel opgevat en als doel genomen wordt, maar dat objectief werkelijk als doel bestaat, wordt de eigenlijke ontologische betekenis van de zedelijke persoon duidelijk. Hij bestaat als doel van zichzelf, d.w.z. hij is doel zelf.

Alleen hiermee is de grond gewonnen voor het ontologische onderscheid tussen het ik-zijn en het niet-ik-zijn, tussen subject en object, res cogitans en res extensa. "De wezens, wier bestaan niet gebaseerd is op ons wezen, maar op de natuur [d.w.z. de natuur in de zin van fysieke organisatie], hebben niettemin, als ze wezens zonder verstand zijn, slechts een relatieve waarde als middel en worden daarom dingen genoemd, terwijl zintuiglijke wezens personen genoemd worden, omdat hun nato [hier betekent natuur zoveel als φύσις gelijk is aan essentia] hen al onderscheidt als doelen op zichzelf, d.w.z. als iets dat niet slechts als middel gebruikt mag worden. 21 Wat de aard van de persoon uitmaakt, zijn essentia, en alle willekeur inperkt, dat wil zeggen, wat bepaald is als vrijheid, is het voorwerp van respect.

Omgekeerd manifesteert datgene wat objectief is in respect, d.w.z. datgene wat erin geopenbaard wordt, de persoonlijkheid van de persoon. Hun ontologische concept zegt in het kort: personen zijn "objectieve doelen, d.w.z. ze zijn geen personen.

dingen [res in de breedste zin] waarvan het bestaan op zichzelf doel is". Met deze interpretatie van personalitas moralis wordt eerst verduidelijkt wat de mens is, zijn quidditas wordt afgebakend, de essentie van de mens, d.w.z. het strikte begrip van menselijkheid.

Kant gebruikt de term menselijkheid niet in de zin dat hij er de som van alle menselijke wezens onder verstaat, maar menselijkheid is een ontologisch begrip en betekent de ontologische constitutie van de mens. Zoals de werkelijkheid de ontologische constitutie van het werkelijke is, zo is menselijkheid de essentie van de mens, rechtvaardigheid de essentie van de rechtvaardige.

Daarom kan Kant het basisprincipe van moraliteit, de Categorische Imperatief, op de volgende manier formuleren:

"Handel op zo'n manier dat je de mensheid, zowel in jouw persoon als in de persoon van ieder ander, te allen tijde tegelijkertijd als doel gebruikt en nooit slechts als middel. "23 Dit principe kenmerkt het eigenlijke doel van het mens-zijn. Het geeft het vermogen van de mens aan om te zijn, zoals dat bepaald wordt door de essentie van zijn bestaan. De imperatief is categorisch, d.w.z. niet hypothetisch. Het is niet onderworpen aan een als-dan. Het principe van moreel handelen zegt niet:

Als je dit en dat, dit of dat bepaalde doel wilt bereiken, dan moet je op die en die manier handelen. Er is hier geen als en geen hypothese, omdat het handelende subject, waarnaar alleen wordt gehandeld, van nature zelf doel is, doel van zichzelf, niet geconditioneerd en ondergeschikt aan een ander. Omdat er hier geen hypothese is, geen als, is deze imperatief een categorische, een als-vrije imperatief. Als moreel agent, d.w.z. als een bestaand doel van zichzelf, bevindt de mens zich in het rijk van doelen. Het doel moet hier altijd in objectieve zin worden opgevat, als het doel, de persoon. Het rijk van de doelen is het samenzijn, de handel van personen als zodanig, en daarom het rijk van de vrijheid. Het is het rijk van de bestaande personen onder elkaar, en niet een systeem van waarden, waarnaar een of ander handelend ik verwijst en waarin, als iets menselijks, de doelen in verbinding als een gradiënt van intenties ergens op gebaseerd zijn. Het domein van doelen moet in ontische zin worden opgevat. Doel is bestaande persoon, het rijk van doelen is het samenleven van de bestaande personen zelf.

We moeten de scheiding vastleggen die Kant vastlegde op basis van de analyse van het morele ik, de scheiding tussen persoon en ding. Beide, personen en dingen, zijn volgens Kant res, dingen in de breedste zin van het woord, dingen die Dasein hebben, die bestaan. Kant gebruikt Dasein en Exist in de betekenis van bestaan. Hoewel hij deze onverschillige uitdrukking "Dasein" in de zin van bestaan gebruikt voor de zijnswijze van de persoon en de dingen, moeten we opmerken dat hij ontologisch scherp onderscheid maakt tussen persoon en ding als twee basiswijzen van zijn. Dienovereenkomstig worden er twee verschillende ontologieën toegewezen aan beide basissoorten van zijn, d.w.z. twee soorten metafysica. Kant zegt in de "Thesis der neuzeitlichen Ontologie Sitten": "Zo ontstaat het idee van een tweevoudige metafysica, een metafysica van de natuur en een metafysica van de moraal", d.w.z. een ontologie van res extensa en een ontologie van res cogitans. De metafysica van de moraal, d.w.z., de ontologie van de persoon in engere zin, bepaalt Kernt aldus: het "is het onderzoeken van de idee en de principes van een mogelijke zuivere wil, en niet van de handelingen en voorwaarden van de menselijke wil in het algemeen, die grotendeels aan de psychologie ontleend worden."[25] Hiermee hebben we slechts in grove lijnen, maar toch in grote lijnen, inzicht gekregen in hoe Kant het verschil tussen res cogitans en res extensa als dat tussen persoon en natuur (ding) in principe ontologisch opvat en hoe hij verschillende ontologieën aan de onderscheiden zijnswijzen toekent.

Hier zien we een heel ander niveau van bevraging dan bij Descartes nog aanwezig is. Maar het lijkt erop dat we nog meer hebben gewonnen. Hebben we hiermee het werkelijke verschil tussen subject en object niet helemaal vastgelegd, zodat het niet alleen overbodig maar zelfs onmogelijk lijkt om hier nog verdere of nog fundamentelere ontologische problemen te willen vinden? Het is met deze intentie dat we de derde stelling bespreken. Maar we zoeken geen problemen omwille van de problemen, maar om er doorheen te komen tot de cognitie van wat ons elke dag gegeven wordt als wat er te cogniseren valt: tot de cognitie van de ontologische constitutie van het zijn, die we zelf zijn. We streven niet naar kritiek tegen elke prijs, dus die kritiek mag er zijn, maar de kritiek en de problemen moeten voortkomen uit de confrontatie met de dingen zelf. Hoe eenduidig Kant's interpretatie van het verschil tussen res cogitans en res extensa ook is, het bevat niettemin problemen die we onszelf nu duidelijker moeten maken door deze Kantiaanse interpretatie zelf in twijfel te trekken. We moeten proberen duidelijk te maken,

Het hangende probleem is het bepalen van het wezen van het zijn, dat wij, de menselijke wezens, ooit zelf zijn. In het bijzonder moet de vraag gesteld worden: heeft Kant het wezen van de mens voldoende bepaald door de personalitas transcendentalis, personalitas psychologica en personalitas moralis te interpreteren?

a) Kritische beschouwing van Kants interpretatie van personalitas moralis.

De ontologische bepalingen van de morele persoon gaan voorbij aan de ontologische basisvraag naar de wijze van zijn We beginnen de kritische beschouwing met betrekking tot Kants interpretatie van de personalitas moralis. De persoon is een ding, res, iets dat bestaat als doel van zichzelf. Bij dit wezen hoort doelgerichtheid, meer precies zelfdoelgerichtheid. Het staat op het punt doel van zichzelf te zijn.

Het valt niet te ontkennen dat deze vastbeslotenheid om doel van zichzelf te zijn behoort tot de ontologische constitutie van het menselijk bestaan. Maar is de zijnswijze van Dasein hierdoor al verduidelijkt? Is er zelfs maar een poging gedaan om te laten zien hoe de manier van zijn van Dasein wordt bepaald met betrekking tot zijn constitutie door doelgerichtheid? We zoeken in Kant tevergeefs naar een opheldering van deze vraag, zelfs alleen maar naar het stellen van de vraag. Integendeel, de aangehaalde citaten laten zien dat Kant spreekt over het bestaan van de mens, over het bestaan van de dingen als doelen, maar de termen "bestaan" en "bestaan" betekenen voor hem bestaan.

Hij spreekt ook van het bestaan van de natuur, van het bestaan van het ding. Hij zegt nergens dat met betrekking tot de mens het concept van bestaan en Dasein een andere betekenis heeft, of zelfs maar welke betekenis. Kant laat alleen zien dat de essentia van de mens als doel anders bepaald is dan de essentia van dingen en natuurlijke dingen. Maar misschien spreekt hij niet expliciet over de specifieke zijnswijze van de morele persoon, maar bedoelt hij de facto zo'n persoon?

Het Zijn, dat bestaat als doel van zichzelf, heeft zichzelf in de weg van respect. Respect betekent verantwoordelijk zijn voor zichzelf, en dat betekent op zijn beurt vrij zijn.

Vrij zijn is geen eigenschap van de mens, maar is synoniem met moreel handelen. Maar handelen is een doen. De specifieke manier van zijn van de morele persoon zou dus in het vrije doen liggen. Kant zegt eens: "Intellectueel is het, wiens concept een doen is."1 Deze korte opmerking wil zeggen: Een geestelijk wezen is zo'n wezen, dat in het doen is.

Het I is een "Icb do", en als zodanig is het intellectueel.

Men moet dit eigenaardige taalgebruik van Kant onthouden. Het ik als "ik doe" is intellectueel, d.w.z. puur geestelijk. Daarom noemt hij het Ik vaak een intelligentie. Intelligency betekent weer niet een wezen dat intelligentie, begrip en rede heeft, maar dat als intelligentie bestaat. De personen zijn bestaande doelen, zijn intelligenties. Het rijk van doelen, d.w.z. het samenzijn van personen als vrijer, is het intelligibele rijk van vrijheid. Kant zegt eens: De morele persoon is menselijkheid. De menselijkheid is volledig intellectueel, d.w.z. bepaald als intelligentie.

De intelligenties, de morele personen, zijn subjecten waarvan het wezen het handelen is. Het handelen is een existent in de zin van aanwezig zijn. Hoewel het wezen van intelligibele substanties dus gekarakteriseerd wordt in de zin van morele personen, wordt het niet ontologisch waargenomen en specifiek tot het pro1

Reflections of Kant on the Critique of Pure Reason. Ed. Benno Erdmann.

Het probleem is welke manier van bestaan, van aanwezig zijn, deze actie vertegenwoordigt. Het ik is geen ding, maar een persoon. Van hieruit kan de benadering van Fichte's vraag worden begrepen. In navolging van Kant probeerde Fichte de tendens van de recente filosofie, die zich met Kant versterkte, om het probleem op het ego te concentreren, radicaler te begrijpen. Als het Ik bepaald wordt door het wezen van de handeling, d.w.z. geen ding is, dan is het begin van de filosofie, die begint met het Ik, geen handeling-ding, maar een handeling-handeling.

De vraag blijft: Hoe moet deze handeling zelf worden geïnterpreteerd als een manier van zijn? Met betrekking tot Kant is de vraag:

Valt hij niet terug op het begrijpen van dit handelende Ik als een bestaand doel in de zin van een bestaand onder andere bestaand? We krijgen geen feitelijke informatie over de wijze van zijn van het Ik uit de interpretatie van het Ik als een moreel persoon. Maar misschien krijgen we meer inzicht in de zijnswijze van het subject als we ons afvragen hoe Kant het ik van "ik denk" bepaalt, of hoe we onnauwkeurig kunnen zeggen het theoretische subject versus het praktische subject, de personalitas transcendentalis. Want met betrekking tot de personalitas psychologica verwachten we niet meteen een antwoord, aangezien Kant het ik-object, het ik van de waarneming, van het empirische zelfbewustzijn, rechtstreeks als een ding aanduidt, en er dus expliciet de zijnswijze van de natuur, van het existente, aan toekent, waarbij het de vraag is of dit juist is.

b) Kritische beschouwing van Kants interpretatie van personalitas transcendentalis. Kants negatieve bewijs van de onmogelijkheid van een ontologische interpretatie van het ik-denken Bepaalde Kant bij de interpretatie van het "ik-denken", d.w.z. het transcendentale ik, de manier van zijn van het ik?

Ook in Kants interpretatie van de personalitas trans202 these van de moderne ontologie scendentalis zoeken we tevergeefs naar het antwoord op deze vraag, niet alleen omdat Kant feitelijk nergens een poging doet tot een interpretatie van het wezen van het ik als "ik denk", maar omdat hij juist expliciet probeert aan te tonen dat en waarom Dasein, d.w.z. het wezen van het ik, niet verlicht kan zijn. Hij geeft dit bewijs van de onmogelijkheid van de interpretatie van het wezen van het Ik in de zin van "Ik denk" in de "Kritiek van de zuivere rede", in het tweede boek van de transcendentale dialectiek, en daar in het eerste hoofdwerk "Van de paralogismen van de zuivere rede". De behandeling van de eerste editie (A) is gedetailleerder.

Historisch gezien is Kants leer van de paralogismen van de zuivere rede een kritiek op de psychologia rationalis, d.w.z. op de traditionele metafysica van de ziel in de zin van dogmatische metafysica, waarvoor hij in feite de metafysica van de moraal in de plaats stelt. Het is kenmerkend voor de psychologia rationalis dat ze iets probeert te weten te komen over dit Ik als wezen, d.w.z.

als ziel, met behulp van zuiver ontologische concepten, die ze toepast op het Ik als "ik denk".

Kant bewijst in de Paralogismen van de zuivere rede dat deze conclusies van de metafysische psychologie uit ontologische concepten en hun toepassing op het "ik denk" onjuiste conclusies zijn. Hij noemt de ontologische basisbegrippen categorieën. Hij verdeelt ze in vier klassen3: categorieën van kwantiteit, kwaliteit, relatie en modaliteit. De ontologische basisbegrippen, die de rationele psychologie gebruikt om de ziel als zodanig te herkennen, kent Kant toe aan deze vier klassen van de volgens hem enig mogelijke categorieën.

Beschouwd onder de categorie van relatie, d.w.z. met betrekking tot de relatie van een toevalligheid tot substantie in het algemeen, is de ziel substantie zo zegt de oude metafysische psychologie. Volgens kwaliteit is de ziel eenvoudig, volgens kwantiteit is ze Eén, d.w.z. numeriek identiek, één en hetzelfde in verschillende tijden, en volgens modaliteit bestaat ze in relatie tot mogelijke objecten in de ruimte. Uit de toepassing van deze vier basisbegrippen uit de vier klassen van categorieën, substantie, eenvoud, zelf-zijn en bestaan, ontstaan de vier basisbepalingen van de ziel zoals onderwezen door de metafysische psychologie in de volgende vier conclusies.

Ten eerste: Als substantie, d.w.z. als gegeven, is de ziel gegeven in de innerlijke zin. Het is daarom het tegenovergestelde van het gegeven van de uiterlijke zin, dat bepaald is als materie en lichaam, d.w.z. de ziel als substantie gegeven in de innerlijke zin is immaterieel.

Ten tweede: Als eenvoudige substantie is de ziel iets onoplosbaars. Als eenvoudig ding kan het niet in delen worden verdeeld.

Daarom is het onvergankelijk, onomkoopbaar.

Ten derde: Als één en altijd dezelfde in de verschillende veranderende toestanden op verschillende tijden, is de ziel persoon in deze zin, d.w.z. het onderliggende slechte, het aanhoudende (persoonlijkheid van de ziel).

De eerste drie bepalingen: Immaterialiteit, Onomkoopbaarheid en Persoonlijkheid, vat Kant ook samen als de bepalingen van spiritualiteit, d.w.z. in het concept van geest in de zin van metafysische psychologie. Dit concept van spiritualiteit moet fundamenteel worden gescheiden van het Kantiaanse concept van geest als intelligentie in de zin van de moreel handelende persoon als doel.

Vanuit de vierde categorie, de modaliteit, bepaalt de onstoffelijke, onomkoopbare persoon zichzelf als bestaand in interactie met een lichaam. Bijgevolg bezielt dit geestelijke ding een lichaam. Zo'n reden van leven in materie noemen we ziel in de juiste zin. Maar als deze grond van animaliteit, d. w. z. van dierlijkheid, zoals aangetoond na de eerste categorieën, eenvoudig, onomkoopbaar en voor zichzelf blijvend is, dan is de ziel onsterfelijk. Uit de spiritualiteit volgt de onsterfelijkheid van de ziel.

We hebben al opgemerkt dat Kant voor het eerst heeft aangetoond dat door de categorieën toe te passen op het ik als "ik denk" er in geen enkel opzicht iets gezegd kan worden over het ik als geestelijke substantie. Waarom kunnen deze conclusies niet worden getrokken? Waarom zijn deze categorieën als categorieën van de natuur, van het bestaande, van de dingen, niet van toepassing op het Ik? Waarom is het onmogelijk om een ontische kennis van de ziel en het Ik te verkrijgen uit deze categoriale bepalingen? Deze conclusies komen niet tot een conclusie omdat ze gebaseerd zijn op een fundamentele fout. Ze passen categorieën toe op het Ik als "ik denk", d.w.z. op de personalitas transcendentalis, en leiden ontische proposities af uit deze categorieën die het Ik uitspreekt voor het Ik als ziel. Maar waarom zou dit niet mogelijk zijn? Wat zijn de categorieën?

Het ik is "ik denk", dat in elk denken wordt meegedacht als de voorwaardelijke reden van het verenigende ik-verbinden. De categorieën zijn de vormen van de mogelijke verbinding, die het denken kan verwezenlijken als verbindend. Het Ik als de reden van de mogelijkheid van "Ik denk" is tegelijkertijd de reden en de voorwaarde van de mogelijkheid van de vormen van verbinden, d.w.z. de categorieën. Als geconditioneerd door het Ik, kunnen deze niet worden toegepast op het Ik zelf terug naar zijn begrip. Het bij uitstek voorwaardelijke, het Ik als oorspronkelijk synthetische eenheid van waarneming, kan niet worden bepaald met behulp van datgene wat er door wordt geconditioneerd.

Dit is één reden voor de onmogelijkheid om de categorieën op het ego toe te passen. De andere, verwante reden ligt in het feit dat het Ik niet louter een ervaringsbepaling is, maar ten grondslag ligt aan alle ervaring als iets dat de zuivere veelvormigheid mogelijk maakt. De categorieën die gebaseerd zijn op het Ik en zijn eenheid als vormen van eenheid voor een synthese zijn alleen toepasbaar waar een verbindbare gegeven is. Elk verbinden, d.w.z.

Elke oordelende bepaling van iets dat te verbinden is, vereist iets dat gegeven is aan de verbinding, aan de synthese. Iets wordt altijd gegeven en aan ons gegeven alleen door affectatie, d.w.z. door beïnvloed te worden door iets anders dat we niet zelf zijn. We moeten bepaald worden door het vermogen tot ontvankelijkheid om een aanknopingspunt te hebben om te kunnen oordelen. Maar het ik als "ik denk" is geen affectie, beïnvloed worden, maar pure spontaniteit, of zoals Kant ook zegt, functioneren, fungieren, tun, Handeln. Als ik uitspraken wil doen over mijn bestaan, moet mij iets bepaalbaars gegeven worden door mijn wezen zelf. Maar wat bepaalbaar is, wordt me alleen gegeven door ontvankelijkheid, respectievelijk door de vormen van ontvankelijkheid, door ruimte en tijd. Ruimte en tijd zijn vormen van zinnelijkheid, van zinnelijke ervaring. Voor zover ik mijn bestaan bepaal en bind aan het richtsnoer van de categorieën, neem ik mijn ik als zinnelijk empirisch denken.

Het ik van de waarneming is echter niet toegankelijk voor enige bepaling. Als het gebeurt, dan denk ik aan het Ik in de categorieën van het bestaande als een natuurlijk ding. Dan treedt er een subreptio apperceptionis substantiae op, een huiselijke ondergeschiktheid van het ik dat gedacht wordt als bestaand onder het zuivere ik. Het zuivere ik zelf is voor mij als bepaalbaar voor geen enkele bepaling. Het zuivere Ik zelf wordt mij nooit gegeven als bepaalbaar voor de determinatie, d.w.z. voor de toepassing van de categorieën. Daarom is een ontische cognitie van het Ik en dus een ontologische determinatie ervan onmogelijk. Het enige dat gezegd kan worden: Het Ik is een "Iact". Hieruit blijkt een zeker verband tussen het Ik van de transcendentale waarneming en de personalitas moralis. Kant vat zijn gedachte als volgt samen: "Het "ik denk" drukt de handeling uit van het bepalen van mijn Dasein [d.w.z. mijn bestaan]. Dasein 206, de these van de moderne ontologie, is dus al gegeven, maar de manier waarop ik het moet bepalen, dat wil zeggen, de veelheid die erbij hoort in mijzelf moet plaatsen, is nog niet gegeven. Zelfperceptie behoort hiertoe [tot de geboorte zelf], die een a priori gegeven vorm, d.w.z. tijd, als basis heeft, die zintuiglijk is en behoort tot de ontvankelijkheid van het bepaalbare. Als ik geen andere zelfwaarneming heb, die het bepaalbare in mij geeft, waarvan ik me de spontaniteit alleen maar bewust ben, net zo goed vóór de daad van het bepalen als de tijd het bepaalbare geeft, dan kan ik mijn bestaan niet bepalen als een zelfwerkzaam wezen, maar stel ik me alleen maar de spontaniteit van mijn denken voor, d.w.z. van het bepalen, en mijn bestaan blijft altijd alleen maar zintuiglijk bepaalbaar, d.w.z. als het bestaan van een verschijning. Maar deze spontaniteit maakt dat ik mezelf intelligentie noem. "4 Kort samengevat betekent dit: We hebben geen zelfwaarneming van onszelf, maar alle waarneming, alle onmiddellijke geven van iets beweegt zich in de vormen van ruimte en tijd. Tijd is echter volgens Kants overtuiging, die de traditie volgt, de vorm van sensualiteit. Er is dus geen mogelijke grond voor de toepassing van de categorieën op de kennis van het ego.

Kant heeft helemaal gelijk als hij de categorieën als basisbegrippen van de natuur ongeschikt verklaart om het ego te bepalen. Maar hiermee heeft hij alleen negatief aangetoond dat de categorieën die zijn toegesneden op het andere zijn, op de natuur, hier falen. Hij heeft niet aangetoond dat het "ik handelen" zelf niet kan worden geïnterpreteerd zoals het zichzelf geeft in deze zich manifesterende ontologische constitutie. Misschien is juist tijd de apriori van het Ik, tijd echter in een originelere betekenis dan Kant in staat was te vatten. Hij rekende het tot de zinnelijkheid en had daarom vanaf het begin, volgens de traditie, alleen de tijd van de natuur in gedachten.

De ontoereikendheid van de natuurcategorieën impliceert niet de onmogelijkheid van een ontologische interpretatie van het Ik in het algemeen. Het volgt alleen onder de voorwaarde dat voor de cognitie van het ego dezelfde wijze van cognitie wordt genomen als de enig mogelijke die van toepassing is op de natuur. Uit de ongeschiktheid van de toepassing van de categorieën op het pure ego volgt de noodzaak om vooraf te vragen naar de mogelijkheid van een passende, dat wil zeggen vanuit de hele traditie vrije ontologische interpretatie van het subject. Deze vraag ligt des te meer voor de hand omdat Kant zelf in zijn Metafysica van de Moraal, d.w.z. in zijn Ontologie van de Persoon, in tegenstelling tot zijn theorie in de Paralogismen van de Zuivere Rede, een ontologische interpretatie van het ego als doel, als intelligentie probeert. Hij stelt echter niet precies de basisvraag naar de manier van zijn van een doel, van een intelligentie. Hij voert een bepaalde ontologische interpretatie van het praktische ik uit, hij acht zelfs een "praktische dogmatische metafysica" mogelijk, d.w.z. een die het zelf van de mens en zijn relatie tot onsterfelijkheid en God ontologisch kan bepalen vanuit het praktische zelfbewustzijn.

Dit onthult een essentiële tekortkoming van Kants ik-probleem in het algemeen. We worden geconfronteerd met een eigenaardige dichotomie binnen Kants doctrine van het ego.

Met betrekking tot het theoretische ik wordt de onmogelijkheid van zijn bepaling duidelijk. Met betrekking tot het praktische Ik is er de poging tot een ontologische afbakening. Maar het is niet alleen de dichotomie binnen de positie van het theoretische en praktische Ik. Er is een merkwaardige omissie in Kant, in zoverre dat hij er niet in slaagt de eenheid van het theoretische en praktische Ik oorspronkelijk te bepalen. Is deze eenheid en heelheid van beide iets later of iets origineels vóór beide? Horen de twee oorspronkelijk bij elkaar of zijn ze pas achteraf extern met elkaar verbonden? Hoe kan het wezen van het Ik überhaupt begrepen worden? Maar niet alleen de structuur van het zijn van dit hele Ik van de theoretisch-praktische persoon in zijn totaliteit is onbepaald, maar nog meer onbepaald is de relatie van de theoretisch-praktische persoon tot het empirische Ik, tot de ziel, en verder de relatie van de ziel tot het lichaam. Geest, ziel, lichaam zijn ontologisch bepaald of onbepaald voor zichzelf en op verschillende manieren, maar het geheel van zijn, dat we zelf zijn, lichaam, ziel en geest, de manier van zijn van hun oorspronkelijke heelheid, blijft ontologisch in het duister.

We vatten Kants standpunt over het probleem van het interpreteren van subjectiviteit voorlopig samen.

Ten eerste geeft Kant met betrekking tot de personalitas moralis feitelijke ontologische bepalingen (die, zoals we later zullen zien, terecht bestaan) zonder de fundamentele vraag naar de aard van het zijn van de morele persoon als doel aan de orde te stellen.

Ten tweede: met betrekking tot de personalitas transcendentalis, het "ik denk", toont Kant op negatieve wijze de ontoepasbaarheid van de natuurcategorieën voor de ontische kennis van het ego. Hij laat echter niet zien dat een andere ontologische interpretatie van het ego onmogelijk is.

Ten derde: In het licht van deze ambivalente positie van Kant over de onto-logie van het ego is het niet verwonderlijk dat noch het ontologische verband tussen personalitas moralis en personalitas transcendentalis, noch dat tussen deze twee in hun eenheid enerzijds en personalitas psychologica anderzijds, noch zelfs de oorspronkelijke heelheid van deze drie persoonsbepalingen tot een ontologisch probleem wordt gemaakt.

Ten vierde: Als een specifiek karakter van het Ik is de vrije "ik-handeling" van het zijn, die bestaat als doel, de spontaniteit van intelligentie, gefixeerd. Kant gebruikt de uitdrukking intelligentie als doel; hij zegt: Er bestaan doeleinden, en:

Er zijn intelligenties. Intelligentie is niet een gedragswijze en eigenschap van het subject, maar het subject zelf, dat als intelligentie is.

Ten vijfde: De intelligenties, de personen, worden als geestelijke substanties onderscheiden van de natuurlijke dingen als de fysieke substanties, de dingen.

De mening over Kants interpretatie van het verschil tussen res cogitans en res extensa zou dus zijn: Kant ziet duidelijk de onmogelijkheid om het Ik als iets bestaands te vatten. Hij geeft zelfs positieve ontologische bepalingen van het Ik met betrekking tot de personalitas moralis, zonder aan de fundamentele vraag naar de aard van het zijn van de persoon te beginnen. We zouden onze verklaring over Kant op deze manier kunnen formuleren, maar daarmee zouden we onszelf het centrale begrip van het probleem ontnemen, omdat het laatste kritische woord er nog niet in zit.

c) Zijn in de zin van voortgebracht worden als een horizon van begrip voor de persoon als een eindige mentale substantie Eén ding blijft opvallend: Kant spreekt over het bestaan van de persoon als het bestaan van een ding. Hij zegt dat de persoon bestaat als een doel op zich. Bestaan gebruikt hij in de betekenis van aanwezig zijn. Precies daar, waar hij de feitelijke structuur van de personalitas moralis aanraakt, om een doel op zichzelf te zijn, kent hij aan dit wezen de bestaanswijze toe. Dit gebeurt niet toevallig. In het concept van het ding op zichzelf, of het nu herkenbaar is in zijn wat-zijn of niet, ligt de traditionele ontologie van het bestaan al besloten. Sterker nog, de centrale positieve interpretatie die Kant geeft van het ik-zijn als spontane intelligentie beweegt zich volledig binnen de horizon van de traditionele oud-middeleeuwse ontologie. De analyse van respect en van de morele persoon blijft dan slechts een, zij het immens belangrijke, poging om de last van de overgeleverde ontologie onbewust van zich af te schudden.

Alleen, hoe kunnen we beweren dat zelfs in de bepaling van het Ik als spontaniteit en intelligentie de traditionele ontologie van het existente nog steeds effect heeft zoals bij Descartes en door niets verzwakt is? We zagen bij de inleiding van de overwegingen van de Kantiaanse analyse van het Ik dat hij het Ik als subjectum bepaalt, volgens welke het ὑποκείμενον, het heden voor de determinaties betekent. Volgens de antiken opvatting van het zijn, wordt het zijn in principe begrepen als het aanwezig zijn. Het actuele zijn, de οὐσία, is dat wat in zichzelf beschikbaar is, dat wat geproduceerd wordt, dat wat voortdurend aanwezig is voor zichzelf, dat wat aanwezig is, ὑποκείμενον, subjectum, substantie. De lichamelijke dingen en de geestelijke dingen zijn substanties (οὐσίαι).

Tegelijkertijd hebben we verschillende keren benadrukt dat voor de oude en middeleeuwse metafysica een bepaald wezen als archetype van alle zijn in gedachten is, God. Dit geldt nog steeds voor de meer recente filosofie van Descartes tot Hegel. Ook al beschouwt Kant een theoretisch bewijs van Gods bestaan als onmogelijk en evenzeer een theoretisch-speculatieve kennis van God, God blijft voor hem als ens realissimum het ontologische archetype, het prototypon transcendentale, d.w.z. het ontologische archetype, op basis waarvan de idee van het oorspronkelijke zijn ontstaat en de determinaties van alle afgeleide zijn gestandaardiseerd worden. God is echter het ens infinitum, zoals we hebben gezien bij Suarez en Descartes, het niet-goddelijke wezen is het ens finitum. God is de feitelijke substantie.

De res cogitans en de res extensa zijn eindige substanties (substantiae finitae). Deze ontologische basisthesen van Descartes worden door Kant zonder meer vooropgesteld. Het niet-goddelijke zijn, de dingen, de lichamelijke dingen en de mentale dingen, de personen, de intelligenties, zijn volgens Kant eindige substanties. Zij vormen alles wat bestaat. Het is nu nodig om te laten zien dat ook de persoon door Kant in principe wordt opgevat als een existent, dat hij ook hier niet buiten de ontologie van het existente komt.

Als dit bewezen moet worden, dan zijn we verplicht aan te tonen dat ook voor de interpretatie van de persoon, d.w.z. van de eindige geestelijke substantie, de oude horizon van de interpretatie van het zijn, d.w.z. de visie van het maken, beslissend is. Opgemerkt moet worden dat de eindige substanties, zowel dingen als personen, niet zomaar willekeurig bestaan, maar dat ze in interactie zijn, in een commercium. Deze interactie is gebaseerd op causaliteit, die Kant opvat als het vermogen om te handelen. Overeenkomstig het ontologische basisverschil tussen personen en dingen, onderscheidt hij ook een dubbele causaliteit: causaliteit van de natuur en causaliteit van de vrijheid. De doelen, de personen, vormen een commercium van vrije wezens.

De interactie van substanties is een centraal probleem in de recente metafysica sinds Descartes. Het is voldoende om de titels te noemen van de verschillende oplossingen van dit probleem van de interactie van substanties en hun relatie tot God: Mechanisme, Occasionalisme, harmonia praestabilita. Kant verwerpt al deze oplossingen. Het is een basisstelling van Kants metafysica dat we "elk ding van de wereld" alleen ontkiemen "als oorzaak in de oorzaak [d.w.z. alleen in het vermogen om te handelen], of alleen de causaliteit van het gevolg, dus alleen de Wirkimg, en dus niet het ding zelf en zijn determinaties, waardoor het het gevolg voortbrengt" en waardoor ze voortgebracht worden.5 "Het substantiële [de substantie] is het ding in zichzelf en onbekend."® Alleen de accidentelen, de effecten van de dingen op elkaar, manifesteren zich en zijn daarom begrijpelijkDe personen zijn eindige substanties en worden als intelligenties gekenmerkt door spontaniteit. De vraag rijst: Waarin bestaat de eindigheid van de persoon en de substantie überhaupt? Allereerst in het feit dat elke substantie in de andere vooraf thesis van de moderne ontologie zijn grens heeft, er als het ware tegenaan botst, als tegen een wezen dat in elk geval aan de substantie gegeven is, namelijk op zo'n manier dat het zich alleen toont in zijn effecten. De effecten die zo door de ene substantie voor de andere worden gemanifesteerd, moeten door de laatste worden ontvangen, wil het in staat zijn iets van het wezen te herkennen, dat het zelf niet is, en zich er op een erkennende manier toe te verhouden, d.w.z. wil het überhaupt tot enige commercie tussen de substanties komen. Voor intelligentie betekent dit: De substantie moet, omdat ze het andere wezen niet is, een vermogen hebben om door dit wezen beïnvloed te worden. Daarom kan de eindige substantie niet alleen spontaniteit zijn, maar moet ze op dezelfde manier bepaald zijn als ontvankelijkheid, d.w.z. ze moet bepaald zijn als een ontvankelijkheid als een vermogen van ontvankelijkheid van effecten en voor effecten van andere substanties. Een commercium tussen de eindige mentale substanties is alleen mogelijk op zo'n manier dat deze substanties niet alleen ontologisch bepaald zijn door spontaniteit, door een vermogen om uit zichzelf te handelen, maar tegelijkertijd door ontvankelijkheid. Kant noemt de effecten van andere substanties, voor zover ze voldoen aan de ontvankelijkheid van een substantie, affectie. Daarom kan hij ook zeggen: De substantie in de zin van intelligentie is niet alleen functie, cognitie, maar tegelijkertijd affectie. De uiteindelijke substanties horen van een ander wezen alleen dat wat dit tot het grijpen zet als een effect van zichzelf. Alleen de buitenkant, niet de binnenkant is toegankelijk en waarneembaar, als we deze ook door Kant gebruikte terminologie mogen gebruiken, hoewel die misleidend is. De eindigheid van de intelligenties ligt in hun noodzakelijke afhankelijkheid van ontvankelijkheid. Er moet een influxus realis tussen hen zijn, een wederzijdse invloed van hun werkelijkheid, d.w.z. van hun predicaten, van hun accidentals op elkaar. Een directe commercie van de substanties is onmogelijk.

§ 14. Fenomenologische kritiek

Wat is de ontologische basis van deze interpretatie van de eindigheid van mentale substanties? Waarom kan de eindige substantie het substantiële, d.w.z. het feitelijke zijn van een andere substantie, niet bevatten? Kant zegt dit onmiskenbaar in een beschouwing: "maar eindige wezens kunnen andere dingen niet van zichzelf kennen, omdat ze niet de oorsprong ervan zijn".7 In de Metafysische Lezing staat: "Alleen de schepper kan de substantie van een ander ding begrijpen. "71 Als we beide fundamentele stellingen samen nemen, zeggen ze: Een feitelijke waarneming van een wezen in zijn wezen is alleen aanwezig voor de schepper van dit wezen. In het maken van iets ligt de primaire en directe verwijzing naar het wezen van een wezen. En daarin ligt:

Zijn van een wezen betekent niets anders dan gefabriceerdheid.

De opmars naar het feitelijke wezen van het bestaande is voorbehouden aan de eindige substanties, omdat de eindige intelligenties het bestaande dat begrepen moet worden niet produceren en geproduceerd hebben. Het zijn van het bestaande moet worden begrepen als het voortgebrachte, als anders alleen de voortbrenger, de oorsprong, in staat wordt geacht de substantie te begrijpen, d.w.z. dat wat het wezen van het bestaande vormt. Alleen de voortbrenger is in staat tot een feitelijke kennis van het zijn, wij eindige wezens nemen alleen kennis van wat we zelf maken en voor zover we het maken. Wijzelf, als wezens, produceren onszelf echter niet bij uitstek vanuit onszelf, maar we zijn zelf geproduceerde dingen en daarom, zoals Kant zegt, slechts gedeeltelijk scheppers. De onkenbaarheid van het wezen van substanties, d.w.z. van bestaande dingen in hun feitelijke wezen, is gebaseerd op het feit dat ze voortgebrachte dingen zijn. Het wezen van eindige dingen, of het nu dingen of personen zijn, wordt van tevoren opgevat als voortgebracht in de horizon van het voortbrengen, echter in een interpretatierichting die verschilt van die van de oude ontologie.

We proberen ons te realiseren dat uiteindelijk ook het fundament van Kants interpretatie van de morele persoon in de oud-middeleeuwse ontologie ligt.

Om dit te begrijpen is het nodig om de algemene definitie van de persoon als een eindige substantie te begrijpen en te bepalen wat eindigheid betekent. Eindigheid is de noodzakelijke afhankelijkheid van ontvankelijkheid, d.w.z. de onmogelijkheid om de oorsprong en producent van een ander wezen te zijn. Alleen wat de oorsprong is van een wezen herkent het in zijn feitelijke wezen. Het wezen van de dingen wordt opgevat als geproduceerd. Dit is de basis van Kants zelfbegrip, maar het wordt niet expliciet uitgedrukt.

De Kantiaanse interpretatie van eindige substanties en hun samenhang leidt ook terug naar dezelfde ontologische horizon die we al tegenkwamen bij de interpretatie van de οὐσία en alle door de essentie van het zijn gegeven determinaties. Hier functioneert het maken echter in een andere betekenis, die verband houdt met de genoemde functie.

In het verleden hebben we gezegd dat in de productie van iets een eigenaardig bevrijdend karakter schuilt, waardoor het geproduceerde van tevoren wordt begrepen als iets dat voor zichzelf is opgezet, onafhankelijk en bestaand uit zichzelf. Het wordt dus opgevat in het maken zelf, niet pas na het maken, maar al in het bewustzijn van het product. In de nu besproken functie van het produceren voor de interpretatie van de mogelijkheid om het wezen van een wezen te herkennen, komt een ander structureel moment van het produceren aan de orde, dat we al hebben aangestipt. Al het produceren vindt plaats volgens een archetype en een model. Bij produceren hoort de voorafgaande verbeelding van een model. Eerder hoorden we dat het concept van de εἶδος opnieuw de horizon van de productie was ontgroeid. In de voorafgaande verbeelding en vormgeving van het pre-beeld wordt al direct begrepen wat het te produceren ding eigenlijk is. Wat aanvankelijk is opgevat als een model en archetype van het producerende nabeeld wordt direct begrepen in de verbeelding. In de εἶδος wordt al geanticipeerd op wat het wezen van het wezen is. In de εἶδος is al geanticipeerd op en omschreven wat zegt, hoe het ding eruit zal zien, of zoals we ook zeggen, hoe het zichzelf zal maken, namelijk wanneer het gemaakt is. De anticipatie van het voorbeeld, dat bij de productie hoort, is de feitelijke herkenning van wat het geproduceerde is. Daarom neemt alleen de producent van iets, de voortbrenger, het wezen waar in wat het is. De schepper en producent is ook de feitelijke kenner, omdat hij zich het model van tevoren voorstelt. Als zelfschepper (ongeschapen) is hij tegelijkertijd het feitelijke wezen.

Vanwege dit verband heeft de term οὐσία al een dubbele betekenis in de Griekse ontologie. οὐσία betekent aan de ene kant het geproduceerde existente zelf of zijn bestaan, οὐσία betekent tegelijkertijd evenveel als εἶδος in de zin van het alleen verbeelde, ingebeelde model, d.w.z. wat het existente zoals geproduceerd eigenlijk al is, zijn verschijningsvorm, dat wat het begrenst, de manier waarop het als geproduceerd zal verschijnen, hoe het zichzelf zal maken.

God wordt gedacht als de schepper, namelijk als de pre-en archetypische schepper van alle dingen, die niets gegeven hoeft te krijgen, dus ook niet bepaald wordt door ontvankelijkheid, die veeleer alles geeft wat is, en niet alleen dat, maar zelfs alles wat mogelijk is vanwege zijn absolute spontaniteit, d.w.z. als actus purus. De eindigheid van dingen en personen is gebaseerd op de maakbaarheid van dingen in het algemeen. Het ens finitum is zo, omdat het ens creatum is. Maar dit zegt, esse, ens, zijn betekent geproduceerd worden. Zo leidt de ontologische vraag naar de reden van de eindigheid van personen, d.w.z. van het sub, ertoe dat ook hun wezen (Existieren, Dasein) als voortgebracht wordt herkend en dat Kant, als het om de ontologische basisoriëntatie gaat, zich beweegt op de paden van de oud-middeleeuwse ontologie en dat alleen van hieruit het probleem van de "Kritiek van de zuivere rede" begrijpelijk wordt. Voor onze fundamentele vraag over de bepaling van de ontologische constitutie van het subject (de persoon) in Kant, vloeit er iets wezenlijks voort uit wat er gezegd is. Het subject als persoon is een uitstekend subjectum, voor zover de kennis van zijn predikaten, d.w.z. van sida zelf, tot hem behoort.

De subjectiviteit van het subject is daarom synoniem met zelfbewustzijn. Dit laatste vormt de realiteit, het wezen van dit wezen. Daarom zag het Duitse idealisme (Fichte, Schelling, Hegel), in een extreme versie van het Kantiaanse of Descartesiaanse denken, in het zelfbewustzijn de feitelijke werkelijkheid van het subject. Van daaruit, volgens de cartesiaanse benadering, werd het hele probleem van de filosofie ontwikkeld. Hegel zegt:

"Het belangrijkste punt voor de aard van de geest is de relatie, niet alleen tussen wat hij op zichzelf is en wat hij werkelijk is, maar ook tussen wat hij weet dat hij is; Heimsoeth heeft het materiaal dat deze ontologische grondslagen van Kants filosofie belicht, verzameld in een waardevol essay: "Metafysische motieven in de vorming van Kants idealisme" (vgl. Kant-Studien vol. XXIX (1924), p. 121 e.v.). Zeker, Heimsoeth mist volledig een fundamenteel ontologische vraagstelling en overeenkomstige interpretatie van het materiële. Maar vergeleken met de onzekere en in principe puur verzonnen Kant-interpretatie van het Neukantianisme van de vorige eeuw is het in ieder geval een stap voorwaarts op de "weg naar een adequate Kant-interpretatie". De Hegeliaanse school zag deze verbanden veel duidelijker in het midden van de 19e eeuw vóór de opkomst van het Nieuw Kantianisme (vooral J. Ed Erdmann). In het heden heeft H. Pichler voor het eerst gewezen op de ontologische grondslagen van Kants filosofie in zijn boek "Über Christian Wolffs Ontologie" (1910), vooral in de laatste paragraaf: Kennis is daarom, omdat zij in wezen bewustzijn is, de fundamentele bepaling van haar werkelijkheid. Hieruit kan verklaard worden dat het Duitse idealisme probeert achter de zijnswijze van het subject en van de geest te komen door deze eigenaardige dialectiek van het zelfbewustzijn. Maar in deze interpretatie van het subject vanuit het zelfbewustzijn, die in Descartes wordt geprefigureerd en voor het eerst scherp wordt opgevat in Kant, wordt de primaire bepaling van het subject in de zin van ὑποκείμενον, van wat aanwezig is, verkeerd toegeëigend, of liever gezegd wordt deze bepaling dialectisch opgeheven in het zelfbewustzijn, in het zichzelf grijpen. Al bij Kant was het niet langer een ontologisch probleem op zichzelf, maar hoorde het bij het vanzelfsprekende. Bij Hegel wordt het opgeheven in de interpretatie van het subject als zelfbewustzijn, d.w.z. als zijnde in het bezit van zichzelf, als concept. Voor hem ligt de essentie van substantie in het zijn van het concept van zichzelf. Door deze ontwikkeling van de interpretatie van subjectiviteit vanuit zelfbewustzijn wordt de mogelijkheid van een fundamentele ontologische interpretatie van het zijn, dat we zelf zijn, nog meer dan voorheen tegengehouden. Als de bepaling van ons Dasein, dat we zelf in zekere zin ook existent zijn, onszelf niet geproduceerd hebben en produceren, ontoereikend mag zijn, ligt er in dit moment van het volledig begrepen begrip van subject als ὑποκείμενον en als zelfbewustzijn een probleem van fundamentele aard. Misschien is de vraag naar het subject als ὑποκείμενον in deze vorm verkeerd gesteld, maar tegelijkertijd moet erkend worden dat het wezen van het subject niet alleen bestaat in het zichzelf kennen, los van het feit dat de wijze van zijn van dit kennen zelf onbepaald blijft -, maar dat het wezen van Dasein tegelijkertijd bepaald wordt door het feit dat het in zekere zin bestaat, de uitdrukking zorgvuldig zo gebruikt dat het niet zelf van zijn macht tot bestaan is. Hoewel Kant verder doordringt in de ontologische structuur van het persoon-zijn dan anderen voor hem, kan hij, zoals we nu gezien hebben volgens alle verschillende richtingen van het probleem, niet komen tot het expliciet stellen van de vraag naar de wijze van zijn van de persoon.

Niet alleen dat de zijnswijze van het hele wezen, de eenheid van personalitas psychologica, transcendentalis en moralis, als welke het menselijk wezen feitelijk bestaat, ontologisch onbepaald blijft, de vraag naar het wezen van Dasein als zodanig blijft achterwege. Het blijft bij de onverschillige eigenschap van het subject als bestaand; de bepaling van het subject als zelfbewustzijn zegt echter niets over de zijnswijze van het ego. Zelfs de meest extreme dialectiek van het zelfbewustzijn, zoals die in verschillende vormen bij Fichte, Schelling en Hegel wordt ontwikkeld, is niet in staat om het probleem van het bestaan van Dasein op te lossen, omdat het helemaal niet gesteld wordt. Als we echter kijken naar de energie van denken en interpreteren die Kant juist besteedt aan de verheldering van subjectiviteit en dat hij desondanks niet doordrong tot de specifieke zijnsconstitutie van Dasein, zoals we in eerste instantie slechts beweren, dan geeft dit aan dat de interpretatie van dit wezen, dat we zelf zijn, duidelijk het minst vanzelfsprekend is en het meest onderhevig aan het gevaar om in een omgekeerde horizon te worden geplaatst. Daarom is er behoefte aan een expliciete reflectie op de manier waarop Dasein zelf tot een ontologisch adequate bepaling kan worden gebracht.

Voor ons rijst de vraag: Welke positieve opgaven vloeien voort uit deze probleemsituatie, dat het subject primair bepaald wordt door de subjectiviteit, de zelfkennis, zodat de vraag naar de constitutie van het zijn in principe onderbelicht blijft?

Het fundamentele probleem van de diversiteit van de zijnswijzen en van de eenheid van het begrip 'zijn' in het algemeen Sinds Descartes wordt vooral het verschil tussen res cogitans en res extensa benadrukt en tot leidraad van de filosofische problemen gemaakt. Het is echter niet mogelijk om te wijzen op de verschillende manieren van zijn van de wezens die op deze manier specifiek en in hun verscheidenheid worden aangeduid, en nog minder om deze verscheidenheid van zijn als een veelheid van manieren van zijn ondergeschikt te maken aan een oorspronkelijk idee van zijn. Het lukt niet, sterker nog, de poging wordt niet eens ondernomen. In plaats daarvan worden res cogitans en res extensa uniform vastgepakt aan de hand van een gemiddeld concept van zijn in de zin van geproduceerd worden. Maar we weten dat deze interpretatie van het zijn gegroeid is met het oog op het bestaande, d.w.z. het zijn dat geen bestaan is. Daarom wordt de vraag urgenter: Hoe moeten we het wezen van het zijnde, dat we zelf zijn, bepalen en onderscheiden van al het zijnde van het niet-wezen zijnde, maar het niettemin begrijpen vanuit de eenheid van een oorspronkelijk concept van het zijnde? We hebben het wezen van Dasein terminologisch existentie genoemd. Wat betekent existentie? Wat zijn de essentiële momenten van het bestaan?

a) Eerste vooruitblik op de existentiële constitutie van Dasein Benadering van de Subject-Object-Relatie (res cogitans res extensa) als een mislukking van de existentiële constitutie van het Zijn Het Zijn in het Zijn begrijpen

Als we het bestaan van Dasein proberen te verduidelijken, vervullen we een dubbele taak: niet alleen dat we ontologisch een bestaand van zijn eigen soort onderscheiden van ander bestaand, maar tegelijkertijd de taak om te wijzen op het wezen van het bestaande, tot wiens wezen (existentie) het begrip van zijn behoort en tot wiens interpretatie alle ontologische problematiek in het algemeen terugleidt. We moeten echter niet denken dat we de essentie van het bestaan in één zin kunnen samenvatten en volledig kunnen ontleden. Nu is het alleen nodig om de richting van het probleem aan te geven en een eerste voorproefje te geven van de existentiële constitutie van Dasein. Dit wordt gedaan met de bedoeling om duidelijker te maken in hoeverre de mogelijkheid van ontologie überhaupt afhangt van hoe en in welke mate de zijnsconstitutie van Dasein wordt opengelegd. Hiermee zeggen we opnieuw dat er in de nadruk op het subject, zoals die in de filosofie sinds Descartes leeft, heel goed een echte aanzet tot filosofische bevraging schuilt, die alleen maar intensiveert wat de oudheid al zocht, maar dat het aan de andere kant evenzeer nodig is om niet simpelweg van het subject uit te gaan, maar ook de vraag te stellen of en hoe het zijn van het subject als uitgangspunt van de filosofische problematiek moet worden bepaald, en wel op zo'n manier dat de oriëntatie daarop niet eenzijdig subjectivistisch is. Filosofie moet misschien beginnen bij het "subject" en met haar laatste vragen teruggaan in het "subject" en mag haar vragen desondanks niet eenzijdig subjectivistisch stellen.

De identificatie van Kants analyse van persoon-zijn en de kritische bespreking ervan zou juist duidelijk moeten maken dat het helemaal niet vanzelfsprekend is om de zijnsconstitutie van het subject te ontmoeten of er zelfs maar op de juiste manier naar te vragen. Vanuit een ontisch standpunt staan we het dichtst bij het wezen dat we zelf zijn en dat we wezen noemen; want we zijn dit wezen zelf.

Desalniettemin is dit ontologisch gezien het dichtstbijzijnde ontologisch gezien het verst van ons verwijderd. Descartes gaf de tweede van zijn meditaties over metafysica de titel "De natura mentis humanae: quod ipsa sit notior quam corpus", "Over de aard van de menselijke geest, dat hij meer bekend is dan het lichaam en het lichaam". Desondanks, of juist vanwege deze veronderstelde S If. Het fundamentele probleem 221 uitstekende kennis van het onderwerp, niet alleen bij Descartes, maar in de daaropvolgende periode in het algemeen, wordt de wijze van zijn verkeerd begrepen en overgeslagen, zodat geen enkele dialectiek van de geest deze omissie ongedaan kan maken. Het is waar dat het scherpe onderscheid tussen res cogitans en res extensa lijkt te garanderen dat op deze manier alleen de eigenaardigheid van het subject geraakt wordt. We weten echter uit eerdere beschouwingen, af en toe in de bespreking van de eerste these, dat de relaties van Dasein intentioneel van aard zijn, dat het subject door intentionaliteit al in relatie staat tot wat het zelf niet is.

Als we dit toepassen op de Kantiaanse Fassimg van het subjectbegrip, dan betekent het: het Ik is een subjectum dat weet heeft van zijn predikaten, die concepties zijn, cogitationes in de breedste zin van het woord, en die als zodanig doelbewust op iets gericht zijn. Daarin ligt: In het kennen van zijn predikaten als intentionele relaties verhoudt het Ik zich ook al tot het wezen, waarop de relaties gericht zijn. Voor zover dit wezen, waarop de houdingen zijn gericht, altijd op een bepaalde manier object wordt genoemd, kan men formeel zeggen: bij het subject hoort altijd een object, het een kan niet gedacht worden zonder het ander.

Met deze vaststelling lijkt de eenzijdige subjectivistische versie van het begrip subject te worden overwonnen. Natorp zegt: "Volgens deze definitie zijn er over het geheel genomen drie elementen, die nauw met elkaar verbonden zijn in de uitdrukking bewustzijn [d.w.z. res cogitans], maar die door abstractie uit elkaar gehouden kunnen worden: 1. het iets dat zich bewust is; 2. dat wat zich bewust is van iets of dat zich bewust is van iets; 3. de relatie tussen die twee, dat iets zich bewust is van iets. Ik noem, louter omwille van de beknoptheid van aanduiding, het eerste [het bewuste] de inhoud, het tweede het ik, het derde het bewustzijn. "

Natorp lijkt hetzelfde te bedoelen als wat fenomenologie intentionaliteit noemt. Formeel is dit zeker waar. Maar bij nadere beschouwing zou kunnen blijken dat dit bewustzijn voor Natorp, zoals hij zegt, een "onherleidbaar laatste" is en dat het verder geen enkele modificatie kan ondergaan. Volgens Natorp zijn er geen verschillende manieren om je ergens bewust van te zijn, maar is alle verschil in bewustzijn een verschil in bewustzijn, in de inhoud. De res cogitans is, volgens zijn concept, een ik dat gerelateerd is aan een bewuste inhoud door middel van bewustzijn. De relatie met het object behoort tot het Ik, en omgekeerd behoort de relatie met een subject tot het object. De relatie is een correlatie.

Misschien nog formeler vat Rickert de subject-object relatie. Hij zegt: "De concepten subject en object vereisen elkaar, net als andere concepten, bijv.

Mem moet zich hier afvragen: Waarom "eisen" deze termen, subject en object, elkaar op? Maar natuurlijk alleen omdat wat ermee bedoeld wordt zichzelf opeist. Maar eist een object een subject? Uiteraard. Want iets dat tegengesteld is, is altijd tegengesteld voor een grijpende. Zeker. Maar is elk wezen noodzakelijkerwijs een object? Moeten de natuurlijke processen objecten zijn voor een subject om te zijn wat ze zijn?

Duidelijk niet. Het wezen wordt van tevoren als object genomen. Dan kan daaruit worden afgeleid dat er een subject bij hoort. Want met de karakterisering van het zijnde als object, heb ik impliciet al het subject geplaatst. Maar met deze karakterisering van het zijn als object en van het zijn als object, heb ik niet langer het zijn op zichzelf als probleem met betrekking tot zijn eigen, tot het zijn behorende zijnswijze, maar het zijn als tegengesteld, als object. In deze veronderstelde puur Kantiaanse interpretatie wordt zijn dan zoveel genoemd als representationaliteit.

Het wordt dus duidelijk: als het subject geconfronteerd wordt met een object, komt de vraag niet eens in de dimensie van het vragen naar de specifieke manier van zijn van het object-zijn in zijn relatie tot de manier van zijn van een subject. Omgekeerd hoort bij een subject, opgevat als grijpend, een gegrepene. Maar moet het subject noodzakelijkerwijs grijpen? Is de semi-mogelijkheid van een subject afhankelijk van het feit dat er iets als object gegeven wordt voor zijn grijpen?

Helemaal niet. In elk geval kan de vraag niet zonder meer worden beantwoord. Op het eerste gezicht lijkt het alsof de benadering van de subject-object-relatie een geschikter uitgangspunt van de vraag en een onbevooroordeelde versie van het probleem biedt dan het eenzijdige uitgangspunt van het subject. Bij nader inzien verschuift deze benadering van een subject-object-relatie echter de toegang tot de feitelijke ontologische vraag naar de wijze van zijn van het subject en naar de wijze van zijn van het wezen, dat mogelijk een object wordt, maar dat niet noodzakelijkerwijs hoeft te worden.

Maar zelfs als men de legitimiteit van de benadering erkent, niet met een geïsoleerd subject, maar eenmaal met de subject-object-relatie, dan nog moet men zich afvragen: Waarom "eist" een subject een object, en omgekeerd? Omdat een bestaand niet uit zichzelf een object wordt om een subject te eisen, maar het wordt pas een object in de objectivering door een subject. Zijn is zonder subject, maar objecten bestaan alleen voor een subject dat objectiveert. Het bestaan van de subject-object relatie hangt dus af van de bestaanswijze van het subject. Maar waarom? Is zo'n relatie al ingesteld met het bestaan van Dasein? Het subject zou zichzelf de relatie met objecten kunnen ontzeggen. Of kan het dat niet? Zo niet, dan is het niet vanwege het object dat er een subject-relatie mee bestaat, maar behoort het verwijzen naar zichzelf tot de zijnsthese van de moderne ontologie van het subject zelf. Het ligt in het concept van het subject om te relateren. Het subject is op zichzelf een verwijzend subject. Dan is het nodig om de vraag naar het wezen van het subject zo te stellen dat deze bepaling van de essentie van het relateren, d.w.z. intentionaliteit, ook in het concept van het subject gedacht wordt, d.w.z. dat de relatie met het object niet iets is dat af en toe aan het subject verbonden wordt door een toevallige aanwezigheid van een object. Intentionaliteit behoort tot het bestaan van Dasein. Met het bestaan van Dasein is een zijn en een verbinding met het zijn al op de een of andere manier geopenbaard voor het subject, zonder dat het specifiek geobjectiveerd is. Bestaan betekent dan, onder andere, zich gedragen als zijnde met zijnde. Het behoort tot het wezen van Dasein om op zo'n manier te bestaan dat het altijd al met ander zijn is.

b) De co-openbaring van het zelf in het begrip van zijn oriëntatie op het bestaande. De reflectie uit de betrokken dingen als feitelijk-gewoon zelfbegrip Maar wat hebben we hiermee gewonnen voor de verheldering van het bestaan van Dasein? Op dit punt stonden we al af en toe in de bespreking van de eerste stelling toen we de intentionaliteit van het verschijnsel waarneming benadrukten. Daar karakteriseerden we intentionaliteit als bepaald door intentio en intentum en tegelijkertijd door het feit dat bij elk intentioneel gedrag een begrip hoort van het zijn waarop dit gedrag betrekking heeft. Maar hiermee lieten we de vraag open, hoe het begrip van zijn bij het intentionele gedrag "hoort". Na de eerste identificatie van intentionaliteit hebben we dit niet verder onderzocht, maar alleen gezegd dat het mysterieus is.

Maar nu, in de context van de vraag over de interpretatie van het wezen van het subject, stelt zich de vraag: Hoe wordt het ego bepaald door de intentionaliteit van elkeS Als. De fundamentele probleemstelling? In de eerdere bepalingen van intentionaliteit hebben we het Ik buiten beschouwing gelaten. Als intentionaliteit betekent dat je jezelf stuurt, dan is het duidelijk het Ik dat gestuurd wordt. Maar hoe zit het met dit Ik? Is het een punt of een centrum of, zoals men ook in de fenomenologie zegt, een pool die egohandelingen uitstraalt? De beslissende vraag rijst opnieuw: Wat voor wezen "heeft" deze ik-pool?

Mogen we überhaupt om een ik-pool vragen? Mogen we een Ik als drager van deze handeling afleiden uit het formele concept van intentionaliteit, van je ergens op richten? Of moeten we niet fenomenologisch vragen, op welke manier Dasein zelf zijn Ik, zijn zelf krijgt, d.w.z. op welke manier Dasein, bestaand, het zelf, d.w.z. zijn zelf krijgt? is eigenlijk in de strikte zin van het woord? Het zelf, dat het zijn-daar is, is op de een of andere manier aanwezig in alle intentionele houdingen. Tot de intentionaliteit behoort niet alleen een "Sichrichten-auf" en niet alleen een begrip van het wezen, waarop het gericht is, maar ook het "Opgenomen worden" van het zelf, dat zich gedraagt. De intentionele "Sichrichten-auf" is niet simpelweg een actieradius die aan een egocentrum ontsnapt, die op zo'n manier aan het ego gerelateerd zou moeten zijn dat dit ego in een tweede actieradius weer naar de eerste (de eerste "Sichrichten-auf") teruggeleid zou worden; in plaats daarvan behoort de mede-openbaring van het zelf tot de intentionaliteit. Maar de vraag blijft:

Op welke manier wordt het zelf gegeven? Niet, zoals men zou kunnen denken, in navolging van Kant, op de manier waarop een "ik denk" alle concepties vergezelt en samengaat met de handelingen die gericht zijn op wat aanwezig is, dat wil zeggen, een reflectieve handeling die gericht is op de eerste handeling. Formeel is de spraak van het ik als bewustzijn van iets dat zich tegelijkertijd bewust is van zichzelf onaantastbaar, en de kenmerken van res cogitans als cogito me cogitare, als zelfbewustzijn, in het gelijk gesteld. Maar deze formele bepalingen, die het kader vormen voor de bewustzijnsdialectiek van het idealisme, staan ver af van een interpretatie van de fenomenale feiten van Dasein, d.w.z. van hoe dit wezen zich aan hem toont in zijn feitelijke bestaan, als men Dasein niet verkracht met vooropgezette concepten van ego en subject van de epistemologie.

Allereerst moeten we één ding duidelijk zien: Dasein is existent voor zichzelf, zelfs als het Ik niet expliciet op zichzelf gericht is in de manier van zijn eigen rond- en terugdraaien naar zichzelf, wat in de fenomenologie innerlijke perceptie versus uiterlijke perceptie wordt genoemd.

Het zelf is er voor Dasein zelf, zonder reflectie en zonder innerlijke waarneming, vóór alle reflectie. De reflectie in de zin van terugkeren is slechts een manier van zelfverlichting, maar niet de manier van primaire zelfontwikkeling.

De manier waarop het zelf in het feitelijke bestaan aan zichzelf wordt geopenbaard, kan niettemin met recht reflectie worden genoemd, alleen moet men daar niet onder verstaan wat gewoonlijk onder deze uitdrukking wordt verstaan: een naar het ego teruggebogen zelfcreatie, maar een verbinding zoals die door de optische betekenis van de uitdrukking "reflectie" kenbaar wordt gemaakt. Reflecteren betekent hier: zich ergens op afreageren, van daaruit terugstralen, d.w.z. zich vanuit iets in reflectie tonen. Bij Hegel, die zoveel zag en kon zien in de filosofie omdat hij een ongewone macht had over taal en de verborgen dingen uit hun schuilplaats rukte, klinkt deze optische betekenis van de term "reflectie" een keer, zij het in een andere context en met een andere bedoeling. We zeggen dat Dasein zich niet eerst naar zichzelf hoeft te keren, alsof het voor de dingen staat, zichzelf achter zijn eigen rug houdt, in eerste instantie star naar hen toegekeerd, maar nergens anders dan in de dingen zelf, en wel in de dingen die Dasein elke dag omringen, vindt het zichzelf. Het vindt zichzelf voornamelijk en voortdurend in de dingen, omdat het, terwijl het voor ze zorgt, door ze wordt gedrukt, altijd op de een of andere manier in de dingen rust. Iedereen is dat wat hij bedient en waar hij zich zorgen over maakt.

Dagelijks begrijp je jezelf en je bestaan uit wat je doet en waar je om geeft. Van daaruit begrijpt men zichzelf, omdat het bestaan eerst in de dingen gevonden wordt. Er is geen eigen observatie en bespieden van het ego nodig om het zelf te hebben, maar in het onmiddellijk hartstochtelijk uitdelen aan de wereld zelf, straalt het eigen zelf van Dasein uit de dingen. Dit is geen mystiek en veronderstelt geen enscenering van de dingen, maar is slechts de aanduiding van een elementair fenomenologisch bestaansfeit, dat men moet zien voordat er sprake is van subject-object-relaties, hoe scherpzinnig die ook mogen zijn, waarnaar men de vrijheid moet hebben om de concepten eraan te meten en niet, omgekeerd, om zich met een begrippenkader tegen de verschijnselen af te sluiten. Het is inderdaad een vreemd feit dat we elkaar eerst en vooral ontmoeten vanuit de dingen en op die manier in onszelf ontwikkeld zijn. De gewone geest, die even blind als behendig is, zal zich tegen dit feit verzetten en zeggen: Dit is gewoon niet waar en kan niet waar zijn; het kan duidelijk bewezen worden. Laten we een volstrekt onaangedaan voorbeeld nemen: de ambachtsman in zijn werkplaats, besteed aan gereedschap, materiaal, aan te vervaardigen werken, kortom aan wat hij aan het doen is.

Hier is het duidelijk dat de schoenmaker niet de schoen is, niet de hamer, niet het leer en niet de draad, niet de priem en niet de spijker. Hoe moet hij zichzelf vinden in en tussen deze dingen, hoe moet hij zichzelf ervan begrijpen? Zeker, de schoenmaker is niet de schoen, en dennor begrijpt hij zichzelf van zijn dingen, zichzelf, zijn zelf. De vraag rijst: Hoe moeten we dit zelf, dat zo natuurlijk en alledaags begrepen wordt, fenomenologisch begrijpen?

Hoe ziet dit zelfbegrip eruit, waarin het feitelijke Dasein zich beweegt? Als we zeggen dat het feitelijke Dasein zichzelf, zijn zelf, begrijpt vanuit alledaagse dingen, 228 these van de moderne ontologie, moeten we niet uitgaan van een of ander denkbeeldig concept van ziel, persoon en ik, maar moeten we zien in welk zelfbegrip het feitelijke Dasein zich beweegt in zijn alledaagsheid. Allereerst moet worden vastgesteld in welke zin het zelf hier wordt ervaren en begrepen. Eerst en vooral nemen we onszelf zoals de dag ons brengt; we vatten en ontleden geen leven van de ziel.

We begrijpen onszelf alledaags, zoals we terminologisch kunnen vastleggen, niet werkelijk in de strikte zin van het woord, niet voortdurend vanuit de meest eigenaardige en buitenste mogelijkheden van ons eigen bestaan, maar inauthentiek, inderdaad onszelf, maar op zo'n manier dat we niet onszelf zijn geworden, maar dat we onszelf in de alledaagsheid van het bestaan verloren hebben aan dingen en mensen. Niet echt betekent: niet zoals we in principe onszelf kunnen zijn. Verloren zijn heeft echter geen negatieve denigrerende betekenis, maar betekent iets positiefs, behorend tot het bestaan zelf. Het gemiddelde zelfverstaan van Dasein neemt het zelf als niet-eigen. Dit on-eigen zelfverstaan van Dasein betekent helemaal niet een onwerkelijk zelfverstaan. Integendeel, dit alledaagse hebben van zichzelf binnen het feitelijk bestaande gepassioneerde opgaan in de dingen kan heel goed echt zijn, terwijl alle extravagante rommelen in de ziel in de hoogste mate inauthentiek of zelfs schandalig-patholiek kan zijn. Het inauthentieke zelfbegrip van het opgaan in de dingen is noch inauthentiek noch schijnbaar, alsof niet het zelf maar iets anders begrepen wordt en het zelf slechts zogenaamd.

Het niet-authentieke zelfbegrip ervaart het werkelijke wezen als zodanig alleen in zijn eigenaardige "werkelijkheid", als we dat zo mogen zeggen, en op een werkelijke manier. Het echte, hoewel inauthentieke begrip van het zelf vindt op zo'n manier plaats dat dit zelf, zoals wij samen tot in de dag bestaan, zichzelf "weerspiegelt" van datgene waaraan het is besteed.

c) Een meer radicale interpretatie van intentionaliteit voor de verlichting van het alledaagse zelf Het zijn-in-de-wereld als de basis van intentionaliteit Maar de vraag kan niet van tafel worden geveegd: Hoe moeten we deze raadselachtige reflectie van het zelf vanuit de dingen filosofisch begrijpelijk maken? Eén ding is zeker, deze interpretatie kan alleen slagen als we vasthouden aan het fenomeen en het niet laten verdwijnen door voorbarige verklaringen op het moment dat het in eerste instantie lijkt alsof we een echt fenomeen niet aankunnen, zodat we op zoek moeten naar een uitweg.

Het zelf dat verschijnt vanuit de dingen is niet "in" de dingen in de zin dat het aanwezig zou zijn als een stuk van hen tussen hen of op hen als een aanhangsel of coating. Als het zelf vanuit de dingen naar ons toe komt, moet Dasein op de een of andere manier bij hen zijn. De manier van zijn van Dasein, zijn bestaan, moet het mogelijk maken om te begrijpen dat en op welke manier de geclaimde reflectie van het niet-eigen zelf vanuit de dingen mogelijk is. Dasein moet bij de dingen zijn. We hebben het al gehoord: De voorwaarden van Dasein, waarin het bestaat, zijn intentioneel gericht. De gerichtheid van de houdingen drukt een zijn uit met datgene waarmee we te maken hebben, een blijven-feei, een gaan-met-de-omstandigheden. Zeker, maar de op deze manier begrepen intentionaliteit maakt niet begrijpelijk in welke mate we ons in de dingen bevinden. Dasein "transponeert" zichzelf niet naar de plaats van de dingen en verplaatst zichzelf niet als een wezen van zijn soort naar hun samenleving, om zichzelf daar vervolgens als bestaand te verklaren. Dat doet het echter niet. Maar alleen door een eerdere "transpositie" kunnen we vanuit de dingen naar onszelf terugkeren. De vraag is alleen hoe deze "transpositie" moet worden begrepen en hoe ze mogelijk is vanuit de ontologische constitutie van Dasein.

Eén ding is zeker, het beroep op de intentionaliteit van de attitudes ten opzichte van de dingen maakt het fenomeen dat ons bezighoudt niet begrijpelijk, of voorzichtiger, de enige gebruikelijke karakterisering van intentionaliteit in de fenomenologie tot nu toe blijkt ontoereikend en extern.

Aan de andere kant "transponeert" Dasein zichzelf niet naar de dingen op zo'n manier dat het uit een veronderstelde subjectieve sfeer in een cirkel van objecten springt. Maar misschien is er een "transpositie" van zijn eigen soort, op zo'n manier dat we juist dan de eigenaardigheid ervan kunnen zien, als we het fenomeen van het ongeëigende zelfverstaan niet uit het fenomenologische gezichtsveld laten verdwijnen. Hoe zit het met deze transpositie^ beweren we?

Er is een dubbele taak: eerst de intentionaliteit zelf radicaler begrijpen, en dan verduidelijken wat er aan de hand is met de zogenaamde "transpositie* van Dasein naar de dingen. Met andere woorden: Wat moeten we verstaan onder wat in de filosofie transcendentie wordt genoemd? In de filosofie wordt gewoonlijk geleerd dat het transcendente de dingen zijn, de objecten. Maar wat oorspronkelijk transcendent is, d.w.z. transcendeert, zijn niet de dingen in relatie tot Dasein, maar het transcendente in strikte zin is Dasein zelf. Transcendentie is een basisbepaling van de ontologische structuur van het zijn-daar. Het behoort tot de existentialiteit van het bestaan. Transcendentie is een existentieel concept. Er zal worden aangetoond dat intentionaliteit gefundeerd is in de transcendentie van het bestaan en alleen op deze grond mogelijk is, dat je transcendentie niet andersom kunt verklaren vanuit intentionaliteit. De taak om de existentiële constitutie van Dasein aan het licht te brengen leidt allereerst tot de op zichzelf verenigde dubbele taak om de fenomenen intentionaliteit en transcendentie op een radicalere manier te interpreteren. In deze taak, met de originelere versie van intentionaliteit en transcendentie om een fundamentele bepaling van het bestaan van Dasein überhaupt in beeld te brengen, stuiten we tegelijkertijd op een centraal probleem dat tot nu toe onbekend is gebleven voor de hele filosofie en haar heeft verstrikt in vreemde onoplosbare aporieën. We moeten niet hopen het centrale probleem in één poging op te lossen, of het zelfs maar als probleem voldoende transparant te maken.

a) Spullen, context en wereld Zijn-in-de-wereld en innerlijk-wereld-zijn

Voorlopig hoeven we ons alleen maar te realiseren dat het ontologische verschil tussen res cogitans en res extensa, tussen ik en niet-ik, formeel gesproken, bepaald niet direct en gemakkelijk te vatten is, bijvoorbeeld in de manier waarop Fichte het probleem benadert als hij zegt: "Heren, denk aan de muur, en denk dan aan degene die de muur denkt. "Reeds in de vraag "denk de muur" schuilt een constructieve verkrachting van de feiten, een niet-fenomenologische benadering. Want we denken een ding nooit in zijn natuurlijke relatie tot de dingen, en wanneer we het voor zichzelf grijpen, grijpen we het uit een context waartoe het behoort volgens zijn feitelijke inhoud: muur, kamer, omgeving. Het verzoek "denk aan de muur" als een benadering voor de achteruitgang naar degene die de muur denkt, begrepen als een benadering van de filosofische interpretatie van het onderwerp, zegt: Maak jezelf blind voor wat al gegeven is vóór alles en voor alles expliciet denkend grijpen. Maar wat is gegeven? Hoe toont het zijn zich, waar we eerst en vooral verblijven? Als we hier in de collegezaal zitten, grijpen we geen muren, tenzij we ons vervelen. Toch zijn de muren al aanwezig voordat we ze als objecten denken. Nog veel andere dingen geven zichzelf aan ons voordat alle denken vastbesloten is. Nog veel meer, maar hoe? Niet als een verwarde opeenstapeling van dingen, maar als een omgeving die in zichzelf een gesloten begrijpelijke context bevat. Wat betekent dit?

Hier een ding met deze kwaliteiten, daar een ander met die kwaliteiten, een zij-, over- en verwarring van dingen, zodat we ons als het ware een weg banen van het een naar het ander, om uiteindelijk een verbinding tot stand te brengen, waarbij we de afzonderlijke dingen geleidelijk samenvoegen? Dat zou een geraffineerde constructie zijn. In plaats daarvan is een ding-verbinding primair gegeven, ook al is het niet uitdrukkelijk en specifiek bewust.

Om dit te zien, moeten we duidelijker begrijpen wat ding betekent in deze context en welk karakter de dingen in eerste instantie hebben. De volgende dingen, die ons omringen, noemen we de dingen. Hierin zit altijd al een verscheidenheid: gereedschappen, voertuigen, meetinstrumenten, in het algemeen dingen waarmee we te maken hebben. Aan ons gegeven is in de eerste plaats de eenheid van een geheel van dingen, dat voortdurend varieert in zijn omvang, zich verbreedt of vernauwt en meestal slechts in delen voor ons zichtbaar is. De getuigeniscontext van de dingen, bijvoorbeeld hoe ze ons hier omringen, is in beeld, maar niet voor de onderzoekende waarnemer, alsof we hier zouden zitten om de dingen te beschrijven, zelfs niet in de zin van een slepende contemplatie. Op beide manieren en op nog andere manieren kan de context van de dingen ons tegemoet komen, maar dat hoeft niet. De opvatting, waarin de context van de dingen in eerste instantie en volkomen onopvallend en onnadenkend staat, is de opvatting en de opvatting van de praktische omzichtigheid, van de praktische alledaagse oriëntatie. Onnadenkend betekent:

niet thematisch gegrepen voor een begrip van de dingen, maar omzichtig oriënteren we ons erop. De omzichtigheid ontdekt en begrijpt in de eerste plaats het wezen als de dingen. Als we hier door de deur binnenkomen, grijpen we de banken niet als zodanig, net zo min als de deurklink. Toch zijn ze er op zo'n eigenaardige manier dat we er voorzichtig langslopen, voorzichtig vermijden dat we tegen elkaar botsen en gelijk worden. Trappen, gangen, ramen, stoelen en banken, schoolborden en borden. Het fundamentele probleem 233 andere meer worden niet thematisch gegeven. We zeggen dat een spullencontext ons omringt. Elk afzonderlijk ding is van nature een ding - om te rijden, te schrijven, te vliegen. Elk ding heeft een immanente verwijzing naar waar het voor dient, wat het is. Het is altijd iets met een doel, zonder een waarom. De specifieke structuur van dingen wordt gevormd door een context van um-to. Elk bepaald ding heeft als zodanig een bepaalde relatie tot een bepaald ander ding. We kunnen deze relatie nog duidelijker definiëren. Met elk wezen, dat we ontdekken als dingen, is er een bepaalde relatie. De relatie van de omgeving is een geheel van relaties. Deze relatie, die het heeft met het ene wezen binnen het geheel van relaties, is geen eigenschap die aan het ding vastzit, noch een relatie, die het alleen heeft door de aanwezigheid van een ander, maar de relatie, die het heeft met stoel, tafel, raam, is precies dat, wat het ding maakt tot wat het is. De relatie is geen geheel van relatie in de zin van een product, dat alleen voortvloeit uit het voorkomen van verschillende dingen, maar het geheel van relatie, de smallere of de bredere kamer, appartement, nederzetting, dorp, stad is het primaire, waarbinnen bepaald wezen is als dit zo en zo wezen, zoals het is, en zichzelf dienovereenkomstig toont.

Als we echt denken dat de muur, van tevoren is al gegeven, zelfs als niet thematisch begrepen, lounge, hal, huis. Een bepaald geheel van betekenis is vooraf begrepen. Daarbij is het niet beslisbaar, maar altijd binnen bepaalde grenzen optioneel en variabel, wat we net binnen de respectievelijke volgende dingen om ons heen expliciet en eerst aandacht aan besteden of zelfs begrijpen en waarnemen. Bestaand in een omgeving blijven we bij zo'n begrijpelijk geheel. We bewegen ons er doorheen. Feitelijk bestaand zijn we altijd al in een omgeving. Het wezen, 234 stelling van de moderne ontologie, dat we zelf zijn, is niet ook aanwezig, bijvoorbeeld in de kamer hier zoals de banken, tafels en het schoolbord, alleen met het verschil dat het wezen, dat we zelf zijn, weet van de relatie die het heeft tot andere dingen, bijvoorbeeld tot het raam en de bank, dat de dingen, stoel en bank, naast elkaar staan, maar dat Dasein met de muur zo'n naast elkaar vormen, dat het nog weet van dit naast elkaar staan. Dit verschil van weten of niet-weten is niet voldoende om de wezenlijk verschillende manier waarop bestaande dingen samen bestaan en waarop Dasein zich verhoudt tot bestaande dingen ontologisch eenduidig vast te leggen. Dasein is niet ook aanwezig tussen de dingen, alleen met het verschil dat het ze grijpt, maar het bestaat op de manier van zijn-in-de-wereld, welke basisvoorwaarde van zijn bestaan de voorwaarde is om überhaupt iets te kunnen grijpen. Door de manier van schrijven geven we aan dat deze structuur een eenheid is.

Maar wat zijn omgeving en wereld? De omgeving is voor iedereen op een bepaalde manier anders en toch bewegen we ons in een gemeenschappelijke wereld. Maar met deze uitspraak wordt weinig gezegd over het begrip wereld. De opheldering van het begrip wereld is een van de meest centrale taken van de filosofie. Het concept van de wereld of het daarmee aangeduide fenomeen is wat tot nu toe nog helemaal niet erkend is in de filosofie. Je zult denken dat dit een gewaagde en aanmatigende bewering is. Je zult me tegenspreken:

Waarom zou de wereld tot nu toe niet in de filosofie gezien zijn? Is niet al het begin van de antieke filosofie bepaald door het feit dat ze naar de natuur vraagt? En wat het heden betreft, probeert men vandaag niet meer dan ooit juist dit probleem opnieuw op te lossen? Hebben we er in de vorige discussies niet voortdurend belang aan gehecht om aan te tonen dat de traditionele ontologie gegroeid is uit het feit dat ze in de eerste plaats en eenzijdig gericht is op het bestaande, op het S Als. Het fundamentele probleem 235 natuur? Hoe kunnen we beweren dat het fenomeen van de wereld tot nu toe over het hoofd is gezien?

Maar de wereld is niet de natuur en helemaal niet het bestaande, net zo min als het geheel van de dingen om ons heen, de context van de dingen, de omgeving is. De natuur en laten we het opvatten in de zin van de hele kosmos als wat we in gewone taal ook wel het universum noemen, al dit samenzijn, dieren, planten en ook mensen, is filosofisch gezien niet de wereld. Wat wij wereld-alles noemen, zoals elk triviaal of onbeduidend ding, is niet de wereld. Het al van het zijn is eerder het innerlijk-wereldlijke, voorzichtiger gezegd, dit kan zijn. En de wereld? Is dat de som van het innerlijke? Helemaal niet. Het feit dat we de natuur of ook de volgende dingen om ons heen het binnenwereldse noemen en het zo begrijpen, veronderstelt dat we de wereld begrijpen. De wereld is niet iets later, dat we berekenen als een resultaat van de som van het bestaande. De wereld is niet het erna, maar het ervoor in de strikte zin van het woord. Vóór: dat wat al eerder geopenbaard en begrepen is, vóór alle begrip van dit of dat wezen in elk bestaand bestaan, vóór als dat wat altijd al eerder geopenbaard is. De wereld als dat wat al eerder geopenbaard is, is zoiets waar we eigenlijk niet mee bezig zijn, wat we niet begrijpen, maar wat eerder zo vanzelfsprekend is dat we het helemaal vergeten. De wereld is dat wat al eerder geopenbaard is en van waaruit we terugkomen bij het wezen waarmee we te maken hebben en waarin we verblijven. We kunnen alleen innerlijk-wereldlijk zijn tegenkomen omdat we als existent al in een wereld zijn.

We begrijpen de wereld altijd al als we onszelf in een context van betekenisgeving plaatsen. We begrijpen het als de um-to, de um-to context, die we de context van betekenisgeving noemen. We moeten, zonder in te gaan op het zeer moeilijke fenomeen van de wereld vanuit de thesis van de moderne ontologie verschillende mogelijke kanten, strikt onderscheid maken tussen het fenomenologische concept van wereld en het vulgaire voifilosofische concept van wereld, volgens welke wereld het zijn zelf, de natuur, de dingen en het geheel van het zijn betekent.

Wat dit prefilosofische begrip van de wereld aanduidt, noemen we filosofisch het innerlijk-wereldlijke zijn, dat op zijn beurt de wereld in de nog te bepalen fenomenologische zin vooronderstelt. Bij het bestaan van Dasein hoort het zijn-in-de-wereld. Een stoel heeft niet de zijnswijze van het zijn-in-de-wereld, maar hij komt voor binnen het innerlijk-wereldlijk bestaande. De stoel heeft geen wereld waaruit hij zichzelf zou kunnen begrijpen en waarin hij zou kunnen bestaan als het wezen dat hij is, maar hij bestaat. Opnieuw rijst de vraag: Wat is dit raadselachtige, de wereld, en vooral: Hoe bestaat het?

Als de wereld niet identiek is met de aard en het al van het zijn, ook niet het resultaat ervan, hoe is het dan? Is het slechts een fictie, een hypothese? Hoe moeten we de manier van zijn van de wereld zelf bepalen?

We proberen nu Dasein te bepalen in zijn ontologische structuur op zo'n manier dat we de momenten van bepaling zelf putten uit de fenomenale feiten van dit wezen. Daarbij vertrekken we op een bepaalde manier, ruwweg, vanuit het object om tot het "subject" te komen. We zien echter dat men over dit uitgangspunt moet nadenken en dat het ervan afhangt of men er alles in opneemt wat er in de eerste plaats toe behoort. Het is ons duidelijk geworden dat het gegeven wezen niet alleen een ding is, dat we denken of zouden kunnen denken, dat we met het denken van een bestaand ding helemaal niet hebben, wat mogelijk tegen het bestaan ingaat. Het is ook niet alleen een ding-context, maar we zeggen: Vóór de ervaring van het bestaande zijn, is wereld al begrepen, d.w.z. wij, grijpend Dasein, zijn, zijn altijd al in een wereld. Het zijn-in-de-wereld zelf behoort tot de bepaling van ons eigen zijn. Met de vraag hoe het in-de-wereld-zijn is, staan we op een punt dat net als andere punten bijzonder gevaarlijk is voor de filosofie, waar men gemakkelijk het eigenlijke probleem ontwijkt om een handige en pakkende oplossing te krijgen. De wereld is niet de som van het bestaande, het is helemaal niets bestaands. Het is een bepaling van het zijn-in-de-wereld, een moment van de structuur van de manier van zijn van Dasein. De wereld is iets dat bestaat. Het is niet aanwezig zoals de dingen, maar het is er zoals het zijn-daar, dat we zelf zijn, is, d.w.z. bestaat. De manier van zijn van het zijn, dat we zelf zijn, van Dasein, noemen we bestaan. Het resulteert puur terminologisch: De wereld is niet aanwezig, maar ze bestaat, d.w.z. ze heeft de zijnswijze van Dasein.

Op dit punt komt er weer een klip in de weg die kenmerkend is voor alle filosofie: Het onderzoek stuit op verschijnselen, die voor het gewone verstand niet duidelijk en dus helemaal niet te begrijpen zijn, en daarom moet het ze met argumenten uit de weg ruimen. We willen zo'n plausibele argumentatie volgen met betrekking tot wat er gezegd is.

Als de wereld behoort tot het wezen, dat ik zelf ben, tot het bestaan, dan is het iets subjectiefs. Als het iets subjectiefs is en de natuur en het geheel van het zijn als innerlijk iets objectiefs, dan is dit zijn, de natuur en de kosmos, des te meer iets subjectiefs. Met de bewering dat de wereld niet bestaat, maar bestaat, een wezen heeft dat is als het bestaan, bevinden we ons in het meest extreme subjectieve idealisme. De voorgaande interpretatie van de wereld is onhoudbaar.

Allereerst moet er principieel tegen deze argumentatie worden ingebracht: Zelfs als de bepaling van de wereld als subject tot idealisme zou leiden, dan zou nog niet besloten en bewezen zijn dat het onhoudbaar is. Want ik ken geen onfeilbaar besluit dat het idealisme onwaar is, noch een besluit dat het realisme waar is. We moeten niet wat in de mode is en een trend van de tijd en een slogan van een of andere partij tot waarheidscriterium maken, maar we moeten ons afvragen wat dit idealisme, dat tegenwoordig bijna gevreesd wordt als het lichamelijke God-is-met-ons, eigenlijk beoogt. Het is niet zeker of het idealisme de filosofische problemen uiteindelijk niet fundamenteler, radicaler, stelt dan al het realisme ooit kan doen. Maar misschien is het ook wel onhoudbaar in de vorm waarin het tot nu toe verworven is, terwijl van het realisme niet eens gezegd kan worden dat het onhoudbaar is, omdat het nog niet is doorgedrongen tot de dimensie van de filosofische problematiek, d.w.z. tot het niveau van de beslisbaarheid van houdbaarheid en onhoudbaarheid. Iets als idealisme bestempelen is misschien een heel slim partijpolitiek ostracisme in de hedendaagse filosofie, maar het is geen feitelijke bewijsgrond. De tegenwoordig welig tierende angst voor idealisme is precies de angst voor filosofie, waarbij we filosofie niet zonder meer gelijk willen stellen aan idealisme. Angst voor de filosofie is tegelijkertijd een verkeerde inschatting van het probleem dat gesteld en beslist moet worden voordat we kunnen beoordelen of idealisme of realisme houdbaar is.

We hebben het argument van de algemene opvatting over het blootgelegde concept van de wereld als volgt gekarakteriseerd:

Als de wereld niets bestaands is, maar behoort tot het wezen van Dasein, d.w.z. in de weg staat van Dasein, dan is het iets subjectiefs. Dit lijkt heel logisch en scherpzinnig gedacht. Maar het leidende probleem, waarvan de bespreking ons naar het fenomeen van de wereld leidde, is juist om te bepalen wat en hoe het subject is, wat tot de subjectiviteit van het subject behoort. Totdat de ontologie van het Dasein in haar basiselementen is veiliggesteld, blijft het een blinde filosofische demagogie om iets als subjectivistisch te verketteren. Uiteindelijk is het juist het fenomeen van de wereld dat dwingt tot een radicalere versie van het begrip subject.

We willen leren begrijpen dat dit het geval is. Maar we willen ook niet verhullen dat dit niet zozeer scherpzinnigheid vereist als wel het ontbreken van vooroordelen.

De wereld is iets "subjectiefs", op voorwaarde dat we subjectiviteit dienovereenkomstig bepalen met betrekking tot dit fenomeen van de wereld. De wereld is subjectief, zegt men, ze behoort toe aan het wezen, op voorwaarde dat dit wezen in de weg staat van het zijn-in-de-wereld. De wereld is iets dat het "subject" als het ware "projecteert" vanuit zijn binnenkant. Maar kunnen we hier spreken van een binnen en een buiten? Wat kan deze projectie betekenen? Duidelijk niet dat de wereld een stuk van mij is in de zin van een of ander ander ding dat bij mij als ding bestaat en dat ik de wereld uit het subject-ding gooi om de andere dingen ermee op te vangen, maar Dasein zelf wordt al als zodanig geprojecteerd. Voor zover het bestaat, wordt er een wereld op geprojecteerd met zijn wezen. Bestaan betekent onder andere: de wereld voor zich werpen, op zo'n manier dat met de werpbaarheid van dit verwijt, d.w.z. met het feitelijke bestaan van een bestaan, iets wordt ontdekt dat al bestaat. Met het verwijt, met de verweten wereld, wordt datgene onthuld waaruit alleen een innerlijk bestaand kan worden ontdekt. Er moet iets tweeledigs gezegd worden: 1. bij het begrip bestaan hoort het zijn-in-de-wereld; 2. feitelijk bestaand bestaan, feitelijk zijn-in-de-wereld, is altijd al zijn met innerlijk-wereldlijk zijn. Bij het feitelijke zijn-in-de-wereld hoort altijd een zijn met innerlijk zijn. Het zijn met het bestaande in ruimere zin, bijvoorbeeld het verstandig omgaan met de dingen van de engere en ruimere omgeving, is gefundeerd in het zijn-in-de-wereld.

Al voor het eerste begrip van deze fenomenen is het belangrijk om het essentiële verschil tussen twee structuren duidelijk te maken, het verschil tussen zijn-in-de-wereld als een bepaling van het bestaan en innerlijk-zijn als een mogelijke bepaling van het bestaande. We proberen dit verschil tussen zijn-in-de-wereld als een bepaling van de staat van zijn van Dasein en innerlijk-zijn als een mogelijke, niet noodzakelijke bepaling van het bestaande opnieuw te karakteriseren door wederzijdse deductie.

Innerlijk wezen is bijvoorbeeld de natuur. Het maakt niet uit in hoeverre de natuur wetenschappelijk ontdekt is of niet, het maakt niet uit of we dit wezen theoretisch fysisch-chemisch denken of dat we natuur bedoelen in de zin dat we zeggen "de natuur buiten", berg, bos, weide, beek, arenveld en vogelroep. Dit wezen is innerlijk-wereldlijk. Maar binnenwereldlijkheid behoort niet tot zijn wezen, maar in de omgang met dit wezen, de natuur in de breedste zin van het woord, begrijpen we dat dit wezen is als bestaand, als wezen, dat we tegenkomen, waaraan we worden uitgeleverd, dat altijd al van zichzelf is. Het is, zonder dat we het ontdekken, d.w.z. zonder dat we het tegenkomen binnen onze wereld. Innerlijke wereldsheid valt dan pas toe aan dit wezen, aan de natuur, wanneer het ontdekt wordt als zijnde.

De innerlijke wereldlijkheid als bepaling van de natuur hoeft er niet toe te leiden, als er geen reden kan worden gegeven, die zichtbaar maakt, dat een bestaan noodzakelijk bestaat. Maar als het zijn, dat we zelf zijn, bestaat, d.w.z. als er een zijn-in-de-wereld is, dan wordt eo ipso ook feitelijk, in meer of mindere mate, het zijn als innerlijk-wereldlijk ontdekt. Tot het wezen van het bestaande, van de natuur, behoort niet de innerlijkheid als een bepaling van haar wezen, maar als een mogelijke bepaling, maar een noodzakelijke bepaling voor de mogelijkheid van de ontdekbaarheid van de natuur. Tot de ontdekte natuur, d.w.z. tot het wezen, voor zover we ons daartoe verhouden als geopenbaard, behoort dat het zich al in een wereld bevindt, maar tot het wezen van de natuur behoort geen innerlijke wereldlijkheid. Aan de andere kant behoort het wezen van het bestaan niet tot de innerlijke wereldlijkheid, maar tot het wezen-in-de-wereld. Innerlijke wereldsheid kan er zelfs niet toe behoren, tenminste niet zoals de natuur. Aan de andere kant behoort het zijn-in-de-wereld niet tot Dasein als een mogelijke bepaling ervan, zoals de innerlijkheid tot de natuur, maar voor zover Dasein is, is het in een wereld. Het "is" niet op de een of andere manier zonder en vóór zijn zijn-in-de-wereld, want dit vormt juist zijn wezen. Bestaan betekent: in een wereld zijn. Het zijn-in-de-wereld is een essentiële structuur van het wezen van Dasein; innerlijk-wereld-zijn is niet de structuur van een wezen, voorzichtiger gezegd, behoort niet tot het wezen van de natuur. We zeggen "voorzichtig", omdat we hier rekening moeten houden met een beperking, voor zover er sprake is van zijn, dat alleen is, voor zover het binnenwerelds is.

Er is nog steeds het zijn, tot wiens wezen op een bepaalde manier innerlijke wereldlijkheid behoort. Dit wezen is alles wat we het historische wezen noemen, historisch in de bredere zin van het wereldhistorische, d.w.z. alle dingen die de mens, die historisch is in de eigenlijke zin en bestaat, schept, vormt, cultiveert, de cultuur en de werken. Zo'n wezen is alleen, meer precies ontstaat alleen en komt alleen tot het wezen als innerlijk-wereldlijk. Cultuur is niet zoals natuur. Aan de andere kant moeten we zeggen dat wanneer werken van cultuur, zelfs de meest primitieve dingen, ooit innerlijk zijn, het in staat is te zijn, zelfs als er geen historisch bestaan meer bestaat. Er is hier een vreemd verband, dat we slechts kort laten doorschemeren, dat alles wat historisch bestaat in de zin van de wereldhistorische culturele werken onder heel andere voorwaarden van zijn is met betrekking tot zijn ontstaan dan met betrekking tot zijn verval en zijn mogelijke heengaan. Dit zijn verbanden die behoren tot de ontologie van de geschiedenis, die we alleen aanstippen om de beperking duidelijk te maken waarmee we zeggen dat de innerlijke wereldlijkheid niet tot het zijn van het bestaande behoort.

Wereld is alleen, als en zolang er een bestaan bestaat. Natuur kan ook zijn, als er geen Dasein bestaat. De structuur van het zijn-in-de-wereld verkondigt de essentie van Dasein, dat het zichzelf een wereld verwijt, niet achteraf en af en toe, maar het verwijt van de wereld behoort tot het zijn van Dasein. Dasein is altijd uit zichzelf gestapt in dit verwijt 242 these van de moderne ontologie, exsistere, het is in een wereld. Daarom is het nooit zoiets als een subjectieve innerlijke sfeer. De reden waarom we de term "bestaan" reserveren voor de zijnswijze van het zijn-daar is dat het zijn-in-de-wereld tot dit zijn behoort.

ß) De bereidheid om in de wereld te zijn

De Eenheid als de Grond voor Inauthentiek en Actueel Zelfbegrip

We geven kort nog twee momenten van de existentiële structuur van Dasein vanuit deze bepaling van het zijn-in-de-wereld, die we nog niet echt fenomenologisch kunnen visualiseren, maar die belangrijk zijn voor het begrijpen van wat volgt. Dasein bestaat op de manier van zijn-in-de-wereld, en als zodanig is het omwille van zichzelf. Dit zijn is niet zomaar zijn, maar voor zover het is, is het bezig met zijn eigen zijnscapaciteit. Dat het omwille van zichzelf is, behoort tot het concept van het bestaande, net als het concept van zijn-in-de-wereld. Dasein bestaat, d.w.z. het is omwille van zijn eigen zijn in staat om in de wereld te zijn. Hier verschijnt het structurele moment dat Kant bewoog om de persoon ontologisch als doel te bepalen, zonder de specifieke structuur van doelgerichtheid en de vraag naar de ontologische mogelijkheid ervan na te streven.

En verder is dit wezen, dat we zelf zijn en dat omwille van zichzelf bestaat, als dit wezen altijd één.

Dasein is niet alleen zoals ieder wezen in het algemeen identiek met zichzelf in formeel-ontologische zin ieder ding is identiek met zichzelf -, ook is het zich niet alleen bewust van dit zelf-zijn in tegenstelling tot een natuurlijk ding, maar Dasein heeft een eigenaardig zelf-zijn met zichzelf in de zin van zelf-zijn. Het is zo dat het in zekere zin zichzelf is, het heeft zichzelf, en alleen daardoor kan het zichzelf verliezen. Want bij het bestaan hoort het zelf-zijn, d. w. z. het "zijn-zelf" op een bepaalde manier, S If. Het fundamentele probleem 243 het bestaande Dasein kan zichzelf kiezen en primair van hieruit zijn bestaan bepalen, d. w. z. het kan daadwerkelijk bestaan. Maar het kan zich ook in zijn wezen laten bepalen door de anderen en primair in de vergetelheid van zichzelf inauthentiek bestaan. Tegelijkertijd wordt Dasein oorspronkelijk in zijn mogelijkheden bepaald door het wezen, waartoe het zich verhoudt als de innerlijke wereld. Vanuit dit wezen begrijpt het eerst zichzelf, d.w.z. het wordt voor het eerst aan zichzelf geopenbaard in het inauthentieke zelf-zijn. We hebben al gezegd: Niet-authentiek bestaan betekent niet een schijnbaar, niet een vals bestaan. Sterker nog, niet-authenticiteit behoort tot de essentie van feitelijk bestaan. Actualiteit is slechts een wijziging en geen totale uitwissing van inauthenticiteit. We hebben verder benadrukt dat het alledaagse begrip van Dasein zichzelf in de niet-authenticiteit houdt op zo'n manier dat Dasein over zichzelf weet zonder expressieve reflectie in de zin van een innerlijke perceptie die op zichzelf is teruggebogen, maar op de manier van zichzelf vinden in de dingen. Hoe zoiets verondersteld wordt mogelijk te zijn als gevolg van de staat van zijn van

Dasein, hebben we geprobeerd te verduidelijken door de zojuist gegeven interpretatie van het bestaan.

In hoeverre heeft de analyse van enkele essentiële structuren van het bestaan van Dasein de mogelijkheid tot alledaags zelfbegrip vanuit de dingen inzichtelijker gemaakt?

We zagen: Om het volgende en alle wezen dat we tegenkomen en zijn context van bewijs in zijn context van relevantie te begrijpen, hebben we een eerder begrip nodig van de heelheid van relevantie, de context van betekenis, d.w.z. de wereld in het algemeen. Vanuit deze eerder begrepen wereld komen we terug naar het innerlijk-wereldlijke wezen.

Omdat we, als existenten, de wereld al van tevoren begrijpen, kunnen we onszelf voortdurend op een bepaalde manier begrijpen en ontmoeten vanuit het ontmoetende wezen als innerlijk-wereldlijk.

De schoenmaker is niet de schoen, maar het schoenenspul, dat behoort tot de context van de dingen van zijn omgeving, is alleen begrijpelijk als dit spul van de moderne ontologie vanuit de respectieve wereld, die behoort tot de existentiële constitutie van Dasein als zijnde-in-de-wereld. Zichzelf begrijpend vanuit de dingen, begrijpt Dasein als zijnde-in-de-wereld zichzelf vanuit zijn wereld. De schoenmaker is niet de schoen, maar bestaand is hij zijn wereld, wat het alleen mogelijk maakt om een context van de dingen als in-de-wereld te ontdekken en daarbij te blijven. Het zijn in de eerste plaats niet de dingen als zodanig, geïsoleerd genomen, maar als innerlijk, van waaruit we elkaar ontmoeten.

Daarom is dit zelfbegrip van het alledaagse bestaan niet zozeer afhankelijk van de omvang en kracht van de kennis van de dingen als zodanig, maar van de directheid en originaliteit van het zijn-in-de-wereld. Zelfs datgene wat men slechts fragmentarisch tegenkomt, zelfs datgene wat misschien slechts primitief begrepen wordt in een bestaan, de wereld van het kind, is als het ware geladen met wereld als innerlijke wereld. Het is alleen de vraag of het bestaande bestaan origineel genoeg is volgens zijn bestaansmogelijkheid, om de wereld te zien die zich altijd al met zijn bestaan openbaart, om het te helpen spreken en zo expliciet zichtbaar te maken voor anderen.

De poëzie is niets anders dan het elementaire komen tot het woord, d.w.z. de ontdekking van het bestaan als het zijn-in-de-wereld. Met het uitgesprokene wordt de wereld zichtbaar voor de anderen, die daarvoor blind waren. Als bewijs hiervan horen we een passage van Rainer Maria Rilke uit de "Notities van Malte Laurids Brigge". "Zal men geloven dat er zulke huizen bestaan? Nee, zullen ze zeggen, ik vervals. Deze keer is het de waarheid, niets weggelaten, natuurlijk, niets toegevoegd. Waar zou ik het vandaan moeten halen? Ze weten dat ik arm ben. Dat weten ze. Huizen? Maar, om precies te zijn, het waren huizen die er niet meer waren. Huizen die van boven tot onder waren afgebroken. Wat er nog stond waren de andere huizen die ernaast hadden gestaan, hoge buurhuizen. Blijkbaar dreigden ze om te vallen omdat alles wat ernaast stond was weggehaald; voor een heel raamwerk van S If. The Basic Problem 245 lange, geteerde paalbomen waren diagonaal tussen

de bodem van het puin en de blootgelegde muur
geramd. Ik weet niet of ik al gezegd heb dat ik deze
muur bedoel. Maar het was zogezegd niet de eerste muur
van de bestaande huizen (wat men had moeten
aannemen), maar de laatste van de vroegere. Je kon de
binnenkant zien. Je kon de muren van de kamers op de
verschillende verdiepingen zien, waar het behang nog
was geplakt, en hier en daar kon je het begin van de
vloer of het plafond zien.

Naast de muren van de kamer, langs de hele muur
bleef een vuile witte ruimte over, en daar doorheen
kroop, met onuitsprekelijk walgelijke, wormzachte, als
het ware verterende bewegingen, het open, roestkleurige
kanaal van de abortusbuis. Van de paden die het
verlichtingsgas had genomen, bleven grijze, stoffige
sporen achter aan de rand van de plafonds, en hier en
daar, heel onverwacht, bogen ze om en kwamen ze tegen
de gekleurde muur en in een gat dat zwart en
meedogenloos was uitgescheurd. Maar het meest
onvergetelijk waren de muren zelf. Het hardnekkige
leven van deze kamers had zich niet laten vertrappen.
Het was er nog, hield zich vast aan de spijkers die waren
achtergebleven, stond op de handbrede resten van de
vloeren, kroop onder het begin van de hoeken waar nog
een klein beetje binnenruimte was. Je kon zien dat het in
de kleur zat die het langzaam, jaar na jaar, had veranderd:
blauw naar beschimmeld groen, groen naar grijs en geel
naar een oud, muf wit dat aan het rotten was. Maar het
zat ook in de frissere plekken die achter spiegels, foto's
en kasten waren achtergebleven; want het had hun

contouren gevolgd en gevolgd, en was met spinnen en stof zelfs op die verborgen plekken geweest die nu kaal waren. Het zat in elke strook die was geschuurd, het zat in de vochtige luchtbellen aan de onderkant van het behang, het wankelde in de gescheurde lappen en het sijpelde uit de smerige vlekken die lang geleden waren gemaakt. En uit deze muren die blauw, groen en geel waren geweest, omlijst door de breukvlakken van de vervallen tussenmuren, stond de 246 thesis van de moderne ontologie lucht van deze levens, de taaie, trage, kleverige lucht die nog geen wind had verspreid. Daar stonden de middagen en de ziektes, en de uitgeademde en de jarenoude rook en het zweet dat onder de schouders uitbraakt en de kleren zwaar maakt, en het flauwe uit de monden en de fuselgeur van gistende voeten. Er was het scherpe van urine en het brandende van roet en grijze aardappelnevel en de zware, glibberige stank van ouder wordende reuzel. De zoete, lange geur van verwaarloosde baby's was er, en de angstaanjagende geur van kinderen die naar school gingen, en de zwoelheid van de bedden van mannelijke jongens. En er waren veel dingen bijgekomen, die van beneden waren gekomen, uit de afgrond van de steeg die aan het verdampen was, en andere waren van boven naar beneden gesijpeld met de regen die niet zuiver is over de steden. En sommige dingen waren meegevoerd door de zwakke, tamme huiswinden die altijd in dezelfde straat blijven, en er waren nog veel dingen waarvan de oorsprong onbekend was. Had ik je niet verteld dat alle muren waren afgebroken, behalve de laatste? Nou, over deze muur blijf ik praten. Ze zullen zeggen dat ik er lang voor heb gestaan, maar ik zweer dat ik begon te lopen zodra ik de muur herkende. Want dat is het verschrikkelijke, dat ik het herkende. Ik herken dit alles hier, en daarom komt het zo gemakkelijk bij me binnen: het is thuis in mij. "Merk op hoe elementair de wereld, d.w.z. het zijn-in-de-wereld zoals Rilke het leven noemt, ons tegemoet springt vanuit de dingen hier. Wat Rilke met zijn zinnen uit de blootgelegde muur leest, is niet in de muur geschreven, maar andersom, de beschrijving is alleen mogelijk als interpretatie en belichting van wat "echt" is in deze muur, wat eruit springt in de natuurlijke relatie ermee. De dichter is in staat om dit origineel te interpreteren, hoewel niet alleen om de onnadenkende en helemaal niet theoretisch verzonnen wereld te zien, maar Rilke begrijpt ook het filosofische van het concept van leven, dat Dilthey al vermoedde en dat we begrepen met het concept van bestaan als zijn-in-de-wereld.

d) Het resultaat van de analyse met betrekking tot het leidende probleem van de veelheid van zijnswijzen en de eenheid van het concept van zijn

Tot slot proberen we samen te vatten wat we in het derde hoofdstuk voornamelijk kritisch hebben besproken met betrekking tot het leidende probleem van de kwestie van de veelheid van zijnswijzen en de eenheid van het concept van zijn.

We hebben laten zien welke fundamentele problemen voortkomen uit het feit dat sinds Descartes en vooral in het Duitse idealisme de constitutie van het zijn van de persoon, van het ik, van het subject, bepaald wordt vanuit het zelfbewustzijn. Het is niet voldoende om het begrip zelfbewustzijn in de formele zin van reflectie op het ego te vatten, het is eerder nodig om te wijzen op verschillende vormen van het zelfbegrip van Dasein. Dit leidt tot het inzicht dat het zelfverstaan in elk geval bepaald wordt door de zijnswijze van Dasein, door de actualiteit en niet-authenticiteit van het bestaan. Hieruit vloeit de noodzaak voort van een omgekeerde vraagstelling. Men kan de zijnstoestand van het bestaan niet bepalen met behulp van het zelfbewustzijn, maar omgekeerd moet men de verschillende mogelijkheden van zelfverstaan verhelderen vanuit de voldoende verhelderde structuur van het bestaan.

Om de weg van zo'n reflectie te markeren, hebben we de reflectie in de zin van het begrijpen van zichzelf vanuit de dingen zelf nader bekeken. Deze aanvankelijk raadselachtige reflectie in de zin van de reflectie van het zelf vanuit de dingen werd ons duidelijker door te vragen:

In welke zin moeten de dingen van de omgeving worden begrepen? Welk karakter van zijn hebben ze en wat wordt verondersteld voor hun conceptie? Ze hebben het karakter van Relevantie, ze staan in Verwantschap, die alleen begrijpelijk wordt wanneer iets als de wereld aan ons geopenbaard wordt. Dit leidde ons naar het begrip wereld. We probeerden duidelijk te maken dat wereld niets is dat zich voordoet binnen het bestaande, maar behoort tot het "subject", iets "subjectiefs" is in de welbegrepen zin, zodat men uit het fenomeen wereld tegelijkertijd de bestaanswijze van het bestaan bepaalt. Als basisbepaling van het bestaan stellen we het zijn-in-de-wereld vast.

Deze structuur moet worden onderscheiden van de innerlijke wereldsheid die een mogelijke bepaling van de natuur is. Maar het is niet noodzakelijk dat de natuur ontdekt wordt, d.w.z. zich voordoet binnen de wereld van een bestaan.

De constitutie van het bestaan van Dasein als zijnde-in-de-wereld resulteerde in een eigenaardige transpositie van het subject, die het fenomeen vormt dat we preciezer zullen omschrijven als de transcendentie van Dasein.

Leibniz had dit bijzondere fenomeen van de wereld al in zekere zin in gedachten in zijn monadologische interpretatie van het zijn, zonder het als zodanig vast te leggen.

Hij zegt dat elk wezen de mogelijkheid van het geheel van het zijn weerspiegelt volgens verschillende graden van de alertheid van zijn verbeelding. Elke monade, d.w.z. elk afzonderlijk wezen voor zichzelf, wordt gekenmerkt door de representatie, de mogelijkheid van de reflectie van de hele wereld. De monaden hebben geen ramen nodig, ze hebben uit zichzelf de mogelijkheid om de hele wereld te herkennen. Hoe groot de moeilijkheden van zijn monadologie ook zijn, vooral omdat hij zijn echte intuïtie inbouwde in de traditionele ontologie, toch moet er iets positiefs gezien worden in dit idee van de representatie van de monaden, dat tot nu toe weinig effect heeft gehad in de filosofie.

We hebben een veelvoud gewonnen.

Ten eerste: Het zelfverstaan moet zelfs niet formeel gelijkgesteld worden met een gereflecteerde ik-ervaring, maar het varieert met de respectievelijke zijnswijze van Dasein, namelijk in de grondvormen van actualiteit en non-actualiteit.

Ten tweede: Tot de zijnsconstitutie van Dasein behoort het zijn-in-de-wereld, een structuur, die scherp moet worden onderscheiden van de innerlijkheid van het bestaande, voor zover de innerlijkheid niet behoort tot het wezen van het bestaande, in het bijzonder van de natuur, maar er alleen maar onder valt. De natuur kan ook zijn zonder een wereldwezen, zonder een bestaand Dasein.

Ten derde: Het wezen van het niet-bestaande heeft een rijkere en meer ingewikkelde structuur en gaat daarom verder dan het gebruikelijke kenmerk van het bestaande als een ding-samenhang.

Ten vierde: Uit het juist begrepen zelfbegrip van Dasein volgt dat de analyse van het zelfbewustzijn de opheldering van de constitutie van het bestaan vooronderstelt. Alleen met behulp van een radicale interpretatie van het subject kan een vals subjectivisme worden vermeden en evenzeer een blind realisme, dat realistischer wil zijn dan de dingen zelf zijn, voor zover het het fenomeen van de wereld niet erkent.

Ten vijfde: De eigenschap van het zijn-in-de-wereld als basisstructuur van Dasein maakt duidelijk dat al het zijn-in-de-wereld, dat wil zeggen wat we het intentionele gedrag ten aanzien van het zijn hebben genoemd, gebaseerd is op de basisconstitutie van het zijn-in-de-wereld.

Intentionaliteit veronderstelt de specifieke transcendentie van Dasein, maar niet omgekeerd kan transcendentie worden opgehelderd vanuit het tot nu toe gebruikelijke concept van intentionaliteit.

Ten zesde: Bij de intentionaliteit als gedrag jegens het zijn hoort in elk geval een begrip van het zijn van het zijn, waarnaar de intentio verwijst. Nu wordt duidelijk dat dit begrip van het zijn verbonden is met het begrip van de wereld, dat een voorwaarde is voor de ervaring van een innerlijk-wereldlijk zijn. Maar voor zover het begrip van de wereld, omdat het zijn-in-de-wereld een bepaling van Dasein vormt, tegelijkertijd een zelfbegrip van Dasein is, omvat het begrip van het zijn dat tot de intentionaliteit behoort zowel het zijn van Dasein als het zijn van het niet-zijn-zijn van het innerlijk-wereldlijke zijn. Dit betekent het zevende: Dit begrip van zijn, dat al het zijn op een bepaalde manier omvat, is in eerste instantie onverschillig; we noemen gewoonlijk alles, wat op de een of andere manier als zijn samenkomt, zijn, zonder onderscheid te maken met betrekking tot bepaalde manieren van zijn. Het begrip van zijn is onverschillig, maar kan op elk moment gedifferentieerd worden.

Ten achtste: Terwijl de schijnbaar duidelijke scheiding van het zijn in res cogitans en res extensa wordt doorgevoerd aan de hand van een overkoepelend concept van zijn gelijk aan bestaan, heeft de huidige analyse onthuld dat er radicale verschillen zijn in de conceptie van zijn tussen deze twee wezens. Het ontologische verschil tussen de zijnsopvatting van Dasein en die van de natuur blijkt zo disparaat te zijn dat het in eerste instantie lijkt alsof beide manieren van zijn onvergelijkbaar zijn en niet te bepalen vanuit een eenduidig concept van zijn in het algemeen. Bestaan en zijn zijn meer verschillend dan, bijvoorbeeld, de bepalingen van het zijn van God en het zijn van de mens in de traditionele ontologie. Want deze twee zijns worden nog steeds begrepen als bestaand. De vraag wordt dus intenser: Is er met dit radicale verschil van de zijnswijzen überhaupt nog wel een verenigd zijnsbegrip te vinden, dat rechtvaardigt om deze verschillende zijnswijzen zijnswijzen te noemen?

Hoe moet de eenheid van het concept van zijn begrepen worden in relatie tot een mogelijke veelheid van manieren van zijn?

Hoe verhoudt de eenheid van een oorspronkelijk concept van het zijn zich tegelijkertijd tot de onverschilligheid van het zijn zoals die zich openbaart in het alledaagse begrip van het zijn?

De kwestie van de onverschilligheid van het zijn en zijn aanvankelijk universele geldigheid leidt ons naar het probleem van het vierde hoofdstuk.

HOOFDSTUK VIER

§ 15 De stelling van de logica

Alles wat bestaat kan worden aangesproken en besproken door de "ist", ongeacht de respectieve wijze van zijn Het zijn van de copula Met de bespreking van de vierde stelling stuiten we op een zeer centraal probleem, dat in de filosofie steeds opnieuw wordt besproken, maar alleen in een beperkte horizon, de kwestie van het zijn in de zin van de "ist", d.w.z. de copula in de uitspraak, in de logos. De "ist" heeft deze benaming "copula" gekregen met betrekking tot zijn verbindende tussenpositie in de zin tussen subject en predicaat: S is P. Overeenkomstig de fundamentele plaats waar de "ist" wordt aangetroffen, in de logos, in de propositie, en overeenkomstig het verloop van de probleemontwikkeling van de antieke ontologie, werd deze "ist" behandeld als een copula in de wetenschap van de logos, in de logica. Zo gebeurde het dat een niet willekeurig, maar zeer centraal probleem van het zijn werd weggedrukt in de logica. We zeggen weggedrukt omdat de logica zelf zich ontwikkelde tot een aparte discipline binnen de filosofie en omdat het de discipline werd die het meest onderhevig was aan verharding en onthechting van de centrale problemen van de filosofie in het algemeen. Alleen Kant herstelt de logica in een centrale filosofische functie, zij het gedeeltelijk ten koste van de ontologie en vooral zonder te proberen de zogenaamde schoollogica te ontworstelen aan haar externalisering en leegte. Zelfs Hegels verdergaande poging om de logica als filosofie te reconstrueren was meer een herwaardering van de traditionele problemen en kennis dan een radicale versie van het probleem van de logica als zodanig. De 19e eeuw is niet eens in staat om de Hegeliaanse vraagstelling bij te houden, maar zakt terug in de schoollogica op zo'n manier dat vragen van epistemologie en psychologie vermengd raken met de specifiek logische problemen.

Een van de belangrijkste behandelingen van logica in de 19e eeuw.

Eeuwen zijn te noemen: J. St. Mill, Lotze, Sigwart en Schuppe. Schuppe's epistemologische logica krijgt vandaag de dag nog steeds veel te weinig aandacht. Kenmerkend voor de stand van de logica binnen de filosofie in de tweede helft van de 19e eeuw is bijvoorbeeld dat een man van Dilthey's rang zijn leven lang genoegen nam met het presenteren van de saaiste schoollogica, enigszins opgewarmd met psychologie, in zijn colleges. Alleen Husserl bracht in zijn "Logische Onderzoekingen" (1900/01) weer licht in de logica en haar problemen.

Maar ook hij slaagde er niet in de logica filosofisch te begrijpen, integendeel, hij versterkte zelfs de tendens om van de logica een aparte wetenschap te maken, los van de filosofie, als een formele discipline. De logica zelf, uit wiens problemen de eerste fenomenologische onderzoeken voortkwamen, kon geen gelijke tred houden met de ontwikkeling van de fenomenologie zelf. Opmerkelijk uit de meer recente periode zijn de twee eigenzinnige werken van Emil Lask, "Die Logik der Philosophie" (1911) en "Die Lehre vom Urteil" (1912), die een filosofische impuls verraden. Hoewel Lask de dingen vooral formalistisch en in de conceptuele schema's van het Neo-Kantianisme behandelt, dringt hij bewust aan op een filosofisch begrip van de logica, waarbij hij onder druk van de materie zelf onvermijdelijk terugkeert naar de ontologische problemen. Toch kon Lask zich niet losmaken van de overtuiging van zijn tijdgenoten dat het Neo-Kantianisme geroepen was om de filosofie te vernieuwen.

Deze ruwe schets van het lot van de logica is bedoeld om aan te tonen dat het probleem van de copula, van "is", omdat het in de logica behandeld wordt, noodzakelijkerwijs losgekoppeld is van de eigenlijke problemen van de filosofie als wetenschap van het zijn. 254 Stelling van de logica. Het probleem raakt niet van zijn plaats zolang de logica zelf niet wordt teruggevoerd in de ontologie, d.w.z. zolang Hegel, die omgekeerd de ontologie oploste in de logica, niet wordt begrepen, en dit betekent altijd, overwonnen en tegelijkertijd toegeëigend door de radicalisering van de vraagstelling. Dit overwinnen van Hegel is de innerlijk noodzakelijke stap in de ontwikkeling van de westerse filosofie, die genomen moet worden als het überhaupt levend wil blijven. Of het lukt om van de logica weer een filosofie te maken, weten we niet;

De filosofie moet niet profeteren, maar ook niet slapen.

Ons probleem is een antwoord te geven op de vraag naar het verband tussen "ist" als copula en de ontologische basisproblemen. Hiervoor zou het nodig zijn om eerst het probleem van de copula voldoende concreet te karakteriseren vanuit de traditie, wat zou vereisen dat we de belangrijkste stations van de geschiedenis van de logica doorlopen. Maar dit is verboden door de economie van de lezing. We kiezen een uitweg en oriënteren ons aan de hand van enkele karakteristieke onderhandelingen over het probleem van de copula, zoals die in de geschiedenis van de logica hebben plaatsgevonden.

We traceren het verschijnen van het probleem bij Aristoteles, die men de vader van de logica pleegt te noemen.

Vervolgens karakteriseren we een zeer extreme interpretatie van de copula en de propositie, die van Thomas Hobbes. In navolging van zijn opvatting karakteriseren we de definitie van de copula in J. St. Mill, wiens logica van doorslaggevend belang werd voor de 19e eeuw. Tenslotte leggen we de problemen rond de copula vast zoals Lotze die in zijn Logica presenteert. We zullen op deze manier zien hoe dit ogenschijnlijk eenvoudige probleem van "is" van verschillende kanten verstrikt raakt, zodat voor ons de vraag rijst hoe de verschillende oplossingen, d.w.z.

De eerste poging om de "ist" te interpreteren moet worden begrepen vanuit de eenheid van de ontologische vraag.

De identificatie van het ontologische probleem van de copula met verwijzing naar enkele karakteristieke discussies in de loop van de geschiedenis van de logica Het zijn in de zin van de copula, het zijn als het "is", zijn we al herhaaldelijk tegengekomen in onze discussies. Eén keer hebben we ernaar verwezen, toen het nodig was om erop te wijzen dat we, ondanks alle onbegrijpelijkheid van het zijn, toch altijd al iets als het zijn begrijpen in het alledaagse bestaan, omdat we de uitdrukking "is" en in het algemeen verbale uitdrukkingen met verschillende verbuigingen in het alledaagse spraakgebruik altijd met een zeker begrip gebruiken. Vervolgens bleek uit de bespreking van de eerste stelling, de beschouwing van de Kantiaanse interpretatie van de werkelijkheid als absolute positiviteit, dat Kant een nog algemener begrip van zijn kent. Hij zegt: "Nu kan iets worden opgevat als louter verzameling, of beter louter de relatie (respectas logicus) van iets als eigenschap tot een ding, en dan is het zijn, d.w.z. de positie van deze relatie, niets anders dan de verbindende term in een Urteil. "1 Volgens wat eerder besproken is, moeten we zeggen: zijn betekent hier zoveel als setness van de subject-predicaat relatie, setness van de verbindingsset in de formele "ich verbindende die bij het oordeel hoort.

a) Zijn in de betekenis van het "zijn" van de uitspraak in het verbindende denken van Aristoteles Aristoteles kwam deze betekenis van zijn als subject-predicaat-relatie of verbinding al tegen in zijn verhandeling Περὶ ἑρμηνείας, De interpretatione, "Over de uitspraak" of beter "Over de interpretatie". Dit traktaat heeft de logos als onderwerp, meer precies de λόγος ἀποφαντικός, is die spraak en spraakvorm wiens functie het is om dat wat bestaat te laten zien zoals het is. Aristoteles maakt onderscheid tussen de logos in het algemeen, d.w.z. een spraak die iets betekent en een bepaalde vorm heeft, wat een verzoek, eis of klacht kan zijn, en de λόγος ἀποφαντικός, de spraak die de specifieke functie heeft om te wijzen en die we in het Duits uitspraak, propositie, of op een verkeerd begrepen manier oordeel noemen.

De λόγος ἀποφαντικός bepaalt Aristoteles eerst als een φωνὴ σημαντική, ἧς τῶν μερῶν τι σημαντικόν εστι κεχωρισμένον2, een uitspraak in woorden, die iets kan betekenen, zodat echter de delen van deze woordsamenvoeging, nl. De woorden, het onderwerp en het predikaat, elk op zich iets betekenen. Niet elke logos, niet elke spraak is aanwijzende spraak, hoewel elke spraak σημαντικός is, d.w.z. zij betekent iets; maar elke spraak heeft niet de functie om het wezen aan te wijzen zoals het is.

Bewijskrachtig is alleen die spraak ἐν ᾧ τὸ ἀληθεύειν ἢ ψεύδεσθαι ὑπάρχει8 waarin waar zijn en onwaar zijn voorkomen.

Het ware zijn is een zeker zijn. In de logos als uitspraak ligt eenmaal, volgens zijn vorm S is P, het "is", het wezen als copula. Ten tweede is elke logos als bewering waar of onwaar. Zijn waar zijn of onwaar zijn staat in enig verband met het "is", is er identiek mee of verschilt ervan. De vraag rijst: Hoe verhoudt het waar zijn zich tot het zijn, dat eveneens voorkomt in de logos, in de uitspraak, in de zin van het "is" als copula? Hoe moet het probleem gesteld worden om dit verband tussen waarheid en copula überhaupt te zien en ontologisch te interpreteren?

Laten we ons eerst door Aristoteles laten vertellen hoe hij het wezen van de copula ziet. Aristoteles zegt:

αὐτὰ μὲν οὖν καθ' αὑτὰ λεγόμενα τὰ ῥήματα ὀνόματσ ἐστι καἴ σημαίνει τι, ἵστησι γὰρ ὁ λέγων τὴν διάνοιαν, καί ὁ ἀκούσας ἠρέμησεν, ἀλλ' εἰ εστιν ἢ μὴ οὔπω σημαίνειοὐ γὰρ τὸ εἶναι ἢ μὴ εἶναι σημεῖόν ἐστι τοῦ πράγματος, οὐδ' ἐὰν τὸ ὂν εἴπῃς ψιλόν. αὐτὸ μὲν γὰρ οὐδέν ἐστιν, προσσημαίνει δέ σύνθεσίν τινα, ἣν δνευ τῶν συγκειμένων οὐκ εστι νοῆσαι.4 Aristoteles heeft het op dit punt over de werkwoorden die, zoals hij zegt, samen tijd betekenen, vandaar dat we geneigd zijn ze tijdwoorden te noemen. We geven een verklarende vertaling van de geciteerde passage: Als we de tijdwoorden op zichzelf uitspreken, bijvoorbeeld gaan, maken, slaan, dan zijn het zelfstandige naamwoorden en betekenen ze iets: het gaan, het maken. Want wie zulke woorden ἵστησι τὴν διάνοιαν uitspreekt, brengt zijn denken tot stilstand, d.w.z. hij stopt bij iets, hij bedoelt er iets bepaalds mee. En overeenkomstig: wie de gelijksoortige woorden hoort, lopen, staan, liggen, komt tot rust, d.w.z., hij neemt het verblijf bij iets, bij wat door deze woorden wordt begrepen. Al deze werkwoorden betekenen iets, maar ze zeggen niet of wat bedoeld wordt wel of niet is. Als ik zeg: lopen, staan, wordt er niet gezegd of iemand echt loopt of staat. To be, not to be betekent helemaal niets - we zouden zeggen, helemaal niets dat zichzelf is. Zelfs niet als we het woord "zijn", τὸ ὂν, vrij naakt voor zichzelf uitspreken, want de bepaling zijn in de uitdrukking "zijn" is niets, d.w.z. zijn is geen zijn. Maar goed de uitdrukking betekent iets met, προσσημαίνει, en wel een bepaalde σύνθεσις, een bepaalde verbinding, die niet gedacht kan worden, als niet ook al verbonden of

verbindbaar is of gedacht wordt. Alleen in het denken
aan wat verbonden is, aan wat verbindbaar is, kan
σύνθεσις, verbondenheid, gedacht worden. Voor zover
zijn deze verbondenheid betekent in de propositie S is P,
heeft zijn alleen een Bedeutimg in het denken van
verbondenheid. Het zijn heeft geen zelfstandige
betekenis, maar προσσημαίνει, het betekent voor het zijn,
namelijk voor het betekenen en voor het betekenisvol
denken van wat met elkaar verbonden is. Het zijn drukt
hier de relatie zelf uit. De εἶναι πρόσσημαίνει σύνθεσίν
τινα, drukt een bepaald verband uit. Kant zegt ook: Zijn
is een verbindend begrip.

We kunnen hier niet verder ingaan op deze geciteerde
passage, noch op het hele traktaat De interpretatione.
Het biedt enorme moeilijkheden voor de exegese.

De oude commentatoren van Aristoteles, Alexander
van Aphrodisias en Porphyrius, hebben deze passage al
in een andere betekenis becommentarieerd. Thomas
begrijpt het weer anders. Dit is geen teken van een
gebrekkige overlevering van de tekst, die in dit geval
zuiver is, maar van de feitelijke moeilijkheid van het
probleem zelf.

Allereerst hoeven we alleen maar te stellen: Het "is"
betekent het wezen van een wezen en is niet als een
bestaand ding. In de uitspraak: het tablet is zwart,
betekenen het onderwerp, tablet, en het predicaat, zwart,
elk iets bestaands, het tablet-ding, en dit als zwart
gemaakt, de zwartheid die erbij bestaat. Het "is"
betekent echter niet iets aanwezigs, dat aanwezig zou zijn
zoals het tablet zelf en de zwartheid erbij. Over dit "ist"

zegt Aristoteles: οὐ γάρ ἐστι τὸ ψεῦδος καὶ τὸ ἀληθὲς ἐν τοῖς πράγμασιν, οἷον τὸ μὲν ἀγαθὸν ἀληθές τὸ δὲ κακὸν εὐθὺς ψῦδος, ἀλλ' εν διανοίᾳ, dat wat dit "is" betekent, is niet een wezen, dat onder de dingen voorkomt, een bestaand zoals zij, maar is ἐν διανοίᾳ, is in het denken.

Dit "is" is synthese, en het is inderdaad, zoals Aristoteles zegt, σύνθεσις νοημάτων®, verbondenheid van wat in gedachten gedacht wordt.

Aristoteles spreekt hier van de synthese van de S en P. Maar hij zegt tegelijkertijd in de aangehaalde passage ἐνδέχεται δὲ καὶ διαίρεσιν φάναι πάντα,7 maar men kan dit alles ook opvatten - de verbinding van de S en P in één propositie, welke verbinding wordt aangeduid met het "ist" wordt uitgedrukt als διαίρεσις. S = P is niet alleen een verbinding, maar tegelijkertijd ook een uit elkaar halen.

Deze opmerking van Aristoteles is essentieel voor het begrijpen van de structuur van de zin, die we zullen volgen. In een overeenkomstige passage zegt Aristoteles: Dit "is" betekent een synthese en is bijgevolg ἐν συμπλοκῃ διανοίας καὶ πάθος ἐν ταὔτῃ8, het is in de koppeling die de verstantie als de verbindende uitvoert, en dit "is" betekent iets dat niet tussen de dingen voorkomt, een wezen, maar een wezen dat als het ware een toestand van het denken is. Het is geen εξω ὄν, geen wezen buiten het denken, en geen χωριστόν, geen zelfstandig wezen voor zichzelf. Maar wat voor soort wezen dit "ist" betekent is duister. Dit "ist" wordt verondersteld het wezen van een wezen te betekenen, dat niet voorkomt onder het bestaande, maar iets is, dat in het verstand is, grof gezegd, in het subject, subjectief. Alleen als duidelijk is wat begrijpen, subject hier betekent en hoe de basisrelatie van het subject tot het bestaande moet worden bepaald, d.w.z. als duidelijk is wat waar zijn betekent en hoe het staat ten opzichte van het bestaan, zal men op de juiste manier kunnen beslissen tussen deze bepalingen, dat het wezen dat door "ist" en "sein" wordt aangeduid zich niet tussen de dingen, maar in het begrijpen bevindt. Hoe deze centrale maar moeilijke problemen ook benaderd moeten worden, we zien eerst de innerlijke verwantschap van de opvattingen in Aristoteles en Kant. Zijn in de zin van de copula is respectus logicus volgens Kant, synthese in logos volgens Aristoteles. Omdat dit zijn, dit ens, volgens Aristoteles niet ἐν πράγμασιν is, niet tussen de dingen voorkomt, maar ἐν διανοί"? betekent het geen ens reale, maar een ens rationis, zoals de scholastiek zegt. Maar dit is slechts de vertaling van 8v ἐν διανοίςι.

b) Het wezen van de copula in de horizon van water (essentia) in Th. Hobbes Hobbes' interpretatie van de copula en de propositie is ook beïnvloed door de Aristotelisch-Scholastieke traditie. Zijn opvatting van de logica wordt gebruikt als voorbeeld van het meest extreme nominalisme. Nominalisme is die opvatting van logische problemen die, in de interpretatie van denken en cognitie, uitgaat van de gedachte die in de stelling wordt uitgedrukt, namelijk van de stelling zoals die zich manifesteert als een gesproken woordcontext, van de woorden en van de namen vandaar nominalisme.

Alle problemen die zich voordoen met betrekking tot de propositie, dus ook het probleem van het waar zijn en de vraag naar de co-pula, oriënteert de nominalistische vraagstelling zich op de woordcontext. We zagen dat de vraag naar de propositie en cognitie al vroeg bij de Grieken georiënteerd was op de Logos, vandaar dat de reflectie op cognitie logica werd. De vraag blijft alleen in welke richting men de logos tot onderwerp maakt, in welk opzicht men hem visualiseert. Al in de antieke logica, in de tijd van Piatos en Aristoteles, in de sofistische, verspreidde zich een nominalisme, en ook later in de Middeleeuwen ontwaakten weer verschillende varianten van deze denkschool, vooral in de Engelse franciscaanse school. De meest extreme vertegenwoordiger van het laat-Scholastiaanse nominalisme is Occam, wiens nominalistische vraagstelling belangrijk werd voor zijn theologische problemen, maar ook voor Luthers theologische vraagstelling en immanente moeilijkheden. Het is geen toeval dat Hobbes een extreem nominalisme ontwikkelde.

Hij geeft zijn bespreking van de copula in samenhang met de bespreking van de propositie, de propositio, in zijn "Logica", het eerste deel van zijn leer "Over het lichaam".9 We behandelen Th. Hobbes, Elementorum philosophiae Sectio I. "De corpore", het Hobbesiaanse concept van de copula, de stelling, opzettelijk in enig detail, niet alleen omdat het weinig bekend is, maar ook omdat deze uiterst nominalistische formulering van de problemen hier met onovertroffen helderheid wordt uitgevoerd, waarin altijd nog afgezien van de houdbaarheid een filosofische kracht tot uiting komt.

Het "is" is een eenvoudig bestanddeel van een propositie: S is P. Dienovereenkomstig krijgt dit "is" zijn nadere bepaling van het concept van de propositie, de stelling. Hoe definieert Hobbes de propositio? Duidelijk in navolging van Aristoteles begint hij met een identificatie van mogelijke vormen van spraak, van logos, van oratio. Hij somt op: precationes, requests, promissiones, promises, optionee, wishes, iussiones, commands, lamentationes, complaints, en zegt over al deze vormen van spraak dat ze affectuum indicia zijn, tekens van bewegingen van de geest. Hieruit blijkt al de karakteristieke interpretatie. Hij gaat uit van het woordkarakter van deze spraakvormen: het zijn tekenen van iets geestelijks. Maar hij interpreteert deze spraakvormen niet preciezer in hun structuur, omdat dit nog steeds een fundamentele interpretatiemoeilijkheid biedt. Van de spraakvorm propositio, die als enige beslissend is voor de logica, zegt hij: Est autem Propositio oratio constans ex duobus nominibus copulatis qua significat is qui loquitur, concipere se nomen posterius ejusdem rei nomen esse, cujus est nomen prius; sive (quod idem est) nomen prius a posteriore contineri, exempli causa, oratio haec homo est animal, in qua duo nomina copulantur per verbum Est, propositio est; propterea quod qui sic dicit, significat putare se nomen posterius animal nomen esse rei ejusdem cujus nomen est homo, sive nomen prius homo contineri in nomine posteriore animal.10 Maar de bewering is een toespraak gekoppeld aan twee namen, waarmee de spreker aangeeft dat hij begrijpt dat de latere naam, namelijk in: Opera philosophica, quae latine scripsit, omnia. , het predikaat, hetzelfde benoemt als de eerste naam; of die hetzelfde zegt: hij begrijpt dat de eerste naam, het onderwerp, in de latere ligt besloten. Bijvoorbeeld, deze toespraak:

de mens is een levend wezen, waarin twee namen worden gekoppeld door het tijdwoord "is". Deze uitspraak vertegenwoordigt een bewering. Opgemerkt moet worden dat Hobbes in deze definitie onderwerp en predicaat vanaf het begin als twee zelfstandige naamwoorden opvat en de propositie heel uiterlijk ziet: twee namen, S is P. De P is de latere, de S is de eerdere naam, maar het "is" is de koppeling van de eerdere en de latere.

In deze karakterisering komt de uitspraak tot hem als een opeenvolging van woorden, een opeenvolging van opkomende woorden, en het geheel van de opeenvolging van woorden is een teken (significat) dat degene die deze woorden gebruikt iets begrijpt. De copula, de "is", is het teken dat de spreker begrijpt dat de twee namen in de zin naar hetzelfde verwijzen. Levend wezen betekent hetzelfde als mens. Daarom is de est, de "is", ook een signum, een teken.

Op het eerste gezicht benadert deze interpretatie van propositio het probleem op dezelfde manier als Aristoteles. Aristoteles begint de bespreking van zijn traktaat De interpretatione met het algemene kenmerk: "Εστι μὲν ουν τὰ ἐν τῇ φωνη τῶν ἐν τη ψυχη παθημάτων σύμβολα, καί τά γραφόμενα τών έν τη φωνη. "Nu is het de proclamatie in het woord σύμβολον, symbool, signum van de erkenning van de seelistaten, en evenzo is het geschrevene weer symbool, signum van de proclamatie." Ook voor Aristoteles is er een verband tussen wat geschreven, gesproken en gedacht wordt: Schrift, woord, gedachte. Bij hem wordt dit verband echter alleen begrepen aan de hand van het vrij formele, verder niet verduidelijkte concept van het σύμβολον, het teken. Bij Hobbes is deze teken-relatie nog meer geëxternaliseerd. Het is pas in recentere tijden dat deze 11 Arist. de interpr. 16 a 3 f.

In de geschiedenis van de logica werd het probleem van het teken nagestreefd in een echt onderzoek. Husserl geeft in het eerste Logische Onderzoek "Expressie en Betekenis" de essentiële vaststellingen over het teken, dat tegelijkertijd betekent en aanduidt in onderscheid van betekenen. De tekenfunctie van het geschrevene ten opzichte van het gesprokene is heel anders dan de tekenfunctie van het gesprokene ten opzichte van wat in de spraak bedoeld wordt, en omgekeerd van het geschrevene, het schrift, ten opzichte van wat ermee bedoeld wordt. Hier wordt een veelheid aan symbolische relaties zichtbaar, die zeer moeilijk te vatten zijn in hun elementaire structuur en uitgebreid onderzoek vereisen. Enkele als aanvulling op het Husserliaanse onderzoek zijn te vinden in "Sein und Zeit" (§ 17 "Verweisung und Zeichen"), hier in een basisoriëntatie. Vandaag de dag is het symbool een bruikbare formule geworden, maar men ziet af van het onderzoek naar wat er überhaupt mee bedoeld wordt, respectievelijk men heeft geen idee van welke moeilijkheden er onder dit containerbegrip schuilgaan.

Subjectum is de eerdere naam in de zin, praedicatum de latere, het "ist" de koppeling. Hoe kan de "ist" preciezer worden bepaald als de verbindende term in zijn tekenfunctie? Het verband, zegt Hobbes, hoeft niet noodzakelijkerwijs te worden uitgedrukt door het est, door het "ist", nam et ille ipse ordo nominum, connexionem suam satis indicare potest12, want zelfs puur alleen de opeenvolging van namen kan het verband voldoende aangeven. Het teken van de koppeling zelf, wanneer het wordt uitgedrukt, de copula of een verbuigingsvorm van het verbum, heeft van zijn kant een zekere aanwijzende functie. Et nomina [namelijk de nomina copulata] quidem in animo excitant cogitationem unius et ejusdem rei, de namen, subject en predicaat, prikkelen de gedachte aan een en hetzelfde ding. Copulatio autem cogitationem inducit causae propter quam ea nomina illi rei imponuntur, maar de koppeling zelf of zijn teken, de copula, brengt ook een gedachte teweeg, waarin de reden wordt gedacht, waarom beide volgende namen aan een en hetzelfde ding worden toegekend. De copula is niet simpelweg het teken van een verbinding, een verbindingsconcept, maar de aanduiding van waar de verbinding op gebaseerd is, causa.

Hoe verklaart Hobbes deze opvatting van de copula, die moet overlopen binnen zijn extreme nominalistische oriëntatie? Laten we een voorbeeld nemen: corpus est mobile14, het lichaam is beweeglijk. We denken met corpus en mobile rem ipsam, het ding zelf, utroque nomine designatam,15 aangeduid door beide namen. Maar we denken niet simpelweg met deze twee namen twee keer achter elkaar hetzelfde ding, lichaam mobiel, non tarnen ibi acquiescit animus, hierbij wordt het verstand niet rustig, maar het vraagt verder: wat is dat lichaam zijn of mobiel zijn, sed quaerit ulterius, quid sit illud esse corpus vel esse mobile?16 Hobbes ontleent de aanwijzende functie van de copula aan de aanduiding van wat het wezen is dat in de nomina copulata bedoeld wordt, aan de vraag wat de verschillen in het benoemde ding zijn, op grond waarvan het zo wordt genoemd ten opzichte van andere dingen en niet anders. Vragend naar het esse aliquid, vragen we naar de quidditas, naar het waterwezen van een wezen. Nu wordt duidelijk welke functionele betekenis Hobbes toekent aan de copula. Het is de aanduiding van het denken van de rede van de koppeling van de namen, de aanduiding dat we in de propositio, in de uitspraak, de quidditas denken, het water dat van de dingen is. De propositio is het antwoord op de vraag: wat is het ding? In nominalistische richting betekent het: Wat is de reden om twee verschillende namen aan hetzelfde ding toe te kennen?

Het in de zin uitgesproken "ist", het copula denken, stelt de reden denken van de mogelijke en noodzakelijke identieke relatie van subject en predicaat tot hetzelfde. Het ding dat gedacht wordt in het "ist", de reden, is het waterwezen (realitas).

Volgens deze redenering drukt het "is" de essentia of de quidditas uit van de res waarover de uitspraak getuigt.

Vanuit de aldus opgevatte structuur van de propositio wordt volgens Hobbes een fundamentele scheiding van namen in nomina concreta en abstracta begrijpelijk. Het is een oude overtuiging van de logica dat de concepten zich ontwikkelen uit het oordeel en bepaald worden door het oordeel. Concretum autem est quod rei alicujus quae existere supponitur nomen est, ideoque quandoque suppositum, quandoque subjectum Graece ὑποκείμενον appellatur,17 het concretum is de naam voor iets waarvan gedacht wordt dat het bestaat. Daarom wordt suppositum, subjectum (ὑποκείμενον) ook gebruikt voor de term concretum. Zulke namen zijn lichaam (corpus), beweeglijk (mobile) of vergelijkbaar (simile). Abstractum est, quod in re supposita existentem nominis concreti causam dénotât, de abstracte naam duidt de grond aan van de concrete naam die bestaat in het onderliggende ding. Abstracte namen zijn lichamelijkheid (esse corpus), beweeglijkheid (esse mobile), of gelijkenis (esse simile). Nomina autem abstracta causam nominis concreti dénotant, non ipsam rem, de abstracte namen duiden de grond van de concrete naam aan, niet het ding zelf. Quoniam igitur rem ita conceptam voluimus appellari corpus, causa ejus nominis est, esse eam rem extensam sive extensio vel corporeitas, dat we echter een aanwezig concreet lichaam benoemen bijv. zo, dat zijn reden heeft in het feit dat wat gegeven is van" wordt uitgerekt, d.w.z. bepaald door lichamelijkheid. Sprekend in de richting van de propositie, zijn de concrete namen de eerste en de abstracte de latere. Want, zegt Hobbes, de abstracte namen, die het water-zijn, de quidditas, uitdrukken, zouden niet kunnen zijn als er niet het "is" van de copula was. Volgens Hobbes komen ze voort uit de copula.

We moeten letten op het kenmerk van de copula: Het geeft de reden aan van de mogelijke identieke verwijzing van onderwerp en predikaat naar hetzelfde ding. Met deze aanduiding van de reden wordt de waterigheid van het ding bedoeld, en dienovereenkomstig drukt de copula, het "is", de waterigheid uit. Hobbes ontkent dat het "is" op enigerlei wijze het "bestaat", het "is aanwezig* of iets dergelijks uitdrukt.

We worden geconfronteerd met de vraag hoe de expressieve functie van de copula zich verhoudt tot het fenomeen of de uitdrukking van aanwezig zijn, van bestaan, in de context van de uitdrukking van water zijn.

De copula geeft de reden aan waarom er verschillende namen aan hetzelfde ding worden gegeven. Deze vaststelling moet worden aangehouden. Het "is" zegt: Er is een reden voor deze identificerende relatie van onderwerp-naam en predicaat-naam tot een ding. Dit heeft nog meer consequenties voor de preciezere bepaling van de propositio. We hebben al aangegeven dat er een waar of onwaar zijn is in de propositie en dat er een relatie is tussen waar zijn in de zin van "is" en waar zijn. De vraag rijst:

Hoe vat Hobbes de veritas of falsitas, waarheid en valsheid, op die bij de propositio horen? Dit verband, zoals hij het opvat, kondigt zich aan in de volgende zin: Quoniam omnis propositio vera est.... ., in qua copulantur duo nomina ejusdem rei, falsa autem in qua nomina copulata diversarum rerum sunt, elke propositie is waar waarin de koppeling van de namen, subject en predicaat, verwijst naar hetzelfde ding ".

De waarheid van de propositie is niet hetzelfde als de waarheid van de propositie, maar de waarheid van de propositie is wel hetzelfde als de waarheid van de propositie. Hobbes ziet de waarheid van de propositie in de rechtmatige identificerende verwijzing van de propositionele leden naar hetzelfde ding als de unitaire grond van verbondenheid. Hij definieert copula in dezelfde zin als waarheid. De "is" als copula is tegelijkertijd de uitdrukking van de waarheid in de zin. We gaan niet in op de relatie van deze definitie van waarheid met de Aristotelische, ondanks essentiële verschillen. Volgens deze definitie van waarheid kan Hobbes zeggen: Voces aUtem hae verum, Veritas, vera propositio, idem valent,[23] deze woorden: waar, waarheid, ware propositie betekenen hetzelfde.

Hobbes zegt bij uitstek: waarheid is altijd een ware propositie.

Veritas enim in dicto, non in re consistit,[24] waarheid heeft haar bestaan in wat als zodanig gezegd wordt, maar niet in de dingen. Dit doet ons denken aan de Aristotelische stelling: de ἀληθεύειν, die waar is, is niet ἐν πράγμασιν, in de dingen, maar ἐν διανοίᾳ, in het denken. Hobbes daarentegen zegt volgens zijn extreem nominalistische richting: in de uitgesproken gedachte, in de propositie.

Het is kenmerkend hoe Hobbes deze stelling probeert te bewijzen, nam etsi verum opponatur aliquando apparenti, vel ficto, id tarnen ad veritatem propositionis referendum est25, namelijk dat hoewel het ware soms tegenover het schijnbare en het fantastische staat, dit begrip "waar" moet worden terugverwezen naar de feitelijke waarheid, d.w.z. de waarheid van de propositie. Hobbes herinnert aan wat traditioneel bekend is, dat we bijvoorbeeld ook spreken van een "ware" persoon. Hier bedoelen we een "waar" mens in tegenstelling tot een mens die geschilderd is, afgebeeld, die zichzelf in een spiegel laat zien. Dit "waar" in de betekenis van "echt" heeft volgens Hobbes geen primaire betekenis, maar gaat terug op de veritas in de propositio; een stelling die in principe ook Thomas van Aquino aanhangt, ook al heeft hij een andere positie over deze waarheid der dingen dan Hobbes. Hobbes benadrukt vrij eenzijdig: waar zijn is een bepaling van de propositie, we spreken alleen inauthentiek van ware dingen, nam ideo simulachrum hominis in speculo, vel spectrum, negatur esse verus homo, propterea quod haec propositio, spectrum est homo, vera non est; nam ut spectrum non sit verum spectrum, negari non potest. Neque ergo Veritas, rei affectio est, sed propositionis26, want dat het mensbeeld in de spiegel (spectrum), het spiegelbeeld, εἴδωλον, een ware man is, wordt dus ontkend, omdat deze propositie "het spiegelbeeld is een man" als propositie niet waar is.

Want dat het beeld geen ware man is, kan niet worden ontkend. We noemen een ding alleen waar omdat de uitspraak erover waar is. De waarheid van dingen die gezegd worden is een secundaire manier van spreken. We noemen het wezen waar, bijvoorbeeld de ware mens, in tegenstelling tot het schijnbare, omdat de uitspraak erover waar is. Met deze stelling wil Hobbes de betekenis van de naam "waarheid" ophelderen. Maar onmiddellijk rijst de vraag: Waarom is de uitspraak over het ware waar? Klaarblijkelijk omdat datgene waarover we getuigen geen verschijning is, maar een echt, waar wezen. Zelfs als we niet zo ver moeten gaan om te zeggen dat hier voor één keer sprake is van een zogenaamde cirkel, gaat het om de uitleg van de betekenis "waarheid" vanuit de waarheid van het oordeel:

Waarheid is dit en dat, namelijk waarheid van het oordeel, in het andere geval gaat het om de vraag naar de werkelijke onderbouwing van iets waars als oordeel, dus hier duikt niettemin een raadselachtig verband op tussen de werkelijkheid van een wezen en de waarheid van de uitspraak over dit wezen, een verband dat zich al opdrong bij de interpretatie van de Kantiaanse opvatting van het wezen: wezen is gelijk aan waargenomenheid, geponeerdheid.

§ 16. Discussies in de geschiedenis van de logica

Hobbes voegt de karakteristieke opmerking toe aan deze discussie, waarin hij de waarheid van dingen reduceert tot de waarheid van proposities over dingen: Quod autem a metaphysicis dici solet ens unum et verum idem sunt, nugatorium et puerile est; quis enim nescit, hominem, et unum hominem et vere hominem idem sonare27, maar wat metafysici plegen te zeggen, zijn, één zijn, waar zijn is hetzelfde, dit is een nietig en kinderachtig gebabbel, want wie weet niet dat de mens en een mens en een echte mens hetzelfde benadrukken. Hobbes denkt hier aan de leer van de scholastiek, die teruggaat op Aristoteles, van de transcendentia, van die bepalingen die horen bij elk iets als iets in het algemeen, volgens welke elk iets in zekere zin een ens is, elk iets een iets is, unum, en elk iets als iets in het algemeen, d.w.z. op de een of andere manier door God gedacht, een waar is, verum. De scholastiek zegt echter niet, zoals Hobbes haar toeschrijft, dat ens, unum, verum, de transcendentia, idem sunt, hetzelfde betekenen, maar zij zegt alleen dat deze bepalingen inwisselbaar zijn, d.w.z. dat de een voor de ander kan worden gesteld, omdat ze allemaal samen oorspronkelijk evenzeer tot elk iets als iets behoren. De redenen waarom Hobbes noodzakelijkerwijs blind moet zijn voor de fundamentele betekenis van de transcendentia, die de Scholastiek echter ook niet in haar juiste betekenis realiseerde, kunnen we hier niet verder bespreken. Het is alleen nodig om te zien hoe extreem hij elke waarheid van dingen ontkent en de bepaling van de waarheid alleen aan de uitspraak toekent.

Deze opvatting van Hobbes, die van bijzonder belang is voor het begrijpen van de huidige logica omdat zij ook deze stelling aanhangt, wordt verder verduidelijkt door de volgende discussie, waarin het werkelijk geziene en het eenzijdig geïnterpreteerde elkaar het dichtst raken. Intelligitur hinc veritati et falsitati locum non esse, nisi in iis animantibus qui oratione " hieruit wordt duidelijk dat de plaats van waarheid en valsheid alleen is in zulke levende wezens die gebruik maken van spraak. Omdat de uitspraak spraak is, woord-context, en de plaats van waarheid in de uitspraak is, is er alleen waarheid waar er levende wezens zijn die gebruik maken van de uitspraak. Etsi enim animalia orationis expertia, hominis simulachrum in speculo aspicientia similiter affecta esse possint, ac si ipsum hominem vidissent, et ob eam causam frustra eum metuerent, vel abblandirentur, rem tarnen non apprehendunt tanquam veram aut falsam, sed tantum ut similem, neque in eo falluntur,29 hoewel, nl, de schepselen zonder spraak, taal, de dieren, op dezelfde manier aangedaan kunnen worden bij het zien van de beeltenis van de mens in de spiegel, alsof ze de mens zelf gezien hebben, en hem daarom kunnen vrezen of strelen met gebaren, toch vatten ze wat zo gegeven wordt niet op als waar of vals, maar slechts als gelijksoortig, en hierin zijn ze niet onderworpen aan misleiding. Hier doet zich overigens een grote moeilijkheid voor, namelijk om te bepalen wat aan dieren als levende wezens wordt gegeven en hoe het gegeven aan hen wordt geopenbaard. Hobbes zegt dat het gegeven niet als waar of onwaar aan hen wordt gegeven, omdat ze niet kunnen spreken en geen uitspraken kunnen doen over wat hun wordt gegeven. Hij moet echter wel zeggen dat het spiegelbeeld hen als gelijksoortig wordt gegeven. Hier rijst al de vraag in hoeverre iets überhaupt als iets aan de dieren gegeven kan worden. We komen nog bij de volgende vraag:

Wordt er überhaupt iets als wezen aan de dieren gegeven? Het is al een probleem om ontisch vast te stellen hoe iets aan de dieren wordt gegeven. Bij nader inzien zie je dat wij, omdat we zelf geen zuivere dieren zijn, als we voorzichtig spreken, de "wereld" van de dieren niet primair begrijpen. Maar omdat we tegelijkertijd wel als bestaande dieren leven, is dat voor ons een eigen mogelijkheid om reductief af te leiden uit wat ons als bestaand gegeven wordt, wat gegeven zou kunnen worden aan een enig levend dier, dat niet bestaat. Alle biologie maakt noodzakelijkerwijs gebruik van dit methodische verband, alleen is dit verband nog niet opgehelderd.

Waarschijnlijk zijn we vandaag zo ver dat deze fundamentele vragen van de biologie over de fundamentele determinaties van een levend wezen en zijn wereld in beweging zijn gekomen. Dit geeft aan dat de biologische wetenschappen de filosofie hebben herontdekt die noodzakelijkerwijs immanent is aan hen. Hobbes stelt zich tevreden met te zeggen: de dieren hebben geen taal, dus wat gegeven wordt, wordt hen niet gegeven als waar of onwaar, maar als gelijksoortig. Quemadmodum igitur orationi bene intellectae debent homines, quicquid recte ratiocinantur; ita eidem quoque male intellectae debent errores suos; et ut philosophiae decus, ita etiam absurdorum dogmatum turpitudo solis competit hominibus, net zoals aan mensen [zo scherpt hij de fundamentele aanduiding van taal aan] de goed begrepen spraak datgene kan worden waaraan ze alles te danken hebben wat ze redelijkerwijs herkennen, zo hebben ze aan dezelfde spraak en taal als een slecht begrepen spraak hun dwalingen te danken. Zoals de versiering van de filosofie, zo is ook de lelijkheid van zinloze beweringen uniek voor mensen. Habet enim oratio (quod dictum olim est de Solonis legibus) simile aliquid telae aranearum;nam haerent in verbis et illaqueantur ingénia tenera et fastidiosa, fortia autem perrumpunt, de spraak en taal heeft overeenkomst met de spinnenwebben, wat ook gezegd werd van de wetten van Solon. De zwakke en tere geesten raken verstrikt in de woorden, maar de sterke breken er doorheen. Deduci hinc quoque potest, veritates omnium primas, ortas esse ab arbitrio eorum qui nomina rebus primi imposuerunt, vel ab aliis posita acceperunt. Nam exempli causa verum est hominem esse animal, ideo quia eidem rei duo ilia nomina imponi placuit32, hieruit kan ook geconcludeerd worden: de eerste waarheden ontstonden uit de vrije mening van degenen die als eersten de namen aan de dingen oplegden of ze van anderen als reeds opgelegd ontvingen. Derm, bijvoorbeeld, de stelling: De mens is een levend wezen, is waar omdat het behaagde de twee namen aan hetzelfde ding te verbinden.

Zoveel over Hobbes' opvatting van Aussage, copula, waarheid en taal in het algemeen.

Met wat er het laatst is gezegd over taal is het duidelijk geworden dat Hobbes de uitspraak ziet als een pure opeenvolging van woorden. Maar we zagen tegelijkertijd uit wat eerder is geciteerd dat het nominalisme niet kan worden uitgevoerd. Want Hobbes kan niet stoppen bij de uitspraak als een opeenvolging van woorden. Hij wordt noodzakelijkerwijs aangespoord om deze woordenreeks te relateren aan een of andere res, zonder deze specifieke relatie van de namen tot de dingen en de voorwaarde voor de mogelijkheid van deze relateerbaarheid, het daaxacter van de betekenis van de namen, verder te interpreteren. Ondanks alle nominalistische benadering van het probleem, zegt ook voor Hobbes de "is" meer dan welk geluids- of schriftverschijnsel dan ook, dat op de een of andere manier tussen anderen in staat. De copula als woordkoppeling is een aanwijzing voor het denken van de reden van de identieke relateerbaarheid van twee namen aan hetzelfde ding. Het "is" betekent het wezen van het ding waarover de uitspraak wordt gedaan. Dus, buiten de pure opeenvolging van woorden, resulteert een meervoud, dat in de eerste plaats bij de uitspraak hoort: identificerende verwijzing van de namen naar een ding, het begrijpen van het wat-zijn van het ding in deze identificerende verwijzing, het denken van de reden van de identificerende relateerbaarheid. Hobbes geeft onder de dwang van de verschijnselen in de interpretatie van de verklaring als een opeenvolging van woorden, meer en meer de eigen benadering. Dit is het kenmerk van elk nominalisme.

c) Het wezen van de copula in de horizon van water-zijn (essentia) en werkelijk-zijn (existentia) bij J. St. Mill

We proberen nu kort de propositie- en copulatheorie van J. St. Mill te karakteriseren. Hierin stuiten we op een nieuw probleem met betrekking tot de copula, waardoor de leidende vraag over het verband tussen zijn en waar zijn nog ingewikkelder wordt. J. St. Mill (1806-1873) ontwikkelde zijn theorie van propositie en copula in zijn hoofdwerk "System der deduktiven und induktiven Logik. Eine Darlegung der Grundsätze der Beweislehre und der Methoden wissenschaftlicher Forschung" (1e druk 1843, 8e druk 1872, door ons geciteerd uit de Duitse vertaling van Gomperz, 2e druk 1884). De hoofdstukken die voor ons probleem van belang zijn, zijn te vinden in deel 1, eerste boek, vierde hoofdstuk "Over stellingen" en vijfde hoofdstuk "Over de inhoud van stellingen". J. St. Mill is filosofisch bepaald door het Engelse empirisme, Locke en Hume, verder door Kant, maar vooral door het werk van zijn vader James Mill (1773-1836) "The Analysis of the Phenomena of the Human Mind". Mill's logica won aan belang in de eerste en tweede helft van de 19e eeuw. Het bepaalde in wezen al het logische werk, zowel in Frankrijk als in ons land.

Mill's logica is geenszins evenwichtig in zijn hele lay-out met betrekking tot de basisovertuiging, die de nominalistische wordt verondersteld te zijn, niet de extreme van Hobbes. Terwijl we in het eerste boek, waarin de theorie van het nominalisme wordt ontwikkeld, een nominalisme in Mill kunnen herkennen, komt in het vierde boek echter bij de praktische uitvoering van zijn theoretische overtuigingen in de interpretatie van de methoden van de wetenschap de opvatting van de dingen naar voren, die in strijd is met zijn theorie, d.w.z. niet-nominalistisch, zodat hij zich uiteindelijk het scherpst tegen alle nominalisme keert, ook tegen Hobbes. Mill begint zijn studie van proposities met een algemene karakterisering van deze vorm van spreken. "Een propositie ... is een deel van de spraak waarin een predikaat bevestigend of ontkennend wordt verklaard door een onderwerp. Een predikaat en een onderwerp zijn alles wat nodig is om een propositie te vormen; maar aangezien we uit het feit dat we slechts twee namen naast elkaar zien staan, niet kunnen concluderen dat ze een predikaat en onderwerp zijn, d. w. z. dat het ene door het andere bevestigd of ontkend moet worden, is er een bepaalde vorm nodig om deze intentie uit te drukken, een teken dat een predikaat moet onderscheiden van elke andere vorm van spreken. " Hier wordt opnieuw de benadering getoond volgens welke subject en predicaat als namen bij elkaar worden gezet. Maar er is een teken nodig dat deze woordcompositie een predicatie is. "Dit wordt soms bewerkstelligd door een kleine verandering in een van de woorden, welke verandering een beugung (verbuiging) wordt genoemd; zoals wanneer we zeggen: vuur brandt, waar de verandering van brennen in brennt aangeeft dat we het predicaat brennen van het onderwerp vuur willen zeggen. Alleen deze functie [het predikaat aangeven] wordt meestal vervuld door het woord "is" als een bevestiging bedoeld is, door de woorden "is niet" als een ontkenning bedoeld is, of door een ander deel van het werkwoord zijn. Het woord dat op deze manier de predicatie aanduidt wordt, zoals we hierboven hebben opgemerkt, de copula genoemd. Het is belangrijk dat onze opvatting over de aard en het doel van de copula vrij is van elke dubbelzinnigheid; want verwarrende opvattingen hierover behoren tot de oorzaken die mystiek hebben verspreid over het gebied van de logica en ervoor hebben gezorgd dat de discussies zijn veranderd in woordgevechten. Men is geneigd tot de vooronderstelling dat de copula iets meer is dan een louter predicatieteken, dat hij ook het bestaan [Aanwezigheid] betekent. In de zin: Socrates is rechtvaardig, lijkt niet alleen besloten te liggen dat de eigenschap "rechtvaardig" van Socrates gepredicieerd kan worden, maar bovendien ook dat Socrates is, d.w.z. dat hij bestaat. Dit toont echter alleen aan dat er een dubbelzinnigheid zit in het woord "is", een woord dat niet alleen de taak van de copula in bevestigende uitspraken vervult, maar ook een eigen betekenis heeft, waardoor het zelf het predikaat van een zin kan vormen. Dat het gebruik ervan als copula niet noodzakelijkerwijs de verklaring van bestaan impliceert, blijkt uit een zin als deze; een Centaur is een fictie van de dichters, waarbij onmogelijk kan worden verondersteld dat een Centaur bestaat, aangezien de zin expliciet stelt dat dit ding geen echt bestaan heeft. Men zou vele boekdelen kunnen vullen met de ijdele speculaties over de aard van het zijn (τὸ ὄν, οὐσία, ens, entitas, essentia, en dergelijke) die voortkwamen uit het over het hoofd zien van deze dubbele betekenis van het woord zijn, en het vooronderstellen dat als het "bestaan" betekende en als het een speciaal genoemd ding betekende, zoals: Als het een met name genoemd ding betekende, zoals: een mens te zijn, Socrates te zijn, een onderwerp van zien of spreken te zijn, een fantoom te zijn of ook een nonentiteit te zijn, het in principe hetzelfde idee bevatte en dat er een betekenis kon worden gevonden die overeenkwam met al deze gevallen. De mist die vanuit deze kleine plek opsteeg, verspreidde zich al vroeg over het hele veld van de metafysica. Maar het is niet netjes om neer te kijken op een Plato of Aristoteles, want we zijn nu in staat om onszelf te redden van veel fouten waarin deze grote geesten misschien onvermijdelijk vielen. Hier wordt duidelijk hoe de nuchtere Engelsman de wereldgeschiedenis ziet. We zien aan het citaat dat Mill het probleem in dezelfde richting begint als het nominalisme in het algemeen. De zin is een opeenvolging van woorden die een teken nodig heeft om als predicatie herkenbaar te zijn. Het volgende moment, dat Mill's opvatting van de copula kenmerkt, is dat hij gelooft dat er een dubbelzinnigheid zit in de copula, in het "is", voor zover het de verbindende functie of de tekenfunctie heeft, maar tegelijkertijd zoveel betekent als bestaat. Mill benadrukt dat de poging om deze twee betekenissen van de copula samen te brengen, zijn verbindende functie, zijn tekenkarakter en zijn betekenis als uitdrukking van het bestaan, de filosofie in mystiek heeft gedreven. We zullen in de loop van onze discussie zien hoe deze vraag is, in hoeverre de copula ambigu is en misschien zelfs meer ambigu. Maar juist daarom wordt het noodzakelijk om te vragen naar de eenduidige reden van deze dubbelzinnigheid.

    Want een dubbelzinnigheid van hetzelfde woord is nooit toevallig.

Volgens de benadering die Mill maakt, lijkt het alsof hij probeert de uitspraak als een opeenvolging van woorden los te koppelen van de dingen zelf waarover wordt gezegd, of zoals het in het enge empirisme gebruikelijk is om de uitspraak niet zozeer te zien als een compilatie van woorden, maar als zodanig van ideeën die zichzelf puur in het onderwerp verbinden.

Mill verzet zich echter sterk tegen deze opvatting van een oordeel in de zin van een verbinding van ideeën of zelfs alleen maar woorden. Hij zegt: "Het is natuurlijk waar dat in elk geval van oordeel, zoals bijvoorbeeld wanneer we oordelen dat goud geel is, er een proces plaatsvindt in ons bewustzijn.... We moeten het idee van goud en het idee van geel bezitten, en deze twee ideeën moeten in onze geest worden samengevoegd."35 Mill geeft deze empiricistische interpretatie van denω

Het is duidelijk dat dit slechts een deel is van het proces dat [in het oordeel] plaatsvindt; ""alleen mijn geloof [d.w.z. assensus, zoals Descartes zegt, de instemming die in het oordeel ligt] verwijst niet naar de ideeën, maar naar de dingen. Wat ik geloof [d.w.z. datgene waar ik mee instem, waar ik ja tegen zeg in het oordeel] is een feit."37 Maar hieruit moet worden afgeleid dat het "is" in de zin de feitelijkheid van het ding uitdrukt, het aanwezig zijn ervan, en niet slechts een teken is van de verbinding van namen. Aan de ene kant wordt gezegd: de zin verwijst naar feiten, aan de andere kant wordt gezegd: het "is" is een teken van de koppeling van namen. Hoe moet deze dubbelzinnigheid van de copula worden opgelost?

Mill probeert dit te doen door een onderscheid te maken tussen alle mogelijke proposities. Hij onderscheidt essentiële en toevallige proposities, in scholastieke terminologie, essentiële en toevallige proposities. Hoe hij dit begrepen wil zien wordt duidelijk uit de verdere benamingen die hij aan deze verdeling van proposities geeft. De essentiële proposities noemt hij ook wel letterlijke proposities, de toevallige proposities noemt hij echte proposities. Hij heeft nog een andere benaming waarmee hij de traditie en, volgens hem, Kant volgt. De essentiële, d.w.z. letterlijke proposities zijn de analytische proposities, de echte, toevallige proposities de synthetische. Kant heeft dit verschil in oordelen tot leidraad van zijn hoofdprobleem gemaakt, voor zover voor hem de vraag was hoe synthetische proposities a priori mogelijk zijn. In deze vraag zit verborgen:

Hoe is een ontologie als wetenschap mogelijk? Mill's indeling komt niet overeen met die van Kant, maar dat is hier irrelevant. Een essentieel oordeel is altijd letterlijk, wat betekent dat het essentiële oordeel slechts de betekenis van het woord verklaart. Het verwijst niet naar feiten, maar naar de betekenis van namen. Welnu, aangezien betekenissen van namen tamelijk willekeurig zijn, zijn de letterlijke proposities, of preciezer gezegd de woordverklarende proposities, strikt genomen waar noch onwaar. Ze hebben geen criterium in de dingen, maar bij hen hangt het alleen af van Ubereinstimmung met het taalgebruik. De letterlijke of essentiële zinnen zijn de definities. Het eenvoudigste en belangrijkste begrip van een definitie, volgens Mill, is dat van een propositie, die de betekenis van een woord aangeeft, "namelijk ofwel de betekenis die het in het gewone gebruik heeft, ofwel de betekenis die de spreker of schrijver eraan wil geven voor de specifieke doeleinden van zijn voorstelling. "38 De definitie is nominale definitie, PForierklärung. Mill's theorie over proposities en definitie komt niet overeen met wat hij later in het vierde boek praktisch uitvoert. Wat wordt uitgevoerd is beter dan zijn theorie. "De definitie van een naam is... de som van alle essentiële proposities die kunnen worden geponeerd met die naam als onderwerp. Alle proposities waarvan de waarheid [dus Mill moet eigenlijk niet zeggen] besloten ligt in de naam, al die proposities waarvan we ons bewust worden zodra we de naam alleen maar horen, zijn inbegrepen in de definitie, als die volledig is." Alle definities zijn zulke van namen, maar nu is de theorie eigenlijk al doorbroken -: "In sommige definities is het duidelijk dat men niets anders beoogt dan alleen de betekenis van het woord te verklaren; terwijl men in andere definities naast de verklaring van de betekenis van het woord ook wil impliceren dat er een ding bestaat dat met het woord overeenkomt. Of dit [de uitdrukking van het bestaan van datgene waarover wordt gesproken] in elk geval bedoeld is of niet, kan niet worden afgeleid uit de loutere vorm van de uitdrukking, laat de doorbreking van de nominalistische benadering zien.

Hij moet teruggaan over de woordvolgorde naar de context van wat er bedoeld wordt in de woordvolgorde. ""Een centaur is een levend wezen, met het bovenlichaam van een man en het onderlichaam van een paard", en "Een driehoek is een rechte, driezijdige figuur", dit zijn zinnen die qua vorm volledig op elkaar lijken, hoewel men in de eerste niet vooronderstelt dat er werkelijk iets bestaat dat met het woord overeenkomt [maar men zegt alleen wat men onder het woord centaur verstaat], terwijl dit in de tweede niet het geval is"; Mill zegt dat de test van het verschil tussen de twee proposities, die hetzelfde karakter lijken te hebben, is dat men in de eerste propositie voor de "is" de uitdrukking "betekent" kan invoegen. In de eerste zin kan ik zeggen: een centaur betekent een levend wezen, etc., en dat kan ik zeggen zonder de zin te veranderen. Maar in het tweede geval: De driehoek is een rechte driezijdige figuur, kan ik voor de "is" geen "betekent" gebruiken. Want dan zou het onmogelijk zijn om waarheden uit de meetkunde af te leiden uit deze definitie, die niet slechts een woord-definitie is, wat er toch gebeurt.

In deze tweede zin over de driehoek betekent het "is" niet zoveel als "betekent", maar bevat het een bestaansverklaring. Op de achtergrond speelt een zeer moeilijk probleem: wat moet hier verstaan worden onder wiskundig bestaan en hoe moet dit axiomatisch verantwoord worden. Mill gebruikt deze mogelijkheid om het "is" in de verschillende proposities te vervangen door "betekent" als criterium voor het onderscheid tussen zuivere definities als woordverklaringen en bestaansverklarende proposities. Hieruit blijkt dat hij het "ist" in de zin van "het betekent" probeert te vatten in de zogenaamde letterlijke zinnen of in de essentiële uitspraken. Deze zinnen hebben als onderwerp het subjectitwi. Het subject woord als woord is het ding dat bepaald moet worden, daarom noemt hij deze zinnen letterlijke zinnen. Maar die proposities, die het "is" stellen in de zin van het "bestaat", zijn echte proposities, omdat ze werkelijkheid betekenen, werkelijkheid gelijk aan bestaan zoals bij Kant.

Door deze verandering van uitdrukking van "is" in de analytische, d.w.z. essentiële of letterlijke zinnen, probeert Mill te ontsnappen aan de dubbelzinnigheid van de copula en zo de kwestie van de verschillende betekenissen van zijn in "is" op te lossen. Maar het is gemakkelijk om te zien dat zelfs met de "vervanging" van "ist" in de essentiële zinnen door een "het betekent", de copula er nog steeds is, in de verbuigingsvorm van het werkwoord "bedeuten" die nu geïntroduceerd wordt. Het is ook eenvoudig om aan te tonen dat er in elke betekenis van een naam een feitelijke verwijzing zit, zodat Mills' zogenaamd letterlijke zinnen niet volledig los kunnen staan van het wezen dat ze betekenen. De namen, de woorden in de breedste zin, hebben geen apriori vaste omvang van hun betekenis.

De namen, respectievelijk hun betekenissen veranderen met de transformerende feitelijke kennis, en de betekenissen van de namen en woorden veranderen overeenkomstig het overwicht van een bepaald betekenismoment, d.w.z. overeenkomstig het overwicht van een bepaalde kijkrichting op het ding dat op de een of andere manier door de naam wordt genoemd. Alle betekenissen, zelfs de schijnbaar loutere woordbetekenissen, zijn feitelijk. Elke terminologie veronderstelt enige feitelijke kennis.

Onder verwijzing naar Mill's onderscheid tussen letterlijke proposities en echte proposities kan daarom worden gezegd: De werkelijke proposities, d.w.z. de proposities over het zijn, verrijken en wijzigen voortdurend de letterlijke proposities. Het verschil, dat Mill eigenlijk op het oog heeft, is dat tussen de conceptie van het zijn, die zich manifesteert in de vulgaire betekenis en het begrip, zoals het al is vastgelegd in elke taal, en het expliciete begrip en onderzoek van het zijn, zij het in de praktijk of in wetenschappelijk onderzoek.

Men kan in deze zin geen onderscheid maken tussen letterlijke proposities en echte proposities, maar alle letterlijke proposities zijn slechts vestigialiseringen van echte proposities. Mill zelf moet zijn onderscheid tegenspreken en terugkomen op zijn theorie, zelfs als hij de definitie nader toelicht, namelijk dat alle letterlijke proposities ook afhankelijk zijn van feitelijke ervaring. "Hoe een naam gedefinieerd moet worden, deze vraag kan vaak niet alleen het onderwerp zijn van een zeer moeilijk en betrokken onderzoek, maar ook van een onderzoek dat diep moet doordringen in de aard van de dingen die de naam aanduidt. "43 "De enige adequate definitie van een naam is [...] een die de feiten, en zelfs de totaliteit van de feiten, vermeldt die de naam in zijn betekenis bevat. "44 Hier wordt onmiskenbaar gesteld dat ook de letterlijke proposities terug te voeren zijn op de feiten. Maar verder, dat dit "middel", dat Mill gebruikt voor het "is" van de letterlijke proposities, ook een verklaring van het zijn uitdrukt, kan gemakkelijk blijken uit de naam die Mill geeft aan de letterlijke proposities wanneer hij ze essentiële proposities noemt, zo genoemd omdat ze de essentia, de watering van een ding verklaren. Hobbes heeft alle proposities, propositiones.

opgelost in zinnen over het water.

De ambiguïteit van de copula is dus toegenomen.

Hobbes zegt dat alle proposities iets zeggen over het zijn, d.w.z. over een manier van zijn. Mill zegt: Afgezien van de letterlijke proposities, die niet geacht worden uitspraken te zijn over het zijn, zegt de propositie als een echte over het bestaan. Voor Hobbes zeggen de "ist" en de est evenveel als essentia, voor Mill existentia. We zagen bij de bespreking van de tweede stelling dat deze twee concepten van zijn op de een of andere manier samengaan en elk wezen bepalen. We zien daarmee hoe een logische theorie over het zijn een effect heeft op de verschillende mogelijke logische theorieën over "is".

We hoeven hier niet in te gaan op de werkelijke proposities en de manier waarop Mill ze interpreteert, vooral omdat hij ze met de term bestaan, werkelijkheid, in een onverschillige betekenis opvat en er verder geen probleem van maakt.

We merken alleen op dat hij drie verschillende categorieën kent, drie gebieden van het werkelijke: ten eerste de gevoelens of bewustzijnstoestanden, ten tweede de substanties van fysieke en mentale aard en ten derde de attributen. We kunnen hier ook niet ingaan op de invloed van Mill's theorieën over proposities op zijn doctrine van inductie en gevolgtrekking.

We merken op: In Mill's theorie ligt de nadruk op de betekenis van "is" in de zin van "bestaat".

d) Het wezen van de copula en de doctrine van het dubbele oordeel bij H. Lotze Tot slot gaan we in op Lotze's opvatting van de copula. Lotze hield zich al vroeg bezig met de problemen van de logica. We hebben van hem twee uitwerkingen, de kleine "Logica" en de grote "Logica", die hij bijna gelijktijdig met een kleine en grote metafysica uitwerkte. De kleine "Logica" (1843) groeide uit de confrontatie met Hegel, maar werd ook nog steeds grotendeels door Hegel bepaald. De grote "Logica" (1874, 2e druk 1880) is veel uitgebreider en veel onafhankelijker opgezet. Het is gericht op de theorieën van de wetenschap, vooral onder de sterke invloed van Mill.

In de kleine "Logica" heeft Lotze het over de "even bindend als scheidende copula"45 . Hier brengt hij de gedachte terug die Aristoteles al benadrukte, namelijk dat de ou zeggen zowel σύνθεσις als διαίρεσις is. Hij noemt de copula een essentieel oordeelsbeeld. Hoe sterk Lotze de "ist" als copula opvat, d.w.z. er de verbindende functie in ziet en het net als Kant als een verbindende term opvat, blijkt uit een opmerking over het negatieve oordeel: S is niet P, wat al sinds Piatos "Sophistes" een basismoeilijkheid van de logica en de ontologie is. Hier heeft de copula het karakter van "is niet", dat wil zeggen als het ware een negatieve copula. Lotze zegt: "Een negatieve copula is onmogelijk"46, omdat een scheiding (negatie) geen connectief is. Als ik zeg:

S is niet P en als ik de P ontken aan de S, kan dat niet betekenen dat ik de P verbind met de S, denkt Lotze. Deze gedachte brengt hem tot een theorie die essentieel is voor de latere grote "logica": De negatie in het negatieve oordeel is slechts een nieuw, tweede oordeel over de waarheid van het eerste, dat eigenlijk altijd positief gedacht moet worden. Het tweede oordeel is een oordeel over de waarheid of onwaarheid van het eerste. Dit leidt ertoe dat Lotze zegt: Elk oordeel is evenzeer een dubbel oordeel. S is gelijk aan P zegt: S is P, ja het is waar. S niet gelijk aan P zegt: nee dat is het niet, namelijk de S gelijk aan P die altijd ten grondslag ligt als positief oordeel.

Allereerst, zonder ons in een kritiek te begeven, moeten we Lotze vragen: moet negatie simpelweg worden gelijkgesteld aan afscheiding? Wat betekent scheiding hier, wanneer Lotze een negatieve copula, d.w.z. een scheidende verbindende, onmogelijk verklaart? Verder moeten we ons afvragen: is de primaire betekenis van de copula verbinden? Wel, de naam zegt van wel. Maar de vraag blijft, of we het probleem van "ist" en zijn ontologische betekenis zonder meer kunnen oriënteren op de aanduiding van "ist" als copula, of door "ist" als copula, als verbinding te nemen, niet al een interpretatie van "ist" wordt bevooroordeeld, die het misschien helemaal niet toelaat om tot de kern van het probleem door te dringen.

Lotze heeft, zoals al eerder benadrukt, deze doctrine van de verdubbeling van het oordeel en van elke uitspraak nog verder ontwikkeld. Hij noemt deze verdubbeling ook een verdubbeling in de hoofdgedachten en in de nevengedachten. Het P-zijn van de S is de hoofdgedachte die de propositionele inhoud uitdrukt. De toegevoegde "ja het is zo", "ja het is waar", is de secundaire gedachte. We zien hier weer hoe in deze scheiding van hoofd- en nevengedachten in het oordeel terugkeert wat Aristoteles al benadrukte: Het "is" betekent enerzijds verbinding en zegt anderzijds waarheid. Lotze zegt in zijn grote "Logica":

Het is al duidelijk dat er voor ons slechts zoveel wezenlijk verschillende vormen van oordelen kunnen zijn als er wezenlijk verschillende betekenissen van de copula zijn, d.w.z. verschillende secundaire gedachten, die we maken over het soort verbinding van het subject met zijn predicaat en min of meer volledig uitdrukken in de syntactische vorm van de propositie."47 Wat betreft de categorische uitspraak, die in de logica meestal als voorbeeld dient:

S is gelijk aan P, Lotze merkt op: "Er is nauwelijks iets te leren over deze vorm, waarvan de constructie vrij transparant en eenvoudig lijkt;

Er moet alleen worden aangetoond dat deze schijnbare helderheid volledig speculatief is, en dat de duisternis die over de betekenis van de copula in het categorische oordeel hangt op den duur de drijvende kracht zal vormen voor de volgende transformaties van het logische werk".48 Lotze heeft hier inderdaad meer gezien dan degenen die na hem kwamen. Juist dit probleem van de copula, waarvan we hier slechts op enkele plaatsen de geschiedenis hebben laten doorschemeren, is in de loop van de uitwerking van het werk van Lotze niet op de voorgrond kunnen treden. Integendeel, een eigenaardige verweving van Lotze's ideeën met de epistemologische vernieuwing van Kants filosofie leidde er sinds ongeveer 1870 toe dat het probleem van de copula nog meer uit het ontologische probleem naar voren kwam.

We zagen al dat Aristoteles de uitspraak, de logos, bepaalt als datgene wat waar of onwaar kan zijn. De uitspraak is de drager van waarheid. Kennis heeft echter de eigenschap waar te zijn. De basisvorm van kennis is dus het oordeel, dat niet alleen primair maar ook uniek waar is. Hobbes' stelling: kennis is een oordeel, werd de overtuiging van de moderne logica en epistemologie.

Waar de cognitie op gericht is, is het object of het voorwerp van het oordeel. In overeenstemming met Kants zogenaamde copernetische wending in de interpretatie van cognitie, volgens welke cognitie niet moet worden gericht op de objecten, maar omgekeerd de objecten moeten worden gericht op de cognitie, moet de cognitie, d.w.z. het object van cognitie, worden bepaald door de objecten van cognitie.

De waarheid van het oordeel is de standaard van het object, het voorwerp, of preciezer gezegd van de objectiviteit of objectiviteit.

Maar zoals de copula laat zien, wordt in oordelen altijd een wezen uitgedrukt. Een waar oordeel is kennis van het object. Het ware oordeel bepaalt de objectiviteit van het object of de objectiviteit van de herkende objecten.

De objectiviteit of concreetheid is wat de cognitie bereikt in de zin van het oordeel over iets van het zijn. Het wezen van het bestaande wordt identiek met objectiviteit, en objectiviteit betekent niets anders dan het ware wezen van het oordeel.

Bovenal heeft Husserl in de "Logische Onderzoekingen" aangetoond dat men bij het oordelen een onderscheid moet maken tussen de handeling van het oordelen en het geoordeelde feit. Dit geoordeelde, dat bedoeld wordt in de handeling van het oordelen, is dat wat geldig is, of ook de propositionele inhoud, de propositionele zin, bij uitstek de zin. Zin betekent datgene wat in een waar oordeel als zodanig wordt beoordeeld. Dit is dat wat waar is, en wat waar is, is niets anders dan objectiviteit. Het beoordeeld worden van een ware uitspraak is gelijk aan Concreetheid is gelijk aan betekenis. Deze opvatting van cognitie, die georiënteerd is op het oordeel, op de logos, en daarom de logica van de cognitie werd (wat de titel is van het hoofdwerk van Hermann Cohen, de stichter van de Marburg School), en deze oriëntatie van waarheid en zijn op de logica van de propositie is een hoofdcriterium van het Nieuw-Kantianisme. De opvatting dat cognitie gelijk is aan oordelen, waarheid gelijk is aan beoordeeld worden gelijk is aan objectiviteit gelijk is aan geldige betekenis, werd zo dominant dat zelfs de fenomenologie geïnfecteerd werd door deze onhoudbare opvatting van cognitie, zoals duidelijk wordt in het verdere onderzoek van Husserls werk, vooral in de "Ideeën voor een zuivere fenomenologie en fenomenologische filosofie"

(1913). Men moet zijn interpretatie echter niet gemakkelijk identificeren met de interpretatie van het Neo-Kantianisme, hoewel Natorp in een gedetailleerde kritiek geloofde dat hij Husserls positie met de zijne kon identificeren. De logische opvatting van cognitie in de Marburg School en de analyse van het oordeel in Husserls "Logische Onderzoekingen" hebben de jongere vertegenwoordigers van het Neo-Kantianisme bepaald, vooral Hönigswald, een van de meest scherpzinnige vertegenwoordigers van deze groep.

e) De verschillende interpretaties van het wezen van de copula en de afwezigheid van een radicaal probleem
We hebben uit dit overzicht van de interpretatie van de "is", copula genaamd, gezien dat een hele reeks bepalingen met dit fenomeen verweven zijn:

dat zijn enerzijds water zijn betekent (Hobbes), anderzijds bestaan (Mill), dat verder het "is" datgene is waarover geoordeeld wordt in de secundaire gedachte van het oordeel, waarin de waarheid van het oordeel vastligt (Lotze), dat dit zijn, zoals Aristoteles al zei, ook waar zijn betekent, en dat verder dit "is" de functie van verbinden heeft. De karakteristieke bepalingen voor de copula zijn: het "ist" of zijn staat gelijk aan water zijn, essentia, het "ist" staat gelijk aan bestaan, existentia, het "ist" staat gelijk aan waar zijn, of zoals men tegenwoordig ook zegt, geldig zijn, en zijn als verbindende functie en dus als aanduiding van predicatie.

We moeten ons nu afvragen: Zijn al deze verschillende interpretaties van "is" toevallig, of komen ze voort uit een bepaalde noodzaak? Maar waarom is het niet mogelijk om deze verschillende interpretaties met elkaar te verbinden en ze niet alleen uiterlijk te verenigen, maar ze ook te begrijpen als noodzakelijk vanuit een radicaal probleem?

Laten we nog eens samenvattend terugkijken op het verloop van onze historische beschouwing van enkele karakteristieke behandelingen van het copula-probleem. We zagen dat Hobbes een extreem nominalistische interpretatie van de propositie of uitspraak probeert, terwijl Mill het nominalisme in theorie alleen beperkt tot die proposities die hij essentiële of letterlijke proposities noemt, de definities. In deze zinnen zegt de "is" evenveel als: het onderwerpwoord betekent. Het "is" heeft volgens hem alleen een betekenis van zijn in de proposities, die hij accidentele of reële proposities noemt, die iets zeggen over het zijn. Het bleek echter voor ons dat ook de letterlijke zinnen, die betekenissen verklaren, noodzakelijkerwijs gerelateerd zijn aan een feitelijke kennis en dus aan een relatie tot het zijn. De scheiding die Mill in eerste instantie aanbrengt, kan niet worden doorgevoerd; hij zal zelf zijn nominalisme in de loop van de beschouwingen uitleggen. Dit is niet alleen belangrijk voor Mill's theorie, maar voor het nominalisme in het algemeen.

Dit toont aan dat het nominalisme als theorie niet kan worden gehandhaafd. De copula-theorie van Lotze kenmerkt zich door het feit dat hij de betekenis die in "is" schuilt in de zinsstructuur probeert op te nemen door te zeggen dat elk oordeel eigenlijk een dubbel oordeel is dat bestaat uit hoofd- en bijgedachten. De hoofdgedachte staat vast als een oordeel, de secundaire gedachte is het oordeel over de eerste, waarbij in het tweede oordeel wordt gesteld dat de eerste waar of onwaar is. Uit deze theorie van Lotze's oordeel ontstaat een bepaalde opvatting van de objectiviteit van objecten en daarmee de opvatting van het wezen van het bestaande als het wezen van het oordeel in een waar oordeel in verweving met de Nieuw-Kantiaanse opvatting van kennis als oordeel. Dit oordelend zijn wordt geïdentificeerd met dat waarnaar het oordeel verwijst, met het object. Geoordeeld zijn is gelijk aan representationaliteit, en representationaliteit, waar oordeel en zin worden geïdentificeerd.

Om te controleren of we dit verband begrijpen, kunnen we het controleren door enkele zinnen als voorbeeld te nemen en ze te interpreteren in de zin van de verschillende theorieën. De test moet vooral worden uitgevoerd met betrekking tot de fenomenologische discussies die we in de volgende paragrafen zullen voeren. We kiezen hiervoor vrij triviale stellingen.

"Hobbes interpreteert deze zin volgens zijn theorie dat de twee woorden "hemel" en "blauw" gerelateerd zijn aan een en dezelfde res. Door de res wordt de reden van de verbondenheid van deze woorden uitgedrukt. De reden van de verbondenheid wordt uitgedrukt omdat in dit iets, waaraan subject en predicaat-woord identiek verwant zijn, het Wassein wordt uitgedrukt.

"De lucht is blauw" moet door Hobbes noodzakelijkerwijs zo worden geïnterpreteerd dat in deze zin het water van een object wordt vermeld.

Mill daarentegen zou benadrukken dat in deze zin niet alleen het wezen van het water wordt gesteld in de zin van een bepaling van het subject, maar tegelijkertijd wordt gezegd: de lucht is blauw, het bestaande ding, als we dat zo kunnen zeggen, Gimmelis zo en zo bestaand. Niet alleen het waterwezen, de essentia, wordt gesteld, maar in één daarmee de esse in de zin van de existentia, het aanwezige zijn.

Het verdere voorbeeld: "De zon is" kan Hobbes met zijn theorie helemaal niet interpreteren, terwijl Mill deze zin als basisvoorbeeld zou stellen voor zinnen die existentie, esse, existentia stellen. "De zon is" betekent: ze is aanwezig, bestaat.

De zin "Het lichaam is uitgebreid" moet door Hobbes in principe al volgens zijn theorie als zodanig geïnterpreteerd worden, die het wezen van water uitdrukt. Maar ook Mill zal in deze zin een essentiële zin moeten zien, die niets zegt over het bestaan, over het bestaan van een lichaam, maar alleen uitdrukt: Tot het wezen, tot de idee van het lichaam behoort uitbreiding. Als Mill deze essentiële zin tegelijkertijd zou opvatten als een letterlijke zin, die alleen zegt: het woord "lichaam" betekent uitbreiding, dan zou men zich onmiddellijk moeten afvragen: Op welke manier "betekent" deze betekenis zoiets? Waar is de reden ervoor? Is het een willekeurige uitspraak dat ik een betekenis vastleg en zeg dat het zo en zo'n inhoud heeft? Of zegt deze letterlijke zin volgens Mill iets over een feitelijke inhoud, zodat het onverschillig is of deze feitelijke inhoud bestaat of niet? "Het lichaam is uitgebreid" is in zekere zin een analytisch oordeel, maar geen letterlijk oordeel. Het is een analytisch oordeel dat een werkelijke bepaling geeft over de werkelijkheid van het lichaam, in de Kantiaanse zin over de realitas. Hier heeft het "ist" de betekenis van esse in de zin van esse essentiae, maar zeker niet alleen de functie die Mill bedoelt door "ist" en "bedeutet" aan elkaar gelijk te stellen.

Een vierde voorbeeld, afkomstig van Mill, is: "De centaur is een uitvinding van de dichters". Volgens Mill is dit een zuiver letterlijke zin. Het is voor hem het voorbeeld dat er zinnen zijn die niet over zijn in de zin van bestaan gaan, maar woordverklaringen zijn. Als we deze zin nader bekijken, wordt het duidelijk dat er iets in staat, namelijk de centaur. Maar dit waterwezen, dat door de centaur 290 Stelling van de Logica wordt gezegd, drukt slechts één manier van zijn wezen uit. Hij wil zeggen dat dingen als centaurn slechts denkbeeldig zijn. Deze zin is een uitspraak over het bestaan. Op een bepaalde manier moet het bestaan in de breedste zin worden opgevat, zodat deze zin überhaupt in zijn beperkende vorm en betekenis kan worden begrepen.

Hij wil zeggen: De Kentaurn bestaan niet echt, maar zijn slechts verzinsels van de dichters. Ook deze zin is geen letterlijke uitspraak; het "is" zegt ook niet bestaand in de zin van zijn, maar het drukt wel een manier van zijn uit.

Al deze genoemde proposities bevatten nog een andere betekenis in hun "is", in zoverre dat in alle geuite proposities hun waar zijn impliciet is. Dit is de reden waarom Lotze de theorie van de secundaire gedachten tegenkomt. Hoe dit waar zijn samenhangt met het "ist" zelf, hoe in de eenheid van een uitspraak deze verschillende betekenissen van het "ist" samenkomen, moet blijken uit de positieve analyse van de propositie, voor zover we die in dit stadium van onze beschouwingen kunnen uitvoeren.

Om de totaliteit van de verschillende interpretaties van de copula te vatten, formuleren we kort:

Ten eerste heeft zijn in de betekenis van "is" geen intrinsieke betekenis. Dit is de oude Aristotelische stelling: προσσημαίνει σύνθεσίν τινα, het betekent alleen iets in een verbindende gedachte.

Ten tweede stelt dit wezen, volgens Hobbes, het basiswezen van de verbondenheid van subject en predikaat.

Ten derde: Wezen zegt Wassein, esse essentiae.

Ten vierde is zijn in de zogenaamde letterlijke zinnen identiek aan betekenen, of anders betekent het zoveel als bestaan in de zin van aanwezig zijn, esse existentiae (Mill).

Ten vijfde: Het wezen zegt het waar of onwaar zijn uitgesproken in de secundaire gedachte van elk oordeel.

§ Zesde: Waar zijn is hiermee gaan we terug naar Aristoteles de uitdrukking van het zijn, dat alleen in het denken zit, maar niet in de dingen.

Samengevat: In de "is" ligt besloten:

1. iets-zijn (toevallig), 2. wat-zijn (noodzakelijk), 3. hoe-zijn, 4. waarheid-zijn. Zijn van zijn zegt: wat-zijn, hoe-zijn, waarheid. Omdat alles wat bestaat bepaald wordt door het wat en het hoe en geopenbaard wordt als zijnde in zijn wat-zijn en hoe-zijn, is de copula noodzakelijkerwijs dubbelzinnig. Deze dubbelzinnigheid is echter geen "tekort", maar slechts de uitdrukking van de op zichzelf veelvormige structuur van het zijn van een zijn, dus van het begrip van het zijn in het algemeen.

Volgens de gegeven voorstellingen is de kwestie van het zijn als copula gericht op de uitspraak en uitspraakwaarheid, meer precies op het fenomeen van de verbinding van woorden. Het kenmerk van de "ist" als copula is geen willekeurige naamgeving, maar de uitdrukking voor het feit dat de interpretatie van deze "ist", aangeduid als copula, gericht is op de uitgesproken uitspraak uitgedrukt als een opeenvolging van woorden.

De vraag is: Voldoet deze karakterisering van "ist" als copula aan de ontologische betekenis van het uitgedrukt worden door "ist"? Is het mogelijk om de benadering van de traditionele vraag over de "ist" te behouden, of is het niet gewoon de verwarring van het copula probleem gebaseerd op het feit dat deze "ist" op voorhand als copula wordt gekarakteriseerd en alle verdere problemen op deze basis worden opgezet?

§ 17. Zijn als copula en het fenomenologische probleem van verklaring

a) Ontoereikende borging en afbakening van het verschijnsel verklaring De moeilijkheid en complicatie van het copula-probleem is niet te wijten aan het feit dat de vraag überhaupt uitgaat van de logos, maar aan de ontoereikende borging en afbakening van dit verschijnsel van de logos als geheel. De logos wordt opgenomen zoals hij zich voor het eerst aan de vulgaire ervaring van de dingen opdringt. Een uitspraak geeft zichzelf voor de naïeve kijk als een bestaande context van gesproken woorden. Net als bomen, huizen, mensen, zijn er ook woorden die achter elkaar staan, in welke opeenvolging de ene woorden eerder zijn dan de andere, zoals we duidelijk zien bij Hobbes. Als zo'n gegeven verbinding van woorden gegeven is, rijst de vraag: Wat is de eenheid van deze verbinding? De vraag van een verbinding, van een copula, doet zich voor. We hebben al aangegeven dat een beperking van het probleem tot de uitspraak als pure opeenvolging van woorden feitelijk niet haalbaar is. In principe impliceert elke uitspraak, ook opgevat als een pure opeenvolging van woorden, altijd al iets dat de nominalistische theorie niet wil accepteren.

Dat veelvuldige bepalingen bij de uitspraak horen en dat het niet alleen een verkondiging en een opeenvolging van woorden is, blijkt al uit de zinnen die Aristoteles vóór zijn verhandeling over de logos stuurt. Volgens deze zin is de logos niet alleen een φωνή of een fonetisch geheel, maar is het tegelijkertijd door de woorden verbonden met betekenissen, die gedacht worden in het denken, dat tegelijkertijd denkt dat dingen zijn.

Woord, betekenis, denken, gedachte, zijn behoren vanaf het begin tot het volledige bestaan van de logos. Wat we hier opsommen als behorend tot de logos als is niet eenvoudigweg naast elkaar op een rij gezet en naast elkaar bestaand, zodat bepaalde relaties tussen woorden, betekenissen, denkprocessen, gedachte dingen en bestaande dingen voortvloeien uit het bestaan van woorden, betekenissen, denkprocessen, gedachte dingen en bestaande dingen samen. Het is niet voldoende dat deze relaties tussen woorden, betekenissen, gedachten, denkprocessen en dingen formeel worden gekarakteriseerd zoals de relatie tussen tekens en getoonde dingen. Reeds de relatie van de bewoording met de betekenis van het woord moet niet begrepen worden als een tekenrelatie. De formulering is geen teken voor een betekenis, zoals een teken van de weg het teken is voor de richting van de weg. Wat de relatie tussen woord en betekenis ook mag zijn, de relatie tussen de betekenis en wat in de betekenis gedacht wordt is weer anders dan de relatie tussen woord en wat gedacht wordt, en de relatie tussen wat in de betekenis gedacht wordt en wat in de gedachte bedoeld wordt is weer anders dan de relatie tussen woord en betekenis.

Betekenis en gedachte.

Een algemene formele karakterisering van het verband tussen woord, betekenis, denken, gedachte, wezen is geenszins voldoende. We zagen al bij Hobbes en vooral bij Mill dat de nominalistische theorie van de propositie, die primair gericht is op de woordvolgorde, verdreven wordt naar de genoemde verschijnselen van de gedachte en het gedachtewezen, zodat in principe de nominalistische theorie ook rekening houdt met dat wat voorbij de formulering gaat.

Maar de beslissende vraag blijft, hoe datgene wat tot de logos behoort voorbij de opeenvolging van woorden, in de eerste plaats begrepen wordt. Het zou kunnen dat alleen al door uit te gaan van de logos als een opeenvolging van woorden, de andere componenten van de logos verkeerd geïnterpreteerd worden. Dit kan inderdaad worden aangetoond. Als de propositie een opeenvolging van woorden is, die een verband nodig heeft, dan komen de opeenvolgende woorden overeen met een opeenvolging van ideeën, voor welke 294 Stelling van Logische ideeën men ook een verband nodig heeft. Deze opeenvolging van ideeën, die overeenkomt met de opeenvolging van woorden, is iets mentaals, dat bestaat in het denken. Met deze verbinding van ideeën, die in het denken aanwezig is, moet een ding of een verbinding van fysieke dingen overeenkomen, voor zover in de uitspraak over het zijn van een ding staat. Volgens het woord context hebben we dan een conceptuele context in de ziel, die verondersteld wordt te verwijzen naar een context van bestaande dingen daarbuiten. Het probleem doet zich voor: Hoe kan de context van de verbeelding in de ziel overeenkomen met de dingen buiten? Dit wordt meestal geformuleerd als het probleem van waarheid of objectiviteit. Deze fundamenteel verkeerde vraag wordt echter gemotiveerd door het feit dat de uitspraak eerst wordt opgevat als een opeenvolging van woorden.

Ook de Grieken hebben de Logos op deze manier begrepen, zij het niet exclusief. Deze benadering is overgegaan in de traditie van de logische vraagstelling en is daarin tot op de dag van vandaag niet overwonnen.

Uit wat gezegd is wordt duidelijk dat het niet alleen noodzakelijk is om in het algemeen vast te stellen wat tot het volledige begrip logos behoort, dat het niet voldoende is om te zeggen dat voorbij het nominalisme ook betekenis, denken, zijn tot de logos behoren, maar dat het wezenlijke de vaststelling is van de specifieke samenhang van deze verschijnselen die in wezen tot het geheel van de logos behoren. Dit verband mag niet achteraf ontstaan onder dwang van de dingen door middel van een compositie, maar dit geheel van relatie van woord, betekenis, denken, zijn moet primair vooraf bepaald zijn. We moeten ons afvragen: Op welke manier kan het bouwplan van dit geheel bepaald worden, om er de specifieke structuur van de logos in te trekken? Als we op deze manier vragen, bevrijden we ons van meet af aan van de geïsoleerde en isolerende oriëntatie van het propositionele probleem op de context van het gesproken woord. De verkondiging kan tot de logos behoren, maar dat hoeft niet. Als een propositie zichzelf aankondigt, dan kan dat alleen omdat het in de eerste plaats iets anders is dan een reeks woorden die op de een of andere manier aan elkaar gekoppeld zijn.

b) Fenomenologische demonstratie van enkele essentiële structuren van de uitspraak. De intentionele houding van de uitspraak en haar fundering in het zijn-in-de-wereld Wat is de logos als uitspraak? We kunnen niet verwachten dat we deze hele structuur in een paar zinnen kunnen proppen. Het kan alleen een kwestie zijn van de essentiële structuren in beeld krijgen. Zijn we daar überhaupt op voorbereid door de observaties die we tot nu toe hebben gedaan? In welke richting moeten we kijken, als we de Logos als geheel het probleem maken? De uitspraak heeft de kenmerkende dubbele betekenis dat er staat wat er gezegd wordt en wat er gezegd wordt. De uitspraak is een intentionele bestaanshouding. Het is in zijn essentie een uitspraak over iets, dus op zichzelf gerelateerd aan het zijn. Zelfs als datgene waarover een uitspraak wordt gedaan niet-wezen blijkt te zijn, als een nietige verschijning, wordt de structuur van de uitspraak als een intentionele uitspraak helemaal niet aangetast, maar alleen bewezen. Zelfs als ik oordeel over verschijningen, ben ik gerelateerd aan het zijn. Dit klinkt vandaag de dag bijna vanzelfsprekend voor ons. Maar het duurde eeuwen van ontwikkeling van de antieke filosofie tot Plato dit vanzelfsprekende feit ontdekte en zag dat ook het valse en het schijnbare een wezen is. Welnu, het is een wezen dat niet is zoals het zou moeten zijn, dat iets mist, een μὴ ὄν. Het schijnbare en onechte is niet niets, geen οὐκ ὄν, maar een μὴ ὄν, een wezen weliswaar, maar behept met een gebrek. Plato komt in zijn dialoog "Sophistes" tot het besef dat elke logos als zodanig λόγος τινός is, elke uitspraak is een uitspraak over iets. Dit is ogenschijnlijk triviaal en toch raadselachtig.

We hoorden eerder dat elke intentionele relatie op zichzelf een specifiek begrip van zijn heeft, waarnaar de intentionele houding als zodanig verwijst. Opdat iets een mogelijk wat-omtrent zou zijn voor een uitspraak, moet het op de een of andere manier al gegeven zijn als geopenbaard en toegankelijk voor de uitspraak. De uitspraak onthult niet primair als zodanig, maar is altijd al gerelateerd aan iets dat al onthuld is. Hiermee is al gezegd dat de uitspraak als zodanig geen cognitie is in de eigenlijke zin van het woord.

Het zijn moet gegeven worden als geopenbaard, om te kunnen dienen als een mogelijk wat-omhoog van een verklaring. Maar voor zover het zijn gegeven is voor een geopenbaard bestaan, heeft het, zoals we eerder lieten zien, het karakter van innerlijke wereldsheid. Het intentionele gedrag in de zin van het doen van een uitspraak over iets is volgens zijn ontologische structuur gebaseerd op de basisconstitutie van Dasein, die we hebben gekarakteriseerd als zijn-in-de-wereld. Alleen omdat Dasein bestaat op de manier van zijn-in-de-wereld, wordt iets bestaands aan hem geopenbaard met zijn bestaan, zodat dit geopenbaarde een mogelijk object van een uitspraak kan worden. Dasein, voor zover het bestaat, verblijft al bij elk wezen dat op welke manier dan ook in welke dimensie dan ook ontdekt wordt. Niet alleen dit wezen, waar het verblijft, maar het wezen zelf als bestaan wordt tegelijkertijd onthuld.

De uitspraak kan, maar hoeft zich niet uit te drukken in een letterlijke uitspraak. Taal behoort tot de vrije beschikking van het bestaan. In dit opzicht heeft Hobbes gelijk als hij verwijst naar het fundamentele belang van taal voor de bepaling van het wezen van de mens. Maar hij stopt bij de uiterlijke werken, voor zover hij niet vraagt hoe dit wezen moet zijn, tot wiens zijnswijze taal behoort. Talen zelf zijn nooit iets bestaands als dingen. Taal is niet identiek met de totaliteit van woorden die zijn opgenomen in een woordenboek, maar taal is, voor zover ze is, zoals Dasein is, d.w.z. taal bestaat, ze is historisch.

Sprekend over iets, drukt Dasein zichzelf uit als bestaand in de wereld en als zijnde met en omgaand met het zijn. Alleen het zijn dat bestaat, d.w.z. op de manier is van zijn-in-de-wereld, begrijpt het zijn. Voor zover het zijn begrepen wordt, worden door dit begrijpen zoiets als betekenisverbindingen gearticuleerd. Deze bevinden zich in de mogelijkheid om zich in woorden uit te drukken. Er zijn niet eerst woorden die gestempeld worden als tekens voor betekenissen, maar andersom, uit het bestaan dat zichzelf en de wereld begrijpt, d.w.z. uit een reeds geopenbaarde betekeniscontext, groeit een woord naar elk van deze betekenissen. De woorden kunnen, als ze in hun essentie begrepen worden, nooit als vrij zwevende dingen beschouwd worden. Met betrekking tot hen is het niet mogelijk om te vragen naar de context die ze hebben als vrij zwevende woorddingen. Deze vraag blijft altijd onvoldoende, als hij gericht is op het interpreteren van de uitspraak en dus op cognitie en waarheid.

Met deze hint hebben we slechts ruwweg het plan gemarkeerd waarbinnen we de structuur van de verklaring zullen vinden. We hebben de leidende blik gefixeerd op het geheel, dat we van tevoren moeten zien, om de relatie tussen woorden, betekenissen, denken en zijn te kunnen overzien. Dit geheel, dat vooraf in beeld moet zijn, is niets anders dan het bestaande Dasein zelf.

Het primaire karakter van de verklaring is de ἀπόφανσις, een bepaling die Aristoteles en in principe ook Plato al zagen. Letterlijk vertaald betekent het: het aanwijzen, iets vanuit zichzelf laten zien, ἀπό, zoals het in zichzelf is, φαίνεσθαι. De basisstructuur van de uitspraak is onthullen waarover het getuigt. Dat waarover de uitspraak getuigt, dat wat er primair in bedoeld wordt, is het wezen zelf. Als ik zeg "het schoolbord is zwart", doe ik geen uitspraak over ideeën, maar over het betekende zelf. Alle verdere structurele momenten van de uitspraak worden bepaald door deze basisfunctie, zijn karakter als uitspraak. Alle momenten van de uitspraak worden bepaald door de apofantische structuur.

Meestal vat men de verklaring op in de zin van predicatie, de koppeling van een predicaat aan een subject, of vrij extern opgevat, de relatie van een later woord aan een eerder woord, of echter, als men verder gaat dan de woordoriëntatie, de Beziehimg van een conceptie aan een andere.

Het primaire karakter van de uitspraak als een bewijsvoering moet echter worden aangegeven. De predicatieve structuur van de bewering kan alleen worden bepaald op basis van dit bewijskarakter. Prediceren is volgens dit principe primair een desambiguatie van het gegeven, namelijk een onthullende desambiguatie. Deze desambiguering heeft niet de betekenis van een feitelijke versplintering van het gegevene in stukken, maar is apofantisch, d.w.z. het toont de samenhang van de veelvoudige bepalingen van het gegevene. In de scheiding wordt het gegeven wezen tegelijkertijd zichtbaar gemaakt in de eenheid van het bij elkaar horen van zijn determinaties.

De demonstratie in de zin van de uitspraak is desambiguerend indicerend en als zodanig determinerend. Disambiguatie en determinatie behoren samen, even oorspronkelijk, tot de zin van predicatie, die zelf apofantisch is. Wat Aristoteles kent als σύνϋεσις en διαίρεσις moet niet worden geïnterpreteerd als uitwendig, zoals dat in de oudheid werd gedaan en later is gebleven, alsof ideeën uit elkaar worden gehaald en dan weer worden samengevoegd, maar dit synthetische en dihairetische gedrag van de uitspraak, van de logos, is op zichzelf aantonend.

Dit demonterende bepalen als onthullen verwijst echter altijd naar reeds onthuld zijn. Wat dus toegankelijk wordt in de bepalende uitspraak, kan gecommuniceerd worden in de uitspraak als een geuite uitspraak. De uitspraak is een onthulling van de speciale structuur van het bepalende apart, en dit kan communicatie zijn.

De uitspraak is communicatie. Ook het karakter van de communicatie moet apofantisch begrepen worden.

De communicatie betekent niet het doorgeven van woorden of zelfs ideeën van het ene subject naar het andere, alsof het een uitwisselingsverkeer zou zijn tussen psychische gebeurtenissen van verschillende subjecten.

Het ene Dasein communiceert zichzelf door tot het andere te spreken, dat wil zeggen: door iets te verklaren deelt het met het andere Dasein dezelfde begripsrelatie tot wat wordt verklaard. In de communicatie en daardoor komt het ene Dasein met het andere, de geadresseerde, in dezelfde zijnsrelatie tot datgene waarover de uitspraak gaat, waarover de toespraak gaat. De communicatie is geen schat van opeengestapelde zinnen, maar ze moet begrepen worden als mogelijkheden, waardoor de een met de ander in dezelfde basisrelatie komt tot het wezen, dat op dezelfde manier onthuld wordt.

Uit dit alles wordt duidelijk dat de uitspraak geen primaire cognitieve functie heeft, maar slechts een secundaire. Het zijn moet al geopenbaard zijn, zodat een uitspraak erover mogelijk is. Waarschijnlijk is niet elk gesprek een opeenvolging van uitspraken en de bijbehorende communicatie. In de ideale zin zou dit de wetenschappelijke discussie zijn. Maar de filosofische discussie heeft al een ander karakter, voor zover ze niet alleen een basispositie ten opzichte van het bestaande vooronderstelt, maar nog originelere bepalingen van het bestaan eist, waar we hier niet op in zullen gaan. We hebben hier met de verklaring slechts te maken met een zeer duidelijk fenomeen in het onderwerp, van waaruit we niet elke willekeurige zin van de taal moeten interpreteren. We moeten in gedachten houden dat de meeste zinnen van de taal, zelfs als ze een linguïstisch letterlijk propositioneel karakter hebben, toch een andere structuur vertonen, die dienovereenkomstig is gewijzigd ten opzichte van de structuur van de propositie in de engere zin van demonstratie.

We kunnen de verklaring definiëren als het communicerende bepalende aanwijzen. Met het aanwijzen wordt het primaire moment van de propositiestructuur vastgelegd.

c) Verklaring als communicerend-bepalend openbarend en het "is" van de copula Openbaring van het zijn in zijn en differentiatie van het begrip van het zijn als ontologische voorwaarde voor het onverschillige "is" van de verklaring Maar waar blijft de copula? Wat hebben we gewonnen voor het begrip van de copula door de karakterisering van de structuur van de uitspraak? Ten eerste dat we niet misleid worden door de naam "copula", voor zover de naam van deze "is" ons al in een bepaalde opvatting duwt. We vragen nu naar het "ist" in de zin, nog los van zijn copulatieve karakter, dat extern wordt gesuggereerd door de woordvolgorde.

De "is" geeft zichzelf als een uitdrukking van het zijn. Naar welk wezen kan en moet het verwijzen als behorend tot de uitspraak? In hoeverre verwijst de uitspraak, waartoe het "ist" behoort, naar het zijn? Wordt hieruit begrijpelijk, waarom dit "ist", extern verzameld uit de woordvolgorde van de zin, dubbelzinnig blijkt te zijn, en dat betekent, in zijn betekenis, als onverschillig? Moet deze onverschilligheid van de betekenis van "ist" of zijn dubbelzinnigheid worden opgevat als een tekortkoming, of komt deze dubbelzinnigheid of onverschilligheid van "ist" overeen met zijn specifieke karakter van uitdrukking met betrekking tot de uitspraak? We zagen dat de desambiguerende bepaling van waar in de uitspraak over gesproken wordt al de openbaring van dit wezen vooronderstelt. De spreker verhoudt zich al tot het wezen vóór de uitspraak en ervoor en begrijpt het in zijn wezen. In de uitspraak over iets moet noodzakelijkerwijs het begrijpen van het zijn worden uitgedrukt, waarin het verklarende, d.w.z. onthullende, bestaan als zodanig al bestaat, voor zover het zich, als bestaand, al verhoudt tot het zijn, het begrijpen ervan. Maar omdat de primaire onthulling van het zijn, die het mogelijke object van de explicerende verklaring kan worden, niet door de verklaring wordt gedaan, maar al gedaan wordt in de oorspronkelijke manieren van onthullen, begrijpt de persoon die verklaart al vóór de verklaring de manier van zijn van het wezen waar hij het over heeft. Het begrip van het wezen van waar over gesproken wordt ontstaat niet alleen door de uitspraak, maar de uitspraak drukt het uit. Het "is" kan onverschillig zijn in zijn betekenis, omdat de verschillende zijnswijze al vastligt in het primaire begrip van het wezen.

Omdat het zijn-in-de-wereld wezenlijk tot Dasein behoort en Dasein zichzelf ermee openbaart, begrijpt elk feitelijk bestaand, en dat betekent spreken en uitdrukken van Dasein noodzakelijkerwijs al een veelheid van verschillende zijnsvormen in zijn wezen. De onverschilligheid van de copula is geen gebrek, maar kenmerkt slechts het secundaire karakter van alle proposities. Het "ist" in de zin kan zich deze onbepaaldheid van zijn betekenis als het ware veroorloven, omdat het als uitgedrukt voortkomt uit het uitdrukkende Dasein, dat het in het "ist" bedoelde zijn al op deze of gene manier begrijpt. Het "ist" heeft zijn differentiatie al ontvangen in het feitelijke begrip voordat het wordt uitgedrukt in de zin. Voor zover in de communicatie het zijn vanaf het begin vastligt, is het begrip van het zijn van dit zijn al gegeven en ligt de betekenis van het "ist" vast, zodat het niet in de vorm van de spraak hoeft te verschijnen, of het nu in het "ist" of in de verbuiging is. In het begrip van het wezen vóór de uitspraak ligt altijd al het wezen van het te onthullen wezen besloten en dit wezen wordt begrepen in een bepaalde wijze van zijn, bijvoorbeeld bestaan. Als men daarentegen voor de opheldering van het "is" de benadering neemt van de propositie die wordt uitgesproken, dan is het hopeloos om ooit het karakter van het "is", zijn specifieke onverschilligheid, positief thesis van de logica vanaf zijn oorsprong en in zijn noodzaak en mogelijkheid te begrijpen. De differentiatie van de betekenis van "ist", die al bereikt is in de functie van de logos om te wijzen, kan onbepaald blijven in de uitspraak als communicatie, omdat het wijzen zelf de openbaring van het zijn veronderstelt en dus de differentiatie van het begrip van het zijn.

Als je uitgaat van de woordvolgorde, dan blijft alleen de mogelijkheid over om de "is" te karakteriseren als een verbindingswoord.

Maar men zal zeggen: Het karakter van "ist" als koppelwoord mag dan wel extern bedacht zijn, maar dit copulatieve karakter van "ist" kan niet zo geheel toevallig blijven.

Misschien wordt met dit "is" vóór alle verbondenheid van de woorden of de ideeën een verbondenheid in het wezen zelf bedoeld, waar de uitspraak over gaat. We zeiden zelf al dat bij de structuur van de uitspraak σύνθεσις en διαίρεσις horen, samennemen en uit elkaar halen in de zin van bepalen. Als σύνθεσις en διαίρεσις de functie hebben van het aanwijzen van het wezen, dan moet dit wezen als wezen, d.w.z. met betrekking tot zijn wezen, natuurlijk van dien aard zijn dat het, ruwweg gezegd, vraagt om zo'n samenvoeging als de aanwijzende functie die bij het wezen past. De demontage-bepaling wil de verdeelde verscheidenheid van het gegeven wezen toegankelijk maken in zijn eenheid. Aldus hebben de bepalingen van het wezen zelf, d.w.z. van dat waarover de uitspraak wordt gedaan, een karakter van samenzijn, uiterlijk genomen van verbondenheid. Maar dan, voor zover de uitspraak over het zijn gaat, betekent het "is" noodzakelijkerwijs zo'n samenzijn. Het "ist" zal noodzakelijkerwijs een synthese uitdrukken, los van het feit of het in de gesproken zin volgens zijn woordvorm als copula functioneert of niet. Dan zou "ist" geen verbindende term zijn, omdat het als een copula in de zin functioneert, maar omgekeerd, het is alleen een copula, een verbindend woord in de zin, omdat zijn betekenis in de uitdrukking van het zijn het zijn betekent en het zijn van het zijn wezenlijk bepaald wordt door het samenzijn en de verbondenheid.

Er is, zoals we zullen zien, in het idee van zijn zoiets als verbondenheid, heel extern opgevat, en het is geen toeval dat het "ist" het karakter van de copula krijgt. Alleen dan is de karakterisering van "ist" als copula geen fonetische en geen letterlijke, maar een puur ontologische, begrepen vanuit waar de uitspraak over gaat.

Hoe dichter we bij dit "is" komen, hoe mysterieuzer het wordt. We moeten niet denken dat we het "is" hebben opgehelderd met wat we tot nu toe hebben gezegd. Slechts één ding moet nu duidelijk worden: De bepaling van het "is" uit de uitgesproken propositie leidt niet naar de periferie van het adequate ontologische probleem. Het "ist", onverschillig in linguïstische vorm, heeft altijd al een andere betekenis in levende spraak. Maar de uitspraak is niet primair onthullend, maar veronderstelt het onthullen van een wezen. De onthullende uitspraak betekent niet alleen een wezen, maar het wezen in zijn onthulling. Dus rijst de vraag of deze bepaling van waar in de uitspraak over gesproken wordt, het wezen in zijn onthulling, ook inbegrepen is in de betekenis van "is", waardoor het wezen van het object van de uitspraak getoond wordt.

Dan zou er in het "is" niet alleen een betekenis zijn van zijn in de zin van aanwezig zijn, van het esse existentiae, of van het esse essentiae of van beide samen, of een betekenis van zijn in elke andere wijze van zijn, maar de betekenis van het "is" zou tegelijkertijd de openbaring inhouden van datgene waarover gezegd wordt. Bij het uitspreken van uitspraken gebruiken we vaak om het "is" te benadrukken. We zeggen bijvoorbeeld "het schoolbord is zwart".

Deze klemtoon geeft uitdrukking aan de manier waarop de spreker zelf zijn uitspraak begrijpt en begrepen wil worden. Het beklemtoonde "is" zegt zoveel: Het tablet is inderdaad zwart, het is zwart in waarheid; het wezen, waarover ik getuig, is zoals ik getuig. Het beklemtoonde "is" drukt het waarheidsgehalte van de uitspraak uit. Preciezer gezegd, door deze soms voorkomende nadruk zien we alleen dat in principe in elke gesproken uitspraak de waarheid van de uitspraak zelf wordt bedoeld. Het is geen toeval dat Lotze vanuit dit fenomeen tot zijn theorie van secundaire gedachten kwam. De vraag is of men positief achter deze theorie moet staan, of het nodig is om elke uitspraak op te lossen in een dubbel oordeel, of dat deze verdere betekenis van "is", het waar zijn, niet direct vanuit de idee van het zijn begrepen kan worden.

Om dit als een probleem te verduidelijken, moeten we ons eerst afvragen: Wat zegt dit waar zijn van de uitspraak, dat soms in het beklemtoonde "is" ook op de manier van de uitspraak wordt uitgedrukt? Hoe verhoudt dit waar zijn van de uitspraak zich tot het zijn van het wezen, waarover gesteld wordt, welk zijn het "is" in de zin van de copula primair betekent?

§ 18. Waarheid van beweringen, het idee van waarheid in het algemeen en haar relatie tot het concept van zijn

Over het waarheidsgehalte van de logos, van de uitspraak, hebben we van Aristoteles een merkwaardige stelling gehoord, die sindsdien in de overlevering is blijven hangen. Volgens deze stelling is de waarachtigheid van de uitspraak οὐκ ἐν πράγμασιν, niet onder de dingen, maardern ἐν διανοίᾳ, in het verstand, in intellectu, zoals de Scholastiek zegt. Of deze stelling van Aristoteles terecht bestaat en in welke zin ze houdbaar is, kunnen we alleen beslissen als we vooraf een voldoende waarheidsbegrip krijgen. Dan kan worden aangetoond dat waarheid niets is dat tussen andere bestaande dingen bestaat. Maar als waarheid niet als een bestaand ding tussen de bestaande dingen voorkomt, dan is het nog niet beslist of het niet toch een bepaling van het wezen van het bestaande, van het bestaande kan vormen. Zolang deze vraag niet beantwoord is, blijft Aristoteles' stelling "de waarheid is niet "onder" de dingen" dubbelzinnig.

Maar even dubbelzinnig blijft het positieve deel van zijn stelling, volgens welke de waarheid zich in de geest zou bevinden. Ook hier moet de vraag gesteld worden: Wat betekent dit "de waarheid is in de geest? Betekent dit dat het iets is dat zich voordoet als een mentaal proces? In welke zin wordt waarheid verondersteld in de geest te zijn? Hoe is de denkgeest zelf? We zien, we komen hier weer terug bij de vraag naar de zijnswijze van het begrijpen, van begrijpen als houding van Dasein, d.w.z..

op de vraag naar de existentiële bepaling van Dasein zelf.

Zonder dit zullen we ook niet in staat zijn om de vraag te beantwoorden: In welke zin is waarheid, als het in het begrip is dat bij het wezen van het bestaan hoort?

Beide kanten van de Aristotelische stelling zijn dubbelzinnig, zodat de vraag rijst in welke zin deze houdbaar is.

We zullen zien dat noch het negatieve deel van de stelling, noch het positieve kan worden vastgehouden in de vorm van de naïeve en gebruikelijke interpretatie. Maar hiermee wordt gezegd dat waarheid op een bepaalde manier bij de dingen hoort, hoewel het niet iets is onder de dingen zelf, zoals ze bestaan. En omgekeerd, waarheid is niet in het begrijpen, voor zover onder begrijpen een proces van een bestaand psychisch subject wordt gedacht. Hieruit volgt: Waarheid is noch aanwezig tussen de dingen, noch komt het voor in een subject, maar het ligt bijna letterlijk genomen in het midden "tussen" de dingen en het bestaan.

Als je de Aristotelische stelling puur extern opvat, zoals meestal gebeurt, dan leidt dat tot onmogelijke vragen. Want men zegt: Waarheid is niet in de dingen, daarom is ze niet in de objecten, maar in het subject. Aldus komt men tot de uitspraak: Waarheid is in zekere zin een bepaling van de ziel, iets 306 thesis van de logica binnenin, iets immanents in het bewustzijn. Het probleem doet zich voor: Hoe kan iets immanents in het bewustzijn zich verhouden tot iets transcendents buiten in objecten? Het probleem wordt zo onherroepelijk in hopeloosheid geduwd, want met deze vraagstelling kan nooit een antwoord worden gewonnen, voor zover de vraag zelf fout is.

De gevolgen van deze onmogelijke vraagstelling tonen zich in het feit dat de theorie tot allerlei uitvindingen wordt gedreven, dat men ziet dat de waarheid niet in de objecten ligt, maar ook niet in de subjecten, en men komt in het derde rijk van de zin, in een uitvinding die niet minder twijfelachtig is dan de middeleeuwse speculatie over de engelen. Als men deze onmogelijke vraagstelling wil vermijden, is de enige mogelijkheid om na te denken over wat dit subject is, "waarbinnen" iets als het ware verondersteld wordt zijn eigen bestaan te hebben.

We vragen ons eerst af: Wat betekent "een bewering is waar"?

Om het antwoord te vinden, is het nodig om terug te gaan naar de gegeven bepaling van de uitspraak, dat het een communicerend-bepalende aanduiding is. Dit laatste karakter, Aufzegung, is het primaire karakter, dat zegt: Een uitspraak maakt het mogelijk om te zien waarover erin gesproken wordt op de manier van bepalende predicatie; ze maakt toegankelijk waarover gesproken wordt. Dit predicatieve wijzen op wat is heeft het algemene karakter van een onthullende ontmoeting. In het begrijpen van de gecommuniceerde uitspraak is de luisteraar niet gericht op woorden, noch op betekenissen of op psychische processen van de communicator, maar vanaf het begin op het genoemde wezen als zodanig, dat, in het begrijpen van de uitspraak, geacht wordt naar hem toe te springen in zijn specifieke zijn-zoals-het-is, op voorwaarde dat de uitspraak geschikt is voor zijn onderwerp. Het onthullen heeft het karakter van onthullen, en alleen omdat het onthullen is, kan het bepalen en communiceren zijn. Dit onthullen, dat de basisfunctie van de uitspraak is, vormt het karakter dat traditioneel waar zijn wordt genoemd.

§ Naargelang de aard van het wezen waarover de uitspraak wordt gedaan en naargelang de aard van het voorwerp van de uitspraak is de manier van onthullen die eraan wordt toegekend verschillend. De onthulling van bestaande dingen, bijvoorbeeld van de natuur in de breedste zin van het woord, noemen we onthulling. De onthulling van het wezen, dat we zelf zijn, van het bestaan, en dat de manier van zijn van het bestaan heeft, noemen we niet onthullen, maar onthullen, ontsluiten. De terminologie is altijd arbitrair binnen bepaalde grenzen. Maar de definitie van waarheid als onthullen, onthullen, is geen arbitraire, eigen uitvinding van mij, maar geeft alleen uitdrukking aan het begrip van het fenomeen waarheid, zoals het al door de Grieken werd begrepen in het voorwetenschappelijke begrip en in het filosofische begrip, ook al was het oorspronkelijk niet in alle opzichten expliciet. Plato zegt al expliciet dat de functie van de logos, d.w.z. van de uitspraak, de δηλοῦν is, het manifest maken, of zoals Aristoteles het scherper zegt met betrekking tot de Griekse uitdrukking van waarheid: de ἀληθεύειν. λανθάνειν betekent verborgen, betekent het privativum, zodat ἀ-ληθεύειν zoveel betekent als: iets uit zijn verborgenheid halen, het openbaar maken. Waarheid betekent voor de Grieken:

uit de verborgenheid halen, ontdekken, onthullen. Waarschijnlijk zijn de Grieken er niet in geslaagd om dit fenomeen in alle opzichten te interpreteren. Daarom konden de essentiële benaderingen van dit begrip van waarheid niet zegevieren, maar vielen ze in misverstanden om redenen die we hier niet kunnen bespreken, zodat vandaag de dag in de traditie de oorspronkelijke betekenis van het Griekse begrip van waarheid volledig verduisterd is.

We proberen dieper in te gaan op het begrip van het fenomeen waarheid. Waar zijn betekent onthullen. Hiermee omvatten we zowel de ontdekkingsmodus als de onthullingsmodus, de onthulling van het wezen, dat niet het wezen is, en die van het wezen, dat we zelf zijn. We vatten waar zijn in deze vrij formele zin op als onthullend, waarbij 308 de these van de logica nog niet is toegesneden op een bepaald wezen en zijn wijze van zijn. Waar zijn als onthullend resulteert als een zijnswijze van Dasein zelf, van zijn bestaan. Voor zover het zijn bestaat, en dat betekent voor ons volgens het eerste, voor zover het zijn is op de manier waarop het in een wereld is, is het waar, d.w.z. met de geopenbaarde wereld is het zijn altijd al geopenbaard, ontsloten, ontdekt. De ontdekking van wat er al is, is gebaseerd op het feit dat Dasein, als bestaand wezen, zich altijd al verhoudt tot een wereld die geopend wordt. Bestaand begrijpt het iets als zijn wereld, en met de ontwikkeling van zijn wereld wordt het tegelijkertijd aan zichzelf geopenbaard. We hebben al gehoord dat deze zelfopenbaring van Dasein, het zelfbegrip, eerst feitelijk verkregen, op de weg van zelfbegrip wordt toegeëigend uit de in zekere zin geopenbaarde dingen, waarmee Dasein als bestaand wezen verblijft. Omdat de essentie van Dasein deze onthulling van zichzelf is en, in eenheid daarmee, de onthulling van innerlijk-wereldlijk-zijn, kunnen we zeggen: Dasein bestaat in waarheid, d.w.z. in de onthulling van zichzelf en van het wezen waartoe het zich verhoudt. Alleen omdat het wezenlijk al in de waarheid bestaat, kan het zich als zodanig vergissen en is er sprake van verhulling, dissimulatie en geslotenheid van het wezen.

Waar zijn is onthullen, onthullen is een houding van het Ik, dus, zeggen ze, is waar zijn iets subjectiefs. Wij antwoorden: Wel "subjectief", maar in de zin van het welbegrepen begrip van het "subject" als het bestaande, d.w.z. in de wereld zijnde bestaan. Nu begrijpen we in hoeverre de Aristotelische stelling, dat het ware zijn niet onder de dingen te vinden is, maar εν διανοιςι, in het begrijpen, terecht bestaat. Maar we zien ook in welk opzicht deze stelling niet terecht bestaat. Als men het begrijpen en denken opvat als een psychisch begrijpen van een bestaande ziel, dan blijft het onbegrijpelijk wat er zou moeten staan dat waarheid voorkomt in de sfeer van het subject. Als men daarentegen διάνοια, begrijpen, zoals dit fenomeen opgevat moet worden, in zijn apofantische structuur neemt, d.w.z. als het openbarende wijzen op iets, dan ziet men dat begrijpen als het openbarende wijzen op iets in zichzelf volgens zijn structuur bepaald wordt door waar te zijn als het openbarende. Denken, als een vrije houding van de mens, staat in de mogelijkheid om gegeven zijn als openbarend adequaat te ontmoeten of te missen. De waarachtigheid van de uitspraak ligt in haar structuur, omdat de uitspraak in zichzelf een houding van Dasein is, die als bestaand bepaald wordt door waarachtigheid.

b) De opzettelijke structuur van onthulling

De existentiële zijnswijze van waarheid. Onthulling als bepaling van het zijn van het zijn Voor zover Dasein bestaat als zijnde-in-de-wereld, verblijft het altijd al in het zijn. "Met het zijn" zeggen we, d. w. z.

Dit wezen is in zekere zin onthuld. Bij het bestaan als onthulling hoort in wezen een onthulling in zijn onthulling, d.w.z. het zijn, waarmee de onthulling verbonden is volgens zijn intentionele structuur. Bij het onthullen hoort, zoals bij elk intentioneel gedrag, een begrip van het zijn, waar deze houding als zodanig naar verwijst. In de onthullingspropositie is Dasein gericht op iets dat het van tevoren begrijpt in zijn onthulling. Het intentum van de intentio van de onthullende stelling heeft het karakter van onthulling. Als we waar zijn gelijkstellen aan onthulling, waaraan ἀλη-θεύειν gelijk is δηλοῦν, maar onthulling op zichzelf intentioneel gerelateerd is aan een ding dat in zijn essentie onthuld moet worden, niet toevallig, dan behoren het moment van onthulling en de onthulling waarnaar onthulling volgens zijn structuur verwijst tot het begrip waarheid. Maar de onthulling is alleen, voor zover er een onthulling is, d.w.z. voor zover Dasein bestaat.

Waarheid en waarheidswezen als onthulling en onthulling hebben de zijnsvorm van het bestaan.

Waarheid, volgens haar essentie, bestaat nooit als een ding, maar bestaat. Zo komt Aristoteles' stelling in zijn negatieve deel, goed begrepen, weer tot zijn recht. Het ware zijn, zegt Aristoteles, is niet iets onder de dingen, het is niets bestaands.

Toch heeft de Aristotelische stelling een aanvulling en een nadere bepaling nodig. Want juist omdat waarheid alleen is voor zover zij bestaat, d.w.z. de zijnswijze van het bestaan heeft, en omdat zij tegelijkertijd behoort tot de openbaring van datgene waarnaar zij verwijst, is zij niets bestaands, maar als openbaring van datgene waarnaar de uitspraak verwijst, is zij een mogelijke bepaling van het wezen van datgene wat bestaat. Het is een bepaling van het wezen van het bestaande, als het bijvoorbeeld in een onthullende uitspraak wordt geopenbaard.

Als we zeggen dat waar zijn niet iets betekent dat tussen de dingen aanwezig is, dan lijdt deze manier van spreken nog steeds aan een dubbelzinnigheid. Want de waarheid als onthulling van iets betekent juist dit bestaande, waarnaar het verwijst, betekent dit bestaande in zijn onthulling. De onthulling is waarschijnlijk geen bestaande bepaling van het bestaande, geen eigenschap ervan, maar behoort tot het bestaan als onthulling. Het is echter, als een bepaling van wat er over gezegd wordt, een bepaling van het wezen van het bestaande.

Het resulteert met betrekking tot de Aristotelische stelling: De waarheid is niet in de geest, als deze als bestaand subject wordt genomen. De waarheid is in de dingen, als deze worden opgevat als ontdekt, als ontdekte objecten van de uitspraak, die over hen gaat. De waarheid is noch in de dingen noch in een ziel aanwezig.

Aan de andere kant is waarheid als onthullend zowel in Dasein als een bepaling van zijn intentionele gedrag, als ook een bepaling van het wezen, het bestaande, met betrekking tot zijn wezen als een onthuld wezen. Hieruit volgt dat waar zijn iets is dat "ligt" tussen het subject en het object, als we deze twee termen in de gebruikelijke uiterlijke betekenis opvatten. Het fenomeen waarheid is gerelateerd aan de basisstructuur van Dasein, zijn transcendentie.

c) Openbaring van water en werkelijkheid in het "ist" van de stelling. De existentiële manier van zijn van waarheid en de verdediging tegen subjectivistische misinterpretaties Nu zijn we in een positie om het probleem van het "ist" in de stelling scherper te zien. Met het "ist" kan bedoeld worden: het bestaan van een wezen, existentia, het wat-is van een wezen, essentia, of beide samen. In de zin "A is" geeft "is" het wezen aan, bijvoorbeeld de existentia. "A is B" kan zeggen dat B wordt toegeschreven aan A als een bepaling van zijn zijn-zoals-het-is, waarbij het onbeantwoord blijft of A werkelijk aanwezig is of niet. Maar "A is B" kan ook betekenen dat de A bestaat en de B een daarin bestaande bepaaldheid is, zodat in de zin "A is B" tegelijkertijd existentia en essentia van het wezen bedoeld kunnen zijn. Bovendien betekent "is" het ware zijn.

De uitspraak als onthullend betekent het bestaande zijn in zijn onthulde, d.w.z. ware zo-zijn. Het behoeft geen uitweg naar een zogenaamde secundaire gedachte en een tweede oordeel binnen de uitspraak. Voor zover het 'is' in de uitspraak begrepen en uitgesproken wordt, betekent het in zichzelf al het wezen van een wezen, waarover gezegd wordt, als onthullend. In de uitspraak van de uitspraak, d.w.z. in de uitspraak van het aanwijzen, wordt het uitgesproken als een intentionele onthullende houding over datgene waarnaar het verwijst.

Dit wordt onthuld volgens zijn essentie. Voor zover het onthullende gedrag zich uitdrukt over het wezen, waarnaar het verwijst, en dit wezen in zijn wezen bepaalt, wordt eo ipso de onthulling van het gesprokene bedoeld. Er ligt in het begrip bedoeld zijn in de uitspraak zelf het moment van openbaring. Als ik zeg "A is B", bedoel ik niet alleen het B-zijn van A, maar het B-zijn van A zoals geopenbaard. Het is opgenomen in het uitgesproken "is", zodat ik niet achteraf een speciaal inhoudelijk oordeel uitvoer dat het eerste oordeel waar is.

Deze theorie van Lotze komt voort uit een omgekeerd concept van waarheid, volgens welke men niet ziet dat het waar zijn ligt in het propositionele gedrag zelf, d.w.z. in het eerste oordeel, al volgens zijn structuur. Het bestaande wezen zelf is op een bepaalde manier waar, niet als bestaand in zichzelf, maar als ontdekt in de uitspraak. De ontdekking is niet aanwezig in het bestaande zelf, maar het bestaande ontmoet binnen de wereld van een bestaan, welke wereld geopend is voor het bestaande bestaan. Nader beschouwd is de uitspraak als een mededelendebepalende onthulling een modus waarin Dasein zich het ontdekte zijn als ontdekt toe-eigent. Deze toe-eigening van het zijn in de ware verklaring erover is geen ontisch opnemen van het bestaande in een subject, alsof de dingen worden getransporteerd in het ik. Maar het is ook geen louter subjectivistisch grijpen en toekennen van determinaties aan de dingen, die we ontlenen aan het subject en toekennen aan de dingen. Al deze interpretaties keren de basisstructuur van het gedrag van de uitspraak zelf om, haar apofantische, onthullende essentie.

De verklaring is een onthullend zien van het wezen. In de onthullende toe-eigening van het wezen, zoals het wordt onthuld, wordt zijn respectieve feitelijke bepaling expliciet toegewezen aan het ontdekte wezen volgens zijn betekenis.

Ook hier hebben we de merkwaardige relatie dat de onthullende toe-eigening van het bestaande in zijn zijn-zoals-het-is geen subjectivering is, maar, omgekeerd, een toewijzing van de ontdekte determinaties aan het bestaande zoals het in zichzelf is.

Waarheid behoort tot het bestaan als onthulling en in één met de onthulling die tot het onthulde behoort; ze bestaat. Omdat het de aard van het bestaan heeft, d.w.z. van wat transcendent is in zijn essentie, is het ook een mogelijke bepaling van het wezen dat binnen de wereld wordt aangetroffen. Dit wezen, bijv. de natuur, is in zijn wezen, dat en of het wezen is of niet, helemaal niet afhankelijk van de vraag of het waar is, d.w.z. geopenbaard, en of het als geopenbaard voor het wezen voldoet of niet. Waarheid, het openbaren en geopenbaard worden, bestaat alleen als en zolang Dasein bestaat. Als er geen "subjecten" zijn, en dat in de welbegrepen zin van het bestaande Dasein, is er noch waarheid noch valsheid. Maar is waarheid niet op deze manier afhankelijk van het "subject"? Wordt ze op die manier niet gesubjectiveerd, als we weten dat ze iets "objectiefs" is, onttrokken aan de discretie van de subjecten? Wordt met "de waarheid bestaat en is alleen, als Dasein bestaat" alle objectieve waarheid ontkend? Als waarheid alleen is voor zover Dasein bestaat, vervalt dan niet alle waarheid in de willekeur van het ego? Moet deze interpretatie van waarheid als de onthulling die bij het bestaan van Dasein hoort, als iets dat staat en valt met het bestaan of niet-bestaan van Dasein, niet vanaf het begin als onhoudbaar worden gemarkeerd, als het alle bindende en verplichte objectieve beslissing onmogelijk maakt in zijn consequenties en alle objectieve kennis bij gratie van het subject verklaart? Moeten we, om aan deze fatale consequenties te ontsnappen, niet vanaf het begin voor alle wetenschap en alle filosofische cognitie vooronderstellen dat er een intrinsiek bestaande, zoals men zegt, tijdloze waarheid is?

In feite is dit de manier waarop argumenten meestal of overal worden gemaakt. Men roept heimelijk het gezonde verstand te hulp, men werkt met argumenten die geen feitelijke redenen zijn, men doet heimelijk een beroep op de gemoedstoestand van de vulgaire geest, waarvoor het een gedrocht zou zijn als er geen eeuwige waarheden waren. Allereerst moet echter gezegd worden dat filosofische kennis en wetenschappelijke kennis in het algemeen zich niets aantrekken van de consequenties, hoe ongemakkelijk die ook zijn voor de burgerlijke geest. Het gaat om de nuchtere, onverzwakte helderheid van het concept en de erkenning van datgene wat resulteert in het onderzoek. Alle andere gevolgen en stemmingen zijn irrelevant.

Waarheid behoort tot de grondwet van het wezen.

Voor zover men zegt dat waarheid iets tijdloos op zichzelf is, ontstaat het probleem in hoeverre onze interpretatie waarheid niet subjectief verklaart en alle waarheid relativistisch wordt afgevlakt en de theorie ten prooi valt aan scepticisme. 2 keer 2 is 4 is niet alleen geldig sinds eergisteren en alleen tot overmorgen. Deze waarheid is niet afhankelijk van een onderwerp. Hoe zit het met de zin: Waarheid is alleen als en zolang er onthullend, waar bestaand bestaan in waarheid is? De wetten van Newton, waarmee men vaak discussieert bij de interpretatie van waarheid, zijn er niet vanaf de eeuwigheid en ze waren niet waar voordat ze door Newton ontdekt werden. Ze werden pas waar in en met de ontdekking, want dit is hun waarheid. Hieruit volgt niet dat ze vóór de ontdekking onwaar waren, als ze pas met de ontdekking waar werden, noch dat ze onwaar worden als hun ontdekking en onthulling onmogelijk wordt, dat wil zeggen als er geen bestaan meer is. Vóór hun ontdekking waren de wetten van Newton noch waar noch onwaar. Dit kan niet betekenen dat het bestaan, dat ontdekt is met de geopenbaarde wetten, daarvoor niet zo was, omdat het zich ook na de ontdekking toonde en zo is. De ontdekking, d.w.z.

De waarheid onthult het wezen als wat het daarvoor al was, ongeacht zijn ontdekking en niet ontdekking. Als ontdekt wezen wordt het begrijpelijk als dat wat is, zoals het is en zal zijn, los van elke mogelijke ontdekking van zichzelf. Voor de natuur om te zijn zoals ze is, heeft ze geen waarheid nodig, d.w.z. openbaring. De in de ware stelling bedoelde staat "2 maal 2 = 4" kan in alle eeuwigheid bestaan, zonder dat er een waarheid over bestaat. Voor zover er een waarheid over bestaat, begrijpt deze waarheid precies dat, dat wat erin bedoeld wordt hangt er niet van af in zijn so-sedn. Dat er eeuwige waarheden zijn, blijft echter een arbitraire aanname en bewering, zolang niet absoluut duidelijk bewezen is dat er sinds de eeuwigheid en in alle eeuwigheid iets als het menselijk bestaan bestaat, dat kan openbaren wat is volgens zijn zijnsconstitutie en het zich als geopenbaard kan toe-eigenen. De zin "2 maal 2 = 4" als ware uitspraak is alleen waar zolang Dasein bestaat. Als er in principe geen Dasein meer bestaat, is de stelling niet langer geldig, niet omdat de stelling als zodanig ongeldig is, niet omdat hij dan onwaar zou zijn geworden en 2 maal 2 =4 zou zijn veranderd in 2 maal 2=5, maar omdat het ontdekken van iets als waarheid alleen kan bestaan met het ontdekken van bestaand Dasein. Er is geen enkele juridische reden om eeuwige waarheden te veronderstellen. Het is zelfs overbodig om zelfs maar te pretenderen dat er zoiets als waarheid bestaat. Een populaire epistemologie denkt tegenwoordig dat we de vooronderstelling moeten maken dat er waarheid is vóór alle wetenschap en cognitie. Deze vooronderstelling is overbodig, want voor zover we bestaan, zijn we in de waarheid, zijn we onszelf en wordt het innerlijke wezen, dat we niet zijn, tegelijkertijd op de een of andere manier aan ons onthuld. Omvang en limiet van de onthulling is in dit geval onverschillig. We hoeven niet te veronderstellen dat er ergens "op zichzelf" een waarheid is als een ergens zwevende transcendentale waarde of geldige zin, maar de waarheid zelf, d.w.z. de basisconstitutie van het bestaan, veronderstelt ons, is de voorwaarde voor ons eigen bestaan.

Waar zijn, geopenbaard zijn is de basisvoorwaarde om te kunnen bestaan zoals we bestaan als Dasein. 316 De these van de logica is de voorwaarde voor het feit dat we überhaupt iets kunnen vooronderstellen. Want vooronderstellen is in alle gevallen een onthullend vooronderstellen van iets als zijnde. De vooronderstelling veronderstelt überhaupt waarheid. We hoeven niet eerst waarheid te vooronderstellen om te kunnen herkennen. Maar het kan nooit bewezen worden dat een wezen met het karakter van bestaan, dat wil zeggen een wezen dat in waarheid bestaat volgens zijn essentie, noodzakelijk of zelfs eeuwig is. Men kan dit om religieuze of andere redenen geloven, maar er is geen sprake van een kennis die ook maar enigszins geschikt zou zijn om de basis van wetenschappelijke kennis te zijn. Heeft ooit een feitelijk bestaand bestaan, heeft ooit een van ons als zodanig uit zichzelf vrij beslist en zal ooit een bestaand bestaan uit zichzelf kunnen beslissen of het wil ontstaan of niet? Helemaal niet. De aanname van eeuwige waarheden blijft een fantastische bewering, net zoals het een naïef misverstand blijft om te denken dat de waarheid, als die er alleen is, als en zolang het bestaan bestaat, is uitgeleverd aan relativisme en scepticisme. Integendeel, de theorieën van relativisme en scepticisme komen voort uit een deels gerechtvaardigde oppositie tegen een omgekeerd absolutisme en dogmatisme van het concept waarheid, dat zijn reden heeft in het extern opvatten van het fenomeen waarheid als een bepaling van het subject of het object of, als beide niet mogelijk zijn, als een of ander derde zintuiglijk gebied. Als we onszelf niet misleiden en geen bijbedoelingen heimelijk in het onderzoek laten meespelen, ontstaat het inzicht: onthulling en onthulling, d.w.z. waarheid, zijn gefundeerd in de transcendentie van Dasein, bestaan alleen voor zover Dasein zelf bestaat.

§ 18. Idee van waarheid en concept van zijn 317 d) De existentiële zijnswijze van waarheid en de ontologische basisvraag over de betekenis van zijn in het algemeen Maar er is nog een stap nodig. Waarheid is niets existents, maar het is een mogelijke bepaaldheid van het zijn van het existente, op voorwaarde dat dit existente ontdekt wordt. Hoe kan het wezen van een wezen en zelfs het wezen van het existente, dat onafhankelijk is van het bestaan van een bestaan, bepaald worden door de ontdekbaarheid? Als het wezen van een existent bepaald moet kunnen worden door de ontdekbaarheid, dan moet ook het wezen van een existent of preciezer gezegd het wezen van elk existent het wezenskarakter van waarheid hebben. Maar, kunnen we zeggen: Het zijn heeft een karakter van zijn? Het zijn is en heeft een zijn, maar het zijn is niet het zijn. Maar al in de zin "het zijn is niet het zijn van" zeggen we dat het "is" van het zijn. Wat zegt het "is" hier, als ik zeg: zijn is dat en dat? Wat is de betekenis van de copula in alle uitspraken over het zijn, dat geen zijn is?1 Wat is de betekenis van de copula in alle ontologische proposities? Deze vraag is het centrale mysterie dat Kant nastreeft in zijn "Kritiek van de zuivere rede", ook al is het niet direct zichtbaar voor de buitenwereld. Zoiets als het zijn moet op de een of andere manier bestaan, als we er met recht over spreken en als we ons tot het zijn verhouden, het begrijpen als zijnde, d.w.z. in zijn wezen. Hoe "bestaat" het zijn? Is er alleen zijn als waarheid bestaat, d.w.z. als Dasein bestaat? Hangt het van het bestaan van Dasein af of er zijn is of niet? Zo ja, dan wordt hiermee niet beweerd dat het van het bestaan van "Dasein" afhangt of het zijn, bijv. de natuur, er is of niet. De manier waarop er alleen maar zijn is en kan zijn, doet niets af aan de vraag of en hoe zijn als zijn is.

1 Vgl. Arist. Met. Γ 2, 1003 b 10: διό καῖ τό μή ὄν εἶναι μή ὄν φαμεν.

318 Stelling van de Logica Het probleem concentreert zich in de vraag: Hoe verhoudt het bestaan van waarheid zich tot het zijn en de manier waarop er zijn is? Zijn zijn en waarheid wezenlijk aan elkaar gerelateerd? Staat en valt het bestaan van waarheid met het bestaan van het

zijn? Is het zo dat het zijnde, voor zover het is, onafhankelijk is van de waarheid erover, maar dat de waarheid alleen is als het zijnde bestaat, en omgekeerd, als we eenmaal verkort mogen zeggen, dat het zijnde bestaat?

Door de kritische discussie over "is" en de dubbelzinnigheid ervan, vooral wat betreft het verband met waar zijn, worden we teruggedrongen naar de ontologische basisvraag. Met de vierde stelling zien we ook wat de bespreking van de vorige drie al onthulde:

Het concept van zijn is helemaal niet eenvoudig en niet vanzelfsprekend. De zin van het zijn is het meest verward en de reden van het zijn is duister. Het is noodzakelijk om de verwarringen te ontwarren en de duisternis te verhelderen. Hebben we de aanpak van deze taak zo onder controle dat het licht en de leidraad voor de uitvoering ervan tot onze beschikking staan? De beschouwingen van het nu voltooide eerste deel van onze lezing hebben ons niet alleen dichter bij de dubbelzinnigheid en de moeilijkheid van schijnbaar triviale vragen gebracht, maar de verschillende ontologische problemen duwden, volgens hun eigen inhoud, de vraagstelling steeds weer terug naar de vraag naar het zijn, dat we zelf zijn. Binnen de ontologische problemen heeft dit zijn, dat we zelf zijn, het Dasein, zijn eigen onderscheid. Daarom spreken we van de ontologische prioriteit van Dasein. We zagen in de loop van de beschouwingen dat door de hele filosofie heen, zelfs waar het ogenschijnlijk de primaire en enige ontologie van de natuur is, de terugval naar de νοῦς, de geest, de ψυχή, de ziel, de λόγος, de rede, de res cogitans, het bewustzijn, het ik, het verstand, wordt volbracht, dat bij alle verlichting van het zijn in welke zin dan ook op dit zijn georiënteerd is.

In het ruwe gedeelte hebben we de reden voor deze ontologische voorrang van het bestaan geïdentificeerd. Deze ligt in het feit dat dit wezen zodanig in zijn eigen constitutie is geconstitueerd dat een begrip van het zijn bij zijn bestaan hoort, op basis waarvan alleen al het gedrag ten opzichte van het zijn, ten opzichte van wat aanwezig is en ten opzichte van zichzelf, mogelijk wordt. Als we het basisprobleem van de filosofie ter hand nemen, als we vragen naar de zin en de reden van het zijn, dan moeten we, als we niet willen fantaseren, methodisch vasthouden aan datgene wat hetzelfde als het zijn voor ons toegankelijk maakt: aan het begrip van het zijn dat bij het bestaan hoort. Voor zover het begrip van zijn behoort tot de existentie van Dasein, hoe oorspronkelijker en uitgebreider het begrip van zijn van Dasein zelf en de mogelijkheid van het begrip van zijn aan het licht wordt gebracht, hoe adequater en oorspronkelijker toegankelijk het wordt en het daarin begrepen en bedoelde zijn. Als het Dasein een prioriteit heeft in alle ontologische problemen vanwege het begrip van het zijn dat het toebehoort, dan is het vereist het te onderwerpen aan een voorbereidend ontologisch onderzoek dat de basis geeft voor alle verdere problemen die de vraag naar het zijn van het zijn in het algemeen en het zijn van de verschillende gebieden van het zijn omvatten. Daarom karakteriseren we de voorbereidende ontologische analyse van Dasein als fundamentele ontologie. Ze is voorbereidend omdat ze leidt tot de opheldering van de betekenis van het zijn en de horizon van het begrip van het zijn. Ze kan alleen maar voorbereidend zijn, omdat ze de basis wil leggen voor een radicale ontologie. Daarom moet het herhaald worden op een hoger niveau nadat de betekenis van het zijn en de horizon van de ontologie zijn vastgesteld. Waarom er op deze manier geen cirkel is, of beter gezegd, waarom de cirkel en de circulariteit van alle filosofische interpretatie niet het monster is zoals dat meestal gevreesd wordt door 320 thesis van de logica, kunnen we hier niet in detail bespreken. Door de fundamentele ontologie, die Dasein als ontologisch thema heeft, beweegt het Zijn, dat we zelf zijn, zich in het centrum van de filosofische problematiek. Je kunt dit een antropocentrische of subjectivistisch-idealistische filosofie noemen. Maar deze boegbeelden van de filosofische onderneming zeggen helemaal niets, maar worden slechts noch een onobjectieve lofzang op een of ander standpunt, noch een even onobjectieve demagogische minachting. Dat Dasein een fundamenteel ontologisch onderwerp wordt is niet onze gril, maar vloeit integendeel voort uit de noodzaak en de feitelijke inhoud van de idee van het zijn in het algemeen.

De taak van de fundamentele ontologische interpretatie van Dasein is dus duidelijk in zijn hoofdlijnen. De uitvoering is echter geenszins eenvoudig. We moeten ons vooral niet laten misleiden door de gedachte dat deze uitvoering met een handomdraai kan worden volbracht. Hoe duidelijker het probleem van het zijn wordt gesteld, hoe ondoordringbaarder de moeilijkheden zijn, vooral in een lezing die niet de volledige beheersing van de methode en het voldoende overzicht van het geheel van het probleem kan vooronderstellen. Hier moet het alleen gaan om een oriëntatie op het basisprobleem van de ontologie. Dit is echter onvermijdelijk als we überhaupt een toereikend concept van filosofie willen geven, zoals die in onze geschiedenis sinds Parmenides levend is geweest.

DEEL TWEE
DE FUNDAMENTELEONTOLOGISCHE KWESTIE VAN DE ZIN VAN HET ZIJN DE FUNDAMENTELE STRUCTUREN EN GRONDBEGINSELEN VAN HET ZIJN

De bespreking van de vier stellingen in het eerste deel was bedoeld om elk één ontologisch basisprobleem voor ons toegankelijk te maken, op zo'n manier dat de vier groepen problemen die naar voren kwamen zich als één geheel toonden, als de problemen die het geheel van de ontologische basisproblematiek vormen. De vier ontologische basisproblemen waren: ten eerste, het probleem van het ontologische verschil, het verschil tussen zijn en zijn; ten tweede, het probleem van de fundamentele articulatie van het zijn, de feitelijkheid van het zijn en de aard van het zijn van het zijn; ten derde, het probleem van de mogelijke modificaties van het zijn en de eenheid van het concept van het zijn in zijn ambiguïteit; ten vierde, het probleem van het waarheidskarakter van het zijn.

We wijzen de behandeling van deze vier basisproblemen dienovereenkomstig toe aan de vier hoofdstukken van dit tweede deel.

Het probleem van het ontologische verschil Het probleem van het verschil tussen het zijn in het algemeen en het zijn is niet in de eerste plaats zonder reden. Want de bespreking van dit verschil wordt verondersteld het mogelijk te maken om zoiets als het zijn duidelijk en methodisch veilig thematisch te onderscheiden van het zijn en het ter onderzoek voor te leggen. De mogelijkheid van ontologie, d.w.z. van filosofie als wetenschap, staat en valt met de mogelijkheid van een voldoende duidelijke uitvoering van dit onderscheid tussen zijn en zijn-zijn en, bijgevolg, met de mogelijkheid van de uitvoering van de overgang van de ontische beschouwing van het zijn naar de ontologische thematisering van het zijn. Daarom eisen de discussies in dit hoofdstuk onze primaire interesse op. Het zijn en het verschil tussen het zijn en het zijn kunnen alleen worden vastgelegd als we grip krijgen op het begrip van het zijn als zodanig. Het begrip van het zijn begrijpen betekent eerst het wezen begrijpen, tot wiens zijnsconstitutie het begrip van het zijn behoort, het Dasein. De voorbereiding van de basisconstitutie van Dasein, d.w.z. zijn bestaansconstitutie, is de taak van de voorbereidende ontologische analyse van de bestaansconstitutie van Dasein. We noemen dit de existentiële analyse van Dasein. Deze moet erop gericht zijn aan het licht te brengen waarin de basisstructuren van Dasein in hun eenheid en heelheid gefundeerd zijn. Het is waar dat we in het eerste deel af en toe afzonderlijke stukken van zulke existentiële analyses hebben gegeven, voor zover de positief-kritische discussies dat vereisten. Maar we hebben ze niet systematisch doorgenomen, noch hebben we specifiek de fundamentele constitutie van Dasein naar voren gebracht. Voordat we het ontologische basisprobleem bespreken, is het noodzakelijk om de existentiële analytiek van Dasein door te nemen. Dit is echter onmogelijk binnen deze lezing, als we het ontologische basisprobleem überhaupt willen stellen. We moeten daarom een uitweg kiezen en het essentiële resultaat van de existentiële analyse van Dasein als een gerechtvaardigd resultaat vooronderstellen. Wat de existentiële analyse inhoudt, heb ik gepresenteerd volgens de essentiële resultaten in mijn verhandeling over "Zijn en Tijd". Het resultaat van de existentiële analyse, d.w.z. van de uitwerking van de zijnsconstitutie van Dasein in zijn essentie, is: De zijnsconstitutie van Dasein is gefundeerd in tijdelijkheid. Als we dit resultaat naar voren brengen, betekent dat niet dat we tevreden kunnen zijn met het horen van het woord temporaliteit. Zonder expliciet te bewijzen dat de fundamentele constitutie van het bestaan gebaseerd is op tijdelijkheid, moeten we proberen te begrijpen wat tijdelijkheid betekent. Hiervoor kiezen we de manier waarop we het vulgaire begrip tijd als uitgangspunt nemen en leren zien hoe dat wat algemeen bekend staat als tijd en het enige probleem in de filosofie is geweest, de tijd zelf verondersteld. Het is noodzakelijk om te zien dat en hoe de vulgair begrepen tijd tot de tijdelijkheid behoort en daaruit voortkomt. Door deze beschouwing banen we ons een weg naar het fenomeen tijd zelf en zijn basisstructuur. Wat winnen we ermee? Niets minder dan het inzicht in de oorspronkelijke zijnsconstitutie van Dasein.

Maar dan, als anders het begrijpen van het zijn behoort tot de existentie van Dasein, moet het ook gefundeerd zijn in tijdelijkheid. De ontologische voorwaarde van de mogelijkheid om het zijn te begrijpen is de tijdelijkheid zelf. Daarom moet datgene waaruit we zulke dingen als het zijn begrijpen, eruit worden gehaald. Tijdelijkheid neemt de mogelijkheid over om het zijn te begrijpen en daarmee ook de mogelijkheid om het zijn thematisch te interpreteren en op verschillende manieren te articuleren, d.w.z. de mogelijkheid tot ontologie.

Dit leidt tot een 524 eigen ontologisch verschilprobleem, gerelateerd aan tijdelijkheid. We noemen het dat van de tijdelijkheid. De term "tijdelijkheid" valt niet samen met die van de tijdelijkheid, hoewel het slechts de vertaling ervan is. Het betekent tijdelijkheid, voor zover het zelf tot een subject wordt gemaakt, als een voorwaarde voor de mogelijkheid om het zijn en de ontologie als zodanig te begrijpen. De term "tijdelijkheid" is bedoeld om aan te geven dat tijdelijkheid in de existentiële analyse de horizon vertegenwoordigt van waaruit we het zijn begrijpen. Wat we in de existentiële analyse onderzoeken, het bestaan, resulteert als temporaliteit, die op haar beurt de horizon vormt voor het begrijpen van het zijn, dat in wezen toebehoort aan Dasein.

Het is noodzakelijk om het zijn in zijn tijdsbepaling te zien en zijn problematiek te onthullen. Maar als het zijn fenomenologisch zichtbaar wordt in zijn temporele bepaaldheid, plaatsen we onszelf in de positie om het verschil tussen zijn en zijn duidelijker te begrijpen en de reden van het ontologische verschil vast te stellen. Aldus is de opzet gegeven van het eerste hoofdstuk van het tweede deel, dat het probleem van het ontologische verschil zal behandelen:

Tijd en tijdelijkheid (§ 19); tijdelijkheid en tijdelijkheid (§ 20); tijdelijkheid en zijn (§ 21); zijn en zijn (§ 22).

Het is noodzakelijk om via het vulgaire begrip van tijd door te dringen tot de tijdelijkheid, waarin de constitutie van het zijn van het bestaan geworteld is en waartoe de vulgair begrepen tijd behoort. Het volgende is dat we ons verzekeren van het vulgaire begrip van tijd. Wat bedoelen we met tijd in onze natuurlijke ervaring en begrip? Ook al rekenen we voortdurend met tijd, resp.

We zijn niet in staat om er rekening mee te houden zonder het expliciet te meten met de klok, en we zijn eraan overgeleverd als het meest alledaagse ding, of we er nu in verdwalen of erdoor gedrukt worden, ook al is tijd zo vertrouwd voor ons als slechts iets in ons bestaan, toch wordt het vreemd en mysterieus als we het proberen te verduidelijken, zelfs binnen de grenzen van de alledaagse begrijpelijkheid. Augustinus' woorden over dit feit zijn welbekend. Quid est enim "tempus"? Quis hoc facile breviterque explicaverit? Quis hoc ad verbum de illo proferendum vel cogitatione conprehenderit? Quid autem familiarius et notius in loquendo conmemoramus quam "tempus"?

Et intellegimus utique, cum id loquimur, intellegimus etiam, cum alio loquente id audimus. Quid est ergo "tempus"?

Si nemo ex me quaerat, scio; si quaerenti explicare velim, nescio: fidenter tarnen dico scire me, quod, si nihil praeteriret, non esset praeteritum tempus, et si nihil adveniret, non esset futurum tempus, et si nihil esset, non esset praesens tempus.1 "Wat is tijd dan, wie zou het ooit gemakkelijk en kort kunnen ontleden? Wie heeft het intellectueel begrepen om erover te kunnen spreken? Maar wat is er bekender en bekender dat we in ons spreken noemen dan tijd? En we begrijpen het in ieder geval wanneer we erover spreken, en we begrijpen het ook wanneer we een ander erover horen spreken. Dus wat is tijd? Als niemand mij ernaar vraagt, weet ik het; als ik het aan de vraagsteller moet voorleggen, weet ik het niet; vol vertrouwen zeg ik echter dat ik het weet: als er niets voorbijging, zou er geen verleden tijd zijn, en als er niets naderde, zou er geen toekomstige tijd zijn, en als er niets bestond, zou er geen tegenwoordige tijd zijn." Simplicius, de Neoplatonist, zegt: τί δέ δήποτέ ἐστιν ὁ χρόνος, ἐρωτηθείς μόγις δν ὁ σοφώτατος ἀποκρίναιτο2. "Wat is dan tijd, op deze vraag zou nauwelijks de wijste een antwoord kunnen vinden." Verdere bewijzen van de moeilijkheid van het bijhouden en interpreteren van tijd zijn overbodig. Elke poging die we zelf doen om te begrijpen wat we met tijd bedoelen in ons natuurlijke begrip 1 Augustinus, Confessiones, XI, c. 14.

2 Simplicius, In Aristotelis physicorum libros quattuor priores commentaria. Ed. H. Diels. Berlijn 1882. p. 695, 17 f.

524 Ontologisch Verschil, om te verduidelijken, om onverhuld en zuiver bloot te leggen wat begrepen moet worden door de tijd, ervan overtuigd. In het begin zijn we zonder oriëntatie. We weten niet waar we moeten zoeken, waar we dingen als tijd moeten zoeken en vinden. Uit deze verlegenheid wordt in het begin een uitweg gered.

Het vulgaire begrip van tijd is al heel snel conceptueel uitgedrukt in de filosofie. In de expliciete concepten van tijd hebben we dus een muntsoort van het fenomeen tijd tot onze beschikking. Het fenomeen tijd ontgaat ons niet langer volledig als we vasthouden aan een conceptuele karakteristiek. Maar zelfs als tijd begrijpelijker wordt in het begrip van de concepten van tijd, moeten we niet alle methodische voorzichtigheid en kritiek over deze winst laten varen. Want juist nu het fenomeen tijd zo moeilijk te bevatten is, blijft het de vraag of de interpretatie van tijd, die tot uitdrukking is gekomen in het traditionele begrip tijd, consequent geschikt is voor het fenomeen tijd. En zelfs als dat zo was, dan nog zou de vraag open blijven of deze interpretatie van de tijd, zelfs als ze adequaat is, het fenomeen in zijn oorspronkelijke constitutie tegemoet komt, of dat het vulgaire en authentieke begrip van tijd slechts een uitdrukking van de tijd grijpt die er eigen aan is, maar het niet in zijn oorspronkelijkheid grijpt.

Alleen als we onszelf onder deze voorbehouden plaatsen, is er een garantie dat we voordeel kunnen halen voor het begrijpen van het fenomeen tijd uit een kritische discussie over het traditionele begrip tijd. Aangezien voor het begrijpen van de fundamentele ontologische overwegingen alles afhangt van het in beeld brengen van het fenomeen tijd in zijn oorspronkelijke structuur, zou het volkomen nutteloos zijn als we ons slechts één of enkele definities van tijd zouden herinneren om bij gelegenheid met een definitie van tijd op de proppen te komen. We hebben allereerst een veelzijdige oriëntatie nodig over het fenomeen tijd aan de hand van de traditionele tijdsconcepten. Vervolgens moeten we ons echter afvragen op welke manier de interpretaties van tijd, waaruit deze concepten voortkwamen, het tijdsfenomeen zelf benaderden, in hoeverre het oorspronkelijke tijdsfenomeen in aanmerking werd genomen en hoe de terugval van dit aanvankelijk gegeven tijdsfenomeen naar de oorspronkelijke tijd kan worden bewerkstelligd.

§ 19 Tijd en tijdelijkheid

Voor de duidelijkheid verdelen we § 19 in a) Historische oriëntatie op het traditionele begrip van tijd en kenmerken van het vulgaire begrip van tijd waarop het is gebaseerd; b) Het vulgaire begrip van tijd en de terugkeer naar de oorspronkelijke tijd.

a) Historische oriëntatie op het traditionele begrip van tijd en kenmerken van het vulgaire begrip van tijd waarop het is gebaseerd Als we historisch terugkijken naar de pogingen om het begrip tijd te vatten, dan kunnen we zien dat de oudheid de essenties van het traditionele begrip van tijd al naar voren heeft gebracht. De twee meest gezaghebbende antieke interpretaties van tijd, de al genoemde van Augustinus en de eerste grote verhandeling over tijd van Aristoteles, zijn ook verreweg de meest uitgebreide en echt thematische onderzoeken van het fenomeen tijd zelf. Augustinus is het ook eens met Aristoteles in een aantal essentiële vaststellingen.

Aristoteles' verhandeling over tijd is te vinden in zijn Fysica Δ 10, 217 b 29 14, 224 a 17. Hij geeft belangrijke aanvullingen op zijn opvatting van tijd in de eerste hoofdstukken van FysicaΘ. Enkele belangrijke passages zijn ook te vinden in De Anima, boek Γ. Onder de oude opvattingen over tijd heeft die van Plotinus nog steeds enig belang Περὶ α'ιώνος καὶ χρόνου (Enneads III, 7), "Uber den Aeon und über die Zeit." Aeon is een eigenaardige tussenvorm tussen eeuwigheid en tijd. De discussie over de Aeon speelt een grote rol in de Middeleeuwen. Plotinus geeft echter meer een theo524 Ontologisch Verschil sophische speculatie over tijd dan een interpretatie die strikt bij het fenomeen zelf blijft en het fenomeen in het concept dwingt. De appendix die Simplicius geeft in zijn grote commentaar op de Aristotelische natuurkunde geeft een samenvatting van het oude concept van tijd. Dit commentaar geeft een onafhankelijke bijlage aan het einde van de interpretatie van het vierde boek, waarin Simplicius de tijd behandelt.3 Van de scholastici hielden vooral Thomas van Aquino en Suarez zich op de meest gedetailleerde manier bezig met het begrip tijd, waarbij ze de Aristotelische opvatting op de voet volgden. In de moderne filosofie zijn de belangrijkste studies over tijd te vinden bij Leibniz, Kant en Hegel, waar eigenlijk overal de Aristotelische interpretatie van tijd doorbreekt.

Van de meest recente tijd zijn de onderzoeken van Bergson over het fenomeen tijd te noemen. Ze zijn verreweg het meest op zichzelf staand. Hij presenteerde de essentiële resultaten van zijn onderzoekingen in zijn "Essai sur les données immédiates de la conscience" (1888). In zijn hoofdwerk "L'évolution créatrice" (1907) breidde hij deze onderzoeken uit en plaatste ze in een grotere context. Bergson doet al in zijn eerste verhandeling een poging om het Aristotelische concept van tijd te overwinnen en het als eenzijdig te presenteren. Hij probeert voorbij het vulgaire concept van tijd te komen en onderscheidt durée, duur, van de vulgair begrepen tijd, die hij temps noemt. In een nieuwer geschrift "Durée et simultanéité" (2e druk 1923) geeft Bergson een argument met Einsteins relativiteitstheorie. Vooral Bergsons doctrine van de duur kwam voort uit een directe confrontatie met het Aristotelische concept van tijd. De interpretatie die hij geeft van de vulgair begrepen tijd is gebaseerd op een verkeerd begrip van het Aristotelische begrip van tijd. Dienovereenkomstig is de tegenterm van de vulgaire tijd, duur, in deze zin niet houdbaar. Hij slaagt er niet in om met dit begrip door te dringen tot het werkelijke fenomeen tijd. Desalniettemin zijn Bergsons onderzoeken waardevol omdat ze een filosofische poging laten zien om voorbij het traditionele concept van tijd te komen.

We hebben al benadrukt dat in de twee oude interpretaties van tijd door Aristoteles en Augustinus het essentiële wordt gezegd van wat er over tijd gezegd kan worden binnen het vulgaire begrip van tijd. In vergelijking daarmee zijn de Aristotelische onderzoeken conceptueel strenger en sterker, terwijl Augustinus sommige dimensies van het tijdsverschijnsel oorspronkelijker ziet. Geen enkele poging om achter de ratten van de tijd te komen zal een onderzoek van Aristoteles achterwege kunnen laten. Want hij heeft voor het eerst en voor lange tijd het vulgaire begrip van tijd duidelijk in het begrip gebracht, zodat zijn opvatting van tijd overeenkomt met de natuurlijke opvatting van tijd. Aristoteles was de laatste van de grote filosofen die ogen had om te zien, en wat nog doorslaggevender is, de energie en de vasthoudendheid om het onderzoek steeds weer terug te dwingen naar de verschijnselen en het geziene, en om alle wilde en winderige speculaties, hoezeer ze ook naar het hart van de gewone geest mogen zijn, van onderaf te negeren.

We moeten ons onthouden van een gedetailleerde interpretatie van het Aristotelische traktaat en ook van het Augustijnse traktaat. We selecteren enkele karakteristieke zinnen om het traditionele concept van tijd te illustreren. Daarnaast putten we uit enkele belangrijke gedachten van Leibniz, wiens discussies over tijd, net als al zijn essentiële ideeën, verspreid zijn in zijn incidentele geschriften, verhandelingen en brieven.

De uitleg van het Aristotelische concept van tijd wordt voorafgegaan door een korte presentatie van de hoofdlijnen van de Aristotelische verhandeling over tijd.

a) Schets van Aristoteles' Verhandeling over Tijd De verhandeling bestaat uit vijf hoofdstukken (Natuurkunde, Δ, c. 10-14).

In het eerste hoofdstuk (c. 10) wordt eerst de vraag gesteld. Het beweegt zich in twee richtingen. De eerste vraag is: πότερον τῶν οντων ἐστὶν ἡ τῶν μὴ ὄντων,4 behoort tijd tot het bestaande of het niet-bestaande? Is het iets dat op zichzelf bestaat, of bestaat het alleen op zo'n manier dat het samen bestaat met een onafhankelijk bestaand ding? Hoe en waar is de tijd? De tweede vraag is: τὶς ἡ φύσις αντοῦ5, wat is de aard, de essentie van tijd? Deze twee vragen over de aard van het zijn van tijd en over de essentie ervan worden ongelijk behandeld in termen van omvang. De eerste vraag wordt minder gedetailleerd besproken; het positieve antwoord wordt pas in het laatste hoofdstuk gegeven (c. 14, 223 a 16 tot 224 a 17). De overige delen van het traktaat zijn gewijd aan de studie en bespreking van de tweede vraag: Wat is tijd? Hoofdstuk 10 stelt niet alleen deze twee problemen vast, maar bespreekt tegelijkertijd vooraf de moeilijkheden die beide vragen met zich meebrengen en geeft, in samenhang daarmee, aanwijzingen over de eerdere pogingen om ze op te lossen.

Aristoteles leidt zijn onderzoeken bijna altijd in deze vorm in: historische oriëntatie en bespreking van aporias. ἀπορία betekent er niet doorheen komen, zonder weg zijn. De problemen liggen aanvankelijk zo vast dat het lijkt alsof er geen uitweg is in deze vragen. Door deze historische oriëntatie en bespreking van de apories wordt de feitelijke inhoud van het probleem voorlopig dichterbij gebracht.

Met betrekking tot de eerste vraag, of tijd iets bestaands is of niet eerder een μὴ ὄν, lijkt de laatste bepaling zichzelf als antwoord voor te stellen. Hoe zou de tijd moeten bestaan als een geheel, een οὐσία, aangezien zijn delen, die er deel van uitmaken, niet-bestaand zijn, op verschillende manieren.

Tijd omvat het verleden en de toekomst.

Dat is niet meer, dit nog niet. Verleden en toekomst hebben het karakter van het niets. De tijd heeft als het ware, zoals Lotze ooit formuleerde, twee armen, die hij uitstrekt in verschillende richtingen van niet-zijn.

Volgens hun concepten zijn verleden en toekomst gewoon niet, het is eigenlijk altijd alleen maar het heden, het nu.

Maar aan de andere kant is de tijd ook niet samengesteld uit een veelheid van bestaande nu. Want in elk nu is alleen dit, en de anderen zijn respectievelijk nog niet.

niet meer. Het nu is ook nooit hetzelfde en nooit één, maar een ander, een niet-één en niet-één, een veelheid. Maar eigenheid en eenheid zijn bepalingen die noodzakelijkerwijs behoren tot iets dat in zichzelf bestaat.

Als zelfs deze bepalingen ontbreken in het moment van de tijd, waarvan misschien het enige is waarvan gezegd kan worden dat het is, het nu, dan lijkt de tijd volledig te behoren tot het niet-zijn en het niet-zijn (μὴ ὄν). In deze aporie laat Aristoteles eerst de kwestie van de zijnswijze van de tijd rusten om enkele traditionele opvattingen over zowel de zijnswijze als de essentie van de tijd te bespreken.

Eén opvatting identificeert tijd met de beweging van het universum, ἡ τοῦ ὅλου κίνησις®, het geheel van zijn dat beweegt is de tijd zelf. Dit wordt hier in zekere zin nog mythisch gedacht. Maar alle mythologie heeft haar grond in bepaalde ervaringen en is allesbehalve een pure poëzie of verzinsel. Dat in deze mythische opvatting tijd wordt geïdentificeerd met de beweging van het universum kan niet toevallig en willekeurig zijn. Een tweede opvatting gaat in dezelfde richting, maar is definitiever.

Er staat: tijd is ἡ σφαῖρα αὐτή.7 Tijd wordt hier gelijkgesteld aan de hemelbol, die, ronddraaiend in een cirkel, alles omvat en in zich opneemt. We moeten, om dit te begrijpen de oude conceptie van de wereld aanwezig, volgens welke de aarde is een schijf drijvend in de oceaan en eromheen de hele hemelse sfeer. Daarin worden verschillende sferen over elkaar heen gelegd, waarin de hemellichamen gefixeerd zijn. De buitenste hemelbol is degene die alles omvat wat werkelijk is. Hij wordt op zijn beurt geïdentificeerd met de tijd. De reden van deze interpretatie, volgens Aristoteles, is de volgende: εν τε τῳ χρόνῳ πάντα ἐστίν καί ἐν rfj τοῦ ὅλου σφαιρα®; alles wat bestaat is in de tijd. Maar alles wat aanwezig is, bevindt zich ook binnen het ronddraaiende hemelgewelf, dat de uiterste grens is van alles wat bestaat. Tijd en de buitenste hemelse sfeer zijn identiek. Ook in deze interpretatie wordt er iets ervaren: de tijd in verband met het draaien van de hemel, en de tijd tegelijkertijd als die waarin al het zijn is. We zeggen: het zijn is in de tijd.

Ook al moeten we, zegt Aristoteles, afzien van deze eenvoudige interpretaties, toch spreekt een gerechtvaardigd oog voor het feit dat tijd zoiets is als beweging, κίνησίς τις. We spreken over de stroom van de tijd en zeggen: de tijd gaat voorbij. Voor κίνησις zegt Aristoteles ook μεταβολή. Dit is het meest algemene begrip van beweging, letterlijk verloop. Maar beweging is van nature ἐν αὐτῳ τῳ κινουμένῳ, el. i. in het bewogene zelf, of altijd daar, waar juist het bewogene, het κινούμενον of μεταβάλλον zelf is. De beweging is altijd in het bewogene, het is niet iets dat als het ware boven het bewogene zweeft, maar het bewogene zelf beweegt. De beweging is daarom altijd daar waar de bewogene is.

Alleen, tijd, zegt Aristoteles, ὁ δὲ χρόνος ὁμοίως καί πανταχοῦ καί παρά πάσιν9, is daarentegen op dezelfde manier zowel overal als naast alles en met alles. Dit legt een verschil van tijd vast ten opzichte van beweging. Terwijl beweging altijd alleen in het bewogene is en alleen daar waar bewogen tijd verblijft, is tijd overal (πανταχοῦ), niet op een bepaalde plaats, en het is niet in het bewogene zelf, maar παρά, ernaast, er op de een of andere manier mee. Beweging en tijd zijn hierin verschillend, hoe ze behoren tot het bewogene en tot wat in de tijd is en wat we het intemporele noemen. Hiermee valt de eerste voorlopige vaststelling, die zichzelf voorstelde alsof tijd zelf een beweging was, al weg. De tijd zelf is geen beweging, οτι μέν τοίνυν ούκ εστιν κίνησις Maar aan de andere kant is de tijd ook niet zonder beweging. Dus nu kan het resultaat geformuleerd worden: tijd is ούτε κίνησις ούτ' ανευ κινήσεως, het is zelf niet de beweging van het bewogene, maar het is niet zonder de beweging. Hieruit volgt dat tijd in zekere zin gerelateerd is aan het bewegende, het is niet κίνησις, maar κινήσεώς τι, iets over het bewegende, iets gerelateerd aan de bewegimg van het bewegende. Het probleem van de vraag naar het wesen van de tijd richt zich op de vraag: τι τής κινήσεώς εστιν, wat over de beweging is tijd?

Hiermee is de weg van het onderzoek uitgestippeld. In hoofdstuk 11, het tweede hoofdstuk van de verhandeling over tijd, dat het centrale hoofdstuk van de hele verhandeling is, krijgt Aristoteles het resultaat, het antwoord op de vraag wat tijd is. We leggen alleen het resultaat vast, omdat we later de interpretatie van de betekenis van tijd in meer detail zullen volgen. Hij zegt: τοῦτο γάρ ἐστιν ὁ χρόνος, ἀριθμός κινήσεως κατά τό πρότερον καί ὕστερον, namelijk, dat is tijd: Een geteld ding dat zich toont met het oog op en voor het oog op het ervoor en erna bij de beweging; of kortom: een geteld ding van de beweging dat zich ontmoet in de horizon van het ervoor en erna. Aristoteles laat nu in meer detail zien wat er al in de ervaring van een beweging ligt en op welke manier de tijd erbij betrokken is. Hij maakt duidelijk in hoeverre en in welke zin tijd ἀριθμός, een getal, is en hoe het basisfenomeen van tijd τὸ νῦν, het nu, ontstaat.

Dit brengt hem er in het derde hoofdstuk (c. 12) toe om het verband tussen beweging en tijd nader te definiëren en te laten zien dat niet alleen beweging in de tijd is en door de tijd wordt gemeten, maar dat omgekeerd ook tijd door beweging wordt gemeten. Dus rijst de basisvraag: Wat betekent het: Iets is "in de tijd"? Dat een wezen in de tijd is, drukken we uit als "tijdelijk". Maar terminologisch gebruiken we de uitdrukking "tijdelijk" in een andere betekenis en nemen we voor de karakterisering van het "in de tijd zijn" van een wezen de uitdrukking innerlijke tijd. Iets is in de tijd, het is binnen de tijd.

Door het begrip innerlijke tijd te verduidelijken, wordt de karakteristiek van tijd als een getal duidelijk. Omdat rust zelf een grensgeval van beweging is, verduidelijkt de definitie van de relatie tussen tijd en beweging ook de relatie tussen tijd en rust. Evenzo wordt, met betrekking tot het begrip innerlijke tijd, de relatie van tijd met de externe tijd, die gewoonlijk het tijdloze wordt genoemd, duidelijk.

Het vierde hoofdstuk (c. 13) stelt vragen over de eenheid van de tijd in de veelheid van de opeenvolging van nu. Aristoteles probeert hier te laten zien hoe het nu, τὸ νῦν, de eigenlijke samenhang van de tijd vormt, de συνέχεια, Sichzusammenhalten, het Latijnse continuüm, het Duitse "Stetigkeit". Het is de vraag in hoeverre het nu de tijd samenhoudt in zichzelf als een geheel. Alle tijdsbepalingen zijn gerelateerd aan het nu. Aristoteles geeft, na de opheldering van de συνέχεια, een interpretatie van enkele tijdsbepalingen, de ηδη, het Sogleich, de αρτι, het Gerade-eben of Soeben, verder de πάλαι, de Ehemals of Einst, en de ἐξαίφνης, het Plotselinge. Onmiddellijk, Zojuist, Eens, Plotseling, Nadien, Vroeger zijn bepalingen die allemaal teruggaan naar het νῦν. Het Rechtvaardige wordt achterwaarts gezien vanuit een Nu, het Onmiddellijke vanuit een Nu als het ware voorwaarts. Aristoteles begrijpt deze bepalingen niet in hun innerlijke context, maar hij geeft slechts voorbeelden van bepalingen van tijd zonder hun systematiciteit te herkennen.

Het vijfde hoofdstuk (c. 14) gaat terug naar de bepaling die gebruikt wordt in de definitie van tijd, de πρότερον en ὕστερον, de eerdere en latere. Het bespreekt de relatie van vroeger en later tot ervoor en erna. Na deze discussies wordt het eerste probleem weer opgepakt: Waar en hoe is de tijd? Aristoteles definieert deze vraag in meer detail in het VIII. Aristoteles definieert deze vraag gedetailleerder in het VIII. boek van de natuurkunde, waar hij de tijd in verband brengt met de draaiing van de hemel en met de νοῦς. Tijd is niet gebonden aan een beweging en een bepaalde plaats. Het is in zekere zin overal. En toch, omdat het volgens de definitie het getelde is, kan het alleen daar zijn waar geteld wordt. Tellen is echter een houding van de ziel.

Tijd is op een bepaalde manier overal en toch alleen in de ziel. Hier stuiten we opnieuw op een moeilijk probleem: wat betekent het dat tijd in de ziel is? Het komt overeen met de vraag die besproken is in de context van de vierde stelling, wat het betekent dat waarheid in de geest is. Zolang we geen toereikend begrip hebben van de ziel, van het begrip, d.w.z. van het bestaan, blijft het moeilijk om te zeggen wat het betekent: tijd is in de ziel. Door te zeggen dat tijd iets subjectiefs is, wordt niets gewonnen, hooguit de oorzaak van totaal verkeerde problemen.

De vraag rijst nu: Hoe kunnen verschillend zijn en verschillend bewegen, dat in de tijd is, zo verplaatst zijn in dezelfde tijd? Hoe is gelijktijdigheid van verschillende dingen mogelijk? We weten dat de vraag naar gelijktijdigheid, meer precies de vraag naar de mogelijkheid van een intersubjectieve bepaling van gelijktijdige processen een van de basisproblemen van de relativiteitstheorie is.

De filosofische behandeling van het probleem van gelijktijdigheid hangt af: ten eerste van de bepaling van het begrip 524 Ontologisch Verschil Intra-Tijdelijkheid, d.w.z. van de vraag hoe iets überhaupt in de tijd is, en ten tweede van de opheldering van de vraag op welke manier en waar tijd is, preciezer gezegd, of tijd überhaupt is en gezegd kan worden dat hij is.

Als voor Aristoteles de tijd iets van de beweging is en door de beweging wordt gemeten, dan is het belangrijk om de zuiverste beweging te vinden die oorspronkelijk de tijd meet. De eerste en meest uitstekende maat voor alle beweging is de omwenteling (κυκλοφορία) van de buitenste hemel. Deze beweging is een cirkelvormige beweging. Tijd is dus in zekere zin een cirkel.

Uit dit korte overzicht wordt al duidelijk dat Aristo teles een aantal centrale problemen met betrekking tot tijd heeft opgerold, en niet lukraak, maar in hun feitelijke onderlinge samenhang. Desalniettemin moet worden opgemerkt dat veel problemen door hem slechts worden aangestipt, dat zelfs de meer in detail behandelde problemen geenszins verder onderzoek en nieuwe radicale probleemdefinities behoeven. Over het geheel genomen zijn alle centrale problemen van de tijd, die in de loop van de verdere ontwikkeling van de filosofie werden besproken, echter al door Aristoteles aangestipt.

Er kan gezegd worden dat de volgende tijd niet verder kwam dan het stadium van de Aristotelische behandeling van problemen, afgezien van enkele uitzonderingen bij Augustinus en Kant, die desondanks in principe vasthouden aan het Aristotelische concept van tijd.

ß) Interpretatie van Aristoteles' begrip van tijd We proberen na dit overzicht een preciezer begrip te krijgen van Aristoteles' verhandeling over tijd. Daarbij houden we ons niet strikt aan de tekst, maar proberen we meer in een vrije discussie en soms in een verdere interpretatie het fenomeen dichtbij te brengen, zoals Aristoteles het ziet. We gaan uit van de al gegeven definitie van tijd: τοῦτο γάρ ἐστιν ὁ χρόνος, ἀριθμὸς κινήσεως κατὰ τὸ πρότερον καί ὕστερον, namelijk, dat is tijd: een geteld ding bij de beweging die men tegenkomt in de horizon van vroeger en later (bij de voor het zicht van vroeger en later). Allereerst zou men willen zeggen dat door deze definitie van tijd het gezochte fenomeen eerder ondoorzichtiger dan toegankelijker wordt. In de definitie ligt ten eerste: tijd is iets dat we vinden bij de Bewegimg, d.w.z. bij een beweging als Bewegtem, ουτε κίνησις οὖτ' ανευ κινήσεως15. Laten we een eenvoudig voorbeeld nemen. Laat een verticale staaf op het bord van links naar rechts bewegen. We kunnen het ook laten bewegen op de manier van een rotatie, waarbij het onderste uiteinde als steunpunt wordt genomen. De tijd is iets van de beweging, die zich aan ons toont bij een beweging. Als we ons voorstellen dat deze staaf beweegt of roteert, vragen we ons af: Waar is de tijd hier, als die bij de beweging zou moeten zijn? Het is immers geen eigenschap van deze staaf, niets lichamelijks, niets zwaars, niets gekleurds, niets hards, niets dat behoort tot zijn strekking en standvastigheid (συνεχές) als zodanig, niet iets, niet een stukje uit de puntverzameling van de staaf, als we het zien als een lijn. Maar Aristoteles zegt niet dat tijd iets is in het bewegende ding als zodanig, maar in zijn beweging. Maar wat is de beweging van de staaf? Wij zeggen: de verandering van plaats, d.w.z. de overgang van de ene plaats naar de andere; zij het in de zin van het eenvoudige vooruitgaan of het verdergaan van het ene punt naar het andere. Tijd is iets in de beweging en niet in het ding dat verplaatst wordt. Als we het voortbewegen van de stok volgen, zij het in de zin van de rotatie of de andere beweging, vinden we dan de tijd zelf bij dit voortbewegen? Blijft het bij de beweging als zodanig? Als we de beweging stoppen, gaat de tijd door, zo zeggen we. Het gaat door terwijl de beweging stilstaat. Dus de tijd is niet de beweging, en de beweging van de staaf is zelf niet de tijd. Aristoteles zegt ook niet dat tijd κίνησις is, maar κινήσεώς τι, iets met beweging. Maar hoe? De beweging is hier de overgang van de staaf van de ene plaats naar de andere.

Het bewogene is elk op één plaats bewogen. Is de tijd op deze plaatsen of zelfs deze plaatsen zelf? Natuurlijk niet, want als het bewegende ding in zijn beweging de plaatsen is gepasseerd, zijn deze nog steeds als zodanig aanwezig als bepaalde plaatsen. Maar de tijd dat de stok op die plaats was, is voorbij. De plaats blijft, de tijd gaat voorbij.

Waar en hoe is dan de tijd bij de beweging? We zeggen:

Tijdens de beweging is de bewogene op een tijd op een plaats. De beweging is in de tijd, binnen de tijd. Is tijd dan zoiets als een container waarin de beweging wordt gestopt? Als tijd altijd aanwezig is in de beweging, is deze container dan iets dat de beweging als zodanig draagt, zoals de slak zijn huis? Maar als de staaf rust, vragen we opnieuw: Waar is de tijd? Vinden we niets van tijd in het rusten? Of toch wel? We zeggen:

De staf was voor een tijd of tijdelijk in rust. We kunnen om ons heen kijken naar het bewegen en naar de beweging zelf als verandering van plaats, nooit vinden we de tijd, als we ons houden aan wat Aristoteles zegt.

Natuurlijk vinden we het niet, we moeten er zelf in keren. Aristoteles zegt niet zomaar vaag: tijd is iets in beweging, maar hij zegt preciezer ἀριθμός κινήσεως, een getal in beweging, of zoals hij het eens zegt: οὐκαρα κίνησις ὁ χρόνος ἀλλ' ἠάριθμόν εχει ἡ κίνησις16, tijd is niet zelf beweging, maar voor zover beweging een getal heeft. Tijd is een getal. Dit is opnieuw verrassend, aangezien getallen juist iets zijn waarvan we zeggen dat het tijdloos is, buiten de tijd. Hoe kan tijd een getal zijn? De uitdrukking getal (ἀριθμός) moet hier, zoals Aristoteles expliciet benadrukt, begrepen worden in de betekenis van ἀριθμούμενον. Tijd is getal, niet in de zin van het telgetal als zodanig, maar getal in de zin van het getelde. Tijd als getal van beweging is het getelde in beweging. Laten we een voorbeeld nemen. Wat kan ik tellen bij de beweging van de stok?

Omdat de beweging natuurlijk verandering van plaats is, kan ik de afzonderlijke plaatsen tellen die de staaf inneemt bij de overgang van de ene naar de andere. Maar als ik deze plaatsen bij elkaar tel, geeft de som van deze plaatsen in alle eeuwigheid me geen tijd, maar het geheel van de gepasseerde afstand, een stukje ruimte, maar geen tijd. Bij de overgang van de staaf van de ene plaats naar de andere kunnen we tellen en numeriek de snelheid bepalen. Wat is de snelheid? Als we uitgaan van het natuurkundige begrip snelheid: $c = s : t$, dan is snelheid de afgelegde afstand gedeeld door de bestede tijd. Uit deze formule wordt duidelijk dat in de snelheid de tijd zit, omdat de beweging tijd nodig heeft. Maar dit maakt niet duidelijk wat tijd zelf is. We zijn niet een stap dichter bij de tijd. Wat betekent het: de staaf heeft een snelheid? Het betekent natuurlijk zoveel als: het beweegt in de tijd.

De beweging loopt in de tijd. Hoe raadselachtig is het dat alle bewegingen tijd nodig hebben en de tijd desondanks niet minder wordt. Laten we denken aan 1000 bepaalde bewegingen in de tijd tussen 10 en 11 uur. Laten we als tweede geval denken aan 100 000 bewegingen in dezelfde tijd. Ze hebben allemaal deze tijd nodig. Wordt het minder in het tweede geval van meer gebruik of blijft het hetzelfde? Wordt de tijd die de uurwerken gebruiken hierdoor überhaupt verbruikt?

Zo niet, dan hangt het duidelijk niet af van de bewegingen. Desalniettemin wordt het verondersteld het belangrijkste van de beweging te zijn.

Dat de tijd het getelde ding is in de beweging lijkt een pure bewering van Aristoteles te zijn. Zelfs als we zo ver gaan en de verandering van plaats van de stok met getallen markeren, zodat we elke plaats van een getal voorzien en zo direct bij de overgang van de bewegende een getelde vinden, ontdekken we daarmee niet de tijd. Of toch wel?

Ik haal mijn horloge uit mijn zak en volg de verandering van plaats van de secondewijzer en lees één, twee, drie, vier seconden of minuten af. Dit haastige wijzertje geeft me de tijd aan. Dit haastige staafje geeft me de tijd aan, daarom noemen we het een wijzer. Ik lees de tijd af aan de beweging van een staal. Waar zit die? In het uurwerk, zodat als ik het horloge weer in doe, ik de tijd in mijn zak heb? Natuurlijk niet, zult u antwoorden. Maar we vragen terug: Waar is de tijd dan, aangezien het onbetwistbaar zeker is dat we hem van het horloge aflezen? De klok vertelt me hoe laat het is, zodat ik de tijd op de een of andere manier kan vinden.

We zien dat Aristoteles er uiteindelijk niet zo naast zit als hij zegt: Tijd is het getelde in de beweging. We hebben niet zo'n geavanceerd ding als een modern zakhorloge nodig als bewijs daarvoor. Als de mens de loop van de zon volgt in het natuurlijke dagelijkse bestaan en zegt: het is middag, het is avond, dan stelt hij de tijd vast. Nu staat de tijd ineens bij de zon of bij de hemel en niet meer in de vestzak. Waar is men eigenlijk met dit monster thuis? Hoe komt het dat we de tijd overal moeten vinden, waar we een beweging volgen, dat we de tijd bij de beweging vinden en dat het niet aanwezig is, toch weer, waar de bewogene gewoon is? Waar letten we op, in welke horizon kijken we, als we een simpel voorbeeld aanhouden zeg bij zonsondergang: het wordt avond, en bepalen zo een tijd van de dag? Kijken we alleen in de lokale horizon, naar het westen, of staat de ontmoeting van het bewogene, dus hier van de zon in haar schijnbare beweging nog in een andere horizon?

De definitie van tijd die Aristoteles geeft is zo ingenieus dat het ook deze horizon vastlegt waarbinnen we niets anders dan tijd moeten vinden met wat bij de beweging wordt geteld. Aristoteles zegt: ἀριθμὸς κινήσεως κατὰ τὸ πρότερον καὶ ὕστερον. Wij vertalen: Tijd is een getelde bij de voor het zicht van de voor en na, in de horizon van de eerder en later, tegenkomende beweging. Tijd is niet alleen het getelde bij de Bewegimg, maar het getelde bij de beweging, voor zover het staat in het zicht van het ervoor en erna, als we het als beweging nastreven.

De gezochte horizon is die van vroeger en later, waarbij πρότερον en ὕστερον vertaald zijn als vroeger en later, maar ook als ervoor en erna. De eerste bepaling, de πρότερον en ὕστερον genomen als vroeger en later, lijkt onmogelijk. "Vroeger" en "Later" zijn bepalingen van tijd. Aristoteles zegt: De tijd is het getelde ding van de beweging die samenkomt in de horizon van de tijd (van vroeger en later). Maar dit betekent: De tijd is iets wat samenkomt in de horizon van de tijd. Tijd is getelde tijd. Als ik zeg, tijd is dat in de beweging, die verschijnt, als ik het volg als beweging in de horizon van zijn vroeger en later, lijkt de definitie van tijd een platte tautologie te worden: Tijd is het vroegere en latere, dus tijd is tijd.

Is het de moeite waard om ons bezig te houden met een definitie die als het ware de grootste logische fout op haar voorhoofd draagt? Ja, maar we moeten ons niet vastklampen aan de woorden. Zeker, vroeger en later zijn tijdsverschijnselen. Maar het blijft de vraag of wat ze betekenen samenvalt met wat bedoeld wordt in het onderwerp van de definitiezin: tijd is tijd.

Misschien zegt het tweede woord "tijd" iets anders en origineels dan wat Aristoteles bedoelt in de tijdsdefinitie zelf. Misschien is de Aristotelische definitie van tijd geen tautologie, maar onthult het alleen de innerlijke verbinding van het Aristotelische tijdsverschijnsel, d.w.z. de vulgair begrepen tijd, met de oorspronkelijke tijd, die we temporaliteit noemen. Tijd, zoals Aristoteles zegt in zijn interpretatie, kan alleen worden geïnterpreteerd als het zelf weer wordt begrepen vanuit de tijd, dat wil zeggen vanuit de oorspronkelijke tijd. Het is daarom niet nodig om het πρότερον en ὕστερον 524 ontologische verschil in Aristoteles' definitie van tijd te vertalen door het onverschillige ervoor en erna - hoewel ook dit zijn vaststaande feitelijke gelijk heeft - zodat het temporele karakter ervan minder naar voren komt, om de schijn te vermijden dat Aristoteles de tijd definieert in verval tot de tijd. Als men de aard van de tijd enigszins begrijpt, moet men Aristoteles' interpretatie en definitie van tijd volgens zijn benadering zo interpreteren dat daarin wat hij als tijd beschouwt vanuit de tijd wordt geïnterpreteerd.

Wie deze verbindingen eenmaal heeft gezien, moet precies eisen dat in de definitie van tijd de oorsprong van het vulgair begrepene, d.w.z. de volgende tijd, aan het licht komt vanuit de tijdelijkheid. Want zijn oorsprong behoort tot zijn essentie en eist dus zijn uitdrukking in de afbakening van essentie.

Als we de eerdere en latere in de definitie van tijd laten staan, is nog niet aangetoond in hoeverre de Aristotelische definitie aan de tijd voldoet, dat wil zeggen in hoeverre wat in de beweging wordt geteld de tijd is. Wat betekent dit: het getelde in de beweging aangetroffen in de horizon van vroeger en later? Tijd wordt verondersteld datgene te zijn dat wordt aangetroffen in een bepaalde gerichte telrichting van de beweging. De bepaalde richting van het tellen wordt aangegeven door de κατὰ τὸ πρότερον καὶ ὕστερον. Wat hiermee bedoeld wordt, wordt ons duidelijk als we πρότερον en ὕστερον voorlopig opvatten als voor en na, en door interpretatie laten zien wat er door Aristoteles mee bedoeld wordt, zodat de translatimg van πρότερον en ὕστερον gerechtvaardigd wordt door voor en na.

Er wordt gezegd dat tijd iets is dat geteld wordt in de beweging, en inderdaad een geteld iets dat zich aan ons toont met betrekking tot de πρότερον en ὕστερον. Wat hiermee bedoeld wordt en op welke manier we zoiets als tijd ervaren met betrekking tot het ervoor en erna, moeten we nu verduidelijken. Tijd is κινήσεώς τι, iets dat we tegenkomen bij beweging. Bij beweging in het algemeen, κίνησις of μεταβολή, hoort κινούμε νον κινεῖται: een ding dat bewogen wordt is bewogen, is in beweging. Het meest algemene karakter van beweging is μεταβολή, d.w.z. verloop of beter overgang van iets naar iets.

De eenvoudigste vorm van de beweging, de overgang, is de φορά, de overgang van de ene plaats (τόπος) naar de andere, de verandering, de verandering van plaats. Dit is de beweging, die we ook kennen als fysieke Bewegimg. Daarin is de κινούμενον de φερόμενον, het weggevoerd worden van de ene plaats naar de andere. Een andere vorm van beweging is bijv.

de ἀλλοίωσις, het anders worden in de zin dat de ene eigenschap in een andere verandert, een bepaalde kleur in een andere, waarbij ook een vooruitgang is εκ τινος εἴς τι, van iets naar iets. Maar dit "van iets naar iets" heeft niet de betekenis van overgang van de ene plaats naar de andere. De overgang van de kleur kan op dezelfde plaats plaatsvinden. Hieruit blijkt al dat bij beweging deze vreemde structuur van εκ τινος εἴς τι, "van iets naar iets" hoort. De vergelijking met de ἀλλοίωσις laat zien dat dit "van iets naar iets" niet ruimtelijk opgevat hoeft te worden. We noemen deze structuur van beweging zijn dimensie en vatten het begrip dimensie op in een heel formele betekenis, waarbij het ruimtelijke karakter niet essentieel is. Dimensie betekent extensie, waarbij extensie in de zin van ruimtelijke dimensie een bepaalde modificatie van extensie is. Men moet zich volledig bevrijden van de ruimtelijke opvatting bij het bepalen van de εκ τινος εἴς τι, wat Aristoteles ook deed. Met "van iets naar iets" wordt een heel formele betekenis van uitbreiding bedoeld. Het is belangrijk om dit te zien, omdat met betrekking tot deze bepaling in meer recente tijden, vooral met Bergson, de Aristotelische opvatting van tijd verkeerd werd begrepen, voor zover het dit dimensionale karakter van tijd in relatie tot Bewegimg niet omvatte werd vanaf het begin opgevat als een ruimtelijke uitbreiding.

Bij de verlenging hoort tegelijkertijd de bepaling van het συνεχές, het in zichzelf beslotene, het continuüm, het bestendige. Het dimensionale karakter noemt Aristoteles μέγεθος. Ook deze bepaling μέγεθος, uitbreiding of grootte, heeft niet het primair ruimtelijke karakter, maar dat van uitbreiding. In het concept en in de essentie van "van iets naar iets" is er geen breuk, maar het is een op zichzelf gesloten uitrekking. Als we beweging ervaren in een bewegend ding, dan wordt συνεχές, vastheid, en in dit zelf εκ τινος εἴς τι, dimensie in de oorspronkelijke betekenis, uitbreiding (Ausdehnung) noodzakelijkerwijs mee-ervaren. In het geval van verandering van plaats is de uitbreiding het lokaal-ruimtelijke.

Aristoteles drukt dit feit in omgekeerde richting uit als hij zegt ἀκολουθεῖ τῷ μεγέθει ἡ κίνησις18, de beweging volgt (is in het kielzog van) de dimensie (Ausdehnung). Deze stelling moet niet ontologisch worden opgevat, maar ontologisch. Er staat niet: uit de uitbreiding of continuïteit volgt ontisch een beweging, de dimensie heeft een beweging als gevolg. De beweging volgt de continuïteit resp. de dimensie betekent: De beweging wordt voorafgegaan door dimensionaliteit en dus continuïteit. Uitbreiding en continuïteit zijn al in de beweging. Ze zijn eerder dan dit in de zin van de a priori voorwaarden van zichzelf. Waar beweging is, is al apriori meegedacht: μέγεθος en συνεχές (συνέχεια). Maar dit betekent niet dat beweging identiek is met extensie (ruimte) en continuïteit, wat al blijkt uit het feit dat niet elke beweging verandering van plaats, ruimtelijke beweging is, maar toch bepaald wordt door de ἐκ τινος εἴς τι. Uitbreiding heeft hier een bredere betekenis dan specifiek ruimtelijke dimensie. Beweging volgt continuïteit, dit volgt extensie.

De ἀκολουθεῖ drukt de apriori fundamentele concen

De verbinding van de beweging met betrekking tot continuïteit en uitbreiding. Aristoteles gebruikt de ἀκολονθεῖν in deze ontologische betekenis ook in andere onderzoeken.

Voor zover de tijd κινήσεώς τι is, iets bij de beweging, betekent dit: In de tijd is steeds beweging of rust meegedacht. Aristotelisch gesproken is de tijd in het kielzog van de beweging.

Aristoteles zegt direct: ὁ χρόνος ἀκολουθεῖ τη κινήσει19. Voor de verandering van plaats resulteert de sequentiële verbinding: plaats-vorm (ruimte)uitbreiding continuïteit beweging tijd. Vanuit de tijd gezien betekent dit: Als tijd iets is bij de beweging, dan is daarin de echte verbinding mede-gedachte, wat net niet zegt, tijd is identiek met een van de mede-gedachte verschijnselen.

Tenzij men de ontologische betekenis van ἀκολουθεῖν heeft begrepen, blijft de Aristotelische definitie van tijd onbegrijpelijk. Of anders kom je tot verkeerde interpretaties, zoals bijv.

Bergson, die zei dat tijd, zoals Aristoteles het begrijpt, ruimte is. Hij werd verleid tot deze onjuiste interpretatie door het feit dat hij de continuïteit opvatte in de engere zin van de uitgestrektheid van de ruimte. Aristoteles herleidt de tijd niet naar de ruimte, noch definieert hij haar ook alleen met behulp van de ruimte, alsof een ruimtebepaling in de tijdsdefinitie zou binnendringen. Hij wil alleen laten zien dat en op welke manier tijd iets is in de beweging. Daartoe zal het echter nodig zijn om te herkennen wat er al mede-ervaren wordt in het ervaren van beweging en hoe tijd zichtbaar wordt in dit mede-ervaren.

Om preciezer te kunnen zien in welke zin de tijd in het kielzog van de beweging of de uitbreiding ervan staat, moeten we de bewegingservaring voor ons nog verder verduidelijken. In de tijdervaring wordt beweging, continuïteit, uitbreiding en met verandering van plaats meegedacht. Wanneer we een beweging volgen, komen we tijd tegen zonder er specifiek over na te hoeven denken.

Het vastleggen of expliciet betekenen van ontologisch verschil. In de concrete ervaring van bewegingen houden we ons primair vast aan het bewogene, aan het φερόμενον; ᾧ τὴν κίνησιν γνωρίζομεν20, we zien daarin en daarmee (het bewogene) de beweging. Om de beweging puur als zodanig te zien is niet eenvoudig: τόδε γάρ τι τὸ φερόμενον, ἡ δὲ κίνησις οὔ21, de bewogene is altijd een dit-hier.

De beweging zelf heeft geen specifiek, geïsoleerd karakter.

Het bewogene is voor ons gegeven in zijn eigenheid en ditheid, maar niet de beweging als zodanig. In de ervaring van de beweging houden we vast aan het bewogene, we zien de beweging ermee, maar niet het bewogene als zodanig.

Dienovereenkomstig als we dichter bij de beweging komen op het bewegende, zo ook de continuïteit op de elementen die continuïteit vormen, een continuüm, punten op het punt multipliciteit van een lijn. We nemen, wanneer we beweging ervaren, het zicht op het bewogene en zijn respectievelijke plaats, van waaruit het overgaat naar een andere. Als we een beweging volgen, ervaren we die aan de horizon van een opeenvolging van plaatsen op een continu traject. We ervaren de beweging dan, als we het bepaalde bewogen ding zien in zijn overgang van de ene plaats naar de andere: hoe het van daar naar hier gaat, van een hier-van naar een daar-naar. Dit moet nauwkeuriger worden bepaald.

Je zou kunnen zeggen: Verandering van plaats is een passeren van een gestage opeenvolging van plaatsen, dus krijg ik de beweging door de gepasseerde plaatsen samen te nemen, dit daar, dat daar, allemaal samen. Als we alleen de afzonderlijke plaatsen optellen, de afzonderlijke daar en hier bij elkaar optellen, ervaren we geen beweging. We ervaren beweging, d.w.z. overgang, alleen als we het bewogene zien in zijn overgang van daar naar hier, d.w.z. als we de plaatsen niet nemen als een pure nevenschikking van daar en hier, maar dit daar nemen als "van daar" en dit hier als het "hierheen", d.w.z. niet simpelweg een daar en weer een daar, maar "van daar" en "hierheen". We moeten de gegeven plaatsverbinding, de puntveelvoud, zien in de horizon van een "van daar naar hier". Dit is wat Aristoteles' bepaling eerst wil zeggen: κατὰ τὸ πρότερον καὶ ὕστερον. Het daar is geen willekeurig, maar het daar-hier is een prior, en het hier-hier is evenmin een willekeurig hier, maar als hier-hier voor het volgende een posterior. Als we dus de verscheidenheid aan plaatsen in de horizon van het "van daar hier lijn" zien en de individuele plaatsen in deze horizon passeren door de beweging, de overgang te zien, dan houden we de eerst gepasseerde plaats als het van-daar en zijn we ons bewust van de volgende plaats als het daar-daar. Door het eerste te behouden en het laatste te verwachten, zien we de overgang als zodanig. Als we dus, met behoud van het vorige, met behoud van het volgende, de overgang als zodanig volgen, de afzonderlijke plaatsen binnen het overgangsgeheel, dat zich willekeurig ver kan uitstrekken, fixeren we de afzonderlijke plaatsen niet langer als afzonderlijke punten, ook niet als afzonderlijke daar en hier, die willekeurig tegenover elkaar staan. Om het eigenaardige behouden van het vorige en de anticipatie van het komende te vatten, zeggen we: nu hier, vroeger daar, later daar, d.w.z. elk daar in de context van "van iets naar iets" is nu-daar, jefzf-daar, nu-daar. We zeggen, voor zover we het puntmanifold in de horizon van de πρότερον en ὕστερον zien, in de achtervolging van het bewegende object, in elk geval nu-hier, nu-daar. Alleen voor zover we dit in stilte zeggen, wanneer we naar de klok kijken, kunnen we de tijd aflezen. We zeggen heel natuurlijk en spontaan, wanneer we naar de klok kijken, "nu". Het is niet vanzelfsprekend dat we "nu" zeggen, maar door het te zeggen hebben we de tijd al aan de klok gegeven. In de klok zelf is het dat niet, maar door "nu" te zeggen geven we 524 Ontologisch Verschil de klok de tijd, en die geeft ons het hoeveel van het nu.22 Wat geteld wordt in het tellen nastreven van een overgang in de horizont van de εκ τινος εἴς τι, uitgesproken of niet, zijn de nu. We tellen een opeenvolging van nu of toen en toen. Het toen is het nog-niet-nu of nu-niet-nu, het toen is het nu-niet-nu of niet-nu. Het toen en het toen hebben allebei nu-karakter, nu-relatie. Aristoteles zegt één keer heel kort, zonder de analyse in deze gedetailleerde zin uit te voeren maar zonder welke de hele tijdsinterpretatie van Aristoteles onbegrijpelijk is τω φερομένῳ ἀκολου-θεῖ τό νῦν, het bewogene, d.w.z. dat wat van de ene plaats naar de andere gaat, wordt gevolgd door het nu, d.w.z. het wordt mee gezien in de ervaring van beweging. Voor zover het wordt meegekeken, betekent dit voor Aristoteles in bredere zin: het wordt meegeteld. Dit meegeteld worden in het nastreven van een beweging, dat wil zeggen, dit gezegd worden, het nu, dat is de tijd, ᾖ δ' ἀριθμητὸν τὸ πρότερον καί ὕστερον, τὸ νῦν εστιν. De nu zijn tellen als zelf geteld, tellen de plaatsen voor zover ze worden doorgegeven als plaatsen van beweging. Tijd als ἀριθμός φοράς is het getelde tellen.

De Aristotelische interpretatie van tijd komt heel goed overeen met het fenomeen als hij zegt: Tijd is een geteld iets bij de beweging, mits ik de beweging zie in de horizon εκ τινος εἴς τι, van de "νοη iets tot iets".

Van de πρότερον en ὕστερον zegt Aristoteles eens τὸ δή πρότερον καί υστερον ἐν τόπῳ πρῶτόν εστιν, het is vooral in plaats, in de verandering en opeenvolging van plaatsen. Hij denkt hier voor en na nog geheel zonder bepaaldheid van tijd. De Aristotelische definitie van tijd kan als volgt worden samengevat: Tijd is het getelde van de beweging die ervaren wordt met betrekking tot het ervoor en erna. Maar dit getelde openbaart zich als het Nu.

Default is in feite de drievoudige extatische horizontale structuur van tijdelijkheid. Het geeft zichzelf het nu.

Het Nu zelf is echter alleen zegbaar en begrijpelijk in de horizon van het Vroeger en Later. Het "met betrekking tot vroeger en later" en het "in de horizon van vroeger en later" vallen niet samen; het laatste is de interpretatie van het eerste26.

Als we de πρότερον en ὕστερον eerst opvatten als voor en na, als voor en na, dan wordt de ontstaansgeschiedenis van de Aristotelische definitie van tijd duidelijker. Vatten we het meteen op als voor en na, dan lijkt het in eerste instantie inconsequent, maar daarmee wordt alleen bekund dat er nog steeds een centraal probleem in schuilt: de vraag naar de oorsprong van het nu zelf. De eerste vertaling geeft de letterlijke opvatting, de tweede bevat al voor een groot deel een interpretatie.

We hebben met opzet de Aristotelische definitie van tijd vertaald: een getelde bij de beweging, mits deze gezien wordt in de horizon van het eerdere en latere. We hebben het πρότερον ὕστερον al opgevat in een engere betekenis, die pas naar voren komt als het ervoor en erna verder geïnterpreteerd worden. In de eerste plaats zegt πρότερον ὕστερον voor Aristoteles voor en na in de opeenvolging van plaatsen. Het heeft een niet-temporele betekenis. Maar de ervaring van voor en na veronderstelt in zichzelf in zekere zin de ervaring van tijd, het vroegere en latere. Aristoteles heeft de πρότερον en ὑστερον uitvoerig behandeld in het Δ boek van de Metafysica (11, 1018b 9 e.v.). In de verhandeling over tijd twijfelt hij over de betekenis van πρότερον-ὕστερον. Meestal vat hij het direct op als vroeger en later en niet zozeer als ervoor en erna. Hij zegt over hen: ze hebben een ἀπόστασις πρός τό νῦν,27 een afstand tot het Nu; in het Toen is er in elk geval een Nu mede-opgevat als Nu-nog-niet, evenzo in het Toen als Nu-niet-meer. Het nu is de grens voor wat voorbij is en wat komen gaat.

Het nu, dat we tellen, is zelf in de tijd, dat wil zeggen dat het de tijd vormt. Het nu heeft een eigenaardig pelgesicht, dat Aristoteles zo uitdrukt: καί συνεχής τε δή ὁ χρόνος τῷ νῦν, καί διήρηται κατά τό νῦν28. De tijd wordt bijeengehouden door het nu op zichzelf, d.w.z. in het nu wordt zijn specifieke continuïteit gefundeerd. d.w.z. in het nu wordt zijn specifieke vastheid gefundeerd, maar de tijd wordt tegelijkertijd uit elkaar gehaald met het oog op het nu, gearticuleerd in het niet-meer-nu, het vroegere, en in het niet-nog-nu, het latere. Alleen met betrekking tot het nu begrijpen we het toen en toen, vroeger en later. Het nu dat we tellen bij het nastreven van een beweging is in elk geval een ander, τό δέ νῦν διά τό κινεῖσθαι τό φερόμενον αἰεί ἕτερον29, het nu is altijd een ander vanwege het voorbijgaan van het bewogene, d.w.z. een voortgang van de ene plaats naar de andere.

In elk nu is het nu een ander, maar elk ander nu is altijd nu als nu. De verschillende nu's zijn zo verschillend altijd hetzelfde, namelijk nu.

Aristoteles vat de eigenaardigheid van het nu en dus van de tijd samen als hij de tijd zuiver vanuit het nu interpreteert, zo beknopt als alleen in het Grieks en nauwelijks in het Duits mogelijk is: τό γάρ νῦν τό αυτό δ ποτ' ἠντό δ' εἶναι αὐτῷ ἕτερον30, het Nu is hetzelfde ten opzichte van wat het ooit al was, nl.D.w.z. in elk nu is het nu;

zijn essentia, zijn wat, is altijd hetzelfde (ταὐτό) -, en niettemin is elk nu in elk nu volgens zijn essentie een ander, τὸ δ' εἶναι αὐτῷ ετερον, het nu-zijn is altijd een ander-zijn (Wiesein existentia ετερον). τὸ δέ νῦν εστι μέν ὡς τὸ αὐτό, εστι δ' ὡς ον τὸ αὐτό31, het nu is op de een of andere manier altijd hetzelfde, op de een of andere manier nooit hetzelfde. Het nu articuleert en begrenst de tijd in termen van vroeger en later. Het is eens hetzelfde, maar dan is het niet hetzelfde. Voor zover het ooit bij een ander en anders is (we denken aan de volgorde van de plaatsen), is het altijd een ander.

Dit is wat het nu is, zijn anders-zijn. Maar wat het ooit al was als wat het is, namelijk nu, is hetzelfde.

We willen niet ingaan op het probleem van de tijdsstructuur zelf vanuit de nu-menselijkheid voor het moment, maar we vragen: Wat schuilt er in het feit dat Aristoteles de tijd interpreteert als geteld of als getal? Wat wil hij zichtbaar maken door juist het getalsmatige karakter van de tijd te benadrukken? Wat vloeit voort uit de eigenschap van tijd als getal voor de bepaling van de essentie van wat we de innerlijkheid van tijd noemen? Wat betekent het "in de tijd"? Hoe kan het wezen van de tijd worden bepaald uit de eigenschap van tijd als getal?

Wat schuilt er in het feit dat Aristoteles een getalskarakter aan tijd toekent? Wat ziet hij erin? Tijd is getal als het getelde ding in de achtervolging van de plaatsen die het bewegende ding passeert, d.w.z. voor zover we de overgang als zodanig in de beweging achtervolgen en daarbij "nu" zeggen.

Maar het is ook niet voldoende dat we het nu toewijzen als een nevenschikking van een puntmanifold, zoals ze stilstaand gedacht worden in een lijn. Men moet dit spreken over het nu als een opeenvolging van nu niet verkeerd begrijpen en overbrengen naar het ruimtelijke in de zin dat men zegt:

de tijd is een lijn, d.w.z. een opeenvolging van punten. Het nu wordt niet geteld in het tellen van één en hetzelfde punt.

Tijd is geen veelheid van nu, omdat elk nu in elk nu al niet meer is en omdat, zoals we eerder zagen, de vreemde uitbreiding naar beide kanten in het niet-zijn tot de tijd behoort. Het Nu is niet toegewezen aan een vast punt als punt en kan er dus niet toe behoren, omdat het volgens zijn essentie begin en einde is. In het Nu als zodanig is er al de verwijzing naar het niet-meer en niet-nog. Het heeft in zichzelf de dimensie, de uitbreiding naar een niet-meer en niet-meer. Het niet-meer en het niet-meer zijn niet verbonden met het nu als vreemd, maar behoren tot zijn 524 Ontologisch Verschil inhoud zelf. Vanwege deze dimensionale inhoud heeft het nu in zichzelf het karakter van een overgang. Het nu als zodanig is al de overgang. Het is geen punt naast een ander punt, voor welke twee punten men eerst een bemiddeling zou moeten eisen, maar het is in zichzelf de overgang. Omdat het de eigenaardige extensie in zichzelf heeft, kunnen we het min of meer breed vatten. De breedte van de dimensie van een nu is verschillend: nu in dit uur, nu in deze seconde. Dit verschil in de breedte van de dimensie is alleen mogelijk omdat het nu dimensionaal is in zichzelf. De tijd wordt niet opgeteld en gesommeerd vanuit de nu's, maar andersom, met betrekking tot het nu kunnen we de uitbreiding van de tijd alleen op bepaalde manieren articuleren. De toewijzing van de veelheid van Nu als overgang naar een veelheid van punten (lijn) heeft alleen een zeker recht, als we de punten van de lijn zelf als begin en einde nemen, d.w.z. de overgang van het continuüm vormend, en niet als naast elkaar bestaande stukken. Uit de onmogelijkheid om het nu toe te wijzen aan geïsoleerde puntstukken volgt dat het nu op zijn beurt een continuüm van de tijdstroom is en geen stuk. Daarom kan het Nu in het nastreven van de beweging het nooit fragmenteren in een combinatie van het onbewogene, maar in het Nu wordt het transitionele en het rustende in zijn rust toegankelijk en denkbaar. Hieruit volgt omgekeerd dat het zelf bewogen noch rustend is, d.w.z. het is niet "in de tijd".

Het nu en dat betekent de tijd is, zegt Aristoteles, nooit grens naar zijn aard, omdat het open is als overgang en dimensie aan de kant van het nog-niet en het nog-niet-meer. Grens in de zin van voltooiing, van voltooid, van niet-meer, het nu is slechts incidenteel met betrekking tot iets dat ophoudt in een nu en op een bepaalde tijd. Het is niet het nu als nu dat ophoudt, maar het nu als nu is van nature al het niet-nu, al als dimensie gerelateerd aan wat komen gaat, terwijl heel goed een beweging die bepaald wordt door het genoemde nu kan ophouden in dit nu. Ik kan een grens aangeven met behulp van het nu, maar het heeft als zodanig geen grenskarakter, voor zover het wordt genomen binnen het continuüm van de tijd zelf. Het nu is geen grens maar getal, geen πέρας maar ἀριθμός. Aristoteles onderscheidt tijd expliciet als ἀριθμός van πέρας. De grenzen van iets, zegt hij, zijn wat ze zijn alleen één met het wezen dat ze begrenzen. De grens van iets behoort tot de zijnswijze van het begrensde.

Dit geldt niet voor het getal. Het is niet gebonden aan wat het telt. Het getal kan iets bepalen zonder afhankelijk te zijn van de feitelijkheid en de aard van het getelde. Ik kan zeggen: tien paarden. Hier bepaalt het tiental de paarden, maar het tiental heeft niets te maken met het karakter van de paarden en hun manier van zijn. Het tiental is geen begrenzing van de paarden als paarden; want ik kan er net zo goed schepen, driehoeken of bomen mee tellen.

Het kenmerk van het getal ligt in het feit dat het iets bepaalt op zo'n manier dat het in de Griekse zin ook begrensd is, dat het onafhankelijk is van het begrensde zelf. De tijd als getal, als het door ons gekarakteriseerde tellen, behoort niet tot het wezen zelf, dat het telt. Als Aristoteles zegt: de tijd is het getelde ding in de beweging, wil hij benadrukken dat we de beweging tellen en bepalen als een overgang van het nu, maar dat daarom dit getelde ding, de tijd, niet gebonden is aan de feitelijke inhoud van het ding en aan zijn zijnswijze, noch aan de beweging als zodanig. Niettemin wordt de tijd aangetroffen in het tellen van een beweging als een geteld ding. Aldus wordt een eigenaardig karakter van tijd onthuld, dat later door Kant in zekere zin werd geïnterpreteerd als een vorm van Anschauung.

Tijd is een getal en geen limiet, maar als getal is het tegelijkertijd in staat om datgene te meten waarnaar het een getal is.

Tijd is niet alleen een geteld ding, maar als dit getelde ding kan het zelf een geteld ding zijn in de zin van de maat.

Alleen omdat de tijd een getal is in de zin van het getelde nu, kan het een maat worden, d.w.z. zichzelf tellen in de zin van meten.

Dit verschil tussen het nu als getal in het algemeen, als het getelde en als het getelde getelde, en de afbakening van tijd als getal van de limiet is de essentiële inhoud van de moeilijke passage in Aristoteles' Verhandeling over Tijd, die we slechts kort zullen bespreken. Aristoteles stelt: τὸ δὲ νῦν διὰ τὸ κινεῖσθαι τὸ φερόμενον αἰεὶ ετερον32, het nu, omdat het het getelde van het voorbijgaan is, is altijd met het voorbijgaan zelf een ander, ὥσθ' ὁ χρόνος ἀριθμός οὐχ ὡς της αὐτῆς στιγμῆς33, daarom is de tijd geen getal ten opzichte van hetzelfde punt als punt, i.e.. d.w.z. het nu is geen puntelement van de continue tijd, maar als Ubergang is het al, voor zover het aan een punt wordt toegekend, een plaats in de Bewegimg, voorbij het punt altijd. Als overgang kijkt het terug en vooruit. Het kan niet worden toegewezen aan een geïsoleerd punt als zichzelf, omdat het begin en einde is: ὅτι ἀρχή καί τελευτή, ἀλλ' ὡς τὰ εσχατα της γραμμής μᾶλλον34. Tijd is het getal op zo'n manier, om zo te zeggen, dat het het uiterste van het punt bepaalt naar zijn twee zijden van uitbreiding als een overgang. Het behoort tot het punt en is zelf als nu geen deel van de tijd, zodat deze tijd zou zijn samengesteld uit nu-delen, maar elk deel heeft overgangskarakter, d.w.z. het is eigenlijk geen deel. Daarom zegt Aristoteles direct: οὐδὲν μόριον τό νῦν τοῦ χρόνου, οὐδ' ἡ διαίρεσις τῆς κινήσεως35, het nu is dus geen deel van de tijd, maar is altijd de tijd zelf, en omdat het geen deel is, voor zover door de tijd heen de beweging wordt gemeten, is de beweging zelf niet gefragmenteerd. Omdat het nu overgang is, kan het beweging toegankelijk maken als beweging, d.w.z. in haar ononderbroken overgangskarakter. Die tijd is een grens in de zin die ik zeg: In een nu stopt beweging, het staat hier stil, is een συμβεβηκός, komt alleen tot het nu, maar ontmoet de essentie ervan niet.

Het nu is wat het is, η δ' ἀριθμεῖ, voor zover het telt, dus getal. Tijd als nu is geen grens maar overgang, en als overgang mogelijk getal, mogelijke maat van beweging. Het meet een beweging of een rust op zo'n manier dat een bepaalde beweging, een bepaalde overgang en voortzetting vastligt, bijvoorbeeld de voortzetting van de ene seconde streek naar de volgende, met welke maat dan de hele beweging wordt gemeten. Omdat het nu een overgang is, meet het altijd een van-tot, het meet een tijd, een duur. Tijd als getal begrenst een bepaalde beweging. De afgebakende beweging is bedoeld om de hele beweging te meten: μετρεῖ δ' ουτος τὴν κίνησιν τῳ ὁρίσαι τινὰ κίνησιν ἡ καταμετρήσει τὴν ὅλην3®.

Omdat de tijd ἀρι/θμός is, is het μέτρον. De gemetenheid van een bewegend ding ten opzichte van zijn Bewegimg, deze μετρεῖσθαι, is niets anders dan τὸ ἐν χρόνῳ εἰναι37, het "in de tijd zijn" van de Bewegimg. "Dingen zijn in de tijd" betekent volgens Aristoteles niets anders dan: Ze worden gemeten door de tijd vanwege hun transitionele karakter. De innerlijkheid van dingen en processen moet onderscheiden worden van de manier waarop het nu, het vroegere en latere in de tijd zijn, ἐπεί δ' ἀριθμός ὁ χρόνος, τὸ μὲν νῦν καὶ τὸ πρότερον καί ὅσα τοιαῦτα οὕτως ἐν χρόνῳ ὡς ἀριῦμῷ μονάς καὶ τὸ περιττὸν καί ἀρτιον (τὰ μὲν γὰρ τοῦ ἀρι/θμοῦ τι, τὰ δὲ τοῦ χρόνου τί êativV τὰ δὲ πράγματα ὡς ἐν ἀριθμῷ τῷ χρόνῳ ἐστίν. εἴ δέ τοῦτο, περιέχεται ὑπὸ χρόνου ὥσπερ "καὶ τὰ ἐν ἀριθμῷ ὑπ' ἀριθμοῦ" καὶ τὰ ἐν τόπῳ ὑπο τόπου. Het is aanvechtbaar dat het nu zelf in zekere zin in de tijd staat, voor zover het de tijd vormt. Maar de beweging en het bewogene is niet in de tijd in de zin dat het tot de tijd zelf behoort, maar zoals het getelde in het getal is.

In de getallen zelf zit het even en oneven, maar in de getallen als het tellen zit ook het getelde op een bepaalde manier. Zoals het getelde in het getal is, zo is de beweging in de tijd. Dat wat in de tijd is, het bewogene, περιέχεται ὑπ' ἀριθμοῦ39, wordt omarmd door het tellende getal. De tijd behoort niet tot de beweging zelf, maar omarmt haar. Innerlijke tijdelijkheid van zijn zegt: omarmd worden door tijd (nu) als getal (geteld). Met het moment van περιέχεσθαι, van omarmd worden, wordt benadrukt dat de tijd zelf niet behoort tot het zijn, dat in de tijd is. Voor zover we met tijd het zijn meten, respectievelijk bewegen of rusten, komen we terug van de tijd die het bewegende omvat en meet naar dat wat gemeten moet worden. Tijd is, als we in het beeld van omvatten blijven, dat wat verder weg is dan de bewegingen en al het zijn, dat beweegt of rust. Het omarmt of houdt rond het bewegende en het rustende. We noemen het met een uitdrukking waarvan de schoonheid betwistbaar is: Tijd heeft het karakter van een omsluiting, in die zin dat het het zijn, het bewegende en het rustende omsluit. Goed begrepen kunnen we tijd als dit omhullen een "container" noemen, als we "container" niet in de letterlijke betekenis nemen, zoals een glas of een doos, maar alleen het formele element van omhullen.

Voor zover de tijd het wezen omgeeft, wordt geëist dat hij het op de een of andere manier omgeeft vóór het wezen, vóór het bewegen en het rusten. Kant noemt de tijd het "wezen van een orde". Het is een omvattende horizon, waarvan de binnenste helft het gegeven kan ordenen met betrekking tot zijn opeenvolging.

De tijd, zegt Aristoteles, meet vanwege zijn overgangskarakter altijd alleen wat bewogen wordt, resp. Het bewogene in zijn beperkende geval, het rustende, μετρήσει δ' ὁ χρόνος τὸ κινούμενον καὶ τὸ ἠρεμοῦν, ᾗ τὸ μὲν κινούμενον τὸ δὲ ἠρεμοῦν40. Tijd meet bewegen en rusten, als de een beweegt en als de ander rust. Tijd meet de beweging van het bewegende: πόση τις41, hoe groot de overgang is, d.w.z. hoeveel nu er is in een bepaalde overgang van iets naar iets. De tijd meet het bewegende οὐχ ἁπλῶς εσται μετρητὸν ὑπὸ χρόνου, η ποσὸν τί ἐστιν, ἀλλ' fj ἡ κίνησις αὐτοῦ ποσή42, hij meet het niet bij uitstek als het bewegende wezen dat het is; wanneer een steen beweegt, meet de tijd niet de steen als zodanig met betrekking tot zijn specifieke uitgestrektheid, maar de steen voor zover hij beweegt. De beweging wordt gemeten, en alleen beweging is meetbaar door de tijd, omdat dit, volgens zijn overgangskarakter, altijd al betekent wat voorbijgaat, wat zich omdraait of wat rust. Voor zover beweging of rust gemeten kan worden door de tijd, maar gemeten worden door de tijd betekent "in de tijd zijn", is het bewegende of rustende, en alleen het, in de tijd. Daarom zeggen we: Geometrische relaties en voorraden zijn buiten de tijd, omdat ze niet bewegen en daarom niet rusten. Een driehoek is niet in rust omdat hij niet beweegt. Het is voorbij rust en beweging en daarom niet omarmd en omarmbaar door tijd zoals Aristoteles het opvat.

Met de interpretatie van de innerlijke tijdelijkheid wordt tegelijkertijd ook gezegd wat innerlijke tijd mogelijk maakt en hoe aan de andere kant de uiterlijke tijd is. Zo wordt het steeds duidelijker op welke manier de tijd een geteld ding is in de beweging. αμα γὰρ κινησεως αἰσθανόμεθα καὶ χρόνου, tegelijkertijd met beweging nemen we tijd waar in termen van het bewogene. Waar beweging wordt ervaren, wordt tijd onthuld, καὶ γὰρ ἐὰν η σκότος καὶ μηδὲν διὰ τοῦ σώματος πάσχωμεν, κίνησις δέ τις ἐν τη ψυχη ἐνη, εὐθὺς αμα δοκεῖ τις γεγονέναι καὶ χρόνος. Het is niet noodzakelijk dat we de beweging ervaren binnen wat bestaat. Zelfs als er duisternis bestaat, d.w.z. als het bestaande, het existente, voor ons versluierd is door de duisternis, maar als we desondanks onszelf ervaren, onze mentale houdingen, dan is met de ervaring εὐθύς αμα, tegelijkertijd de tijd, de tijd al altijd gegeven. Want ook de mentale houdingen zijn onderhevig aan de bepaling van beweging beweging ruim opgevat in Aristotelische zin en niet noodzakelijkerwijs als lokale beweging. De houdingen zijn niet ruimtelijk op zichzelf, maar ze gaan in elkaar over, de een gaat over in de ander. We kunnen bij iets blijven op een gedragen manier. We herinneren ons de passage uit De interpretatione : ἵστησι ἡ διάνοια, het denken staat stil bij iets. De ziel heeft ook het karakter van het bewogene. Zelfs als we een bewegend ding niet ervaren in de zin van bestaand, toch, in het ervaren van onszelf in de breedste zin van het woord, wordt beweging en dus tijd aan ons geopenbaard.

Maar hieruit vloeit een moeilijk probleem voort, πότερον δέ μή ούσης ψυχής εἴη ἀν ὁ χρόνος ἡ οὔ4β: of, als er geen ziel is, tijd wel of niet is. Aristoteles interpreteert dit in meer detail: ἀδυνάτου γάρ ὄντος τοῦ ἀρι/θμήσοντος ἀδύνατον καί ἀριθμητόν τι εἶναι, ωστε δηλον οτι οὐδ' ἀριθμός. ἀριθμός γάρ ἡ τό ἠριθμημένον ἡ τό ἀριθμητόν. εἱ δέ μηδέν ἄλλο πέφυκεν ἀριθμεῖν ἡ ψυχή καί ψυχής νοῦς, ἀδύνατον ειναι χρόνον ψυχης μή οὔσης, ἀλλ' η τοῦτο δ ποτε ὄν ἐ'στιν ὁ χρόνος, οἶον εἰ ἐνδέχεται κίνησιν εἴναι ανευ ψυχής. τό δέ πρότερον καί υστερον ἐν κινήσει ἐστίνχρόνος δέ ταῦτ' ἐστίν fi ἀριθμητά ἐστιν. Tijd is de getelde. Als er geen ziel is, is er geen tellen, geen tellend ding, en als er geen tellend ding is, is er geen tellend ding en geen tellend ding. Als er geen ziel is, is er geen tijd. Aristoteles stelt dit als een vraag en benadrukt tegelijkertijd de andere mogelijkheid, of tijd misschien op zichzelf is in wat het is, net zoals een beweging kan zijn zonder ziel. Maar hij benadrukt evenzeer: het voor en na, dat een constitutieve bepaling van tijd is, is in beweging, en tijd is zelf ταῦτα, het voor en na zoals geteld. Geteld worden behoort duidelijk tot het wezen van de tijd, dus als er geen tellen is, is er geen tijd, of andersom. Aristoteles onderzoekt deze vraag niet verder, hij stipt dit probleem alleen aan, wat leidt tot de vraag hoe de tijd zelf is.

Door de interpretatie van "zijn in de tijd" zien we dat tijd als het omvattende, als dat waarin de natuurlijke processen zich bevinden, objectiever is dan alle objecten. Aan de andere kant zien we ook dat alleen wanneer de ziel is. Het is objectiever dan alle objecten en tegelijkertijd subjectief, dat wil zeggen.

alleen wanneer onderwerpen dat zijn. Wat is tijd en hoe is het? Is het alleen subjectief, of is het alleen objectief, of is het noch het een noch het ander? Uit eerdere discussies weten we al dat de termen "subject" en "object", zoals ze tegenwoordig gebruikt worden, ontologisch onbepaald zijn en daarom niet voldoende om allereerst het wezen te bepalen dat we zelf zijn, het wezen dat bedoeld wordt met ziel, met subject. We brengen de vraag naar het wezen van de tijd van meet af aan in een verkeerde richting, als we het stellen op het alternatief of het tot het subject of tot het object behoort. Men kan hier een eindeloze dialectiek ontwikkelen zonder het minste over de zaak te zeggen, zolang niet is vastgesteld hoe het wezen van Dasein zelf is, of het misschien zo is dat Dasein, voor zover het bestaat, verder naar buiten is dan enig object en tegelijkertijd meer naar binnen (subjectief) dan enig subject, d.w.z. ziel (omdat de tijdelijkheid als transcendentie de openheid is). We hebben al eerder aangegeven dat het fenomeen van de wereld hetzelfde manifesteert. Voor zover Dasein bestaat, d.w.z. in een wereld is, is alles wat bestaat, wat het tegenkomt, noodzakelijkerwijs binnenwerelds, ingesloten door de wereld.

We zullen zien dat het fenomeen tijd, opgevat in een meer oorspronkelijke betekenis, in feite verband houdt met het begrip wereld en dus met de structuur van het bestaan zelf. Eerst moeten we de moeilijkheid laten zoals Aristoteles hem vaststelt. Tijd is het ervoor en erna, voor zover ze geteld worden. Als het getelde is het niet een reeds bestaand. Tijd is niet zonder ziel. Als het dus afhankelijk wordt van het tellen van getallen, volgt daaruit niet dat het iets psychisch in de ziel is. Tegelijkertijd is het ἐν παντί, overal, ἐν γη, op aarde, ἐν θαλάττῃ, in de zee, ἐν οὐρανῷ, in de hemel. Tijd is overal en toch nergens en toch alleen in de ziel.

Het essentiële voor het begrijpen van de voorgaande interpretatie van het Aristotelische concept van tijd is om het concept van ἀκολου-θεῖν, de opeenvolging, op de juiste manier te begrijpen. Het betekent een ontologische fundamentele verbinding die bestaat tussen tijd, beweging, continuïteit en dimensie. Uit deze notie van stichting, van volgen in de zin van ἀκολουθεῖν, kan niet geconcludeerd worden dat Aristoteles tijd met ruimte identificeert. Maar het is duidelijk dat hij, voor zover hij tijd in de onmiddellijke context van beweging brengt in de zin van verandering van plaats, de manier van het meten van tijd opzet zoals die is voorgespiegeld in het natuurlijke begrip van tijd en de natuurlijke perceptie van tijd zelf. Aristoteles geeft er slechts één expliciete interpretatie van. We zagen aan het soort verbinding van de nu-reeks met de beweging, dat het nu zelf een overgangskarakter heeft, dat het nu-nog-niet en nu-niet-meer als nu is. Vanwege dit overgangskarakter

In de eerste plaats is het een kwestie van tijd, en in de tweede plaats is het een kwestie van tijd. Voor zover elk nu nooit een reine punt is, maar een overgang op zichzelf, is het nu van nature nooit limiet, maar getal. Het aantal-karakter van het nu en van tijd in het algemeen is in zoverre essentieel voor het fundamentele begrip van tijd, omdat alleen hieruit begrijpelijk wordt wat we de innerlijke-temporaliteit noemen. Dit betekent dat elk wezen in de tijd is. Het "in de tijd zijn" wordt door Aristoteles geïnterpreteerd als gemeten worden door de tijd. Tijd zelf kan alleen worden gemeten, omdat het een geteld ding is en omdat dit getelde ding zelf weer kan tellen, tellen in de zin van meten, dat wil zeggen, tellen in de zin van meten.

van het verzamelen van een bepaalde zo veel.

Tegelijkertijd vloeit uit het numerieke karakter van de tijd de eigenaardigheid voort dat het het wezen dat erin is omarmt of vasthoudt, dat het op een bepaalde manier objectiever is met betrekking tot de objecten dan deze zelf. Van hieruit ontstond de vraag over het wezen van de tijd en zijn verbinding met de ziel. De toeschrijving van tijd aan de ziel, die we bij Aristoteles aantreffen en vervolgens in een veel meer benadrukte zin bij Augustinus, om zich steeds weer te laten voelen in de discussie over het traditionele begrip tijd, leidde tot het probleem in hoeverre tijd objectief is en in hoeverre het subjectief is. We zagen dat de vraag niet alleen niet op deze manier beantwoord kan worden, maar zelfs niet gesteld kan worden, voor zover deze twee begrippen "object" en "subject" twijfelachtig zijn. We zullen zien in hoeverre men niet kan zeggen dat tijd iets objectiefs is in de zin dat het tot de objecten behoort, noch dat het iets subjectiefs is, d.w.z. als bestaand in het subject.

Er zal worden aangetoond dat deze vraag onmogelijk is, maar dat beide antwoorden, tijd is objectief en tijd is subjectief, op een bepaalde manier hun recht halen uit het oorspronkelijke begrip tijd zelf. We proberen dit nu nauwkeuriger te bepalen in de loop van de ruegang vanuit de vulgair begrepen tijd.

b) Het vulgaire begrip van tijd en de teruggang naar de oorspronkelijke tijd Uit de interpretatie van Aristoteles' begrip van tijd vloeide het volgende voort: Aristoteles karakteriseert tijd primair als een opeenvolging van nu's, waarbij moet worden opgemerkt dat de nu's geen delen zijn waaruit het geheel van de tijd is samengesteld. Al door de manier waarop we de Aristotelische definitie van tijd hebben vertaald, en dat is geïnterpreteerd, moet worden aangegeven dat Aristoteles de tijd bepaalt in de zin van wat wordt geteld in de beweging van de tijd, wanneer hij deze definieert met betrekking tot het vroegere en latere. Tegelijkertijd hebben we benadrukt dat de Aristotelische definitie van tijd op zichzelf geen tautologie bevat, maar dat Aristoteles spreekt vanuit de dwang der dingen. De Aristotelische definitie van tijd is helemaal geen definitie in de scholastieke betekenis. Het karakteriseert tijd door af te bakenen hoe datgene wat we tijd noemen toegankelijk wordt. Het is een toegangsdefinitie of een toegangskenmerk. Het soort ding dat gedefinieerd moet worden wordt bepaald door de manier van de enige mogelijke toegang ertoe: De telperceptie van beweging als beweging is tegelijkertijd de perceptie van het getelde als tijd.

Wat Aristoteles benadrukt als tijd komt overeen met het vulgaire pre-wetenschappelijke begrip van tijd. De vulgair gekende tijd wijst terug naar een oorspronkelijke tijd, de temporaliteit, volgens haar eigen fenomenologische inhoud. Maar daarin schuilt de waarheid: De Aristotelische definitie van tijd is slechts het begin van de interpretatie van tijd. De karakteristieke bepalingen van de vulgair begrepen tijd moeten zelf begrijpelijk worden gemaakt vanuit de oorspronkelijke tijd. Als we ons deze taak stellen, dan betekent dit: We moeten verduidelijken op welke manier het nu als nu een overgangskarakter heeft; op welke manier de tijd als nu, toen en toen het zijn omsluit en als zodanig het omsluiten van het bestaande nog objectiever en bestaander is dan al het andere (innerlijke tijdelijkheid);

in hoeverre tijd in wezen betaald wordt en in hoeverre het erbij hoort dat het altijd onthuld wordt.

Het vulgaire begrip van tijd manifesteert zich expliciet en allereerst in het gebruik van de klok, waarbij het er niet toe doet welke perfectie de klok heeft. We zagen hoe we onszelf er met betrekking tot het gebruik van de klok van moesten overtuigen dat we tijd tegenkomen in het tellen van een beweging. Wat dit meer precies betekent, hoe dit mogelijk is en wat hieruit voortvloeit voor het begrip tijd, bleef onbesproken. Noch Aristoteles noch de volgende interpretatie van tijd stelde dit probleem. Wat betekent het om de klok te gebruiken?

We hebben de Aristotelische interpretatie van tijd met betrekking tot het gebruik van de klok duidelijk gemaakt, zonder het gebruik van de klok zelf nauwkeuriger te interpreteren. Aristoteles van zijn kant interpreteert het gebruik van de klok niet, noemt het niet eens, maar veronderstelt deze natuurlijke manier van toegang tot de tijd door middel van de klok. Het vulgaire begrip van tijd begrijpt alleen de tijd die zich openbaart in het tellen als een opeenvolging van nu.

Uit dit begrip van tijd groeit het concept van tijd als een opeenvolging van nu, die nauwkeuriger is gedefinieerd als een op één zin gerichte, niet-omkeerbare opeenvolging van opeenvolging.

We willen deze benadering vastleggen, de relatie tot tijd in de zin van het gebruik van de klok, en door een preciezere interpretatie van dit gedrag ten opzichte van tijd en de tijd die daarbij wordt ervaren, vooruitlopen op wat deze tijd zelf mogelijk maakt.

a) De manier van zijn van het gebruik van de klok. Nu, Dan en Dan als zelfinterpretaties van de staten van aanwezig zijn, gekend zijn en gehouden worden Wat betekent het aflezen van de tijd op de klok? Wat betekent "op de klok kijken"? In het gebruik van de klok, in het aflezen van de tijd op de klok, kijken we naar de klok, maar de klok zelf is niet het object van observatie. We zijn niet bezig met de klok als zodanig als dit bepaalde gebruiksvoorwerp, om het te onderscheiden, bijvoorbeeld, van een muntstuk. Maar het horloge is ook geen object voor ons, zoals het een object is voor de horlogemaker. Hij gebruikt het niet precies zoals het is. In het gebruik van de klok nemen we de klok waar, maar alleen op deze manier en alleen op deze manier, om het ons naar iets te laten brengen, wat de klok zelf niet is, maar wat het als klok laat zien: de tijd. Maar ook hier is voorzichtigheid geboden. Het is noodzakelijk om het gebruik van de klok te vatten in zijn oorspronkelijke manier van zijn. In het lezen van de tijd in het gebruik van de klok ben ik ook niet gericht op de tijd als het eigenlijke object van het zien. Noch de klok noch de tijd maak ik tot onderwerp van contemplatie. Als ik naar de klok kijk, vraag ik me bijvoorbeeld af hoeveel tijd ik nog heb tot het afgesproken einde van de lezing. Ik ben niet op zoek naar de tijd als zodanig om me ermee bezig te houden, integendeel, ik ben bezig met een fenomenologische representatie. Ik houd me bezig met het afronden ervan. De tijd bepalen, ik probeer te bepalen hoe laat het is, dat wil zeggen hoeveel tijd er nog is tot negen uur om dit en dat te doen. De tijd bepalen, ik kijk hoeveel tijd er nog is tot dan en daar, zodat ik zie: Ik heb nog tijd, zoveel tijd, om dit en dat te doen. Ik vraag de klok met de bedoeling te bepalen hoeveel tijd ik nog heb om dit en dat te doen. De tijd die ik wil bepalen is altijd "tijd om", tijd om dit en dat te doen, tijd die ik nodig heb, tijd die ik mezelf kan geven om dit en dat te volbrengen, tijd die ik moet nemen om dit en dat te doen. Klokkijken is gebaseerd op en komt voort uit "tijd nemen". Om tijd te kunnen nemen, moet ik het ergens vandaan halen. In zekere zin hebben we altijd tijd.

Dat we vaak of meestal geen tijd hebben is slechts een privé-modus van het oorspronkelijke hebben van tijd. Het aflezen van tijd in het gebruik van klokken is gebaseerd op het nemen van tijd, of zoals we ook wel zeggen, op "rekenen met tijd".

Hier moeten we "rekenen" niet opvatten in de zin van tellen, maar als "rekenen met de tijd", "zich er naar richten", "er rekening mee houden". Het rekenen met de tijd ontstaat als een wijziging van de primaire relatie tot de tijd als het zich ernaar richten. Op basis van deze oorspronkelijke relatie tot de tijd komt het tot tijdsmeting, komt het tot het feit dat we klokken uitvinden om het rekenen met de tijd zuiniger te maken ten opzichte van de tijd. We rekenen altijd met de tijd voordat we naar de klok kijken die de tijd meet. Als we bedenken dat in het gebruik van de klok, in het kijken naar de klok, er al een berekening is met de tijd, dan betekent dit dat de tijd al aan ons gegeven is vóór het gebruik van de klok, dat het op de een of andere manier aan ons geopenbaard is en dat we er dus alleen expliciet op terug kunnen komen met de klok. Alleen het hoeveel wordt bepaald door de stand van de wijzer van de klok. Maar het hoeveel en zoveel van de tijd begrijpt tijd oorspronkelijk als datgene waarmee ik reken, als tijd om .... De tijd, die ons altijd al gegeven is, mits we de tijd nemen en er rekening mee houden, heeft het karakter van "tijd om ..... ."-.

Als we in ons dagelijks gedrag niet reflectief naar de klok kijken, zeggen we altijd, al dan niet expliciet, "nu". Maar dit nu is geen naakt, zuiver nu, maar het heeft het karakter van "nu is het tijd om..... .", "nu is het nog tijd om . .", "nu heeft het nog tijd tot . . .". Als we naar de klok kijken en "nu" zeggen, zijn we niet gericht op het nu als zodanig, maar op waar nu nog tijd voor is en waar nu nog tijd voor is; we zijn gericht op wat ons bezighoudt, waar we door gedrukt worden, wat zijn tijd wil hebben, waar we tijd voor willen hebben. Als we "nu" zeggen, zijn we nooit gericht op het nu als op iets bestaands. Dasein zegt "nu", zelfs als het de tijd niet specifiek meet in het gebruik van de klok. Als we alleen maar voelen, hier is het koel, dan is het "nu is het koel".

Nogmaals, het moet worden ingeprent: Als we "nu" bedoelen en uitspreken, dan spreken we er geen antecedent denes mee aan. Nu zeggen heeft een ander karakter dan wanneer ik zeg: dit raam. Hiermee bedoel ik thematisch dat raam daar, het object zelf. Als we, als we het nu uitspreken, niet een of ander bestaand aanspreken, spreken we dan het zijn aan, dat we zelf zijn? Maar ik ben niet het nu? Maar misschien op een bepaalde manier.

Het nu-zeggen is geen objectiverende adressering van iets, maar het is een uiting van iets. Het bestaan, dat altijd bestaat op zo'n manier dat het tijd neemt, spreekt zichzelf uit. Tijd nemend drukt het zichzelf uit op zo'n manier dat het altijd tijd zegt. Als ik "nu" zeg, bedoel ik niet het nu als zodanig, maar door nu te zeggen ben ik vluchtig. Ik beweeg me in het nu-begrijpen en ben eigenlijk met datgene waarvoor de tijd is en waarvoor ik de tijd bepaal. Maar we zeggen niet alleen "nu", maar ook "toen" en "daarvoor". Tijd is er voortdurend in de manier waarop we ons bewegen in het stilzwijgende spreken in al het plannen en voorzien, in al het gedragen en al het regelen: nu, dan pas, daarvoor, tenslotte, op dat moment, daarvoor enzovoort.

Nu moeten we preciezer bepalen waar we vandaan halen wat we bedoelen met het nu, zonder er een object van te maken. Als ik zeg: "dan", dan betekent het, ik ben me in deze toespraak bewust van een bepaald ding, dat uit zichzelf zal komen, dat zal gebeuren, of ik ben me bewust van wat ik me voorgenomen heb te doen.

Ik kan alleen "dan" zeggen als ik me bewust ben van iets, d.w.z. alleen als het bestaan als bestaand zich bewust is. Met het toen wordt zo'n wezen of bestaand waard uitgedrukt. Het drukt zichzelf op zo'n manier uit dat het zichzelf niet specifiek bedoelt, maar niettemin zichzelf interpreteert in deze uitdrukking van dan. Als ik "dan" zeg, dan kan ik dat alleen met begrip zeggen als ik me een toen herinner. Het is niet nodig dat ik het me expliciet herinner, maar alleen dat ik het op de een of andere manier als verleden bewaar. Het toen is het uitspreken van het bewaren van een verleden en vroeger. Een bepaalde manier van bewaren is vergeten. Dit is niet niets, maar het onthult een bepaalde manier van doen met het verleden; een manier waarin ik mezelf afsluit voor het verleden, waarin het voor mij versluierd is. En tenslotte:

Zo vaak als ik "nu" zeg, heb ik betrekking op een heden, meer precies op een heden dat zich in mijn aanwezigheid bevindt. Dit gedrag ten opzichte van een heden in de zin van het hebben van een heden, dat zich uitdrukt in het nu, noemen we het aanwezig zijn van iets.

Deze drie voor Aristoteles bekende bepalingen, het nu en de wijzigingen van het toen als nu-niet-meer en van het toen als nu-niet-nog, zijn de zelfinterpretatie van houdingen, die we karakteriseren als gerechtvaardigd, behouden en aanwezig. Voor zover elk toen een nu-niet-meer is, is elk toen een nu-niet-meer, is er een heden in elk verwachten en houden. Waar ik me bewust van ben, zie ik altijd in een heden.

Evenzo, wat ik bewaar, bewaar ik voor een geschenk, zodat al het houden en bewaren aanwezig is. Dit laat de innerlijke verbinding zien, niet alleen van de uitgedrukte tijd, maar van deze relaties, als welke de tijd zichzelf uitdrukt. Als met deze bepalingen, Nu, Dan, Dan, de tijd zichzelf uitdrukt, maar deze bepalingen een weten, aanwezig houden en aanwezig zijn uitdrukken, dan is dat wat hier benadrukt wordt duidelijk tijd in een meer oorspronkelijke betekenis. We zullen ons moeten afvragen hoe dat, wat aanwezig is in de eenheid van aanwezig zijn, aanwezig gehouden worden en aanwezig zijn, terecht in aanmerking genomen kan worden als oorspronkelijke tijd. Dit zal het geval zijn als alle essentiële momenten van het nu, het karakter van vasthouden, het moment van mogelijk maken van de innerlijke-temporaliteit, het karakter van overgang en dat van geteld of geopenbaard worden, in hun mogelijkheid en noodzaak begrijpelijk kunnen worden gemaakt vanuit de meer oorspronkelijke verschijnselen, waarvan we de eenheid zullen leren kennen als temporaliteit. Van haar kant geeft de tijdelijkheid de horizon voor het begrijpen van het zijn in het algemeen.

De tijd, zoals Aristoteles die beschrijft en zoals die bekend is bij het algemene bewustzijn, is een opeenvolging van het nu van het nu-nog-niet-meer in het nu-nog-meer, een opeenvolging van het nu, die niet willekeurig is, maar in zichzelf de richting heeft van de toekomst naar het verleden. We zeggen ook dat de tijd verstrijkt. Volgens deze opeenvolging is de opeenvolging van nu in één zin gericht van de toekomst naar het verleden, ze is niet omkeerbaar. Men noemt deze opeenvolging van nu oneindig. Het is een algemene stelling dat tijd oneindig is.

Het vulgaire begrip van tijd komt voor het eerst tot uitdrukking in het gebruik van de klok, in het meten van tijd. Maar we meten tijd omdat we tijd nodig hebben, dat wil zeggen omdat we de tijd nodig hebben.

omdat we tijd nemen of tijd laten, en we de manier waarop we de tijd nodig hebben expressief reguleren en beveiligen door bepaalde tijdmetingen. Als we naar de klok kijken, geven we de klok de tijd, voor zover de tijd zelf niet in de klok zit. Als we naar de klok kijken, zeggen we "nu".

Hiermee hebben we de tijd uitgesproken, die we alleen numeriek bepalen aan de hand van de klok. Dit zeggen van nu en het zeggen van toen of toen moeten een bepaalde oorsprong hebben. Waar halen we het nu vandaan als we "nu" zeggen? We bedoelen natuurlijk niet een object, een bestaand ding, maar in het nu dat wordt uitgedrukt, wat we het aanwezig zijn van iets noemen, het heden. In het toen wordt een houden en in het toen wordt een verwachten uitgedrukt. Omdat elk toen een "niet-nu" is en elk toen een "niet-nog", is er ook in de uiting van een toen, dat voortkomt uit een nu, al een nu, een mede-begrijpen van het nu. Elk van deze tijdsbepalingen, Nu, Dan, Dan, wordt uitgesproken vanuit de eenheid van respectievelijk een heden een heden dat bewaard wordt of een heden dat vergeten wordt. Wat ik me bewust ben als een volgende wordt aangesproken in het "Sogleich". Wat ik net bewaar als het volgende of net al vergeet wordt aangesproken in "Soeben". Het zojuist staat met zijn wijziging in de horizon van het "vroegere", dat bij het bewaren en vergeten hoort.

Het onmiddellijke en het toen staan in de horizon van het "later", dat bij het heden hoort. Al het nu staat in de horizon van het "vandaag", dat de horizon van het heden is.

De tijd die bedoeld wordt met het nu, dan en dan is de tijd waarmee het tijd nemende bestaan rekent. Maar waar haalt het de tijd vandaan waarmee het rekent en die het uitdrukt in het nu, dan en dan? Het antwoord op deze vraag leggen we nog even uit. Maar het wordt al duidelijk dat dit antwoord niets anders is dan de verheldering van de oorsprong van het nu, toen (nu-nog-niet) en toen (nu-nog-niet), dat wil zeggen van de tijd als nu-sequentie (opeenvolging) vanuit de oorspronkelijke tijd.

ß) De structurele momenten van de uitgesproken tijd:

Betekenis, dateerbaarheid, tijd, publiek De vraag is: Hoe moeten we dit aanwezig zijn, bewust zijn en houden, die zich uitdrukken in het nu, toen en toen, preciezer bepalen? We kunnen dit alleen doen als we er zeker van zijn dat we al in zijn volledige structuur zien wat de Aristotelische interpretatie van tijd ontkiemt als de opeenvolging van het nu. Dit is echter niet het geval in de manier waarop de Aristotelische en de hele volgende traditie de tijd karakteriseert. Voorlopig is het nodig om de structuur van de uitgesproken tijd, het nu, toen en toen, nauwkeuriger te karakteriseren.

We hebben al een essentieel moment aangeraakt van de tijd die we van de klok aflezen en dus van de tijd in het algemeen, die we nemen of ons laten welgevallen, zonder hem als structuur aan het nu toe te kennen. Elke tijd, die we aflezen op de klok, is tijd om . ., "tijd om dit en dat te doen", dat wil zeggen geschikte tijd 370 Ontologisch Verschil " of ongeschikte tijd. De tijd die we aflezen op de klok is altijd de tijd die als tegenpool de ongeschiktheid heeft, zoals we zeggen: iemand komt op de ongeschiktheid of op de tijd. We hebben dit eigenaardige karakter van tijd al in een andere context gezien, toen we het begrip wereld karakteriseerden en zagen dat daarin een geheel van relaties wordt bedoeld, die het karakter van rond hebben. We noemden dit geheel van relaties van Um-zu, Unwillen, Dazu en Dazu als zingeving. Tijd als juiste tijd en niet-tijdelijkheid heeft het karakter van zinvolheid, d. w. z.

het karakter dat de wereld kenmerkt als wereld. Daarom noemen we de tijd, waarmee we rekenen, die we ons laten welgevallen, wereldtijd. Hiermee wordt niet gezegd dat de tijd, die we op de klok aflezen, iets bestaands is, zoals de binnenwereldse dingen. We weten dat de wereld niets bestaands is, niet de natuur, maar dat wat de ontdekking van de natuur mogelijk maakt. Daarom is het niet gepast om deze tijd, zoals het vaak gebeurt, natuurtijd of natuurachtige tijd te noemen. Er is geen natuurlijke tijd, voor zover alle tijd in wezen tot het bestaan behoort. Maar er is wel een wereldtijd. We noemen tijd wereldtijd omdat het het karakter van betekenis heeft dat over het hoofd wordt gezien in de Aristotelische definitie van tijd en in de traditionele definitie van tijd in het algemeen.

Een ander moment naast de betekenis van de tijd is de dateerbaarheid ervan. Elk nu wordt uitgesproken in een heden van iets in de eenheid met een weten en houden. Als ik "nu" zeg, zeg ik altijd onuitgesproken met "nu, sinds dat en dat". Als ik "dan" zeg, bedoel ik altijd "dan, wanneer". Als ik "dan" zeg, bedoel ik "dan, wanneer". Bij elk nu hoort een "daar":

nu, daar dat en dat. We noemen deze referentiestructuur van nu als nu-daar, van toen als toen-dan en van toen als toen-dan de dateerbaarheid. Elk nu dateert zichzelf als "nu dat en dat gebeurt, optreedt of bestaat".

Zelfs als ik niet meer precies en ondubbelzinnig het wanneer van een toen-als kan bepalen, heeft het toen deze referentie.

Alleen omdat de referentie van de datering in wezen bij het toen, nu en toen hoort, kan de datum onbepaald, vaag en onzeker zijn. De datum zelf hoeft niet calendrisch te zijn in strikte zin. De calendrische datum is slechts een speciale manier van alledaagse dateringen. De onbepaaldheid van de datum impliceert niet een gebrek aan dateerbaarheid als een essentiële structuur van nu, toen en toen. Dit moet erbij horen om als datum onbepaald te kunnen zijn. We zeggen bijvoorbeeld: In die tijd, toen de Fransen in Duitsland waren, en spreken van de "Franzosenzeit". De datering kan calendrisch onbepaald zijn, het wordt niettemin bepaald door een bepaalde historische gebeurtenis of een andere gebeurtenis. Het maakt niet uit hoe ver, hoe zeker en ondubbelzinnig een "nu, sinds . .", een "toen, toen ... " en een "toen, toen..... ." gedateerd kan worden, tot de essentiële constitutie van het nu, het toen en het toen behoort het structurele moment van dateerbaarheid. De "nu, wanneer ...", "toen, wanneer ... ." en "toen, wanneer.... ." zijn door hun aard gerelateerd aan het zijn, dat het dateerbare een datum geeft. De tijd, die vulgair wordt begrepen als een opeenvolging van nu, moet worden begrepen als deze daterende referentie. Dit mag niet over het hoofd worden gezien en verkeerd worden toegeëigend. De vulgaire opvatting van tijd als een opeenvolging van nu kent echter niet zowel het moment van prekalitatieve dateerbaarheid als dat van betekenis.

Voor hen wordt het nu opgevat als vrij zwevend, niet aan elkaar gerelateerd, zich in zichzelf vastklampend en in zichzelf succesvol.

Aan de andere kant is te zien dat elk nu, elk toen en elk toen dateerbaar is volgens zijn structuur, d.w.z. het staat altijd al in verband met iets en in de uitspraak van iets wordt het min of meer zeker gedateerd. In het feit dat in de traditionele theorieën over tijd de essentiële daterende referentie van het nu, nu-niet-meer en nu-nog-niet over het hoofd werd gezien, laat een ander document zien hoe ver het vanzelfsprekende afstaat van het concept van precies 381 Ontologisch Verschil ". Want wat is meer vanzelfsprekend dan dat we met het nu een "nu, sinds dit en dat is of gebeurt" bedoelen? Waarom het traditionele tijdsbegrip zulke elementaire structuren van de tijd als die van betekenis en dateerbaarheid kon verbergen, waarom het ze over het hoofd ziet en over het hoofd moet zien, zullen we leren begrijpen vanuit de structuur van de tijd zelf.

Het bestaan zegt "dan", het zegt "nu", het zegt "dan", het zegt "dan", het zegt "nu". Elk dan wordt uitgesproken als een nog niet in het begrip van een nu, d.w.z. in een heden. In het verwachtingsvol uitspreken van het dan, wordt een "tot dan" altijd begrepen vanuit een nu. In elk Then wordt impliciet een Now-to-There begrepen. Door het toen zelf wordt de uitbreiding van nu naar toen gearticuleerd. De relatie "van nu tot dan" wordt niet achteraf gelegd tussen een nu en een toen, maar ligt al in het verwachtingsvolle heden, dat zich uitdrukt in het toen. Het ligt zowel in het nu als in het niet-nu en dan, dat gerelateerd is aan een nu. Als ik zeg "toen" vanuit een "nu", bedoel ik altijd een zeker tussenin tot dan. In dat tussen ligt dat wat we de duur, het blijvende, het blijvende van de tijd noemen. Als karakter van tijd heeft deze bepaling weer de structuur van dateerbaarheid: in de tussentijd, d.w.z. "terwijl dit en dat gebeurt". Dit tussen kan zelf preciezer worden bepaald en ingedeeld door bepaalde "van dan tot dan", die het tussen articuleren. In het gearticuleerde Ondertussen of Terwijl wordt het Ondertussen specifiek toegankelijk.

Het wordt toegankelijk dat wat bedoeld wordt met het "van nu tot dan", de tijd, zich uitstrekt. Wat wordt verwoord in deze tekens van het tussen, het terwijl en het tot-dan, noemen we de gespannenheid van de tijd. Met het tussen en het terwijl bedoelen we een tijdsspanne. Het is dat moment dat Aristoteles al terecht aan het Nu toekent als hij zegt dat het een zeker overgangskarakter heeft. De tijd wordt in zichzelf uitgerekt en verlengd. Elk nu, toen en toen heeft niet alleen elk een datum, maar is in zichzelf uitgerekt en verlengd: "nu, tijdens de lezing", "nu, tijdens de pauze". Geen enkel nu en geen enkel moment van tijd kan worden gepunctualiseerd. Elk tijdsmoment overspant zichzelf, en de overspanning is variabel. Het varieert, onder andere, met wat het nu ook dateert.

Maar betekenisvolheid, dateerbaarheid en gespannenheid (rekbaarheid) omvatten niet de volledige structuur van nu, toen en toen. Als laatste karakter van de tijd in de zin van berekende en uitgesproken tijd noemen we de openbaarheid van de tijd. Het nu is, al dan niet in uitspraak, uitgesproken. Als we "nu" zeggen, bedoelen we:

"nu, als dit en dat gebeurt^ Het gedateerde nu heeft een zekere uitgerektheid. Door het gedateerde en uitgerekte nu met elkaar te zeggen, begrijpt elk van ons het andere. Als ieder van ons "nu" zegt, begrijpen we allemaal dit nu, hoewel ieder van ons dit nu misschien dateert van een ander ding of een andere gebeurtenis: "nu de professor spreekt", "nu de heren schrijven", of "nu in de ochtend", "nu tegen het einde van het semester". We hoeven het op geen enkele manier eens te zijn over de datering van het uitgesproken nu om het als nu te begrijpen. Het uitgesproken nu is voor iedereen begrijpelijk in het samenzijn. Hoewel iedereen zijn nu zegt, is het voor iedereen het nu. De toegankelijkheid van het Nu voor iedereen, ongeacht de verschillende dateringen, karakteriseert de tijd als openbaar. Het Nu is voor iedereen toegankelijk en dus van niemand. Vanwege dit karakter van de tijd wordt er een eigenaardige objectiviteit aan toegekend.

Het nu behoort mij niet toe, noch iemand anders, maar het is er op de een of andere manier. Er is tijd, het is er zonder dat we kunnen zeggen hoe en waar het is.

Net zo direct als we voortdurend tijd nemen, verliezen we die ook. We nemen tijd met iets op zo'n manier dat er geen tijd is. Als we tijd verliezen, geven we het weg. Maar het verliezen van tijd is een specifiek onbekommerd achterlaten van tijd, d.w.z. een modus, hoe we tijd hebben in het vergeten leven.

We hebben een aantal kenmerken van tijd opgesomd die Aristoteles in gedachten heeft wanneer hij het definieert als de getelde. De tijd die we opnemen en uitdrukken in Nu, Toen en Daarna heeft de structurele momenten van betekenisvolheid, dateerbaarheid, rekbaarheid en openbaarheid. De tijd waarmee we rekenen in de bredere zin van rekenen is dateerbaar, uitgerekt, openbaar en heeft het karakter van betekenisvolheid, dat wil zeggen dat hij tot de wereld zelf behoort. Maar in hoeverre behoren deze structurele momenten in wezen tot de tijd? In hoeverre zijn deze structuren zelf mogelijk?

γ) De uitgesproken tijd en zijn oorsprong uit de existentiële tijdelijkheid. Het extatische en horizontale karakter van de tijd Pas als we de volledige structuur van de opeenvolging van het nu volgens deze momenten in het oog houden, kunnen we ons concreet afvragen:

Waar komt de tijd, die we als eerste kennen en die we alleen kennen, vandaan? Kunnen deze structurele momenten van tijd en dus de tijd zelf, zoals die zich uitdrukt, begrepen worden vanuit datgene wat zich uitdrukt met het nu, toen en toen, dat wil zeggen vanuit het heden, het bewuste en het behoudende? Als we ons bewust zijn van welke gebeurtenis dan ook, hebben we in ons bestaan altijd op de een of andere manier te maken met ons eigen vermogen om te zijn. Zelfs als het ding waarvan we ons bewust zijn een gebeurtenis is, een proces, is ons eigen bestaan altijd aanwezig in het bewustzijn van het proces zelf. Dasein begrijpt zichzelf vanuit zijn eigen zijns-vermogen, waarvan het zich bewust is. Voor zover het zich aldus verhoudt tot zijn eigen zijns-vermogen, is het vooruitlopend op zichzelf. Bewust van een mogelijkheid, kom ik vanuit deze mogelijkheid tot dat wat ik zelf ben. Dasein, dat zijn zijns-vermogen verwacht, komt naar zichzelf toe. In dit naar een mogelijkheid toekomen is Dasein in oorspronkelijke zin toekomstig. Dit naar zichzelf toekomen, dat ligt in het bestaan van Dasein, vanuit zijn eigen mogelijkheid, waarvan alles wat verleend wordt een bepaalde modus is, is het primaire concept van de toekomst. Dit existentiële concept van toekomst is de voorwaarde voor het vulgaire concept van toekomst in de zin van nog niet.

Iets vasthouden of vergeten, het bestaan heeft altijd op de een of andere manier te maken met wat het zelf al geweest is. Het is alleen, zoals het ooit feitelijk is, op de manier waarop het wezen, dat het is, ooit al geweest is. Voor zover we ons verhouden tot een wezen als verleden, bewaren we het op een bepaalde manier of vergeten we het. In het bewaren en vergeten wordt het bestaan zelf bewaard. Het behoudt zichzelf in wat het al geweest is. Dat, wat Dasein ooit is geweest, zijn wezen, behoort tot zijn toekomst. Dit zijn betekent niet in de eerste plaats dat Dasein feitelijk niet meer is; integendeel, het is juist feitelijk wat het was. Dat wat we zijn geweest is niet verleden in de zin dat we ons verleden kunnen uittrekken, zoals we gewoonlijk zeggen, als een jurk. Dasein kan net zo min aan zijn verleden ontsnappen als aan zijn dood. In elke zin en in elk geval is alles wat we zijn geweest een essentiële bepaling van ons bestaan. Ik kan mijn verleden op afstand houden met welke manipulatiemethode dan ook, maar vergeten, onderdrukken, tegenhouden zijn modi waarin ik mijn wezen zelf ben.

Het bestaan is, voor zover het bestaat, noodzakelijkerwijs altijd geweest. Het kan alleen geweest zijn zolang het bestaat. Juist dan, wanneer het bestaan niet meer is, is het ook niet meer geweest.

Het is slechts zo lang als het is. Daarin ligt het: Zijn behoort tot het bestaan van Dasein. Sprekend vanuit het eerder gekarakteriseerde moment van de toekomst: Voor zover het zijn min of meer expliciet gerelateerd is aan een bepaald zijn-vermogen van zichzelf, d.w.z. tot zichzelf komt uit een mogelijkheid van zichzelf, komt het altijd terug tot wat het geweest is. Tot de toekomst in de oorspronkelijke (existentiële) zin behoort, even oorspronkelijk, het zijn in de existentiële zin. Wezen maakt bestaan mogelijk in één met de toekomst en het heden.

Aanwezigheid in existentiële zin is niet gelijk aan aanwezigheid. Voor zover Dasein bestaat, blijft het altijd bij het bestaande zijn. Het heeft dit in zich. Alleen als aanwezig zijn is het toekomstig en in speciale zin geweest. Dasein is, een mogelijkheid verwachtend, altijd op zo'n manier dat het zich op dit moment verhoudt tot een bestaand en het als aanwezig vasthoudt in zijn aanwezigheid. Hiertoe behoort dat we meestal verloren zijn in dit heden en het lijkt alsof de toekomst en het verleden, preciezer gezegd het zijn, wordt verduisterd, alsof Dasein in elk moment in het heden springt. Dit is een illusie, die opnieuw zijn redenen heeft en opgeruimd moet worden, maar wat we in deze context achterwege laten. Hier is het alleen nodig om te zien dat we over toekomst, zijn en heden spreken in een meer oorspronkelijke (existentiële) betekenis en dat we deze drie bepalingen gebruiken in een betekenis die vooruitloopt op de vulgaire tijd. De oorspronkelijke eenheid van de gekarakteriseerde toekomst, aanwezigheid en heden is het fenomeen van de oorspronkelijke tijd, die we temporaliteit noemen. De tijdelijkheid ligt in de respectievelijke eenheid van toekomst, zijn en heden. Wat we zo noemen is te onderscheiden van toen, toen en nu. Deze laatste tijdsbepalingen zijn alleen wat ze zijn, voor zover ze voortkomen uit de tijdelijkheid, in die zin dat ze zichzelf uitdrukt. Met het nu, toen en nu drukken het zekere, de toekomst, het behoudende, de aanwezigheid, en het heden, de tegenwoordige tijd, zichzelf uit. Door zichzelf uit te drukken brengt tijdelijkheid de tijd voort die het vulgaire begrip van tijd alleen kent.

De essentie van de toekomst ligt in het komen tot zichzelf, de essentie van het zijn in het teruggaan naar en de essentie van het heden in het blijven bij, d.w.z. in het zijn met. Deze tekens van up-to, back-to en at onthullen de basisconstitutie van tijdelijkheid. Voor zover tijd bepaald wordt door dit omhoog-naar, het terug-naar en het met, staat ze buiten zichzelf. Tijd is in zichzelf verrukt als toekomst, zijn en heden. Als toekomstig is Dasein verrukt over zijn zijn-vermogen dat geweest is, als dat wat geweest is tot zijn-zijn, als dat wat aanwezig is tot ander-zijn. De tijdelijkheid als eenheid van toekomst, zijn en heden brengt het zijn niet bij tijd en wijle in vervoering, maar is zelf als tijdelijkheid de oorspronkelijke buitenkant, de ἐκστατικόν. Dit karakter van de vervoering noemen we terminologisch het extatische karakter van de tijd. Tijd wordt niet achteraf en toevallig één keer veroverd, maar toekomst wordt in zichzelf veroverd als tot, d.w.z. extatisch. Hetzelfde geldt voor de tegenwoordigheid en het heden. Daarom noemen we toekomst, aanwezigheid en heden de drie extasen van tijd, die op zichzelf op dezelfde oorspronkelijke manier bij elkaar horen.

Dit extatische karakter van tijd moet nauwkeuriger worden gezien. Je kunt dit verband pas zien in de concrete visualisatie van verschijnselen, als je er een richtlijn voor hebt. De term "extatisch" heeft niets te maken met extatische toestanden en dergelijke. De vulgair Griekse term ἐκστατικόν betekent uit zichzelf treden. Het is verwant aan de term "bestaan". Met het extatische karakter interpreteren we het bestaan, dat ontologisch de oorspronkelijke eenheid is van het komen-naar-zelf, het komen-terug-naar-zelf, het aanwezig-zijn-buiten-zelf. De extatisch bepaalde tijdelijkheid is de voorwaarde voor de zijnsconstitutie van Dasein.

De oorspronkelijke tijd is in zichzelf datgene wat de essentie is van zijn temporalisatie buiten zichzelf. Het is dit buiten-zelf, d.w.z. het is niet iets dat eerst als ding zou bestaan en dan buiten zichzelf, zodat het zichzelf achterlaat, maar het is in zichzelf niets anders dan het buiten-zelf bij uitstek. Aangezien dit extatische karakter de tijdelijkheid kenmerkt, is er in de essentie van elke extase, die zich alleen voordoet in de eenheid van tijd met de anderen, een zich verwijderen naar ... naar iets in formele zin.

Elke verrukking is open in zichzelf. Bij extase hoort een eigenaardige openheid, die gegeven is met het buiten-zelf. Dat waarin elke extase op een bepaalde manier in zichzelf open is, noemen we de horizon van extase.

De horizon is de open uitgestrektheid, waarin de vervoering als zodanig is afgescheiden. De vervoering opent en houdt deze horizon open. Als extatische eenheid van toekomst, consubstantialiteit en heden heeft de tijdelijkheid een horizon die bepaald wordt door extase. De tijdelijkheid is extatisch-horizontaal als de oorspronkelijke eenheid van toekomst, consubstantialiteit en heden in zichzelf. "Horizontaal" stelt:

door een horizon die gegeven is met de extase zelf. De extatisch-horizontale temporaliteit maakt niet alleen de staat van zijn van Dasein ontologisch mogelijk, maar maakt ook de temporalisering van tijd mogelijk, die het vulgaire begrip van tijd alleen kent en die we over het algemeen de onomkeerbare opeenvolging van nu noemen.

We zullen niet ingaan op het verband tussen het fenomeen intentionaliteit en de extatisch-horizontale tijdelijkheid. Intentionaliteit die op iets gericht is en de inherente samenhang van intentio en intentum die in de fenomenologie gewoonlijk het laatste oerfenomeen wordt genoemd, heeft de voorwaarde van zijn mogelijkheid in de tijd en zijn extatisch-horizontale karakter. Dasein is alleen intentioneel omdat het in zijn wezen bepaald wordt door tijdelijkheid. Evenzo, gerelateerd aan het extatisch-horizontale karakter is de essentiële bepaling van Dasein, dat het in zichzelf transcendeert. In hoeverre deze twee karakters, intentionaliteit en transcendentie, gerelateerd zijn aan tijdelijkheid zal ons duidelijk worden. Tegelijkertijd zullen we begrijpen op welke manier de ontologie, voor zover ze het zijn tot haar onderwerp maakt, een transcendentale wetenschap is.

Ten eerste, omdat we temporaliteit niet specifiek vanuit Dasein hebben geïnterpreteerd, moeten we ons het fenomeen meer eigen maken.

δ) De oorsprong van de structurele momenten van de nu-tijd vanuit de extatisch-horizontale tijdelijkheid

De manier van zijn van het verval als reden voor het verbergen van de oorspronkelijke tijd De opvatting van de tijd als een opeenvolging van het nu kent de oorsprong van deze tijd uit de oorspronkelijke tijd niet en ziet alle essentiële momenten over het hoofd die behoren tot de opeenvolging van het nu als zodanig. In de vulgaire opvatting is tijd op zichzelf een vrij zwevende opeenvolging van het nu. Het is er gewoon; men moet erkennen dat het gegeven is. Nu we de tijd op een grove manier hebben gekarakteriseerd, rijst de vraag of we de nu-sequentie expliciet kunnen laten ontstaan met betrekking tot de essentiële structuren zinvolheid, dateerbaarheid, gespannenheid en openbaarheid vanuit de oorspronkelijke tijdelijkheid. Als tijd, als een opeenvolging van nu, getemporaliseerd is vanuit de oorspronkelijke tijdelijkheid, dan moeten deze structuren ontologisch begrijpelijk gemaakt kunnen worden vanuit de extatisch-horizontale constitutie van tijdelijkheid. Sterker nog, als de temporaliteit, waarin tijd als een opeenvolging van nu 380 "ontologisch verschil" wordt geproduceerd, de constitutie van het zijn van Dasein vormt, maar feitelijk Dasein aanvankelijk alleen de vulgair begrepen tijd ervaart en kent, dan moet het ook mogelijk zijn om vanuit de temporaliteit van Dasein te verklaren waarom feitelijk Dasein aanvankelijk alleen de tijd kent als een opeenvolging van nu, en bovendien waarom het vulgaire begrip van tijd de essentiële structurele momenten van significantie, dateerbaarheid, gespannenheid en openbaarheid in de tijd over het hoofd ziet of niet adequaat begrijpt. ze niet adequaat begrijpt. Als het mogelijk of zelfs noodzakelijk is om aan te tonen dat wat algemeen bekend staat als tijd voortkomt uit wat we hebben gekarakteriseerd als tijdelijkheid, dan rechtvaardigt dit de aanduiding van wat de vulgaire tijd voortbrengt als oorspronkelijke tijd. Want men zou de vraag kunnen stellen: Waarom noemen we de eenheid van toekomst, zijn en heden in deze oorspronkelijke betekenis nog steeds tijd? Is het niet iets anders? Deze vraag moet ontkennend worden beantwoord zodra men ziet dat het nu, het toen en het toen niets anders zijn dan de tijdelijkheid die zichzelf uitdrukt. Alleen daarom is het nu een Toonkarakter, alleen daarom zijn het toen en het toen Zeiihaft.

De vraag is nu: In hoeverre is de vulgair begrepen tijd gefundeerd in de tijdelijkheid zelf, in hoeverre komt tijd in de vulgaire zin voort uit tijdelijkheid, of preciezer, in hoeverre brengt tijdelijkheid zelf de tijd voort die alleen de gewone geest kent? Elk nu is van nature een nu-daar. Vanwege deze referentie van dateerbaarheid is het gerelateerd aan een of ander wezen, van waaruit het zichzelf dateert. Dit karakter van een nu-daar-en-daar zijn, d.w.z. de referentie van dateerbaarheid, is alleen mogelijk omdat het nu als tijdsbepaling extatisch-open is, d.w.z. voortkomt uit tijdelijkheid. Het behoort tot een bepaalde extase, het heden in de zin van het heden van iets.

In het heden van het zijn is het heden ecstatisch gerelateerd aan iets in zichzelf. Voor zover het zichzelf uitdrukt als ecstatisch verwant, zegt het in het uitdrukken van zichzelf "nu" en met nu wordt het heden bedoeld, dit extatisch-horizontale, dus in zichzelf extatische nu is verwant aan ....

Ik bedoel, elk nu is als nu "nu, sinds dat en dat". Het heden van het zijn staat zoiets toe, zodat wanneer het "nu" zegt, dit nu, vanwege het extatische karakter van het heden, het tegenwoordige karakter moet hebben:

"nu, sinds dit en dat". Dienovereenkomstig is elk dan een dan-als en elk dan een dan-wanneer. Voor zover ik "nu" zeg en het uitspreek in een heden en als dit heden, wordt iets dat bestaat aangetroffen als dat, van waaruit het uitgesproken nu zichzelf dateert, vanwege het heden. Omdat we het nu telkens zeggen in en uit een heden van zijn, is het aldus uitgesproken nu structureel zelf aanwezig. Het heeft de referentie van dateerbaarheid, waarbij de feitelijke datering inhoudelijk anders is. Het nu en elke andere tijdsbepaling heeft zijn dateringsreferentie vanuit het extatische karakter van de tijdelijkheid zelf. Dat het nu een "nu, sinds dat en dat" is, elk toen een "toen, als" en elk toen een "toen, wanneer", onthult alleen dat de tijd als tijdelijkheid, als aanwezig, vasthoudend en verwachtend, het mogelijk maakt het zijn als ontdekt al te ontmoeten.

Met andere woorden, de vulgair begrepen tijd, het nu, gezien vanuit deze daterende referentie, is slechts de index voor de oorspronkelijke tijdelijkheid.

Elk nu en elke tijdsbepaling is op zichzelf gespannen, heeft een spanwijdte die varieert en die niet alleen ontstaat door een optelling van de afzonderlijke nu's als dimensieloze punten. Het nu krijgt geen breedte en omvang door het feit dat ik meerdere nu's bij elkaar neem, maar omgekeerd, elk nu heeft in zichzelf primair al deze gespannenheid. Zelfs als ik het nu reduceer tot een miljoenste van een seconde, heeft het nog steeds de spanwijdte, omdat het die van nature al heeft en noch wint door een sommatie noch verliest door een reductie.

Het nu en elke tijdsbepaling heeft in zichzelf een gespannenheid.

Dit heeft ook zijn reden in het feit dat het Nu niets anders is dan de "uitdrukking" van de oorspronkelijke tijdelijkheid zelf in haar extatische karakter. In elk gezegd nu wordt ook de gespannenheid gezegd, want met het nu en de andere tijdsbepalingen wordt een heden uitgedrukt, dat zich manifesteert in de extatische eenheid met het nu en het houden. In het extatische karakter van tijdelijkheid is er oorspronkelijk al een uitrekking die de uitgedrukte tijd in gaat. Voor zover elke verlening het karakter heeft van naar zich toe gericht zijn en elk houden het karakter heeft van terug naar zich toe gericht zijn, zelfs als het in de modus van vergeten is, en elk naar zich toe gericht zijn in zichzelf een terug naar zich toe gericht zijn is, wordt de tijdelijkheid als extatisch in zichzelf uitgebreid. De tijdelijkheid als het primaire buiten-zelf is de uitbreiding zelf.

Dit is niet alleen het gevolg van het feit dat ik momenten van tijd in elkaar schuif, maar andersom heeft het karakter van vastheid en gespannenheid van de vulgair begrepen tijd zijn oorsprong in de oorspronkelijke uitbreiding van tijdelijkheid zelf als een extatische tijd.

Het nu en elke uitgesproken bepaling van tijd is publiek toegankelijk in de saamhorigheid voor het begrip van iedereen. Dit moment van de openbaarheid van tijd is ook gefundeerd in het extatisch-horizontale karakter van tijdelijkheid.

Omdat dit het uiterlijke zelf in zichzelf is, is het al als zodanig geopend in zichzelf en open voor zichzelf volgens de richtingen van zijn drie extases. Daarom is elk gezegd, elk uitgesproken nu onmiddellijk als zodanig gekend voor iedereen. Het nu is niet iets dat alleen de een of de ander op de een of andere manier zou kunnen vinden, niet iets dat de een zou kunnen kennen en de ander niet, maar in de saamhorigheid van het bestaan zelf, d.w.z. in het gemeenschappelijke zijn-in-de-wereld, ligt al de eenheid van de tijd zelf als één open voor zichzelf.

We hebben de tijd van het alledaagse begrip van tijd wereldtijd genoemd vanwege zijn karakter van betekenis. We hebben het al eerder aangegeven: De basisconstitutie van Dasein is zijn-in-de-wereld op zo'n manier dat het bestaande Dasein in zijn bestaan bezig is met dit zijn, en dat betekent tegelijkertijd met zijn kunnen zijn-in-de-wereld. Dasein houdt zich bezig met zijn eigen zijn-kunnen, of zoals we ook zeggen: Dasein gebruikt zichzelf primair voor zichzelf. Wanneer het zich uitdrukt als aanwezig in het nu, als zeker in het toen en als zich houdend in het toen, wanneer de tijdelijkheid zich uitdrukt in deze tijdsbepalingen, dan is de uitgedrukte tijd tegelijkertijd datgene waarvoor het Dasein zichzelf gebruikt, omwille waarvan het zichzelf is. In de uitdrukking van tijdelijkheid wordt de uitgedrukte tijd begrepen in het karakter van de um-wil en de um-to. De uitgedrukte tijd heeft in zichzelf een wereldkarakter, dat ook gerechtvaardigd kan worden vanuit andere, moeilijkere verbanden, waar we nu niet op ingaan. Voor zover Dasein zichzelf voor zichzelf gebruikt, maar in het nu de tijdelijkheid van het er zijn tot uitdrukking brengt, is de uitgedrukte tijd altijd iets waar Dasein zelf mee bezig is, d.w.z. tijd is altijd tijd als juiste tijd of als ontijdelijkheid.

Uit de uitleg van de structurele momenten van significantie, dateerbaarheid, gespannenheid en openbaarheid zien we dat en hoe de basisbepalingen van de vulgair begrepen tijd voortkomen uit de extatisch-horizontale eenheid van zijn, aanwezig zijn. Omdat wat we gewoonlijk kennen als tijd, met betrekking tot zijn karakter van tijd, voortkomt uit de extatisch-horizontale tijdelijkheid, moet die, waaruit de toekomstige tijd voortkomt, tijd worden genoemd in primaire zin: de tijd, die is en als deze de wereldtijd. Voor zover de oorspronkelijke tijd als tijdelijkheid de staat van zijn van het Dasein mogelijk maakt en dit wezen zodanig is dat het zichzelf tijd, moet dit 'zijn' van de zijnswijze van het bestaande Dasein oorspronkelijk en toepasselijk het tijdelijke wezen bij uitstek worden genoemd. Nu wordt duidelijk waarom we een wezen als een steen, dat in de tijd beweegt of erin rust, niet tijdelijk noemen. Zijn wezen wordt niet bepaald door tijdelijkheid.

Maar Dasein is niet alleen en nooit primair intern, optredend en bestaand in een wereld, maar het is inherent tijdelijk in zichzelf. Op een bepaalde manier is het echter ook in de tijd, voor zover we het kunnen beschouwen als bestaand in een bepaald opzicht.

Nadat we de kenmerken van de vulgaire tijd hebben afgeleid uit de oorspronkelijke tijdelijkheid en dus hebben bewezen waarom we de oorsprong met meer recht tijd noemen dan dat wat eruit voortkomt, moeten we ons nu afvragen: Hoe komt het dat het vulgaire tijdsbegrip de tijd alleen kent als een niet-omkeerbare opeenvolging van nu, dat de essentiële karakters van de opeenvolging van nu, de betekenis en de dateerbaarheid, voor hem verborgen blijven, en dat voor hem de structurele momenten van gespannenheid en openbaarheid uiteindelijk onverborgen blijven, zodat hij de tijd begrijpt als een veelheid van naakte nu, die geen verdere structuur hebben, maar altijd alleen maar nu zijn, waarbij het ene het andere opvolgt vanuit de toekomst naar het verleden in een oneindige opeenvolging? Het verbergen van de specifieke structurele momenten van de wereldtijd, het verbergen van zijn oorsprong uit de tijdelijkheid en het verbergen van dit zelf heeft zijn reden in de zijnswijze van Dasein, die we verval noemen. Zonder verder in detail te treden over dit fenomeen, karakteriseren we het vanuit wat we al verschillende keren hebben aangestipt. We zagen dat Dasein allereerst altijd georiënteerd is op het bestaande in de zin van het bestaande, zodat het ook zijn eigen zijn bepaalt vanuit de zijnswijze van het bestaande. Het noemt ook het ik, het subject, een res, een substantia, een subjectum. Wat hier getoond wordt op een theoretisch gebied van de ontologie die gevormd wordt door is een algemene bepaling van Dasein zelf, dat het de neiging heeft om zichzelf primair te begrijpen vanuit de dingen en om het concept van zijn te putten uit wat aanwezig is. Voor de vulgaire ervaring resulteert dit in het volgende: Het zijn ontmoet elkaar in de tijd. Aristoteles zegt:

De tijd is κινήσεώς τι, iets bij de beweging. Maar dit betekent: tijd is in een bepaalde zin. Als het vulgaire begrip van tijd alleen zijn kent in de zin van aanwezig zijn, is tijd, voor zover het er is met beweging als publiek toegankelijk, noodzakelijkerwijs iets aanwezigs. Voor zover Dasein tijd ontmoet, wordt het ook geïnterpreteerd als iets bestaands, vooral omdat het zich openbaart in een bepaalde verbinding met de bestaande natuur. Het is op de een of andere manier co-existent, of het nu in de objecten is of in het subject of overal. Tijd, die bekend staat als het nu en als een veelheid en opeenvolging van nu's, is een bestaande opeenvolging. De nu's geven zichzelf als innerlijke tijd. Ze arriveren en verdwijnen als bestaand, ze gaan weg als bestaand naar niet langer bestaand. De vulgaire ervaring van het zijn heeft geen andere horizon van het begrip van het zijn dan die van het aanwezig zijn. Dingen als betekenis en dateerbaarheid zijn gesloten voor dit begrip van zijn. Tijd wordt een vrij zwevend proces van een opeenvolging van nu. Deze opeenvolging is voor de vulgaire opvatting van tijd gewoon bestaand zoals de ruimte. Van hieruit ontstaat de opvatting dat tijd oneindig is, eindeloos, terwijl tijdelijkheid van nature eindig is. Voor zover de opvatting van tijd in de vulgaire zin alleen gericht is op het bestaande en niet-bestaande in de zin van het nog-niet en nog-niet bestaande, blijft het nu in zijn opeenvolging het enige dat er relevant voor is. Het ligt in de manier van zijn van Dasein zelf dat het de opeenvolging van nu alleen kent in deze naakte vorm van het samengestelde nu. Alleen onder deze vooronderstelling is ook de Aristotelische vraagstelling mogelijk, wanneer hij vraagt: is tijd iets wezenlijks, of is het een niet-zijn, en deze vraag bespreekt met verwijzing naar verleden en toekomst in de vulgaire betekenis van niet-zijn-meer en niet-zijn-nog. In deze vraag over het zijn van tijd, verstaat Aristoteles onder zijn het bestaan. Als je het zijn in deze zin opvat, dan moet je zeggen: Het niet meer bestaande nu in de zin van het verleden en het nog niet bestaande nu in de zin van het komende zijn niet, d.w.z. zijn niet aanwezig. Zo bezien is er altijd alleen maar het nu, dat in elk nu aanwezig is. De aporie van Aristoteles over het wezen van de tijd, die vandaag de dag nog steeds leidend is, komt voort uit het concept van gelijk zijn aan aanwezig zijn.

Uit dezelfde richting van het vulgaire begrip van tijd komt ook de algemeen bekende stelling voort dat tijd oneindig is. Elk nu heeft een overgangskarakter, elk nu is van nature niet-nog en niet-meer. Met elk nu, waar ik wil stoppen, sta ik in een niet-nog of niet-meer. Elk nu, waar ik puur mentaal een einde aan wil maken, zou verkeerd begrepen worden als een nu, als ik het na het verleden of na het niet-meer zou zetten.

De tijd van de toekomst is de tijd van de toekomst. Uit de zo begrepen essentie van tijd vloeit voort dat het moet worden gedacht als een eindeloze opeenvolging van het nu. Deze eindeloosheid is puur deductief afgeleid uit het geïsoleerde concept van het nu. Ook de conclusie tot de eindeloosheid van de tijd, die binnen bepaalde grenzen een gerechtvaardigde betekenis heeft, is alleen mogelijk als het nu wordt opgevat in de zin van de afgeknotte opeenvolging van nu. Men kan duidelijk maken wat is aangetoond in "Zijn en Tijd" dat de eindeloosheid van de vulgaire tijd alleen in de zin van Dasein kan komen omdat de tijdelijkheid zelf haar eigen wezenlijke eindigheid vergeet. Alleen omdat tijdelijkheid in de eigenlijke zin eindig is, is de inauthentieke tijd in de zin van vulgaire tijd oneindig. De oneindigheid van de tijd is geen voorrecht van de tijd, maar een privatief dat een negatief karakter van de tijdelijkheid kenmerkt. Het is niet mogelijk om hier dieper in te gaan op de eindigheid van de tijd, omdat het verbonden is met het moeilijke probleem van de dood, wat niet de plaats is om het in deze context te analyseren.

We benadrukten dat het vulgaire begrip van tijd de kenmerken van het nu, betekenis, dateerbaarheid, tijd en publiek niet kent. We moeten deze zin echter in zoverre beperken dat de Aristotelische interpretatie van tijd al laat zien dat zelfs als tijd alleen wordt opgevat als de tijd waarmee we rekenen, bepaalde eigenschappen van tijd in beeld komen. Maar ze kunnen niet specifiek tot een probleem worden gemaakt zolang de vulgaire opvatting van tijd de enige leidraad is voor de interpretatie van tijd. Aristoteles kent het overgangskarakter toe aan het nu;

Hij bepaalt de tijd, waarin het wezen elkaar ontmoet, als een getal, dat het wezen omvat (vasthoudt); als geteld is de tijd gerelateerd aan een afrekening ermee, waarin het geopenbaard wordt. De bepalingen van de overgang, van de inhoud en van de openbaring zijn de volgende tekens, waarin de tijd zich manifesteert als een opeenvolging van nu. Preciezer gezegd, ze wijzen terug naar de termen die we in een andere context hebben leren kennen.

Het overgangskarakter is inherent aan elk nu, omdat de tijdelijkheid wordt uitgebreid als extatische eenheid in zichzelf. De extatische verbinding van tot zichzelf komen (Guarentee), waarin Dasein tegelijkertijd tot zichzelf terugkomt (zichzelf behoudt), geeft in de eenheid met een heden allereerst de voorwaarde van de mogelijkheid dat de uitgedrukte tijd, het nu, dimensionaal toekomst en verleden is, dat wil zeggen, dat het een tijd van de toekomst en een tijd van het verleden is.

dat elk nu zich als zodanig op zichzelf uitstrekt ten opzichte van het nog-niet en het nog-niet-meer. Het overgangskarakter van elk 388 Ontologisch Verschil "Nu is niets anders dan wat we gekarakteriseerd hebben als de gespannenheid van de tijd.

Dat tijd het zijn zo omsluit dat we het omslotene kennen als innerlijke tijd is mogelijk en noodzakelijk vanwege het karakter van tijd als wereldtijd. Vanwege het extatische karakter staat de tijd als het ware verder buiten dan elk mogelijk object dat het bestaan als tijdelijkheid kan ontmoeten. Zo wordt het einde van het zijn, dat Dasein ontmoet, al bij voorbaat door de tijd omvat.

Evenzo is de essentiële nummering van tijd gebaseerd op de extatisch-horizontale constitutie van tijdelijkheid.

De omstandigheid en het wereldse karakter van tijd en zijn essentiële openbaring zullen in het volgende duidelijker naar voren komen.

Genoeg dat we de tijd ongeveer zien als een opeenvolging van nu met betrekking tot zijn oorsprong uit de tijdelijkheid en daardoor erkennen dat de essentiële structuur van de tijdelijkheid de op zichzelf staande extatisch-horizontale eenheid is van toekomst, zijn en heden in de verklaarde zin. Tijdelijkheid is de voorwaarde voor de mogelijkheid van de staat van zijn van het bestaan. Hiertoe behoort echter het begrip van het zijn, als anders het bestaan als bestaand zich verhoudt tot het zijn, dat het zelf niet is en dat het zelf is. Daarom moet tijdelijkheid ook de voorwaarde zijn voor de mogelijkheid van het begrip van het zijn dat bij het bestaan hoort. In hoeverre maakt ze het begrijpen van het zijn überhaupt mogelijk? In hoeverre is tijd als tijdelijkheid de horizon voor het expliciete begrip van het zijn als zodanig, als het het onderwerp moet worden van de wetenschap van de ontologie, d.w.z. van de wetenschappelijke filosofie? We noemen temporaliteit, voor zover het functioneert als een voorwaarde voor de mogelijkheid van zowel het pre-ontologische als het ontologische begrip van het zijn, temporaliteit.

§ 20. Tijdelijkheid en temporaliteit

Om te laten zien: Tijdelijkheid is de voorwaarde voor de mogelijkheid om het zijn überhaupt te begrijpen; het zijn wordt begrepen en begrepen vanuit de tijd. Wanneer tijdelijkheid als een dergelijke voorwaarde functioneert, noemen we het tijdelijkheid. Het begrijpen van het zijn en dus het vormen van dit begrip in de ontologie en dus in de wetenschapsfilosofie moet getoond worden in zijn temporele mogelijkheid. Maar wat betekent begrijpen van het zijn überhaupt, naar wiens temporele mogelijkheid vragen we? Door de bespreking van de vier stellingen hebben we op verschillende manieren laten zien dat en hoe zoiets als begrip van het zijn bij het bestaande Dasein hoort.

We staan voor of beter in het feit dat we het zijn begrijpen, maar desondanks niet begrijpen.

a) Begrijpen als de basisbepaling van zijn-in-de-wereld
Wat is het verschil tussen begrijpen en begrijpen?

Wat betekenen begrip en begrip eigenlijk? Men zou willen zeggen dat begrijpen een soort cognitie is, en dienovereenkomstig is begrijpen een bepaald soort cognitief gedrag. Tegenwoordig wordt begrijpen volgens Dilthey's proces gebruikt om als een bepaald soort cognitie onderscheiden te worden van een ander soort cognitie, namelijk verklaren. We willen ons hier niet mengen in deze discussie over de relatie tussen verklaren en begrijpen, vooral omdat deze discussies lijden aan een fundamenteel gebrek dat ze onvruchtbaar maakt. Het gebrek bestaat uit het ontbreken van een voldoende interpretatie van wat we überhaupt onder cognitie verstaan, waarvan verklaren en begrijpen verondersteld worden "soorten" te zijn. Je kunt een hele typologie van soorten cognitie opnoemen en de geest ermee doordrenken, maar filosofisch gezien betekent dit niets zolang niet duidelijk is wat voor soort cognitie dit begrijpen geacht wordt te zijn in tegenstelling tot de soort cognitie van het uitleggen. Hoe we cognitie ook begrijpen, het is, als dat wat cognitie en begrijpen in het gemeenschappelijke begrip omvat, een gedrag ten opzichte van het zijn, als we de filosofische cognitie als relatie tot het zijn buiten beschouwing laten. Elke praktisch-technische omgang met het bestaande is echter ook een gedrag ten opzichte van het bestaande. Ook in het praktisch-technische gedrag ten opzichte van het zijn, als we überhaupt met het zijn als zijnde omgaan, is er een begrip van het zijn. In al het gedrag ten aanzien van het zijn, of het nu specifieke cognitie is, wat meestal theoretisch wordt genoemd, of praktisch-technisch, is er al een begrip van het zijn.

Want alleen in het licht van het begrip van het zijn kunnen we het zijn als zijn tegenkomen. Maar als het begrijpen van het zijn al ten grondslag ligt aan al het gedrag van het bestaan ten opzichte van het zijn, of het nu natuur of geschiedenis is, of het nu theoretisch of praktisch is, dan kan het begrip van begrijpen natuurlijk niet voldoende bepaald worden als ik me alleen oriënteer op bepaalde soorten van cognitief gedrag ten opzichte van het zijn. Het is dus noodzakelijk om een voldoende origineel begrip van begrijpen te vinden, van waaruit niet alleen alle manieren van cognitie, maar ook elk gedrag dat zich op een zichtbare en omzichtige manier gedraagt ten opzichte van het bestaande, fundamenteel begrepen kan worden.

Als een begrijpen ligt in het begrijpen van het zijn en als het begrijpen van het zijn constitutief is voor de constitutie van het zijn van Dasein, dan volgt daaruit: begrijpen is een oorspronkelijke determinatie van het bestaan van Dasein, los van de vraag of Dasein verklarende of begrijpende wetenschap bedrijft.

Meer nog, uiteindelijk is begrijpen helemaal niet in de eerste plaats een cognitie, maar, als het anders bestaat, is het meer dan louter cognitie in de gebruikelijke betekenis van de waarnemer en dit veronderstelt dat, een fundamentele bepaling van het bestaan zelf. Dit is inderdaad hoe we het begrip begrip moeten opvatten.

We proberen dit concept te karakteriseren, nog steeds zonder expliciete verwijzing naar het begrijpen dat ligt in het begrijpen van het zijn. We vragen: In hoeverre behoort begrijpen tot het bestaan van Dasein als zodanig, los van de vraag of het het begrijpen van psychologie of het begrijpen van geschiedenis drijft of niet? Bestaan is in wezen, hoewel niet alleen, begrijpen. Over de essentiële structuur van het bestaan hebben we al eerder het een en ander opgemerkt. Bij het bestaan van Dasein hoort het zijn-in-de-wereld, op zo'n manier dat dit zijn-in-de-wereld over dit zijn zelf gaat. Het gaat over dit zijn, d. w. z.

Dit wezen, het Dasein, heeft op een bepaalde manier zijn eigen wezen in de hand, voor zover het zich op een dergelijke manier of op een dergelijke manier gedraagt naar zijn zijn-vermogen, er voor of tegen heeft besloten, op een dergelijke manier of op een dergelijke manier. "Het gaat om het eigen wezen" betekent preciezer: om het eigen zijn-vermogen. Dasein als bestaand is vrij voor bepaalde mogelijkheden van zichzelf. Het is zijn eigen zijns-vermogen. Deze mogelijkheden van zichzelf zijn geen lege logische mogelijkheden die buiten hem liggen, waarmee hij zich kan inlaten of waartegen hij zich zou kunnen afsluiten, maar ze zijn als zodanig determinaties van het bestaan. Als Dasein vrij is voor bepaalde mogelijkheden van zichzelf, voor zijn zijn-vermogen, dan is het in dit zijn-vrij-zijn; het is deze mogelijkheden zelf. Ze zijn alleen als mogelijkheden van het existente, hij kan zich ertoe verhouden als altijd. De mogelijkheid is in elk geval die van zijn eigen wezen. Het is als de mogelijkheid dat het is, alleen voor zover Dasein daarin existent wordt. Het meest eigen wezen kan zichzelf zijn, het overnemen en zichzelf vasthouden in de mogelijkheid, zichzelf begrijpen in de feitelijke vrijheid van zichzelf, d.w.z..

zichzelf begrijpen in het wezen van zijn eigen wezen-vermogen, is het oorspronkelijke existentiële begrip van begrijpen. De terminologische betekenis ervan gaat terug tot het gewone taalgebruik, als we zeggen: iemand kan voor een ding staan, d.w.z. hij begrijpt zichzelf erop. Voor zover begrijpen een basisbepaling van eid-stency is, is het als zodanig de mogelijkheidsvoorwaarde voor alle bijzondere mogelijke zijnswijzen. Het is de mogelijkheidsvoorwaarde voor alle soorten niet alleen praktisch gedrag maar ook cognitie. De verklarende en begrijpende wetenschappen zijn, als men deze indeling al als gerechtvaardigd accepteert, alleen mogelijk omdat Dasein in zichzelf als bestaand begrip is.

We proberen de structuur van het begrip die het bestaan vormt te verduidelijken. Begrijpen zegt meer precies:

Zichzelf ontwerpen op een mogelijkheid, zichzelf vasthouden in een mogelijkheid in het ontwerp. Alleen in het ontwerp, in het ontwerpen van jezelf tot een mogelijkheid, is deze mogelijkheid, de mogelijkheid als mogelijkheid, er. Als ik daarentegen alleen maar nadenk over een lege mogelijkheid waarin ik zou kunnen komen en die ik tegelijkertijd omhoog praat, dan is die mogelijkheid er gewoon niet als mogelijkheid, maar ze is, zoals we kunnen zeggen, echt voor mij. Het karakter van de mogelijkheid wordt alleen onthuld in de klad en wordt alleen onthuld zolang de mogelijkheid in de klad wordt gehouden. In het fenomeen van de klad zit een dubbelheid. Ten eerste: Dat, waarop Dasein zich werpt, is een zijns-vermogen van zichzelf. Het zijn-vermogen wordt primair geopenbaard in en door het ontwerp, maar op zo'n manier dat de mogelijkheid waarnaar Dasein zichzelf ontwerpt niet zelf objectief wordt begrepen. Ten tweede: Dit ontwerp op iets is altijd een ontwerp van.... Voor zover Dasein zichzelf ontwerpt op een mogelijkheid, ontwerpt het zichzelf in de zin dat het zich openbaart als dit zijn-kunnen, d.w.z. in dit zekere zijn. Voor zover Dasein zichzelf ontwerpt op een mogelijkheid en zichzelf daarin begrijpt, is dit begrip, dat open wordt, geen zelfobservatie in de zin dat het ik het object zou worden van enige cognitie, maar het ontwerp is de manier waarop ik de mogelijkheid ben, dat wil zeggen de manier waarop ik vrij besta. De essentie van begrijpen als ontwerp ligt in het feit dat Dasein zichzelf daarin existentieel begrijpt. Voor zover het ontwerp onthult zonder het onthulde als zodanig tot object van contemplatie te maken, ligt in alle begrijpen een inzicht van Dasein in zichzelf besloten.

Maar dit inzicht is geen vrij zwevende kennis over zichzelf. De kennis van inzicht heeft slechts tot zover het karakter van echte waarheid, d.w.z. het openbaart het bestaan van Dasein dat door het alleen dan adequaat wordt geopenbaard, als het het primaire karakter heeft van het begrijpen van zichzelf. Het begrijpen als het ontwikkelen van zichzelf is de basissoort van het gebeuren van Dasein.

Het is, zoals we ook kunnen zeggen, de werkelijke zin van actie. Door te begrijpen wordt het gebeuren van Dasein gekarakteriseerd: zijn historiciteit. Begrijpen is geen soort cognitie, maar de basisbepaling van het bestaan. We noemen het ook het existentiële begrijpen, voor zover daarin het bestaan als gebeuren van Dasein in zijn geschiedenis wordt geopenbaard. In en door dit begrijpen wordt Dasein wat het is, en het is alleen wat het ervoor gekozen heeft te zijn, d.w.z. wat het zichzelf begrijpt te zijn in het ontwerp van zijn eigen zijnscapaciteit.

Dit moet voldoende zijn om het begrip begrip te karakteriseren volgens zijn constitutieve karakter voor het bestaan van Dasein. Het is de taak dit begrip, voor zover het het bestaan constitueert, in zijn mogelijkheid vanuit de tijd te verduidelijken en het tegelijkertijd af te bakenen tegen het begrip, dat we in engere zin karakteriseren als begrip van het zijn in het algemeen. Het begrip, dat bij het bestaan hoort, ontwerpt Dasein op zijn mogelijkheden.

Omdat Dasein in wezen zijn-in-de-wereld is, onthult het ontwerp in elk geval een mogelijkheid van zijn-in-de-wereld. In zijn onthullende functie is begrip niet gerelateerd aan een geïsoleerd egopunt, maar aan het feitelijk bestaande zijn-in-de-wereld. Daarin ligt het: Met het begrijpen is een bepaald mogelijk zijn met de "anderen" en een bepaald mogelijk zijn met het innerlijk-wereld-zijn altijd al ontworpen. Omdat het zijn-in-de-wereld tot de basisconstitutie van Dasein behoort, is het bestaande zijn-in-de-wereld in wezen het zijn-met-andere als het zijn-met-het-wereldse-zijn. Als zijnde-in-de-wereld is het nooit in eerste instantie alleen maar zijn met innerlijk bestaande dingen, om er vervolgens andere mensen tussen te ontdekken, maar als zijnde-in-de-wereld is het zijn-met-andere, los van de vraag of en hoe anderen er feitelijk bij zijn. Aan de andere kant is Dasein ook niet in eerste instantie alleen maar zijn-met-anderen, om pas daarna in de saamhorigheid innerlijke dingen tegen te komen, maar zijn-met-anderen betekent zijn-met-anderen-in-de-wereld, dat wil zeggen zijn-met-in-de-wereld. Zo verkeerd als het is om de objecten tegenover een geïsoleerd ik-subject te stellen zonder de fundamentele constitutie van het zijn-in-de-wereld in het zijn-daar te zien, zo verkeerd is de opvatting dat het probleem in principe wordt gezien en opgelost door het solipsisme van het geïsoleerde ik te vervangen door een solipsisme van twee in de ik-tot-hier-relatie. Dit heeft zijn mogelijkheid als relatie van Dasein en Dasein alleen op basis van zijn-in-de-wereld. Met andere woorden, het zijn-in-de-wereld is oorspronkelijk zijn-met en zijn-bij. Een heel ander probleem is, hoe in elk geval voor de individuele, feitelijk ontisch-existentiële mogelijkheden van het individuele Dasein het Mitdasein van het Jij relevant is. Maar dit zijn vragen van de concrete antropologie.1 In het begrijpen van zichzelf wordt het zijn-in-de-wereld begrepen, waarmee bepaalde mogelijkheden van het zijn-met-anderen en van het omgaan met het innerlijk-wereld-zijn vooraf gedefinieerd zijn.

Door zichzelf te begrijpen als zijnde in staat om in de wereld te zijn, wordt de wereld oorspronkelijk begrepen. Omdat begrijpen, volgens zijn concept, het vrije begrijpen van zichzelf is vanuit een begrepen mogelijkheid van het eigen feitelijke zijn-in-de-wereld, heeft het in zichzelf de mogelijkheid om in verschillende richtingen te verschuiven. Dit betekent: het feitelijke bestaan kan zichzelf primair begrijpen vanuit het ontmoetende binnenwereldse wezen, het kan primair zijn bestaan laten bepalen, niet vanuit zichzelf, maar vanuit de dingen en de omstandigheden en vanuit de anderen. Het is het begrijpen, dat we het niet-authentieke begrijpen noemen, dat we al eerder karakteriseerden en dat zich nu verduidelijkt vanuit het hoofdbegrip begrijpen. Hier betekent "onecht" niet dat het geen echt begrip is, maar het betekent zo'n begrip, waarin het bestaande bestaan zichzelf primair niet begrijpt vanuit zijn eigen zelfgegrepen mogelijkheid. Of anders kan de vormgeving primair plaatsvinden vanuit de vrijheid van het meest eigen Dasein en daarin terug als werkelijk begrijpen. Op deze vrije mogelijkheden, die in het begrijpen zelf liggen, zal hier niet verder worden ingegaan.

b) Existentieel begrip, begrip van Zijn, ontwerp van Zijn Wij stellen: Begrijpen als het gekarakteriseerde ontwerp is een basisbepaling van het bestaan van Dasein.

Het verwijst naar Dasein zelf, d.w.z. naar een wezen, en is daarom een ontisch begrip. Voor zover het gerelateerd is aan het bestaan, noemen we het existentieel begrijpen. Maar voor zover in dit existentieel begrijpen het Dasein als wezen ontworpen wordt op zijn zijnsvermogen, wordt het zijn begrepen in de zin van bestaan. In elk existentieel begrip is een begrip van zijn van bestaan inbegrepen. Maar voor zover Dasein zijn-in-de-wereld is, dat is.

Als een wereld met zijn feitelijkheid wordt geopend en ander zijn wordt opgenomen en innerlijk-wereldlijk zijn wordt ontmoet, wordt het bestaan van ander zijn en van innerlijk-wereldlijk zijn op dezelfde manier begrepen met het begrip van bestaan. Maar allereerst wordt het begrip van het zijn van wat bestaat en van wat aanwezig is niet gescheiden en gearticuleerd in bepaalde manieren van zijn en niet als zodanig begrepen. Bestaan, aanwezig zijn, samenzijn met, samenzijn met anderen wordt niet begrepen in zijnszin, maar onverschillig begrepen in een begrip van zijn, dat zowel de ervaring van de natuur als het zelfbegrip van de geschiedenis van het samenzijn met anderen mogelijk maakt en stuurt. In het existentiële begrip, waarin het feitelijke zijn-in-de-wereld inzichtelijk en transparant wordt, is er al een begrip van het zijn, dat niet alleen betrekking heeft op het bestaan zelf, maar op al het zijn, dat fundamenteel geopenbaard wordt met het zijn-in-de-wereld. Daarin is er een begrip dat, als ontwerp, niet alleen het zijn vanuit het zijn begrijpt, maar, voor zover het zijn zelf wordt begrepen, ook op de een of andere manier het zijn als zodanig heeft opgesteld.

In de analyse van de structuur van het ontisch begrip stuiten we op een gelaagdheid van concepten, die op zichzelf ligt en die het mogelijk maakt, en die als het ware stroomopwaarts van elkaar liggen. "Gelaagdheid" is weliswaar een boeiend beeld. We zullen zien dat er geen sprake is van een eenlijnige gelaagdheid van concepten, waarvan de ene de andere conditioneert. Allereerst wordt in het existentieel begrijpen het eigen bestaan ervaren als zijn en daardoor wordt het zijn begrepen. Als we zeggen: In het existentieel begrijpen van Dasein wordt het zijn begrepen, en als we beschouwen dat begrijpen een ontwerpen is, dan is er in het begrijpen van het zijn weer een ontwerpen: Het zijn wordt alleen begrepen voor zover het ontworpen is in de richting van iets. Naar wat, dat blijft voorlopig duister. Dan kan gezegd worden dat dit ontwerp, het begrijpen van het zijn in de ervaring van het zijn, ontworpen is als begrijpen voor zijn deel naar iets toe, wat eerst nog twijfelachtig is. We begrijpen het zijn alleen voor zover we het ontwerpen in de richting van het zijn; het zijn zelf moet dus op een bepaalde manier begrepen worden, d.w.z. het zijn van zijn kant moet ontworpen zijn in de richting van iets. De vraag of deze teruggang van het ene ontwerp naar het andere niet een progressus in infinitum opent, zal nu niet aan de orde komen. We zijn nu alleen op zoek naar het verband tussen het ervaren van het zijn, het begrijpen van het zijn, en het ontwerpen, dat op zijn beurt ligt in het begrijpen van het zijn...... Genoeg dat we het verschil zien tussen het existentiële begrip van Dasein als een zijn en het begrip van zijn, dat als begrip van zijn het zijn zelf moet ontwerpen volgens zijn ontwerpkarakter op iets. Voorlopig kunnen we alleen indirect begrijpen, waarna het zijn, als het begrepen wordt, toegankelijk moet worden gemaakt. Maar we mogen ons er niet aan onttrekken zolang we serieus zijn over de feitelijkheid van ons eigen bestaan en over het zijn met ander Dasein en zien dat en hoe we wereld, innerlijk, bestaan en zijn-met in zijn begrijpen. Als er een begrip is van het zijn in zichzelf, maar temporaliteit maakt Dasein mogelijk in zijn constitutie van zijn, dan moet temporaliteit ook de voorwaarde zijn van de mogelijkheid van het begrip van zijn en dus van het ontwerp van zijn op tijd. De vraag is of tijd inderdaad dat is, waarop het zijn zelf is ontworpen, of tijd dat is, van waaruit we zulke dingen als het zijn begrijpen.

Om een fataal misverstand te voorkomen, is een korte tussenopmerking noodzakelijk. Het is onze bedoeling om in principe de mogelijkheid te verduidelijken om het zijn überhaupt te begrijpen. Met de interpretatie van het begrijpen van het zijn in het algemeen, wordt alleen gewezen op een noodzakelijke, maar niet voldoende voorwaarde met betrekking tot het gedrag ten opzichte van het zijn. Want ik kan me alleen verhouden tot het zijn, als het zijn zelf ontmoet kan worden in het licht van het begrijpen van het zijn. Dit is de noodzakelijke voorwaarde. Fundamenteel ontologisch kan het ook op deze manier worden uitgedrukt:

Alle begrip is wezenlijk verbonden met een gevoel van zijn, dat bij het begrijpen zelf hoort.2 Gevoel is de voor mannelijke structuur van wat we stemming, passie, affect en dergelijke noemen, die constitutief zijn voor alle gedrag ten opzichte van het zijn, maar het van hun kant niet alleen mogelijk maken, maar altijd alleen in één met het begrijpen, dat elke stemming, elke passie, elk affect zijn helderheid geeft. Het zijn zelf moet, als we het anders begrijpen, op de een of andere manier naar iets toe ontworpen zijn. Dit betekent niet dat in het ontwerp, het zijn objectief begrepen moet worden of geïnterpreteerd en bepaald moet worden als iets objectief begrepen, d.w.z. gegrepen. Het zijn wordt ergens naartoe ontworpen, van waaruit het begrijpelijk wordt, maar niet objectief. Het wordt nog steeds preconceptueel begrepen, zonder logos; daarom noemen we het het preontologisch begrip van het zijn. Pre-ontologisch begrip van het zijn is een soort begrip van het zijn; het valt zo weinig samen met het ontisch ervaren van het zijn, dat het ontisch ervaren noodzakelijkerwijs een preontologisch begrip van het zijn vooronderstelt als een essentiële voorwaarde. Het ervaren van het zijn vereist geen expliciete ontologie, maar aan de andere kant is het begrijpen van het zijn in de pre-conceptuele zin de voorwaarde om het überhaupt te objectiveren, dat wil zeggen te thematiseren. In de objectivering van het zijn als zodanig vindt de basishandeling plaats, waarin de ontologie als wetenschap geconstantiseerd wordt. De essentie van elke wetenschap, ook van de filosofie, is dat ze geconstitueerd wordt in de objectivering van iets dat op de een of andere manier al geopenbaard is, en dat betekent gegeven. Het gegeven kan het bestaande zijn zijn, maar ook het zijn zelf kan gegeven zijn in het preontologische begrip van het zijn. Het soort vooronderstelling van het zijn is fundamenteel verschillend van het soort vooronderstelling van het zijn, maar beide kunnen objecten worden. Ze kunnen het alleen worden als ze op de een of andere manier vóór de objectivering geopenbaard worden. Aan de andere kant, als iets een object wordt op de manier waarop het zichzelf aan zichzelf geeft, dan betekent deze objectivering niet een subjectieve conceptie en herinterpretatie van wat als object begrepen wordt. De basishandeling van objectivering, of het nu objectivering van het zijn of van het zijn is, heeft ongeacht het fundamentele verschil in beide gevallen de functie om het gegeven expliciet daarnaar te richten, waarna het al ontworpen is in de voorwetenschappelijke ervaring of het voorwetenschappelijk begrip. Als het zijn geobjectiveerd moet worden, als het begrijpen van het zijn als wetenschap in de zin van ontologie mogelijk moet zijn, als er überhaupt filosofie moet zijn, dan moet dat geopenbaard worden in het expliciete ontwerp, waarbij het begrijpen van het zijn als begrijpen het zijn al preconceptueel ontworpen heeft.

We staan voor de taak om niet alleen verder te gaan van het zijn naar het zijn en terug, maar, als we vragen naar de voorwaarde voor de mogelijkheid van het begrijpen van het zijn als zodanig, nog verder te vragen dan het zijn naar datgene waarop het zelf ontworpen is als zijnde. Dit lijkt een vreemde onderneming, om voorbij het zijn te vragen; het is misschien de fatale verlegenheid dat de filosofie geen problemen meer heeft; het is blijkbaar alleen maar de wanhopige poging van een zelfbevestiging van de filosofie tegenover de zogenaamde feiten.

Aan het begin van deze lezing hebben we benadrukt dat hoe elementairder de eenvoudigste problemen van de filosofie worden gesteld, "zonder" alle ijdelheden van de zogenaamd geavanceerde moderne en zonder alle zeurende verslaving aan willekeurig opgestapelde nevenvragen, hoe directer we uit eigen beweging in directe communicatie staan met de echte filosofen. We hebben van verschillende kanten gezien dat de vraag naar het zijn in het algemeen expliciet niet meer gesteld wordt, maar dat ze er overal om vraagt gesteld te worden.

Als we het opnieuw vragen, dan begrijpen we tegelijkertijd dat de filosofie in haar kardinale vraag niet verder is gekomen dan ze bij Plato al was, en dat het uiteindelijk niet zozeer haar diepste verlangen is om verder te komen, d.w.z. weg van zichzelf, als wel om tot zichzelf te komen. Bij Hegel is de filosofie, d.w.z. de oudheid, in zekere zin tot haar einde gedacht. Hij had absoluut gelijk toen hij dit bewustzijn zelf uitdrukte. Maar er is net zo goed de terechte eis om opnieuw te beginnen, d.w.z. om de eindigheid van het Hegeliaanse systeem te begrijpen en in te zien dat Hegel zelf aan zijn einde is gekomen met de filosofie, omdat hij zich beweegt in de cirkel van filosofische problemen. Dit cirkelen in de cirkel verbiedt hem om terug te gaan naar het centrum van de cirkel en deze vanaf de grond te herzien.

Het is niet nodig om buiten de cirkel te kijken voor een andere. Hegel heeft alles gezien wat mogelijk is.

Maar de vraag is of hij het zag vanuit het radicale centrum van de filosofie, of hij alle mogelijkheden van het begin uitputte om te zeggen dat hij aan het einde was. Er is geen uitgebreid bewijs voor nodig om duidelijk te maken hoe onmiddellijk we bewegen in een fundamenteel probleem van Piato in de poging om voorbij het zijn te gaan naar het licht van waaruit en waarin het zelf in de helderheid van een begrip komt.

Het is hier niet de gelegenheid om de Platonische vraag in meer detail te karakteriseren. Maar een ruwe hint ernaar is noodzakelijk, zodat het advies geleidelijk verloren gaat, alsof ons fundamentele ontologische probleem, de vraag naar de mogelijkheid van het begrijpen van het zijn überhaupt, een toevallige, idiosyncratische en triviale mijmering was.

Aan het einde van het VI. boek van de "Staat" geeft Plato in een context, die ons nu niet kan interesseren, een classificatie van de verschillende gebieden van het zijn, namelijk met betrekking tot de mogelijke manieren om er toegang toe te krijgen.

Hij onderscheidt de twee gebieden van de ὁρατόν en de νοητόν, dat wat zichtbaar is voor de ogen en dat wat denkbaar is. Het zichtbare is dat wat door de zintuiglijkheid wordt geopenbaard, het denkbare dat wat het verstand of de rede tot zich neemt. Bij het zien met de ogen horen niet alleen ogen en hoort niet alleen het geziene, maar een derde, φῶς, het licht, meer precies de zon, ἥλιος. Het oog kan alleen onthullen in de helderheid. Alle openbaring vereist een voorafgaande verlichting. Het oog moet ἡλιοειδής zijn. Goethe vertaalde "zonachtig". Het oog ziet alleen in het licht van iets. Dienovereenkomstig onthult alle niet-zintuiglijke kennis, d.w.z. alle wetenschappen en vooral alle filosofische kennis, alleen het zijn wanneer het zijn specifieke verlichting heeft, wanneer ook de νοεῖσθαι zijn specifieke φως, zijn licht krijgt. Wat het zonlicht is voor het zintuiglijk zien, is de ἰδέα τοῦ ἀγαθοῦ, het idee van het goede, voor het wetenschappelijk denken, in het bijzonder voor de filosofische cognitie. In eerste instantie klinkt dit duister en onbegrijpelijk; op welke manier zou het idee van het goede de overeenkomstige functie voor cognitie moeten hebben, zoals het licht van de zon dat heeft voor zintuiglijke waarneming? Zoals zintuiglijke waarneming ἡλιοειδές is, zo is dienovereenkomstig alle γιγνώσκειν, alle waarneming, ἀγαθοειδές, d.w.z. bepaald door de idee van ἀγαθόν. We hebben geen uitdrukking die overeenkomt met "zonnig" voor "bepaald door het goede De overeenkomst gaat echter verder: Τὸν ἥλιον τοῖς ὁρωμένοις οὐ μόνον οἶμαι τὴν τοῦ ὁράσθαι δύναμιν παρέχειν φήσεις, ἀλλὰ καὶ τὴν γένεσιν καῖ αυξην κα'ι τροφήν, ον γένεσιν αὐτὸν δντα.8 "Je zult ook zeggen, denk ik, dat de zon niet alleen aan het geziene de mogelijkheid tot worden geeft, maar ook aan het geziene, als zijnde-derii, worden, groei en voeding geeft, zonder zelf [de zon] een worden te zijn." Deze uitgebreide definitie wordt dienovereenkomstig toegepast op de cognitie.

Plato zegt: Καί τοῖς γιγνωσκομένοις τοίνυν μὴ μόνον τὸ γιγνώσκεσ-θαι φάναι ὑπὸ τοῦ ἀγαθοῦ παρεῖναι, ἀλλὰ καὶ τὸ εἶναί τε καὶ τὴν οὐσίαν ὑπ' Ικείνου αὐτοῖς προσεῖναι, οὐκ οὐσίας δντος τοῦ ἀγαθοῦ, ἀλλ' ετι ἐπέκεινα ιης οὐσίας πρεσβείᾳ καῖ δυνάμει ὑπερέχοντος.

"Je moet dus ook zeggen dat het gecogniseerde niet alleen het zijn-gecogniseerde krijgt vanuit een goed, maar ook dat het is en wat het is, vanuit dat, zodat het goede niet zelf het hoe en het wat-het-is is, maar in waardigheid en vermogen het zijn nog steeds overstijgt". Wat kennis van het zijn (positieve wetenschap) en kennis van het zijn (filosofische kennis) als onthullend belichten, gaat nog steeds het zijn te boven. Alleen als we in dit licht staan, herkennen we het zijn, begrijpen we het zijn.

Het begrip van het zijn is gefundeerd in het ontwerp van een ἐπέκεινα τῆς οὐσίας. Zo komt Plato iets tegen dat hij "zich uitstrekkend voorbij het zijn" noemt. Dit heeft de functie van licht, van verlichting voor alle openbaringen van het zijn of hier van verlichting voor het begrijpen van het zijn zelf.

De basisvoorwaarde voor zowel het kennen van het zijn als het begrijpen van het zijn is: het staan in een verhelderend licht, zonder gesproken beeld: iets, waarop we hebben ontworpen in het begrijpen van wat begrepen moet worden.

Het begrijpen zelf moet dat op de een of andere manier zien, waarna het ontwerpt, als onthuld. De basisfeiten van de voorafgaande verlichting voor alle onthulling zijn zo fundamenteel dat alleen met de mogelijkheid om in het licht te zien, om in het licht te zien, de overeenkomstige mogelijkheid is verzekerd om iets als werkelijk te herkennen. We hoeven de werkelijkheid niet alleen te begrijpen om te kunnen ervaren wat werkelijk is, maar het begrip van de werkelijkheid moet eerst verlicht zijn. Het begrip van het zijn beweegt zich al in een verlichte horizon die überhaupt licht geeft. Het is geen toeval dat Plato resp. Socrates de context aan Glaucon uitlegt door middel van een parabel.

Het is geen toeval dat Plato zijn toevlucht neemt tot een parabel waar hij de uiterste grens van filosofische vragen bereikt, dat wil zeggen het begin en het einde van de filosofie. Sterker nog, de inhoud van de parabel is niet toevallig. Het is de allegorie van de hoogte, die Plato interpreteert aan het begin van het VIIe boek van de "Staaten". Het bestaan van de mens, die op aarde leeft als een schijf, bedekt door de hemel, lijkt op een leven in de grot. Al het zien heeft een licht nodig, zonder dat dit eerst gezien wordt. In het licht van het daar zijn komen betekent: inzicht krijgen in de waarheid in het algemeen.

Het begrijpen van de waarheid is de voorwaarde voor de omvang van en de toegang tot het werkelijke. We moeten hier afzien van het interpreteren van de gelijkenis, die onuitputtelijk is, volgens alle dimensies.

Plato beschrijft een grot waarin mensen aan handen, voeten en hoofd gebonden zijn, met hun gezicht naar de wand van de grot. Achter hen is een smalle uitgang van de grot, waardoor licht van buitenaf in de rug van de grotbewoners valt, zodat hun eigen schaduw noodzakelijkerwijs op de tegenoverliggende wand valt. Vastgebonden en recht vooruit gericht zien ze alleen hun eigen schaduw op de wand. Achter de vastgebondenen, tussen hen en het licht, is er een gang met een barrière, zoals de barrières bij de jongleurs. Op deze gang dragen andere mensen allerlei gebruiksvoorwerpen, die nodig zijn in het dagelijks leven, achter de gebondenen aan. Wat voorbij wordt gedragen werpt zijn eigen schaduw en is zichtbaar op de tegenoverliggende muur als een bewegend object. De gebonden mensen praten over wat ze op de muur zien. Wat ze daar zien is voor hen de wereld, het echte. Stel dat een van de gevangenen wordt losgemaakt zodat hij zich kan omdraaien om in het licht te kijken, en zelfs de grot uit kan gaan om in het licht zelf te stappen, dan zal hij eerst verblind zijn en slechts langzaam aan het licht wennen en die dingen zien die buiten de grot in het licht zijn. Stel nu dat hij terugkomt in de grot met de zon in zijn oog en opnieuw praat met degenen die in de grot zitten. De grotbewoners zullen hem als een gek beschouwen, ze zouden hem willen doden, 404 Ontologisch Verschil " omdat hij hen ervan wil overtuigen dat wat zij zien en waarover ze hun hele leven als echt hebben gesproken, slechts schaduwen zijn. Hiermee wil Plato aantonen dat de voorwaarde van de mogelijkheid om iets als schimmig te herkennen in onderscheid van het echte, niet ligt in het feit dat ik een imsum van gegeven dingen zie. Als de bewoners van de grot voor eeuwig alleen maar duidelijker zouden zien wat ze op de muur zien, zouden ze niet kunnen zien dat ze alleen maar schaduwen zijn. De basisvoorwaarde voor de mogelijkheid om het werkelijke als het werkelijke te begrijpen, is om in de zon te kijken, dat het oog van herkenning zonachtig wordt. Het gezonde verstand in de grot van zijn alwetende en alleswetende houding is bekrompen; het moet uit deze grot worden gerukt. Voor hem is datgene waarnaar hij wordt verscheurd de topsy-turvy wereld, zoals Hegel zegt. Met de schijnbaar zo abstracte vraag naar de voorwaarden voor de mogelijkheid van het begrijpen van het zijn, willen ook wij niets anders dan onszelf uit de grot naar het licht brengen, maar in alle nuchterheid en in de volledige ontgoocheling van een zuiver objectieve vraagstelling.

Waar we naar op zoek zijn is de Ιπέκεινα της ουσίας. Voor Plato is deze ἐπέκεινα de voorwaarde voor alle kennis.

Plato zegt, ten eerste, dat de ἀγαθόν of de Ιδέα ἀγαθοῦ is ἐν τῷ γνωστῷ τελευταία ἡ τοῦ ἀγαθοῦ Ιδέα καὶ μόγις ὁρᾶσθαι, het is in de cognitie of in het kenbare en begrijpelijke, in het algemeen in het hele gebied van wat op de een of andere manier toegankelijk is voor ons, dat wat aan het eind ligt, waar alle cognitie naar terugloopt, resp. vice versa, vanwaar het begint. De ἀγαθόν is μόγις ὁράσϋαι, nauwelijks te zien. Ten tweede zegt Plato over de ἀγαθόν: εν τε νοητῳ αὐτή κυρία ἀλή-θειαν καί νοῦν παρασχομένη.

Het is dat wat heerst in het kenbare, en dat wat cognitie en waarheid mogelijk maakt. Zo wordt duidelijk hoe de ἐπέκεινα τῆς οὐσίας datgene is waarnaar gevraagd moet worden, als anders het zijn het object voor de cognitie wordt. Hoe de ἐπέκεινα bepaald moet worden, wat het ^buiten" betekent, wat de idee van het goede bij Plato betekent, en op welke manier de idee van het goede datgene is wat cognitie en waarheid mogelijk moet maken, is in veel opzichten onduidelijk. We gaan hier niet in op de moeilijkheden van de platoonse interpretatie, noch op het bewijs van het verband tussen het idee van het goede en wat we eerder bespraken over het oude begrip van het zijn, zijn oorsprong uit het maken. Het lijkt erop dat onze stelling dat de antieke filosofie het zijn interpreteert in de horizon van het maken in de breedste zin van het woord helemaal geen verband houdt met wat Plato vaststelt als de voorwaarde voor de mogelijkheid van het begrip van het zijn. Onze interpretatie van de antieke ontologie en haar leidraad lijkt willekeurig te zijn. Wat zou het idee van het goede te maken moeten hebben met het maken? Zonder hierop in te gaan, geven we alleen de hint dat de Ἰδέα ἀγαθοῦ niets anders is dan de δημιυργός, de fabrikant bij uitstek. Dit laat geloven hoe de Ἰδέα ἀγαθοῦ gerelateerd is aan de ποιεῖν, πράξις, τέχνη in de breedste zin van het woord.

c) De temporele interpretatie van het existentiële juiste en onjuiste begrip

De vraag naar de mogelijkheid van het begrijpen van het zijn stuit op iets dat voorbij het zijn ligt, een "voorbij". " Wat het begrijpen van het zijn mogelijk maakt, zullen we zonder enig beeld alleen vinden als we het ons eerst afvragen:

Wat maakt begrijpen als zodanig mogelijk? Een essentieel moment van begrijpen is het ontwerp; begrijpen zelf behoort tot de basisconstitutie van Dasein. We onderzoeken dit fenomeen en zijn mogelijkheid verder, en voor dit doel herinneren we aan eerder: begrijpen behoort tot de basisconstitutie van Dasein; Dasein is echter gefundeerd in tijdelijkheid. In hoeverre is dit de voorwaarde voor de mogelijkheid om überhaupt te begrijpen? In hoeverre is het ontwerp gegrond in tijdelijkheid? Hoe is tijdelijkheid de voorwaarde voor het begrijpen van het zijn? Begrijpen we inderdaad het zijn van het zijn vanuit de tijd? We zoeken eerst naar een temporele interpretatie van begrijpen, waarbij we begrijpen beschouwen als onticaal, existentieel begrijpen en nog niet als begrijpen van het zijn. Vervolgens vragen we hoe het bestaande gedrag ten opzichte van het zijn, ten opzichte van het bestaande in bredere zin, als begrijpen gegrond is in tijdelijkheid, en hoe verder terug het begrijpen van het zijn dat bij dit bestaande gedrag ten opzichte van het zijn hoort op zijn beurt geconditioneerd is door tijd. Is de mogelijkheid en structuur van het verschil tussen zijn en zijn gegrond in tijdelijkheid? Moet het ontologische verschil temporeel geïnterpreteerd worden?

In hoeverre wordt existentieel begrip bepaald door tijdelijkheid? Eerder hoorden we dat tijdelijkheid de oorspronkelijke extatisch-horizontale eenheid is van toekomst, zijn en heden. Begrijpen is een fundamentele bepaling van het bestaan. Feitelijk bestaan, d.w.z. zo'n bestaan van Dasein, zoals Dasein zelf in en uit zijn eigen meest in beslag genomen mogelijkheid is, noemen we determinatie. Dit heeft zijn eigen tijdelijkheid. We proberen het nu alleen kort aan te tonen in een bepaald, maar zeer essentieel opzicht.

Als het feitelijke bestaande, de bepaling, gefundeerd is in een bepaalde modus van tijdelijkheid, dan behoort een bepaald heden tot de bepaling. Aanwezigheid zegt als extatisch-horizontaal fenomeen tegenwoordigheid van ...

In vastbeslotenheid begrijpt Dasein zichzelf vanuit zijn eigen meest wezenlijke mogelijkheid. Het begrijpen is in de eerste plaats toekomstig, voor zover het naar zichzelf toekomt vanuit de begrepen mogelijkheid van zichzelf. In het op zichzelf afkomen heeft Dasein ook zichzelf al overgenomen als het wezen dat het ooit al is geweest. In de bepaling, d.w.z. in het begrijpen van zichzelf vanuit zijn eigen zijnscapaciteit, in dit tot zichzelf komen vanuit zijn eigen mogelijkheid, komt Dasein terug tot wat het is en neemt het zichzelf over als het wezen dat het is. In het terugkomen tot zichzelf brengt het zichzelf met alles wat het is terug in zijn meest eigen gegrepen zijnscapaciteit. De tijdelijke modus waarin het is, zoals en wat het is geweest, noemen we herhaling. De herhaling is een eigen modus waarin Dasein is geweest. De vastberadenheid verschijnt als het herhaalde terugkomen van een gegrepen mogelijkheid, waarin Dasein vooruitlopend teruggekomen is. In de extatische eenheid van het herhaalde vooruitrennen, d.w.z. in dit zijn en de toekomst, is er een specifiek heden.

Terwijl het heden van iets meestal en aanvankelijk bij de dingen blijft, in zichzelf verstrikt raakt, zich mee laat trekken door de dingen, om op te gaan in wat het heden is, terwijl het heden meestal van zichzelf wegloopt, terwijl het heden meestal van zichzelf wegloopt, zichzelf in zichzelf verliest, zodat het heden een vergeten wordt en de toekomst een garantie van wat zojuist gearriveerd is, wordt het heden, dat bij de vastberadenheid hoort, vastgehouden in de specifieke toekomst (vooruitlopen) en aanwezigheid (herhaling) van de vastberadenheid. Het heden dat wordt vastgehouden in vastberadenheid en daaruit voortkomt noemen we het moment. Als we met deze titel een wijze van aanwezigheid bedoelen, dan betekent dit dat het fenomeen dat ermee wordt aangeduid een extatisch-horizontaal karakter heeft: Het moment is een aanwezigheid van wat aanwezig is, dat, behorend tot de determinatie, de situatie opent waarin de determinatie heeft besloten. In het moment als extase wordt het bestaande bestaan als gedetermineerd bestaan verrukt in de respectievelijke feitelijk bepaalde mogelijkheden, omstandigheden, toevalligheden van de situatie van zijn handelen. Het moment is dat wat, als voortkomend uit besluitvaardigheid, eerst en alleen uitzicht heeft op dat wat de situatie van handelen vormt. Het is de "ontologisch verschil"-modus van het gedetermineerde bestaan waarin Dasein, als zijnde-in-de-wereld, zijn wereld in het vizier houdt en houdt. Maar omdat Dasein als zijnde-in-de-wereld tegelijkertijd zijnde-met-andere Dasein is, moet het feitelijk bestaande zijnde-met-andere ook primair bepaald worden door de determinatie van het individu. Alleen vanuit de gedetermineerde singleness en daarin is Dasein feitelijk vrij en open voor de Jij.

De saamhorigheid is geen kleverige toenadering van het Ik tot het Jij, voortkomend uit de gemeenschappelijke verborgen hulpeloosheid, maar de bestaande saamhorigheid en saamhorigheid is gebaseerd op het werkelijke isolement van het individu, bepaald door het heden in de zin van het moment. Eenwording betekent niet verstarren op de eigen verlangens, maar vrij zijn voor de feitelijke mogelijkheden van het respectievelijke bestaan.

Uit wat gezegd is, moet één ding duidelijk worden, namelijk dat het moment behoort tot de oorspronkelijke en actuele tijdelijkheid van het bestaan en de primaire en actuele modus van het heden als het heden vertegenwoordigt. Eerder hoorden we dat het heden zich uitdrukt in het nu, dat wil zeggen dat het nu als tijd, waarin het zijn zich ontmoet, voortkomt uit de oorspronkelijke tijdelijkheid. Voor zover het nu altijd uit het heden voortkomt, betekent dit: Het nu is toekomstig vanuit de oogopslag. Daarom kan het fenomeen van het moment niet begrepen worden vanuit het nu, zoals

Kierkegaard probeert te doen. Hoewel hij het moment in zijn feitelijkheid heel goed begrijpt, slaagt hij er niet in de specifieke tijdelijkheid van het moment bloot te leggen, maar identificeert hij het moment met het nu van de vulgair begrepen tijd.

Van hieruit construeert hij de paradoxale relaties van het nu met de eeuwigheid. Het fenomeen van het moment kan niet begrepen worden vanuit het nu, zelfs niet als we het nu in zijn volledige structuur nemen. Alleen zo kan worden aangetoond dat het Nu, wanneer Dasein zich uitdrukt als een bepaald heden met het Nu, juist hier hoogstwaarschijnlijk zijn volledige structuur manifesteert. Het moment is een primordiaal fenomeen van oorspronkelijke tijdelijkheid, terwijl het nu slechts een fenomeen van toekomstige tijd is. Reeds Aristoteles zag het fenomeen van het moment, de καιρός, en in de VI.

In het tweede boek van zijn "Nicomachische Ethiek" bakent hij het specifieke tijdskarakter van de καιρός af, maar opnieuw op zo'n manier dat hij er niet in slaagt het te relateren aan wat hij anders als tijd (νῦν) kent.

Het heden dat behoort tot de tijdelijkheid van het Dasein heeft niet voortdurend het karakter van het moment, d.w.z. het Dasein bestaat niet voortdurend als een gedetermineerd moment, maar is aanvankelijk en meestal onbeslist, in zijn wezen-kan-zijn dat voor zichzelf gesloten is, in het soort ontwerp van zijn mogelijkheden dat niet primair bepaald is vanuit het wezen-kan-zijn. De tijdelijkheid van Dasein timet zichzelf niet voortdurend uit zijn actuele toekomst. Deze onbepaaldheid van het bestaan, dat het eerst en vooral onbestemd is, betekent niet dat het onbestemde bestaan soms de toekomst in zijn bestaan mist, maar het zegt alleen dit:

De tijdelijkheid zelf is veranderlijk met betrekking tot haar verschillende extases, in het bijzonder de toekomst. Het onbesliste bestaan is zo weinig een niet-bestaan dat juist deze besluiteloosheid de alledaagse realiteit van het bestaan kenmerkt.

Omdat we proberen te wijzen op het bestaande gedrag in het alledaagse sipne aan het aanvankelijk gegeven zijn, moeten we de blik richten op het alledaagse, inauthentieke, onbesliste bestaan en vragen welk karakter de tijdelijkheid van het inauthentieke begrip van zichzelf, van de onbesliste opvatting van mogelijkheden heeft. Dat weten we:

Dasein is zijn-in-de-wereld; voor zover het feitelijk als zodanig bestaat, is het zijn met innerlijk-wereldlijk-zijn en zijn-met-anders-zijn. Dasein begrijpt zichzelf eerst en vooral vanuit de dingen. De anderen, de medemensen, zijn er ook als ze niet in directe tastbare nabijheid zijn. Ze worden begrepen vanuit de dingen op de manier waarop ze er samen met hen zijn. Laten we het relaas van Rilke in herinnering roepen waarin wordt getoond hoe met de muur van het gesloopte huis de medemensen, de bewoners, worden ontmoet. Zelfs zonder een expliciete existentiële verwijzing van een bestaan naar anderen, zijn de medemensen er, met wie we elke dag te maken hebben. We houden dit in gedachten, maar richten de onderzoekende blik nu alleen op het begripsgedrag ten opzichte van de huidige en bestaande dingen.

Uit de dingen begrijpen we onszelf in de zin van het zelfverstaan van het alledaagse bestaan. Zichzelf begrijpen vanuit de dingen waar we mee omgaan betekent het eigen zijn-vermogen ontwerpen op het uitvoerbare, urgente, ongewone, raadzame van de dagelijkse bezigheden. Dasein begrijpt zichzelf vanuit het vermogen om te zijn, dat wordt bepaald door het succes en falen, door de haalbaarheid en onpraktischheid van zijn omgang met dingen. Zo komt Dasein tot zichzelf vanuit de dingen. Het is zich bewust van zijn eigen zijns-vermogen als het zijns-vermogen van een wezen, dat zich baseert op waar de dingen respectievelijk in resulteren.

wat zij nalaten. Het zijn-vermogen wordt als het ware ontworpen door de dingen, d.w.z. het contact met hen, dus primair niet het zijn zelf uit zichzelf, dat niettemin bestaat zoals het is, altijd als contact met de dingen. Het onwerkelijke begrijpen van zichzelf uit de dingen heeft inderdaad ook het karakter van tot zichzelf komen, de toekomst, maar dit is onwerkelijke toekomst; we karakteriseren het als Guarentee. Alleen omdat Dasein zich bewust is van zijn kunnen zijn, in de karakteristieke zin, van de dingen waar het om geeft en waar het zich zorgen over maakt, alleen op basis van dit bewust zijn, kan het iets verwachten van de dingen of wachten op de manier waarop ze gebeuren. De verwachting moet van tevoren al een cirkel hebben onthuld waarvan iets kan worden verwacht. Verwachten is dus geen variant van verwachten, maar omgekeerd is verwachten gefundeerd in een verwachten. Wanneer we in de omgang met de dingen vertrouwd raken met hen en in hen, zijn we ons bewust van ons kunnen zijn, zoals dat bepaald wordt door de doenbaarheid en on-doenbaarheid van de betreffende dingen. We komen niet terug bij onszelf in een actuele vormgeving van ons eigen kunnen-zijn.

Daarin schuilt tegelijkertijd: We herhalen niet het zijn, dat we zijn geweest, we nemen nicbt onszelf over in onze feitelijkheid. Wat we zijn, en daarin ligt altijd wat we zijn geweest, ligt op de een of andere manier achter ons, vergeten.

We zijn het feitelijke bestaan in zijn wezen vergeten en verwachten ons eigen zijn-vermogen van de dingen.

Vergeten is niet het ontbreken en de afwezigheid van een herinnering, zodat er in plaats van een herinnering niets zou zijn, maar het is zijn eigen positief extatische modus van tijdelijkheid.

De extase van iets vergeten heeft het karakter zich los te maken van zijn eigen wezen op zo'n manier dat dit losmaken zich afsluit van datgene waarvan het zich losmaakt. Waarin het vergeten het zijn afsluit dat het eigenaardige van die extase is, het sluit zichzelf voor zichzelf. Vergeten heeft de eigenschap dat het zichzelf vergeet. Het is in de extatische aard van het vergeten dat het niet alleen het vergeten vergeet, maar ook het vergeten zelf. Daarom ontstaat voor de vulgaire pre-fenomenologische geest het aspect alsof vergeten helemaal niets is. Vergeten is een elementaire modus van tijdelijkheid, waarin we eerst en vooral ons eigen weefsel zijn. Hierin wordt echter aangetoond dat het zijn niet bepaald moet worden vanuit het vulgaire concept van het verleden. Het verleden is dat waarvan we zeggen dat het niet meer is. Maar het zijn is een zijnswijze, de bepaling van de manier waarop het zijn als bestaand is. Een ding dat niet tijdelijk is, waarvan het zijn niet bepaald wordt door tijdelijkheid, maar dat zich alleen binnen de tijd voordoet, kan nooit geweest zijn, omdat het niet bestaat.

Zijn geweest kan alleen datgene zijn wat in zichzelf toekomst is; dingen zijn op zijn best verleden tijd. Bij het begrijpen van zichzelf uit het doen en de volgende ontmoeting hoort een vergeten van zichzelf. Alleen op basis van de oorspronkelijke vergeetachtigheid, die bij het feitelijke bestaan hoort, bestaat de mogelijkheid om iets te bewaren waarvan het zich ooit alleen maar bewust is geweest. Met dit bewaren gerelateerd aan de dingen correspondeert weer een niet-houden, d.w.z. een vergeten in afgeleide zin. Hieruit wordt duidelijk dat herinnering alleen mogelijk is op de basis en vanuit de basis van de oorspronkelijke vergetelheid die bij het bestaan hoort, en niet omgekeerd. Omdat het wezen zich ervan bewust is vanuit het doen, is datgene, waarmee het altijd omgaat, in zijn aanwezigheid. Het begrijpen van zichzelf is oorspronkelijk een heden met toekomst en aanwezigheid. De tegenwoordigheid van het niet-actuele begrijpen, dat overheersend is in Dasein, zal in het volgende van speciaal belang zijn voor mis. Negatief moet het gezegd worden: Het heden van het niet-actuele begrijpen heeft niet het karakter van de oogopslag, omdat de temporaliteit van deze modus van het heden bepaald wordt door de niet-actuele toekomst. Aldus heeft het niet-authentieke begrijpen het karakter van het vergeten-tegen-wachten.

d) De tijdelijkheid van het begrip van het Zijn en de totaliteit van het Zijn (de wereld) Met dit tijdkenmerk van het niet-authentieke begrip is slechts één mogelijkheid van het existentiële (ontische) begrip van Dasein als het bestaande zijn verduidelijkt. Maar we eisen een verheldering van het begrip van het zijn, dat al in het existentiële begrip van het zijn ligt. Maar we willen het begrip van het zijn niet verklaren met het oog op het existentiële begrip, of dat nu actueel of niet-authentiek is, maar met het oog op de existentiële relatie tot de volgende dingen die we tegenkomen. We proberen het begrip van het zijn te verduidelijken dat betrekking heeft op het niet-bestaande zijn. Het is het begrip van het wezen van het volgende wezen dat we tegenkomen, waarmee we niet afgesloten zijn, van het wezen dat er is ook al zijn we er niet mee verbonden. We kiezen deze richting van interpretatie niet omdat het gemakkelijker is, maar omdat we een origineel begrip krijgen van de problemen die we eerder bespraken en die ontologisch allemaal gericht zijn op het zijn als bestaand.

We stellen nogmaals de hele probleemcontext en de juistheid van onze vraag vast. Verlangen is de voorwaarde voor de mogelijkheid van het begrijpen van het zijn, dat het zijn begrijpt in de zin van wat aanwezig en beschikbaar is.

Dit zijn ontmoet ons in onze alledaagse omgang ermee. Deze omgang met het aanvankelijk aangetroffen wezen is gefundeerd als een bestaand gedrag van Dasein ten opzichte van het zijn in de basisconstitutie van het bestaan, het zijn-in-de-wereld. Het wezen waarmee we omgaan, ontmoet ons daarom als innerlijk-wereldlijk wezen. De omgang met het binnenwereldse zijn is gebaseerd, als anders het bestaan in-de-wereld-zijn is en de basisconstitutie van het bestaan ligt in de tijdelijkheid, in een bepaalde tijdelijkheid van het in-de-wereld-zijn. De structuur van het zijn-in-de-wereld is uniform en niettemin verdeeld. Het is noodzakelijk om de gearticuleerde heelheid van de structuur te begrijpen vanuit temporaliteit, wat tegelijkertijd betekent dat het fenomeen van het in-zijn als zodanig en het fenomeen van de wereld in zijn temporele constitutie met elkaar worden verbonden. Zo stuiten we op het verband tussen tijdelijkheid en transcendentie, voor zover het zijn-in-de-wereld het fenomeen is waarin het zich oorspronkelijk manifesteert in hoeverre Dasein in zijn essentie "voorbij zichzelf" is. Vanuit deze transcendentie begrijpen we de mogelijkheid van het begrip van het zijn dat ligt in de omgang met het innerlijk-wereldlijke zijn en het verlicht. Dit leidt tot de vraag naar de relatie tussen het begrip van het zijn, transcendentie en tijdelijkheid. 414 Ontologisch Verschil ". Van daaruit proberen we temporaliteit te identificeren als de horizon van het begrip van het zijn, d.w.z. de definitie van het begrip temporaliteit.

Als we vragen naar de voorwaarde voor de mogelijkheid van het begrijpen van het zijn, die hoort bij het omgaan met het ontmoetende zijn, dan vragen we eerst naar de voorwaarde voor de mogelijkheid van het zijn-in-de-wereld überhaupt, die gebaseerd is op temporaliteit. Alleen vanuit de tijdelijkheid van het zijn-in-de-wereld zullen we begrijpen hoe het zijn-in-de-wereld als zodanig al een begrip van het zijn is. Het volgende wezen dat we tegenkomen, datgene waarmee we te maken hebben, heeft het zijn-begrip van de getuige. Dit wezen is niet louter bestaand, maar overeenkomstig zijn karakter van getuige, behoort het tot een getuigecontext, waarbinnen het zijn specifieke getuigefunctie heeft, die in de eerste plaats zijn wezen vormt. Spullen in deze ontologische betekenis zijn niet alleen schrijf- en naaispullen, maar alles wat we zowel in huiselijke kring als in het openbaar gebruiken. Spullen in deze brede ontologische betekenis zijn ook bruggen, wegen, verlichtingssystemen. Het geheel van dit wezen noemen we het beschikbare. Daarbij is het niet essentieel, of het ding dat beschikbaar is zich in de onmiddellijke nabijheid bevindt of niet, of het dichterbij is dan het louter bestaande, maar alleen dat het beschikbaar is in en voor dagelijks gebruik, dat, andersom bezien, Dasein in zijn feitelijke zijn-in-de-wereld op een bepaalde manier afgestemd is op dit zijn, op zo'n manier dat het dit zijn begrijpt als zijn eigen kracht. In het gebruik van een getuige is Dasein echter al afgestemd op het naast elkaar bestaan van anderen. In het gebruik van een materiaal is Dasein ook al met anderen, waarbij het volledig onverschillig is of een ander daadwerkelijk aanwezig is of niet.

De dingen ontmoeten elkaar altijd binnen een context van dingen. Elk specifiek ding draagt die context met zich mee, en alleen ten opzichte daarvan is het dit. De specificiteit van een zaak, haar individuatie, als we het woord in een heel formele betekenis gebruiken, wordt niet in de eerste plaats bepaald door ruimte en tijd in de zin dat ze zich voordoet op een bepaalde plaats in ruimte en tijd, maar het is het karakter van de zaak en de context van de zaak die een zaak als deze bepaalt. We vragen nu: Wat vormt het specifieke karakter van een getuigenis? Het karakter van de getuige wordt gevormd door wat we de relatie noemen. Iets dat we gebruiken, bijvoorbeeld als hamer of als deur, heeft een bepaald doel. Dit wezen is "om te hameren", "om uitgang en ingang en afsluiting mogelijk te maken". Het is "om". Deze zin heeft een ontologische en niet alleen een ontische betekenis, d. w. z.

het wezen is niet wat en hoe het is, b.v. hamer, en bovendien iets "om ermee te slaan", maar wat en hoe het is als dit wezen, zijn wat-en-hoe-zijn, wordt gevormd door dit zijn-over-het-zijn als zodanig, d.w.z. het zijn-zijn. Zo'n wezen als spul ontmoet ons als het wezen dat het in zichzelf is, als we Relevantie, Relevantie-relaties en Relevantie-heelheid van tevoren begrijpen. We kunnen spullen alleen gebruiken in de omgang ermee, als we dit wezen al van tevoren hebben ontworpen op Relevantie-spullen. Dit voorafgaande begrip van, dit ontwerpen van het spul op zijn Relevantie-karakter, noemen we het laten zijn. Ook deze uitdrukking heeft een ontologische betekenis volgens de context van de toespraak.

We laten het bij het hameren met iets. Waar we het bij laten is waar het spul als zodanig voor bedoeld is, wat dit specifieke spul kenmerkt als wat het is en hoe het is. We zijn ons bewust van het waarvoor in het gebruik van het materiaal. "Het daarbij laten" betekent ons bewust zijn van een waarvoor. Het laten zoals het is, is altijd tegelijkertijd een "het met iets laten". Uit het waarom wordt dat bepaald, waarmee het in elk geval een relatie heeft. Omdat we ons bewust zijn van het waarom, houden we het waarmee in gedachten; daarmee rekening houdend begrijpen we 416 Ontologisch Verschil " alleen het spul als spul in zijn specifieke relatie tot het doel. Het loslaten, d.w.z. het begrijpen van de relatie, die het gebruik van het spul überhaupt mogelijk maakt, is een vasthoudend-aandachtig aanwezig zijn, waarin het spul aanwezig is als dit specifieke spul. In het vasthoudend-aandachtig heden ontmoet het spul elkaar, wordt het aanwezig, gaat het een tegenwoordigheid aan. Het verwachten van het waarvoor is geen overweging van een doel, zelfs niet de verwachting van een succes.

Het opmerken heeft helemaal niet het karakter van een ontisch grijpen, noch is het bijhouden van de waar een contemplatief stilstaan bij iets. Dit wordt duidelijk als we een onmiddellijk gebruik van spullen op een niet-geconstrueerde manier visualiseren. Als ik me ergens volledig op toeleg en daarbij wat spullen gebruik, ben ik niet gericht op de spullen als zodanig, bijvoorbeeld op het gereedschap van mijn vak. Ik ben ook niet gericht op het werk zelf, maar in de bezigheid beweeg ik me in de relaties van de relatie als zodanig. In het begrijpen ervan blijf ik bij de beschikbare context van de dingen. Ik sta noch bij het een noch bij het ander, maar ik beweeg me in het rond. Daarom hebben we contact met de dingen, niet louter een toegang tot iets dat aanwezig is, maar een contact met de dingen, voor zover ze zich tonen als dingen in een context van dingen. Het loslaten als het begrijpen van de relatie is dat ontwerp, dat eerst het licht geeft aan het bestaan, in wiens helderheid de dingen als dingen worden aangetroffen.

Het loslaten als een begrip van de betekenis heeft een tijdelijke constitutie. Maar het wijst zelf terug naar een nog oorspronkelijkere tijdelijkheid. Pas als we de meer oorspronkelijke tijdelijkheid hebben begrepen, zijn we in staat te overzien op welke manier het begrip van het zijn van het bestaande, hier van het karakter van de getuigenis en de beschikbaarheid van de beschikbare dingen, respectievelijk van de materialiteit van de bestaande dingen en de beschikbaarheid van het bestaande, mogelijk en transparant wordt gemaakt door de tijd.

Voorlopig gaan we niet verder in op deze temporaliteit, maar vragen we ons preciezer af wat de basisvoorwaarde is om een context van getuigen te begrijpen als een context van getuigen. Voorlopig hebben we alleen gezien wat de basisvoorwaarde is voor een gebruik van spullen: begrip van transformatie. Maar elk materiaal is als materiaal binnen een context van materiaal. Dit is geen volgend product van bestaande dingen, maar enkelvoudige dingen als dingen zijn alleen beschikbaar en aanwezig binnen een context van dingen. Het begrip van de context van spullen als de context is wat voorafgaat aan elk afzonderlijk gebruik van spullen. Met de analyse van het begrip van een getuigeniscontext in zijn context komen we bij de analyse van het fenomeen dat we eerder aangaven, het concept en het fenomeen van de wereld. Voor zover de wereld een structureel moment is van het zijn-in-de-wereld en het zijn-in-de-wereld de zijnsopvatting van Dasein vormt, komen we met de analyse van de wereld tegelijkertijd tot het begrip van het zijn-in-de-wereld zelf en zijn mogelijkheid vanuit de tijd. De interpretatie van de mogelijkheid van het zijn-in-de-wereld op basis van temporaliteit is op zichzelf al de interpretatie van de mogelijkheid van het begrip van het zijn, waarin het zijn van Dasein, het zijn van met-Dasein, van de anderen, en het zijn van het bestaande en toegankelijke zijn, dat wordt aangetroffen in een ontwikkelde wereld, op dezelfde manier wordt begrepen. Het begrijpen van dit soort zijn is echter in eerste instantie onverschillig, ongearticuleerd. Het is meestal om redenen die liggen in Dasein zelf dat georiënteerd is op het bestaande, waarin het eerst en meestal zichzelf verloor, het bestaande, wat de reden is waarom ook de ontologische interpretatie van het zijn in het begin van de filosofie, in de oudheid, wordt uitgevoerd in de oriëntatie op het bestaande. Deze zijnsinterpretatie wordt filosofisch ontoereikend zodra ze zichzelf universeel uitbreidt en ook het bestaan probeert te begrijpen aan de hand van dit zijnsconcept, terwijl de weg omgekeerd moet zijn.

e) Zijn-in-de-wereld, transcendentie en tijdelijkheid
De horizontale schema's van extatische tijdelijkheid We moeten nu fundamenteler begrijpen wat we hebben gepresenteerd met betrekking tot het existentiële begrip, zowel het actuele als het niet-authentieke. We moeten dichter bij het concept van de transcendentie van Dasein komen om het verband te zien tussen de transcendentie van Dasein en het begrip van zijn, van waaruit we alleen maar terug kunnen vragen naar de tijdelijkheid van het begrip van zijn als zodanig.

In de omgang met het eerste ontmoetende wezen, het materiaal, wordt de relatie begrepen. Alles, waaraan en waardoor het zijn einde heeft met iets, is, wat het is, binnen een um-zu. De verwijzingen van de um-zu, maar ook die van het doelloze en doelloze, zijn uiteindelijk of allereerst gefundeerd in de wil van de Worum. Ze worden pas begrepen wanneer Dasein zoiets als de Umwillen van zichzelf begrijpt. Het begrijpt als bestaand iets als een "wil van zichzelf", omdat zijn eigen wezen bepaald wordt door het feit dat Dasein als bestaand zich bezighoudt met zijn kunnen zijn. Alleen voor zover het Umwillen van een zijn-vermogen wordt begrepen, wordt het gelijke als een Um-zu (Relevantie-dingen) onthulbaar. Het feit dat alle zijnsrelaties ontologisch geworteld zijn in een Umwillen beslist helemaal niet of al het zijnde ontisch als zijnde umwillen is van het menselijk bestaan. De ontologische verankering van de structuren van het zijn en hun mogelijke begrijpelijkheid in de wil om te zijn staat nog steeds buiten de ontische bewering dat de natuur geschapen is of bestaat met het oog op het menselijk bestaan.

De ontische bewering over de doelgerichtheid van de werkelijke wereld is zo weinig geworteld in de genoemde ontologische verankering dat deze laatste vooral wordt benadrukt, alleen om begrijpelijk te maken hoe alleen op basis van de ontologische verankering van de relatie tot de wil om te zijn het begrijpen van het zijn van een wezen mogelijk is, dat op zichzelf zonder bestaan is en kan zijn. Alleen op basis van de verhelderde ontologische verbanden van de mogelijke manieren om het zijn te begrijpen en daarmee ook van de relatie met de wil van de wereld, is het überhaupt mogelijk om te beslissen of de vraag naar een ontische teleologie van de alheid van het zijn een legitieme filosofische zin heeft of dat het niet slechts een binnendringen van het gezonde verstand in de filosofische problematiek vertegenwoordigt. Het feit dat de ontologische structuur van de omstandigheid gebaseerd is op een wil van een woord, zegt niets over de vraag of de ontische relaties tussen het zijn, de natuur en het bestaan een doelgericht verband vertegenwoordigen.

Voor zover het bestaan bestaat als wezen, dat zich bezighoudt met zijn kunnen zijn, heeft het al dingen begrepen als het "willen van zichzelf". Alleen op basis van dit begrip is het bestaan mogelijk. Dasein moet zichzelf geven om zijn eigen zijn-kunnen te begrijpen. Het geeft zichzelf om te bedoelen, hoe het staat met zijn wezen-vermogen. Het geheel van deze relaties, d.w.z.

alles wat tot de structuur van de totaliteit behoort, zodat Dasein zichzelf überhaupt iets kan geven om te begrijpen, d.w.z. dat zijn wezen-vermogen zichzelf betekenis kan geven, noemen we de zingeving. Dit is de structuur van wat we in strikt ontologische zin wereld noemen.

We hebben eerder gezien: Dasein begrijpt zichzelf eerst en voor het grootste deel van de dingen; in één daarmee wordt het zijn-met-andere begrepen. In de relatie tot de dingen ligt al het begrip van het zijn-vermogen van Dasein als zijnde met anderen. Als Dasein staat het in wezen open voor de co-existentie van anderen. Het feitelijke Dasein is, expliciet of 420 Ontologisch Verschil " niet, omwille van het kunnen zijn met anderen. Maar dit is alleen mogelijk omdat Dasein als zodanig inherent bepaald wordt door het zijn-met-anderen. Als we zeggen dat Dasein bestaat omwille van zichzelf, is dit een ontologische bepaling van het bestaan. Deze existentiële propositie doet nog geen uitspraak over existentiële mogelijkheden. Ze wordt niet ontologisch bevestigd met de zin "dat Dasein in wezen omwille van zichzelf bestaat": Het feitelijke doel van feitelijk Dasein is uitsluitend en primair voor zichzelf te zorgen en de anderen daarbij als hulpmiddelen te gebruiken. Zo'n feitelijk-ontische interpretatie is alleen mogelijk vanwege de ontologische constitutie van Dasein, dat het überhaupt omwille van zichzelf bestaat.

Omdat het dat is, alleen daarom kan het met ander Dasein zijn, en alleen daarom kan een ander Dasein, dat zich bezighoudt met zijn wezen, een existentiële relatie met een ander aangaan.

De basisconstitutie van het bestaan is zijn-in-de-wereld.

Dat betekent nu meer precies: Het bestaan van Dasein gaat over het kunnen zijn in de wereld. Hierop heeft het zichzelf ooit al ontworpen. In het bestaan van Dasein is er dus zoiets als een voorafgaand begrip van wereld, zingeving.

Eerder gaven we een voorlopige afbakening van het begrip wereld en lieten we zien dat de wereld niet de som is van het bestaande zijn, niet de totaliteit van natuurlijke dingen, dat de wereld helemaal niets bestaands of aanwezigs is. Het concept van de wereld is geen bepaling van het innerlijk-wereldlijke wezen als het wezen dat op zichzelf bestaat, maar wereld is een bepaling van het wezen van het bestaan. Dit wordt vanaf het begin uitgedrukt als we zeggen: Dasein bestaat als zijn-in-de-wereld.

Het behoort tot de existentiële constitutie van Dasein. Wereld bestaat niet, maar wereld bestaat. Alleen zolang Dasein is, d.w.z. bestaat, is er wereld. Begrip van de wereld is, voor zover de relaties van zijn, van zijn en van zijn daarin begrepen worden, in wezen zelfbegrip, en zelfbegrip is begrip van Dasein. Daarin ligt op zijn beurt begrip van het zijn met anderen en begrip van het kunnen zijn en blijven met wat bestaat. Dasein is niet eerst alleen maar een zijn-met-anderen, om vervolgens vanuit dit zijn-met-anderen uit te komen bij een objectieve wereld, bij de dingen. Deze benadering zou net zo verkeerd zijn als het subjectieve idealisme, dat eerst een subject in het leven roept, dat vervolgens op de een of andere manier een object voor zichzelf verwerft. Met de benadering van een Ik-Tij relatie als een relatie van twee subjecten zou gezegd worden dat er eerst twee subjecten tot twee zijn, die dan een relatie tot een ander verwerven.

Zoals Dasein oorspronkelijk met anderen is, zo is het oorspronkelijk met wat aanwezig en beschikbaar is.

Op dezelfde manier is Dasein in de eerste plaats slechts een verblijf bij de dingen, om af en toe onder deze dingen het wezen van zijn eigen soort te ontdekken, maar Dasein, als wezen, dat met zichzelf bezig is, is tegelijkertijd oorspronkelijk wezen met anderen en wezen met innerlijk-wereldlijk-zijn.

De wereld, waarbinnen dit wezen elkaar ontmoet, is, omdat elk wezen vanuit zichzelf als bestaand wezen-met-anderen is, al wereld, die de een met de ander deelt. Alleen omdat Dasein voorlopig geconstitueerd is als zijnde-in-de-wereld, kan een Dasein existentieel feitelijk iets communiceren aan een ander, maar niet alleen deze feitelijke existentiële communicatie vormt de mogelijkheid dat een Dasein een wereld heeft met een ander. De verschillende manieren van feitelijk samenzijn vormen elk slechts de feitelijke mogelijkheden van de breedte en echtheid van de ontsluiting van de wereld en de verschillende feitelijke mogelijkheden van het inter-subjectieve bewijs van het ontdekte en de inter-subjectieve onderbouwing van de eensgezindheid van het begrip van de wereld en de feitelijke mogelijkheden van de specificatie en begeleiding van existentiële mogelijkheden van het individu. Ook hier is het geen toeval dat wat wereld in ontologische zin betekent, we eerst voor onszelf verduidelijken vanuit het innerlijk-wereldlijke zijn, dat niet alleen omvat wat beschikbaar en aanwezig is, maar voor een naïef begrip ook het bestaan van anderen. De medemensen zijn ook aanwezig, zij vormen de wereld. Voor dit vulgaire begrip van de wereld is het voldoende om te verwijzen naar het begrip kosmos, bijvoorbeeld bij Paulus. Hier betekent kosmos niet alleen het geheel van planten, dieren en de aarde, maar vooral het bestaan van de mens in de zin van de godvergetene in zijn verbinding met aarde, sterren, dieren en planten.

Wereld bestaat, d.w.z. is alleen, voor zover Dasein er is. Alleen als de wereld er is, als Dasein bestaat als zijnde-in-de-wereld, is er begrip van het zijn, en alleen als dit bestaat, wordt het innerlijk-wereldse zijn geopenbaard als bestaand en zijnde-aan. Begrip van de wereld als begrip van het bestaan is zelfbegrip. Zelf en wereld horen samen in het ene wezen, het Dasein. Zelf en wereld zijn niet twee wezens, zoals subject en object, ook niet zoals ik en jij, maar zelf en wereld zijn in' de eenheid van de structuur van het zijn-in-de-wereld de basisbepaling van Dasein zelf. Alleen voor zover het "subject" wordt bepaald door het zijn-in-de-wereld, kan het een jij worden voor een ander als dit zelf. Alleen omdat ik een bestaand zelf ben, ben ik een mogelijke jij voor een ander als zelf. De basisvoorwaarde voor de mogelijkheid van het zelf om een mogelijk jij te zijn in het zijn met anderen is gebaseerd op het feit dat Dasein als het zelf, dat het is, zodanig is dat het bestaat als zijn-in-de-wereld. Want Gij betekent: Gij, die met mij in een wereld is. Als de Ik-Tij-relatie een uitstekende bestaansrelatie vertegenwoordigt, kan deze niet existentieel, d.w.z. filosofisch, gekend worden zolang het ongevraagd blijft wat het bestaan überhaupt betekent. Maar zijn-in-de-wereld behoort tot het bestaan. Dat het zijn dat op deze manier is, zich bezighoudt met zijn zelf-zijn, dit zelf-zijn is de ontologische voorwaarde voor de zelfloosheid, waarin elk bestaan in het bestaande ik zich verhoudt tot het andere. Zelf en wereld horen bij elkaar in de eenheid van de basisconstitutie van Dasein, het zijn-in-de-wereld. Dit is de voorwaarde voor de mogelijkheid van het begrijpen van het andere Dasein en van het innerlijk-wereldlijke wezen in het bijzonder. De mogelijkheid van het begrijpen van het wezen van het innerlijk-wereldlijke wezen, maar ook de mogelijkheid van het begrijpen van Dasein zelf is alleen mogelijk op basis van het zijn-in-de-wereld.

We vragen nu: Hoe is het geheel van deze structuur, van zijn-in-de-wereld, gefundeerd in tijdelijkheid? Tot de basisopvatting van het zijn, dat altijd het mijne is, dat altijd ikzelf is, behoort het zijn-in-de-aanwezigheid. Zelf en wereld horen bij elkaar, ze behoren tot de eenheid van de constitutie van Dasein en bepalen het "subject" evenzeer oorspronkelijk. Met andere woorden, het wezen, dat we altijd zelf zijn, het Dasein is het transcendente.

Door de uiteenzetting van het begrip transcendentie zal wat tot nu toe gezegd is duidelijker worden. Transcenderen betekent volgens het begrip van het woord: oversteken, passeren, doorlopen, soms ook overtreffen. We definiëren het begrip transcendentie van de filosoof in overeenstemming met de oorspronkelijke betekenis van het woord en niet zozeer met het filosofisch traditionele taalgebruik, dat nogal dubbelzinnig en ongedefinieerd is. Uit het goed begrepen ontologische begrip transcendentie ontstaat allereerst het begrip van waar Kant in wezen naar op zoek was, toen transcendentie voor hem het middelpunt van de filosofische problemen werd, zozeer zelfs dat hij zijn filosofie transcendentale filosofie noemde. Voor de afbakening van het begrip transcendentie moeten we de basisstructuren van de zijnsconstitutie van Dasein die tot nu toe zijn aangetoond in gedachten houden. We hebben met opzet afgezien van de volledige ontwikkeling van de basisstructuur van het zijn om de eerste basisoverwegingen niet te zwaar te belasten. Daarom is de volgende uiteenzetting van het concept transcendentie 424 Ontologisch Verschil " niet voldoende, maar wel toereikend voor wat we in eerste instantie nodig hebben.

Volgens de populaire filosofische betekenis van het woord is het transcendente het wezen dat voorbij is. Vaak wordt het transcendente gebruikt om naar God te verwijzen. Binnen de epistemologie wordt het transcendente opgevat als dat wat buiten de subject-sfeer ligt, de dingen op zichzelf, de objecten. Het transcendente in deze zin is dat wat buiten het subject ligt. Dit is dan datgene wat de grenzen van het subject overstijgt of al overstijgt alsof het er ooit in heeft gezeten, alsof Dasein zichzelf alleen overstijgt wanneer het bezig is een ding te worden. Het ding transcendeert nooit en is nooit het transcendente in de zin van dat wat getranscendeerd is.

Nog minder is het het transcendente in de werkelijke betekenis van het woord. Het transcendente als zodanig, respectievelijk degene wiens manier van zijn bepaald moet worden door dit transcendente dat juist begrepen moet worden, is Dasein. We hebben verschillende keren gezien dat Dasein in de ervaring van het zijn, in het bijzonder in de omgang met beschikbare dingen, al relatie begrijpt, dat het alleen terugkomt op hetzelfde zijn vanuit het eerdere begrip van relatie, betekenis, wereld. Zijn moet in het licht staan van begrepen betekenis, zodat spullen die aanwezig zijn elkaar kunnen ontmoeten. Spullen en wat aanwezig is ontmoeten elkaar in de horizon van een begrepen wereld; het ontmoet elkaar altijd als een innerlijk-wereldlijk wezen. De wereld wordt eerder begrepen, wanneer we objecten tegenkomen. Daarom zeiden we: De wereld is in zekere zin verder buiten dan alle objecten, het is objectiever dan alle objecten en heeft niettemin niet de zijnswijze van de objecten.

De zijnswijze van de wereld is niet het bestaan van de objecten, maar de wereld bestaat. De wereld is nog steeds in de oriëntatie van het vulgaire concept van transcendentie het feitelijk transcendente, dat wat nog buitenwereldser is dan de objecten, en tegelijkertijd is dit buitenwereldse als bestaand een basisbepaling van het zijn-in-de-wereld, van Dasein. Als de wereld het transcendente is, dan is het feitelijk transcendente Dasein. Pas hiermee komen we bij de echte ontologische betekenis van transcendentie, die ook aansluit bij de vulgaire basisbetekenis van het woord. Transcendere betekent transcenderen, de transcendens, het transcendente is het transcenderen als zodanig en niet datgene waarnaar ik transcendeer.

De wereld is het transcendente, omdat het deel uitmaakt van de structuur van het zijn-in-de-wereld en het overgaan vormt naar ... als zodanig. Dasein zelf is transcendent in zijn wezen en dus net niet het immanente. Het transcenderende zijn niet de objecten die dingen nooit kunnen transcenderen en transcendent kunnen zijn, maar de "subjecten" in de ontologisch juist begrepen betekenis van Dasein transcenderen, d.w.z. transcenderen zichzelf. Alleen het zijn transcendeert vanuit de zijnswijze van Dasein, op zo'n manier dat juist de transcendentie het wezen wezen karakteriseert. Juist dat, wat in de epistemologie immanentie wordt genoemd in een volledige omkering van de fenomenale feiten, de sfeer van het subject, is in zichzelf primair en alleen het transcendente. Omdat het wordt gevormd door zijn-in-de-wereld, is Dasein een wezen dat in zijn zijn buiten zichzelf staat. Tot zijn meest eigen structuur van zijn behoort de ἐπέκεινα. Dit overstijgen betekent niet alleen en niet in de eerste plaats een verwijzen van een subject naar een object, maar transcendentie betekent: zichzelf begrijpen vanuit een wereld. Dasein is als zodanig voorbij zichzelf.

Alleen het zijn, tot wiens zijnsconstitutie de transcendentie behoort, heeft de mogelijkheid om als een zelf te zijn.

Transcendentie is zelfs de voorwaarde voor Dasein om het karakter van een zelf te hebben. Het zelf-zijn van Dasein is gefundeerd in zijn transcendentie, en Dasein is niet eerst een ik-zelf, dat vervolgens iets transcendeert. In het concept van zelf-zijn ligt het "to-itself" en het "from-itself". Wat als zelf bestaat kan alleen als transcendent bestaan. Dit in transcendentie gefundeerde zelf-zijn, de mogelijke Auf-sich-zu en Von-sich-aus, is de voorwaarde voor hoe Dasein feitelijk verschillende mogelijkheden heeft om zichzelf te zijn en te verliezen.

Maar het is ook de voorwaarde voor Dasein om met anderen te zijn in de zin van het Ik-Zelf met het Jij-Zelf. Dasein bestaat niet eerst op een of andere aan te raden manier, om vervolgens de transgressie over zichzelf naar anderen of naar het bestaande uit te voeren, maar bestaan betekent altijd al: transgressie, of beter:

Overschreden.

Bestaan is transcendent. Objecten en dingen zijn nooit transcendent. In de basisconstitutie van het zijn-in-de-wereld manifesteert zich de oorspronkelijke essentie van transcendentie. Transcendentie, het hiernamaals van Dasein, maakt het mogelijk dat het zich verhoudt tot het zijn, tot bestaande dingen, tot anderen en tot zichzelf, als zijnde. Transcendentie wordt aan Dasein zelf geopenbaard, hoewel niet als zodanig. Het maakt de terugkeer naar het zijn mogelijk, zodat daarin het vorige begrip van het zijn wordt gefundeerd. Het wezen, dat we Dasein noemen, staat als zodanig open voor...

De openheid behoort tot haar wezen. Het is zijn daar, waarin het er voor zichzelf is, waarin anderen met hem zijn en waarnaar daar het beschikbare en aanwezige samenkomt.

Leibniz noemde de geestelijk-mentale substanties monaden, meer precies, hij interpreteerde alle substanties als monaden (eenheden). Hij heeft de bekende zin over de monaden uitgesproken: De monaden hebben geen ramen, d.w.z. ze kijken niet uit zichzelf, uit de binnenkant van een omhulsel. De monaden hebben geen ramen, omdat ze er geen nodig hebben; ze hebben er geen nodig, ze hoeven niet naar buiten te kijken vanuit de binnenkant van de omheining, omdat wat ze als zelfeigenaarschap in zichzelf hebben voldoende voor ze is. Elke monade is als zodanig aanwezig in verschillende gradaties van waakzaamheid. Volgens de mogelijkheid vertegenwoordigt in elke monade de algenoegzaamheid van de anderen, d.w.z. de heelheid van zijn, zichzelf. Elke monade vertegenwoordigt al de hele wereld in zijn binnenkant.

De individuele monaden verschillen naar gelang het niveau van hun waakzaamheid met betrekking tot de helderheid waarin de hele wereld, d.w.z. de alheid van de andere monaden, voor hen toegankelijk is, puur door zichzelf. Elke monade, elke substantie, is in zichzelf verbeeldend, representerend in de zin dat het voor zichzelf de alheid representeert van alles wat bestaat.

Vanuit de door ons ontwikkelde basisconstitutie van het Dasein, het zijn-in-de-wereld of de transcendentie, kan pas duidelijk worden wat Leibniz' zin over de raamloosheid van de monaden in wezen betekent. Dasein als monade heeft geen ramen nodig om uit te kijken naar iets buiten zichzelf, niet omdat, zoals Leibniz denkt, alles wat bestaat al toegankelijk is binnen de omhulling en daarom heel goed kan worden afgesloten en ingekapseld in zichzelf, maar omdat de monade, Dasein, volgens zijn eigen wezen (volgens transcendentie) al buiten is, dat wil zeggen bij ander zijn, en dat betekent altijd bij zichzelf. Dasein bevindt zich helemaal niet in een afgesloten ruimte. Vanwege de oorspronkelijke transcendentie is een venster voor Dasein overbodig. Leibniz had in zijn monadologische interpretatie van substantie ongetwijfeld een reëel fenomeen op het oog met de raamloosheid van de monaden. Alleen de oriëntatie op het traditionele concept van substantie weerhield hem ervan de oorspronkelijke reden van de raamloosheid te vatten en dus om het fenomeen dat hij zag werkelijk te interpreteren. Hij was niet in staat om te zien dat de monade, omdat deze zich in wezen een wereld voorstelt, d.w.z. een wereld weerspiegelt, transcendentie is en geen substantie-achtig bestaand, een raamloze behuizing. De transcendentie wordt niet alleen gefundeerd door het feit dat een object samenkomt met een subject of een jij met een ik, maar overstijgt Dasein zelf als "subject-zijn". Dasein als zodanig is Zijn met zichzelf, Zijn met anderen, en Zijn met wat aanwezig en bij de hand is. In de structurele momenten van het zijn-met-zelf, het zijn-met-anderen en het zijn-met-aanwezigheid zit overal het karakter van transgressie, van transcendentie. We noemen de eenheid van deze relaties het in-zijn van Dasein in de zin van een oorspronkelijke vertrouwdheid met zichzelf, met anderen en met wat beschikbaar en aanwezig is, die Dasein toebehoort. Deze vertrouwdheid is als zodanig vertrouwdheid in een wereld.

Zijn-in is in wezen zijn-in-de-wereld. Dit wordt duidelijk uit wat eerder is gezegd. Dasein is als zelf-zijn om zichzelf heen. Dit is de oorspronkelijke modus waarin het to-itself is. Het zelf, Dasein, is het echter alleen als zijn met beschikbaar, d.w.z. zodanig, wat het begrijpt vanuit een um-tot-context. De um-tot-relaties zijn geworteld in de um-wil. De eenheid van dit geheel van referenties die behoren tot het in-zijn van Dasein is de wereld. Zijn-in is zijn-in-de-wereld.

Hoe is dit zelf als geheel mogelijk? Om precies te zijn, waarom fundeert de primaire structuur van het zijn-in-de-wereld als zodanig de transcendentie? Wat is de basis van de transcendentie van het zijn-in-de-wereld zelf? We geven het antwoord met betrekking tot de structurele momenten "Zijn" en "Wereld", die zojuist afzonderlijk zijn beschouwd, maar die op zichzelf bij elkaar horen. In-zijn als naar-zelf, als rondom-zelf, is alleen mogelijk op de grond van de toekomst, d.w.z. omdat dit structurele moment van tijd extatisch is in zichzelf. Het extatische karakter van de tijd maakt het specifieke overstap karakter van Dasein, de transcendentie en dus ook de wereld mogelijk. Dan en hiermee komen we bij de meest centrale bepaling van de wereld en van de tijdelijkheid de extases van tijdelijkheid (toekomst, zijn, heden) zijn niet eenvoudigweg verrukkingen naar ..., geen verrukkingen als het ware in het niets, maar ze hebben als verrukkingen naar ... vanwege hun respectieve extatische karakter een horizon die vooraf is getrokken uit de modus van verrukking, d.w.z. uit de modus van toekomst, zijn en heden en die behoort tot de extase zelf.

Elke extase als vervoering tot ... heeft in zichzelf, tegelijkertijd en erbij horend, een voorafgaande tekening van de formele structuur van het waartoe van de extase. We noemen dit waartoe van de extase de horizon of, preciezer gezegd, het horizontale schema van de extase. Elke extase heeft op zichzelf een zeer vastomlijnd schema, dat zichzelf wijzigt met de manier waarop temporaliteit temporaliseert, dat wil zeggen, de manier waarop extases zichzelf wijzigen. Zoals de extases op zichzelf de eenheid van tijdelijkheid vormen, zo correspondeert de extatische eenheid van tijdelijkheid met een van haar horizontale schema's. De transcendentie van het zijn-in-de-wereld is in zijn specifieke heelheid gebaseerd op de oorspronkelijke extatisch-horizontale eenheid van de tijdelijkheid.

Als transcendentie het begrijpen van het zijn mogelijk maakt, maar transcendentie is gebaseerd op de extatisch-horizontale conditie van tijdelijkheid, dan is dit de conditie van de mogelijkheid van het begrijpen van het zijn.

Het is noodzakelijk om te begrijpen hoe de tijdelijkheid van het zijn het begrijpen van het zijn mogelijk maakt dankzij de tijdelijkheid die de transcendentie van het bestaan tot stand brengt. Tijdelijkheid is de meest originele temporalisatie van tijdelijkheid als zodanig. We hebben de beschouwingen altijd gericht op de vraag naar de mogelijkheid van een bepaald begrip van het zijn, het begrip van het zijn in de zin van aanwezig zijn in de breedste zin van het woord. Bovendien hebben we laten zien hoe de omgang met het zijn als omgang gebaseerd is op temporaliteit.

Hieruit hebben we echter slechts ten dele afgeleid dat de overgang ook mogelijk is als een begrip van het zijn en juist als zodanig uit de tijdelijkheid. Er moet expliciet worden aangetoond hoe het begrip van het zijn-bij-de-hand van het ding-bij-de-hand als zodanig een begrip van de wereld is, en hoe dit begrip van de wereld als transcendentie van Dasein geworteld is in het extatisch-horizontale begrip van zijn tijdelijkheid. Het begrip van de Toegankelijkheid van de Toegankelijkheid heeft dit wezen al ontworpen op tijd. Ruw gesproken wordt tijd gebruikt in het begrip van het zijn zonder dat het prefilosofische en niet-filosofische Dasein er expliciet weet van heeft. Dit verband tussen zijn en tijd is echter niet volledig verborgen voor Dasein, maar is bekend in een interpretatie die echter zeer onbegrepen en misverstaanbaar is. Op een bepaalde manier heeft Dasein een begrip dat de interpretatie van het zijn op een bepaalde manier verbonden is met tijd.

Zowel prefilosofische als filosofische kennis wordt gebruikt om het zijn te onderscheiden met betrekking tot zijn aard van zijn met betrekking tot tijd. Reeds de oude filosofie definieert het wezen, dat in de eerste plaats en daadwerkelijk het ἀεί ὄν is, het verzonken zijn, en onderscheidt het van het veranderlijke, dat slechts soms wel, soms niet is. In de vulgaire taal wordt dit wezen het tijdelijke genoemd.

Vanuit deze karakterisering van het immersieve en het temporele wezen gaat de karakteristiek vervolgens over op een bepaling van het tijdloze wezen en het supratemporele wezen. Tijdloos wordt de manier van zijn van getallen genoemd, van pure ruimtelijke bepalingen, supratemporaal het eeuwige in de zin van aeternitas, onderscheiden van sempiternitas. In deze onderscheidingen van de verschillende zijnswijzen met betrekking tot tijd, wordt dit in de vulgaire betekenis opgevat als innerlijke tijd. Het kan geen toeval zijn dat al het prefilosofische en het filosofische begrip in de karakterisering van het zijn gericht is op tijd. Aan de andere kant zagen we dat Kant, wanneer hij het zijn als zodanig probeert te begrijpen en het als een positie bepaalt, duidelijk geen gebruik maakt van tijd in de vulgaire betekenis. Maar daaruit volgt niet dat hij geen gebruik maakt van tijdelijkheid in de oorspronkelijke betekenis van tijdelijkheid zonder het zijn te begrijpen, d.w.z. zonder duidelijk te zijn over de mogelijkheidsvoorwaarde van zijn ontologische proposities.

We proberen een temporele interpretatie van het zijn van wat aanvankelijk aanwezig is, de Beschikbaarheid, en laten met betrekking tot transcendentie als voorbeeld zien hoe het begrijpen van het zijn temporeel mogelijk is. Daarmee wordt de functie van tijd als facilitator van het begrijpen van het zijn aangetoond. Vervolgens keren we terug naar Kants eerste stelling en proberen we op basis van wat we hebben opgedaan te rechtvaardigen in hoeverre onze kritiek op Kant gerechtvaardigd was en op welke manier deze in zijn positieve deel fundamenteel moet worden aangevuld.

a) Temporele interpretatie van zijn als aanwezig zijn

Aanwezigheid als een horizontaal schema van de extase van het heden Laten we de gekarakteriseerde tijdelijkheid van het hanteren van spullen in herinnering roepen. Het hanteren als zodanig maakt een spullencontext primair en gepast toegankelijk. Een triviaal voorbeeld: Als we naar de werkplaats van een schoenmaker kijken, zien we inderdaad allerlei bestaande spullen. Maar wat er is en hoe het, dit wezen, beschikbaar is volgens zijn objectiviteit, wordt ons pas onthuld in de gepaste omgang met het gereedschap van het vak, het leer en de schoenenspullen. Alleen de begrijpende mens is in staat om deze omgeving van de schoenmaker zelf te ontdekken. We kunnen zeker geïnformeerd worden over het gebruik van het gereedschap en de procedure daarbinnen; op basis van het zo verkregen begrip zijn we in staat om, zoals we zeggen, de feitelijke omgang met deze dingen te begrijpen. Maar alleen op de zeer weinige gebieden van het wezen dat ons bekend is, zijn we zo vertrouwd dat we ons kunnen ontdoen van de specifieke omgang met de dingen die het als zodanig onthullen. 432 Ontologisch Verschil ". De respectieve hele omtrek van het innerlijke wezen dat voor ons toegankelijk is, is niet even oorspronkelijk en adequaat voor ons toegankelijk. We kennen slechts vele dingen, maar we zijn er niet mee vertrouwd. We ontmoeten ze als zijnde, maar onbekend. Veel van wat is, en zelfs van wat al ontdekt is, heeft het karakter van onbekendheid. Dit karakter is positief onderscheidend voor het wezen, zoals het ons in het begin ontmoet. Het is niet nodig om hier verder op in te gaan, vooral omdat deze privatieve manier om het bestaande te ontdekken alleen ontologisch begrepen kan worden vanuit de structuur van primaire vertrouwdheid. Daarom moet in principe worden gesteld dat de gebruikelijke benadering van de epistemologie, volgens welke een veelheid van willekeurig voorkomende dingen of objecten ons uniform wordt gegeven, geen recht doet aan de primaire feiten en daarom de epistemologische vraag vanaf het begin kunstmatig maakt. De oorspronkelijke vertrouwdheid met het wezen ligt in de manier waarop we ermee omgaan. Met betrekking tot zijn tijdelijkheid wordt het gevormd door een retentieve presentie van de context van de dingen als zodanig. Het laten zijn, als het voorafgaande begrip van het zijn, maakt het mogelijk het zijn te begrijpen als het zijn dat het is, d.w.z. met het oog op zijn zijn. Bij het zijn van dit wezen hoort zijn feitelijke inhoud, het specifieke wat, en een manier van zijn. De watheid van het zijn, die we elke dag tegenkomen, wordt begrensd door het karakter van de dingen. De manier waarop het zijn van deze feitelijkheid, spullen, is, noemen we het zijn-bij-de-hand of het zijn-bij-de-hand, dat we onderscheiden van het zijn-bij-de-hand. Als een bepaald spul niet beschikbaar is in de volgende omgeving, in tastbare nabijheid, dan betekent dit "niet beschikbaar" helemaal niet zoveel als niet-zijn. Het spul in kwestie is misschien meegenomen, het is, zoals we zeggen, weg. Wat beschikbaar is, is slechts een modus van wat beschikbaar is. Als we over iets zeggen dat het verdwenen is, bedoelen we niet zonder meer dat het vernietigd is. Iets kan verloren gaan op zo'n manier dat het er helemaal niet meer is, dat het vernietigd is. Maar de vraag rijst wat dit vernietigd zijn betekent, of het gelijkgesteld kan worden met niet-zijn en nietsheid. In ieder geval zien we opnieuw dat al in een grove analyse een veelheid van niveaus van in zichzelf gefundeerd zijn alleen wordt onthuld binnen het zijn van dingen en dingen. In hoeverre het begrip van de dingen teruggaat op het begrip van betekenis, zin en wereld en dus op de extatisch-horizontale constitutie van Dasein, blijkt uit de ruwe analyse. Nu zijn we alleen geïnteresseerd in de manier van zijn van de getuige, zijn beschikbaar zijn, met betrekking tot zijn tijdelijke mogelijkheid, d.w.z. met betrekking tot hoe we het als zodanig beschikbare zijn tijdelijk begrijpen.

Reeds uit de hint naar de mogelijke wijziging van het wezen van het tegenwoordige in het afwezige kunnen we opmaken dat tegenwoordigheid en afwezigheid bepaalde wijzigingen zijn van een basisfenomeen, dat we formeel karakteriseren als tegenwoordigheid en afwezigheid en in het algemeen als aanwezigheid. Als de aanwezigheid of het wezen van dit wezen een praesentiële betekenis heeft, dan wordt er gezegd:

Deze manier van zijn wordt temporeel begrepen, d.w.z. vanuit de Zeitigimg van de tijdelijkheid in de zin van de gekarakteriseerde extatisch-horizontale eenheid. Nu, in de dimensie van de interpretatie van het buiten de tijd zijn, gebruiken we met opzet Latijnse uitdrukkingen voor alle tijdsbepalingen om ze al terminologisch te onderscheiden van de tijdsbepalingen van de tijdelijkheid in de tot nu toe gekarakteriseerde zin. Wat betekent praesence met betrekking tot tijd en tijdelijkheid in het algemeen? Als we zouden willen antwoorden: Het is het moment van aanwezigheid, dan zou er weinig gezegd zijn. De vraag blijft waarom we niet aanwezigheid zeggen in plaats van tegenwoordigheid. Als we deze term toch gebruiken, dan moet dit nieuwe gebruik overeenkomen met een nieuwe betekenis. Beide fenomenen, 434 Ontologisch Verschil " Aanwezigheid en Praesenz, betckenen niet hetzelfde, als de verschillende benaming gerechtvaardigd moet worden. Maar is praesentie misschien identiek met het tegenwoordige-tijdsverschijnsel dat we zijn gaan kennen als het nu, het νῦν, waarop de vulgaire interpretatie van tijd zich richt als het zegt: tijd is een niet-omkeerbare opeenvolging van nu? Maar ook aanwezigheid en nu zijn niet identiek. Want het nu is een karakter van innerlijke tijd, van wat aanwezig en bij de hand is, maar aanwezigheid wordt verondersteld de voorwaarde te vormen voor de mogelijkheid om aanwezigheid als zodanig te begrijpen. Alles wat beschikbaar is, is inderdaad "in de tijd", intemporaal; we kunnen ervan zeggen: het beschikbare "is nu", "was toen" of "zal toen" beschikbaar zijn. Als we bepalen wat beschikbaar is als zijnde binnen de tijd, veronderstellen we al dat we begrijpen wat beschikbaar is als zijnde beschikbaar, d.w.z. dit zijn in de manier van zijn van beschikbaar zijn. Dit eerdere begrip van het zijn-bij-de-hand van het zijn-bij-de-hand wordt verondersteld mogelijk te worden door de aanwezigheid. Daarom kan het nu als bepaling van tijd als innerlijke tijd de temporele interpretatie van het zijn van het hier-zijn van het-zijn-bij-de-hand niet overnemen. In alle bepaling van het nu, in alle vulgaire bepaling van de tijd van wat aanwezig is, als dit al anders wordt opgevat, wordt de tijd in een meer oorspronkelijke betekenis gebruikt. Hiermee wordt gezegd dat de vulgaire karakterisering van het zijn van het bestaande aan de hand van de tijd temporeel, tijdloos, supertemporaal voor ons ongeldig is. Dit is geen ontologische, maar een ontische interpretatie, waarbij de tijd zelf als een wezen wordt opgevat.

Aanwezigheid is een primordialer fenomeen dan het nu.

Primordialer dan het nu is het moment, en wel omdat het een modus van tegenwoordigheid is, van de aanwezigheid van iets dat zich kan uitdrukken met het nu-zeggen. Zo komen we terug bij het heden en rijst opnieuw de vraag: Is aanwezigheid dan toch identiek met het heden? Helemaal niet. Het heden, het heden van

. . hebben we gekarakteriseerd als een van de extases van de tijdelijkheid. De naam "aanwezigheid" geeft al aan dat we geen extatisch fenomeen bedoelen zoals met heden en toekomst, tenminste niet het extatische fenomeen van tijdelijkheid met betrekking tot zijn extatische structuur. Toch is er een verband tussen heden en presentie dat niet toevallig is. We hebben erop gewezen dat de extases van tijdelijkheid niet eenvoudigweg verrukkingen zijn om. ... zodat de richting van de vervoering als het ware het niets ingaat of nog onbepaald is. Integendeel, bij elke extase als zodanig hoort een horizon die erdoor bepaald wordt en die voor de allereerste keer haar eigen structuur voltooit. Het heden, of het nu actueel is in de zin van het moment of niet, ontwerpt dat wat het presenteert, dat wat mogelijk in en voor een heden kan samenkomen, op zoiets als aanwezigheid. De extase van het heden is als zodanig de voorwaarde voor de mogelijkheid van een zeker "voorbij zichzelf", van transcendentie, het ontwerp op praesence.

Als voorwaarde voor de mogelijkheid van het "voorbij zichzelf" heeft het in zichzelf een schematische schets van waar voorbij dit "voorbij zichzelf" is. Wat voorbij de extase als zodanig ligt vanwege haar verrukkingskarakter en erdoor bepaald wordt, preciezer gezegd, wat überhaupt het waarheen van het "voorbij zichzelf" als zodanig bepaalt, is de aanwezigheid als horizon. Aanwezigheid ontwerpt zich in zichzelf extatisch op praesenz. Praesenz is niet identiek met Gegenwart, maar als basisbepaling van het horizontale schema van deze extase vormt het de volledige tijdsstructuur van het heden. Hetzelfde geldt voor de andere twee extasen, toekomst en aanwezigheid (herhaling, vergeten, bewaren).

Om het zicht op de toch al ongrijpbare fenomenen van tijdelijkheid niet te veel te verwarren, beperken we ons tot de explicatie van het heden en zijn extatische horizon, de praesence. in de temporalisering van tijdelijkheid, die zichzelf als zodanig begrijpt op praesence. Als verrukking tot... het heden is een openheid voor de ontmoeting, die dus vooraf begrepen wordt in de richting van aanwezigheid. Alles wat tegenkomt in het heden wordt begrepen als aanwezig, d.w.z. als aanwezig zijn, vanwege de horizon die al verrukt is in extase, de praesentie.

Voor zover tegenwoordigheid en afwezigheid zoiets betekenen als tegenwoordigheid en afwezigheid, d.w.z. zo en zo gemodificeerde en veranderbare tegenwoordigheid, is het wezen van het innerlijk-wereldlijk ontmoetende wezen preesentieel ontworpen, en dat betekent in principe temporeel. Dienovereenkomstig begrijpen we het zijn vanuit het oorspronkelijke horizontale schema van de extases van tijdelijkheid. De schema's van de extases kunnen er niet structureel van worden losgekoppeld, maar de begripsoriëntatie kan primair worden gericht op het schema als zodanig. De temporaliteit die aldus primair gericht is op de horizontale schema's van temporaliteit als voorwaarden voor de mogelijkheid om het zijn te begrijpen, vormt de inhoud van het algemene begrip temporaliteit. Tijdelijkheid is tijdelijkheid met betrekking tot de eenheid van de horizontale schema's die erbij horen, in ons geval heden met betrekking tot aanwezigheid. Afhankelijk van de wijze van temporaliteit, die altijd getemporaliseerd is in de eenheid van haar extases, zodat de prioriteit van de ene extase de andere mede-modificeert, variëren ook de innerlijke temporele relaties van de horizontale shemata van tijd.

Temporaliteit in haar extatisch-horizontale eenheid is de basisvoorwaarde van de mogelijkheid van ἐπέκεινα, d.w.z. van de transcendentie die Dasein zelf constitueert. Tijdelijkheid is zelf de basisvoorwaarde voor de mogelijkheid van alle begrip dat gegrond is in transcendentie, waarvan de wezenlijke structuur ligt in het ontwerpen. Achterstevoren kunnen we zeggen: Temporaliteit is in zichzelf het oorspronkelijke zelfontwerp bij uitstek, zodat waar en wanneer er ook sprake is van begrijpen we de andere momenten van Dasein buiten beschouwing laten dit begrijpen alleen mogelijk is in het zelfontwerp van de temporaliteit. Dit is er als geopenbaard, omdat het het "er" en zijn openbaring überhaupt mogelijk maakt.

Als tijdelijkheid het zelfontwerpen bij uitstek is als de voorwaarde voor de mogelijkheid van alle ontwerpen, dan ligt het in het feit dat tijdelijkheid in zekere zin al wordt geopenbaard in elk feitelijk ontwerpen, dat ergens en op de een of andere manier tijd doorbreekt, zij het alleen in vulgair begrip of misverstand. Waar iets in zichzelf wordt onthuld, onthult tijdelijkheid zichzelf. Zo verborgen als tijdelijkheid is, vooral met betrekking tot haar tijdelijkheid, en zo weinig als Dasein er expliciet over weet, als fem het tot nu toe aan alle thematisch begrip heeft onttrokken, zo elementair heerst haar temporalisering door Dasein zelfs elementairder dan het daglicht als basisvoorwaarde van het alledaagse voorzichtige zien met de ogen, waartoe we ons niet wenden in de alledaagse omgang met de dingen. Omdat de extatisch-horizontale eenheid van tijdelijkheid op zichzelf het zelfontwerp bij uitstek is, maakt het als extatisch het ontwerpen op... en vertegenwoordigt het, met de horizon die bij de extase hoort, de voorwaarde van de mogelijkheid van een whereupon, wherefore-out at all, kan het helemaal niet meer gevraagd worden, whereupon worden de schema's ontworpen voor hun deel, en zo in infinitum. De eerder genoemde volgorde van de ontwerpen die als het ware stroomopwaarts van elkaar liggen: begrip van zijn, ontwerp op zijn, begrip van zijn, ontwerp op tijd, heeft zijn einde aan de horizon van de extatische eenheid van tijdelijkheid. We kunnen dit hier niet op een originelere manier rechtvaardigen, we zouden het probleem van de eindigheid van de tijd moeten behandelen. Aan deze horizon heeft elke extase van tijd, dat wil zeggen tijdelijkheid zelf, haar einde. Maar dit einde is niets anders dan het begin en de uitgang voor de mogelijkheid van al het ontwerpen.

Als men zou willen zeggen: Maar de markering van dat, waar de extase als zodanig naar toe verrukt, de markering van dit als horizon, is al weer een interpretatie 438 Ontologisch Verschil " van het waar überhaupt, waar een extase naar toe wijst, dan zou men moeten antwoorden: De term "horizon" in vulgaire zin veronderstelt precies dat, wat we benoemen met de extatische horizon. Er zou voor ons niet zoiets als een horizon bestaan, als er geen extatisch wezen open zou zijn voor.... en een schematische bepaling ervan, bijvoorbeeld in de zin van aanwezigheid. Hetzelfde geldt voor het begrip schema.

In wezen moet er rekening mee worden gehouden: Als we tijdelijkheid definiëren als de oorspronkelijke constitutie van het bestaan en dus als de oorsprong van de mogelijkheid om het zijn te begrijpen, dan is tijdelijkheid als oorsprong noodzakelijkerwijs rijker en pregnanter dan alles wat eruit voort kan komen.

Hierin manifesteert zich een bijzondere relatie die relevant is in de hele dimensie van de filosofie, namelijk dat binnen het ontologische hogere dan alles wat echt is, het mogelijke is.

Al het ontspringen en al het ontstaan op het gebied van de ontologie is geen groei en ontwikkeling, maar degeneratie, voor zover al het ontspringen ontspringen is, d.w.z. op een bepaalde manier wegloopt, zich distantieert van de suprematie van de bron.

Het bestaande kan alleen ontdekt worden als bestaand vanuit het zijn van het heden, het kan in het contact alleen ontmoet worden als het bestaande, dat het is en zoals het in zichzelf is, als deze ontdekking en het contact ermee verlicht worden door een op de een of andere manier begrepen aanwezigheid. Het is het horizontale schema van extase dat primair de temporaliteit bepaalt van het omgaan met wat aanwezig is. We hebben laten zien dat de temporaliteit van het omgaan met de dingen een aanwezig houden-wachten is. De extase van het heden is leidend in de temporaliteit van het omgaan met het heden. Daarom wordt het zijn van het heden, de presentie, in de eerste plaats begrepen vanuit de aanwezigheid.

Het resultaat van de voorgaande overwegingen, die bedoeld waren om de tijdelijkheid van het zijn te benadrukken, kan in één zin worden samengevat. De aanwezigheid van wat aanwezig is, het zijn van dit zijn, wordt begrepen als aanwezigheid, welke aanwezigheid zich al openbaart als een onbegrijpelijke aanwezigheid in het zelfontwerp van de temporaliteit, door wiens temporalisering iets mogelijk wordt als de bestaande omgang met wat aanwezig is en wat aanwezig is.

Aanwezigheid-heid betekent formeel aanwezigheid, maar een aanwezigheid van zijn eigen soort. Het primaire praesentiële shema dat bij Aanwezigheid-zijn als een bepaalde zijnswijze hoort, moet nader bepaald worden met betrekking tot zijn praesentiële inhoud. Omdat zonder de volledige beheersing van de fenomenologische methode, vooral zonder de zekerheid om in deze probleemdimensie te wandelen, het begrijpen van de temporele interpretatie voortdurend op moeilijkheden stuit, proberen we via een omweg op zijn minst een idee te geven van hoe in de inhoud van de aanwezigheid die bij Aanwezigheid-zijn hoort, een rijkdom aan verstrengelde structuren schuilt.

Alles wat positief is, wordt vooral duidelijk vanaf de privékant.

De redenen waarom dit zo is, kunnen we nu niet bespreken. Ze liggen terloops gezegd ook in de essentie van tijdelijkheid en de negatie die erin geworteld is. Als het positieve vooral duidelijk wordt vanuit het private, dan betekent dit voor ons probleem: de temporele interpretatie van Aanwezigheid-zijn moet duidelijker gerealiseerd worden in de zin van zijn in de oriëntatie op de onbeschikbaarheid. Om dit kenmerk van Aanwezigheid vanuit het standpunt van onbeschikbaarheid te begrijpen, moeten we in gedachten houden: Het zijn, dat we in het dagelijks contact tegenkomen, heeft in eerste instantie het karakter van onbeschikbaarheid. We nemen de dingen om ons heen binnen een vertrouwde omgeving niet in alle gevallen en altijd expliciet waar, zelfs niet op zo'n manier dat we ze als aanwezig verklaren. Alleen al door het feit dat een expliciete verklaring en zekerheid van het bestaan ontbreekt, hebben we ze op een eigenaardige manier om ons heen zoals ze op zichzelf zijn. In de even geldige gelijkmoedigheid van de gewone omgang met hen worden ze toegankelijk door hun onopvallende aanwezigheid. De voorwaarde voor de mogelijke gelijkmoedigheid in de omgang met dingen is, onder andere, de ongestoordheid van de omgang. Het mag niet op zijn beloop worden gelaten. Deze ongestoorde gelijkmoedigheid van het omgaan met dingen is gebaseerd op een eigenaardige tijdelijkheid die het mogelijk maakt om een gegeven context van dingen zo te nemen dat we onszelf erin verliezen. De tijdelijkheid van het omgaan met dingen is in de eerste plaats een heden. Maar volgens wat eerder gezegd is, hoort daar een bepaalde preëxentiële constitutie van de horizon van het heden bij, op basis waarvan de specifieke aanwezigheid van wat aanwezig is, bijvoorbeeld in onderscheid met wat aanwezig is, van tevoren begrijpelijk wordt. De onverstoordheid van het onverschillige contact met het heden wordt als zodanig zichtbaar, als we het onderscheiden van de verstoordheid van het contact, namelijk een dergelijke verstoordheid, die uitgaat van het wezen zelf, waarmee we te maken hebben.

Het kenmerk van de context van dingen is dat de afzonderlijke dingen op elkaar zijn afgestemd, niet alleen met betrekking tot hun respectieve materiële karakter, maar ook op zo'n manier dat elk ding zijn plaats heeft die erbij hoort. De plaats van een ding binnen een context van dingen wordt altijd bepaald door de handigheid van het ding, die vooraf bepaald is door en vereist wordt door de heelheid van de situatie. Als een gebruikelijke bezigheid wordt onderbroken door datgene waar ze mee te maken heeft, dan neemt de bezigheid een verblijf, en wel op zo'n manier dat de bezigheid niet afbreekt, maar alleen als expliciet gestopt blijft bij datgene waar ze mee te maken heeft. Het meest massieve geval waarin een gebruikelijke bezetting van welke aard dan ook onderbroken kan worden, d.w.z. kan blijven, is de afwezigheid van iets dat tot de getuigeniscontext behoort. Ontbreken betekent de afwezigheid van wat anders beschikbaar is. De vraag is: hoe kan wat ontbreekt ontdekt worden, hoe kan iets dat ontbreekt vastgesteld worden, hoe is de ontdekking van wat ontbreekt mogelijk? Is er enige vorm van toegang tot het ontbrekende, het niet-beschikbare?

Is er een manier om te wijzen op wat er niet is? Natuurlijk, want we zeggen ook: Ik zie sommige dingen die er niet zijn. Wat is de manier om toegang te krijgen tot het afwezige? De eigenaardige manier om het afwezige in een specifieke modus te ontdekken ontbreekt. Hoe is zo'n houding ontologisch mogelijk? Wat is de temporaliteit van het missen? Formeel gesproken is missen de tegenhouding van vinden. Maar iets vinden is een soort aanwezig zijn van iets, dus niet aanwezig zijn is niet aanwezig zijn. Is het gemis dan een niet aanwezig zijn, een niet ontmoet worden, een afwezigheid en weglating van een aanwezigheid? Maar is het echt zo? Kan missen een niet-ontmoeten zijn, als we gezegd hebben dat het de toegang is tot het ontbrekende als zodanig? Missen is zo weinig een niet-aanwezigheid dat de essentie ervan juist ligt in een bepaalde manier van aanwezigheid. Missen is niet iets niet vinden. Als we iets niet vinden, hoeft dit niet vinden helemaal geen missen te zijn. Dit komt tot uitdrukking in het feit dat we in zulke gevallen achteraf kunnen zeggen: Ik kan het niet gevondene ook missen. Missen is het niet vinden van iets "waarvan we ons bewust zijn dat het nodig is; gesproken over de omgang met de spullen: wat we nodig hebben in het gebruik van de spullen zelf. Alleen in een voorzichtig bewustzijn, waar we het aangetroffene begrijpen vanuit zijn betekenis, vanuit zijn om-om-relaties, waar we ons bewust zijn van een waarom en aanwezig zijn wat het dient, alleen daar kunnen we vinden dat er iets ontbreekt. Ontbreken is een niet-aanwezigheid, niet in de zin van een afwezigheid van het heden, maar een niet-aanwezigheid als een bepaalde modus van het heden in de eenheid met een bepaald en Behouden van het Beschikbare. Daarom komt het gemis als een zeker heden niet overeen met helemaal geen horizon, maar met een bepaalde gewijzigde horizon van het heden, van de aanwezigheid. Bij de extase van het niet-aanwezige, die het missen mogelijk maakt, hoort het horizontale schema van afwezigheid. Deze modificatie van de tegenwoordigheid naar de afwezigheid, waarin de tegenwoordigheid als gemodificeerd behouden blijft, kan niet nauwkeuriger worden geïnterpreteerd zonder in te gaan op het kenmerk van deze modificatie in het algemeen, dat wil zeggen op de modificatie van de tegenwoordigheid als een niet-, als een negatief, en deze te verduidelijken in haar verband met de tijd. Als het voorzichtige loslaten niet inherent een gewaarzijn zou zijn en als dit gewaarzijn als extase niet zou worden getoond in de extatische eenheid met een heden, d.w.z. als in deze extatische eenheid niet van tevoren een corresponderend horizontaal sjema zou worden geopenbaard, als Dasein geen tijdelijk wezen zou zijn in de oorspronkelijke betekenis van tijd, dan zou Dasein nooit kunnen ontdekken dat er iets ontbreekt. Met andere woorden, de mogelijkheid van een essentieel moment van contact en oriëntatie binnen het innerlijk-wereldlijke wezen zou ontbreken.

Omgekeerd is de mogelijkheid om verrast te worden door een nieuw opduikend ding, dat niet eerder opdook in de gebruikelijke context, gebaseerd op het feit dat de verwachte aanwezigheid van het aanwezige niet aanwezig is van een ander ding, dat in een mogelijke relatie staat tot het eerst aanwezige. Het ontbrekende is echter niet alleen de ontdekking van het niet-beschikbare, maar een expliciete aanwezigheid van wat al en op zijn minst nog beschikbaar is. De absentiële wijziging van de aanwezigheid die hoort bij het heden van het contact, die gegeven wordt door het missen, maakt dat het heden opvalt.

Hiermee rijst een fundamenteel, maar moeilijk probleem, in hoeverre in de structuur van dit wezen, d.w.z. in de eerste plaats van de aanwezigheid, geen negatief moment wordt gevormd, als we de ab-sentiale formeel een negatie noemen.

§ 21. Tijdelijkheid en Zijn van het Pre-esentiële.

In principe gevraagd: In hoeverre is er überhaupt een negatief, een niet, in tijdelijkheid en tegelijkertijd in tijdelijkheid? Of zelfs: In hoeverre is de tijd zelf de voorwaarde voor de mogelijkheid van helemaal niets? Omdat de verandering van aanwezigheid in afwezigheid, van aanwezigheid in afwezigheid, die bij tijdelijkheid hoort (bij de extase van het heden en ook bij de andere extases), een karakter heeft van negativiteit, van niet, niet aanwezig zijn, rijst de vraag waar de wortel van dit helemaal niet ligt. Bij nadere beschouwing blijkt dat ook het niet of de essentie van het niet, het niets, alleen vanuit de essentie van de tijd kan worden geïnterpreteerd en dat van hieruit alleen de mogelijkheid van modificatie, bijvoorbeeld van aanwezigheid naar afwezigheid, kan worden opgehelderd. Uiteindelijk zit Hegel op het spoor van een fundamentele waarheid als hij zegt: Zijn en niets zijn identiek, d.w.z. horen bij elkaar. De meer radicale vraag is natuurlijk: Wat maakt zo'n origineel bij elkaar horen überhaupt mogelijk?

We zijn niet bereid genoeg om in deze duisternis door te dringen. Het is voldoende als duidelijk wordt hoe alleen in de terugkeer naar tijdelijkheid als tijdelijkheid of naar de horizon van extases de interpretatie van het zijn in de eerste plaats het bepaalde soort zijn, het zijn-bij-de-hand en het zijn-aanwezig licht krijgt.

We vatten samen door de vorige uiteenzetting van tijdelijkheid achterwaarts op te rollen. De Aanwezigheid van de Zuhanden wordt bepaald door een Praesenz. De praesentie behoort als horizontaal schema tot een aanwezigheid, die gerealiseerd wordt als een extase in de eenheid van een tijdelijkheid, die in het huidige geval de omgang met het aanwezige mogelijk maakt. Bij deze relatie tot het bestaande hoort een begrip van het zijn, omdat de temporalisering van de extases hier die van het heden zichzelf heeft ontworpen op haar horizon (praesence). De mogelijkheid van het begrijpen van het zijn ligt in het feit dat het heden als het mogelijk maken van het 444 Ontologisch Verschil " dat zich bezighoudt met het zijn als heden, als extase, de horizon van de praesentie heeft. Tijdelijkheid in het algemeen is het extatische horizontale zelfontwerp bij uitstek, waardoor de transcendentie van Dasein mogelijk is, waarin de basisconstitutie van Dasein, het zijn-in-de-wereld of de zorg, geworteld is, die op haar beurt intentionaliteit mogelijk maakt.

Maar Dasein, zo hebben we keer op keer gezegd, is het zijn, tot wiens bestaan een begrip van het zijn behoort. Een voldoende originele interpretatie van zijn basisconstitutie in het algemeen, d.w.z. de nadruk op temporaliteit als zodanig, moet de grond leveren om de mogelijkheid te verduidelijken om het zijn te begrijpen vanuit de temporaliteit, meer precies vanuit het horizontale schema van de temporaliteit, de tijdelijkheid. Als we daarom, sinds het begin van de antieke filosofie, bijvoorbeeld denken aan Parmenides: τὸ γὰρ αὐτὸ νοεῖν ἐστίν τε καῖ εἶναι, hetzelfde is zijn en denken, of aan Heraclitus: Het zijn is de λόγος de filosofische problematiek was gericht op de rede, de ziel, de geest, het bewustzijn, het zelfbewustzijn, de subjectiviteit, dan is dat geen toeval en heeft dat zo weinig te maken met het wereldbeeld dat eerder de weliswaar nog verborgen basisinhoud van de ontologische problematiek als zodanig de wetenschappelijke vraagstelling aanspoorde en stuurde. De niet altijd eenduidige en duidelijke trek naar het "subject" is te wijten aan het feit dat de filosofische vraagstelling op de een of andere manier begreep dat uit de voldoende opheldering van het "subject" de grond voor elk feitelijk-filosofisch probleem kon en moest worden geschapen. Wat ons betreft, we hebben positief gezien dat de voldoende verheldering van Dasein in de teruggang naar tijd alleen maar de grond voorbereidt om de vraag te stellen naar het mogelijke begrip van het überhaupt zijn met zin. Daarom hebben we er in het eerste deel van onze kritische beschouwingen over de ontologische basisproblemen altijd al positief op gewezen hoe de loop van de problematiek op het "subject" is gericht, d.w.z. onbewust een voorbereidende ontologische interpretatie van Dasein eist.

b) De Kantiaanse interpretatie van het zijn en het temporele probleem We keren nu kort terug naar de Kantiaanse stelling en onze kritiek daarop na de uiteenzetting van het zijn van de prior in het algemeen in de ruimste zin met betrekking tot de aanwezigheid, om deze kritiek nu meer oorspronkelijk te rechtvaardigen vanuit wat er in de tussentijd is gewonnen. Dit resulteert in een expliciete confrontatie van de Kantiaanse interpretatie van het zijn en de ontwikkelde temporele problematiek. Kants stelling zegt iets negatiefs en iets positiefs.

Negatief: Zijn is geen echt predicaat; positief: Zijn is gelijk aan positiviteit, Dasein (bestaan) is gelijk aan absolute positiviteit.

Onze kritiek betrof de positieve inhoud van het proefschrift. We bekritiseerden niet op zo'n manier dat we hem confronteerden met een zogenaamd ander gezichtspunt en van daaruit bezwaren tegen hem uitspeelden, maar andersom was het belangrijk voor ons om mee te gaan in zijn these en in zijn poging tot interpretatie van het zijn en in het begeleidende onderzoek te vragen wat de these zelf vraagt om verdere verduidelijking naar haar inhoud, wil ze houdbaar blijven als een die gebaseerd is op het fenomeen zelf. Zijn is setting;

Bestaan of, zoals Kant zegt, Dasein is absolute instelling of waarneming. We zijn voor het eerst een karakteristieke dubbelzinnigheid tegengekomen in de uitdrukking "waarneming", die luidt: waarnemen, waargenomen en waargenomenheid. Deze dubbelzinnigheid is niet toevallig, maar geeft uitdrukking aan een fenomenaal feit. Dat wat we aanduiden met Wahrnehmimg, heeft in zichzelf zo'n manifold-uniforme structuur dat het deze dubbelzinnige aanduiding in verschillende opzichten mogelijk maakt. Dat wat wordt aangeduid door waarneming is een fenomeen waarvan de structuur 446 Ontologisch Verschil " wordt bepaald door intentionaliteit. Intentionaliteit, het verwijzen naar iets, leek op het eerste gezicht iets triviaals. Maar het fenomeen bleek raadselachtig zodra we duidelijk inzagen dat het juiste begrip van deze structuur op zijn hoede moet zijn voor twee veel voorkomende omkeringen (omgekeerde objectivering en omgekeerde subjectivering) die zelfs in de fenomenologie nog niet overwonnen zijn. Intentionaliteit is geen bestaande relatie tussen een bestaand subject en een bestaand object, maar een constitutie die het relationele karakter van het gedrag van het subject als zodanig vormt. Als een structuur van de houding van het subject is het niet iets immanents aan het subject, dat vervolgens een transcendentie nodig zou hebben, maar transcendentie en dus intentionaliteit behoort tot de essentie van het zijn, dat zich intentioneel gedraagt.

Intentionaliteit is noch iets objectiefs, noch iets subjectiefs in de traditionele zin.

Femer heeft ons een verder essentieel inzicht gegeven in een moment dat intrinsiek deel uitmaakt van intentionaliteit. Niet alleen intentio en intentum behoren ertoe, maar elke intentio heeft een richtingsgevoel, dat met betrekking tot de waarneming als volgt geïnterpreteerd moet worden: Aanwezigheid moet op een gemeenschappelijke manier begrepen worden, wil wat aanwezig is als zodanig ontdekt kunnen worden; in de waarneembaarheid van wat wordt waargenomen zit al een begrip van de aanwezigheid van wat aanwezig is.

Ook met betrekking tot waargenomenheid ontstond de raadzaamheid, die terugkeerde in de vierde stelling: Waargenomenheid is een modus van ontdekking en geopenbaardheid, d.w.z. van waarheid. De waarneembaarheid van het waargenomene is een bepaling van het waargenomen bestaan en toch heeft het niet de wijze van zijn van hetzelfde, maar van het waarnemende bestaan. Het is op een bepaalde manier objectief, op een bepaalde manier subjectief en toch geen van beide.

In de eerste overweging benadrukten we intentionaliteit:

De vraag hoe het richtingsgevoel, het begrip van het zijn, bij de intentio hoort en hoe het zelf mogelijk is als deze noodzakelijke relatie is niet alleen onopgehelderd in de fenomenologie, maar ook onopgelost. Deze vraag zal ons later bezighouden.

Zo hebben we de antwoorden gevonden voor het positieve complement van de eerdere kritiek. Als Kant zegt: Zijn is gelijk aan waarneming, dan kan dit volgens de ambiguïteit van de waarneming niet betekenen: Zijn is gelijk aan waarneming, maar ook niet: Het zijn is gelijk aan het waargenomen zijn, het zijn zelf. Maar het kan ook niet zeggen: zijn is gelijk aan waargenomenheid, is gelijk aan geposeerdheid. Want waargenomenheid veronderstelt al een begrip van het wezen van het waargenomen wezen.

Nu kunnen we zeggen: de onthulling van het zijn veronderstelt een verlichting, d.w.z. een begrip van het wezen van het zijn. De onthulling van iets is op zichzelf gerelateerd aan het onthulde, d.w.z. in de waarneming van het waargenomen wezen is het wezen van het wezen al begrepen. Het wezen van het wezen kan niet geïdentificeerd worden met de waarneembaarheid van het waargenomene.

We zagen met betrekking tot de waarneembaarheid van het waargenomene dat het enerzijds een bepaling van het waargenomene is, maar dat het anderzijds bij het waarnemen hoort, dat het op een bepaalde manier objectief en op een bepaalde manier subjectief is. Maar de scheiding van subject en object is niet voldoende, geeft geen toegang tot de eenheid van het fenomeen.

We weten echter dat deze gerichtheid op iets, de intentionaliteit, alleen mogelijk is als Dasein als zodanig transcendent is in zichzelf. Het kan alleen transcendent zijn als de zijnsconstitutie van Dasein oorspronkelijk gefundeerd is in de extatisch-horizontale tijdelijkheid.

Waarneming in het geheel van haar intentionele structuur van waarnemen, van het waargenomene en van de waargenomenheid en elke andere intentionaliteit is gefundeerd in de extatisch-horizontale opvatting van tijdelijkheid. In het waarnemen laat Dasein, volgens zijn eigen gevoel voor gedrag, datgene waarop het gericht is, het bestaande, op zo'n manier ontmoeten dat het het begrijpt in zijn lichamelijke Ansich-karakter. Dit begrijpen is ook aanwezig wanneer de waarneming een waan is. Ook in de hallucinatie wordt het gehallucineerde begrepen volgens de directionele zin van de hallucinatie als een misvatting waarneming als lichamelijk bestaand. De waarneming als intentionele houding met haar benoemde richtingsgevoel is een uitstekende manier om iets aanwezig te laten zijn. De extase van aanwezigheid is de basis voor de specifiek intentionele transcendentie van de waarneming van wat aanwezig is. Bij de extase als zodanig, bij de vervoering, hoort een horizontaal schema, bij het heden de aanwezigheid. In de intentionele waarneming kan er al een begrip van het zijn zijn, omdat de temporalisatie van de extase als zodanig, de presencing als zodanig, begrijpt wat het in zijn horizon, d.w.z. vanuit de presencing, presenceert als zijnde aanwezig. Met andere woorden: In de intentionaliteit van de waarneming kan er alleen een gevoel van richting zijn, voor zover het aanwezig-zijn van de waarneming begrepen wordt vanuit de horizon van de temporele modus die de waarneming als zodanig mogelijk maakt: vanuit de horizon van de aanwezigheid. Als Kant daarom zegt: Dasein, d.w.z. voor ons

Aanwezigheid, is waarneming, dan is deze stelling uiterst grof en misleidend, en niettemin wijst ze in de juiste richting van het probleem. Zijn is waarneming, dat betekent nu geïnterpreteerd: Zijn is intentionele houding van zijn eigen soort, d.w.z. aanwezigheid, d.w.z. extase in de eenheid van tijdelijkheid met zijn eigen schema, de aanwezigheid. Gelijk zijn aan waarneming betekent fenomenologisch oorspronkelijk geïnterpreteerd: gelijk zijn aan aanwezigheid, tegenwoordigheid. Hieruit volgt tegelijkertijd dat Kant het zijn en de presentie überhaupt op precies dezelfde manier interpreteert als de antieke filosofie, waarvoor het zijn het ὑποκείμενον is, dat het karakter heeft van οὐσία. οὐσία betekent nog steeds zoveel als de aanwezigheid in de alledaagse prefilosofische betekenis in de tijd van Aristoteles, maar als filosofische term betekent het aanwezigheid.

De Grieken hadden er echter, net als Kant, geen flauw benul van dat ze het zijn interpreteerden in de zin van het bestaande in zijn bestaan buiten de tijd en vanuit welke oorspronkelijke context ze deze interpretatie van het zijn uitvoerden. Ze volgden veeleer de onmiddellijke koers van het bestaande bestaan, dat volgens zijn alledaagse manier van zijn het bestaande eerst in de zin van het bestaande en het wezen van het bestaande onuitdrukkelijk temporeel opvat. De verwijzing naar het feit dat de Grieken het zijn begrepen vanuit het heden, d.w.z. vanuit de aanwezigheid, is een niet te overschatten bewijs voor onze interpretatie van de mogelijkheid om het zijn vanuit de tijd te begrijpen, maar geen rechtvaardiging. Tegelijkertijd is het echter een document voor het feit dat we in onze eigen interpretatie van het zijn niets anders proberen dan de problemen van de antieke filosofie te herhalen om ze in de herhaling zelf te radicaliseren.

We kunnen de temporele inhoud van Kants stelling, die gelijk is aan perceptie, nog verduidelijken door een korte uitleg van de negatieve inhoud van zijn stelling:

Zijn is geen reëel predikaat, d.w.z. het behoort niet tot de res, tot de feitelijke inhoud van het zijn. Zijn, bestaan, is volgens Kant eerder een logisch predikaat. Hij zegt eens in het Handgeschreven Nachlaß zur Metaphysik: "Dienovereenkomstig zijn alle begrippen predikaten; maar ze betekenen ofwel dingen ofwel hun positie: het eerste is een reëel predikaat, het tweede alleen een logisch predikaat."1 Tijdelijk uitgedrukt zegt dit: Het zijnde is inderdaad aanwezig als zijnde in een heden, maar dit heden zelf staat niet toe dat het zijnde van het heden als zodanig wordt aangetroffen. En toch, juist in één met het heden van een bestaand en het is al bij voorbaat begrijpelijk, wat het zijn ervan zegt, wat een heden laat ontmoeten. Wat Kant logisch predicaat noemt, is alleen in een heden te begrijpen, voor zover tot zijn extatische vormgeving de praesence behoort, en is alleen daaruit voor een predicatie te putten. Kant zegt: "Wie Dasein [het bestaan van een wezen] ontkent, verwijdert het ding met al zijn predicaten. Dasein [bestaan] kan een logisch, maar nooit een werkelijk predikaat van een ding zijn." Dasein, het bestaan, van een wezen ontkennen, d.w.z. non-existentie stellen, betekent zeggen: A is niet aanwezig. Dit ontkennen van een bestaan noemt Kant: het weghalen van het wezen met al zijn predicaten.

Omgekeerd zou je dan de verklaring kunnen toevoegen: A is aanwezig, is geen verwijderen, geen removere, maar een admovere. Admovere betekent echter "naderen", "naderen", "dichterbij brengen", "laten samenkomen", een aanwezig zijn van het wezen als zodanig. De toevoeging "als zodanig* betekent: het wezen in zichzelf, niet met betrekking tot enige relatie tot een ander en niet met betrekking tot relaties die binnen zijn feitelijke inhoud bestaan, maar het wezen in zichzelf, niet relatief genomen, d.w.z. absoluut in zichzelf. Daarom bepaalt Kant het bestaan als absolute positie. Setzimg, positie, moet hier weer worden geïnterpreteerd als perceptie: niet geposeerd en niet geposeerd, ook niet geposeerdheid, maar zijn is dat, wat al begrepen wordt in geposeerdheid als iets op zichzelf laten staan, wat al begrepen wordt in geposeerdheid als een bepaalde intentionele houding volgens zijn directionele betekenis: het zijn-op-zichzelf van het ding met al zijn predicaten, d.w.z. vanuit zichzelf bepaalde aanwezigheid van een ding. Alleen vanuit de temporele interpretatie is Kant's op het eerste gezicht opvallende zin: Zijn * is gelijk aan Setting, een uitvoerbare zin die de Nieuwe Kantianen grondig verkeerd begrepen hebben. Kant begreep zijn zin duidelijk niet: Sein gleich Setzimg, in de zin dat het subject het ding uit zichzelf schept en tot stand brengt, maar hij begreep Sein gleich Setzung zoals wij het interpreteerden, zonder de mogelijkheid te hebben dit begrip expliciet naar het begrip te brengen, omdat hem de middelen voor een oorspronkelijke interpretatie ontbraken. Het zijn als het zogenaamde logische predikaat ligt al latent ten grondslag aan alles wat werkelijk is. Alleen al omdat Kant het probleem van het werkelijk Griekse zijn (λόγος) baseert op de propositie, moet hij noodzakelijkerwijs de essentiële verschillen verkeerd inschatten, en dat betekent verbindingen. Het reële en het logische predicaat verschillen niet alleen door de inhoud van de predicaten, maar vooral door het begrip, waaraan de overeenkomstige uitspraak uitdrukking geeft als interpretatie van het begrepene. Het fenomenologisch doorslaggevende blijft bij Kant duister, dat in de uitspraak van Dasein, Aanwezigheid, altijd het zijn bedoeld wordt, maar dat de begripsopvatting niet naar het zijn als zodanig gaat, om daaruit het zijn als zijnspredicaat te halen. De begrijpende blik in de verklaring van het zijn gaat naar iets anders, dat echter al begrepen wordt in de omgang met het bestaande en in de toegang ertoe. Tijdelijk gesproken: Het aanwezig zijn van iets heeft als zodanig betrekking op het zijn, d.w.z., maar als extase laat het dat ontmoeten waarvoor het openstaat, in het licht van zijn horizon, die dus zelf uitdrukbaar is in het aanwezig zijn van iets. Voor zover we onszelf houden in de uitspraken van het zijn van iets dat aanwezig is: A is, maar Bestaan is geen werkelijke bepaling van het existente, blijven we zitten met de mogelijkheid om terug te keren van de werkelijke verwijzing naar het subject. Maar dit is niet het geval, en dit is niet het geval omdat zijn praesence impliceert en dit precies de extatische horizont vormt, die Dasein als tijdelijk al begrijpt, namelijk in de extase, verrukking, helemaal niet in de 452 Ontologisch Verschil " reflectie, op het subject. Wat betreft Kants interpretatie van het zijn als een logisch predikaat, wordt het daarom de vraag of de aanduiding "logisch" hier terecht bestaat. Maar waarom Kant het zijn een logisch predikaat noemt, houdt verband met zijn ontologische, d.w.z. transcendentale, vraag en leidt ons tot een fundamentele confrontatie daarmee, die we in het volgende semester zullen bespreken in de context van de interpretatie van de "Kritiek van de zuivere rede". Met betrekking tot de temporele interpretatie van het zijn van het existente vanuit de aanwezigheid in vergelijking met de Kantiaanse interpretatie van het zijn als positivering, zou het duidelijk moeten zijn geworden hoe de fenomenologische interpretatie alleen de mogelijkheid biedt om het begrip te openen voor de canonieke problemen en hun oplossingen in positieve zin, d.w.z. om het Kantiaanse probleem op de fenomenale grond te plaatsen.

In hoeverre de procedure van de voorgaande onderzoeken fenomenologisch is, en wat "fenomenologisch" hier betekent, hebben we nog niet besproken. Dit zal gebeuren in de context van de volgende paragrafen.

Het Ontologische Verschil a) Tijdelijkheid, Temporaliteit en Ontologische Verschil Tijdelijkheid, als extatisch-horizontale eenheid van tijd, is de voorwaarde voor de mogelijkheid van transcendentie en dus ook de voorwaarde voor de mogelijkheid van intentionaliteit die in transcendentie is gefundeerd. Door haar extatische karakter maakt tijdelijkheid het bestaan mogelijk van een wezen dat bestaat als een zelf met anderen en dat, als zodanig bestaand, omgaat met het zijn als beschikbaar of aanwezig. Ze maakt het gedrag van Dasein mogelijk als een relatie tot het zijn, zij het tot zichzelf, tot anderen en tot wat beschikbaar of aanwezig is. Vanwege de eenheid van de horizontale schemata die tot zijn extatische eenheid behoren, maakt tijdelijkheid het begrip van het zijn mogelijk, zodat het alleen in het licht van dit begrip van het zijn zich kan gedragen tegenover zichzelf, tegenover anderen als zijnde en tegenover het bestaande als zijnde-beëindigend. Omdat temporaliteit het basisbegrip van het zijn vormt, omdat we het bestaan noemen, waartoe het begrip van het zijn behoort als een bepaling van zijn bestaan, en omdat tijd het oorspronkelijke zelfontwerp bij uitstek vormt, wordt in elk feitelijk bestaan, als het anders bestaat, het zijn al geopenbaard, en dat betekent:

Het zijn wordt geopend of ontdekt. Met en in de timing van de extases worden de corresponderende horizontale schemata ontwikkeld dit ligt in de essentie van de terugkeer naar... besloten in zichzelf op zo'n manier dat de extatisch, d.w.z. intentioneel gestructureerde houdingen ten opzichte van iets dit ooit begrijpen als Seiendes, d.w.z. in zijn wezen. Maar het is niet noodzakelijk dat het gedrag ten opzichte van iets, hoewel het het wezen van het wezen begrijpt, dit wezen van het wezen, op deze manier begrepen, expliciet onderscheidt van het wezen, waartoe het zich verhoudt, en nog minder is het noodzakelijk dat dit verschil tussen wezen en zijn zelfs begrepen wordt. Integendeel, in het begin wordt zelfs het zijnde zelf als een zijnde opgevat en verklaard met behulp van bepalingen van het zijnde, zo aan het begin van de antieke filosofie. Wanneer Thaies antwoordt op de vraag, wat het wezen is: Water, verklaart hij hier het zijnde vanuit een zijnde, hoewel hij in principe zoekt wat het zijnde als zijnde is. In de vraag begrijpt hij iets als het zijn, maar in het antwoord interpreteert hij het zijn als het zijn. Dit soort interpretatie van het zijn is nog lange tijd gebruikelijk in de antieke filosofie, zelfs na de essentiële vooruitgang van de probleemstelling bij Plato en 454 Ontologisch Verschil " Aristoteles, en in principe is deze interpretatie nog steeds de gebruikelijke in de filosofie van vandaag.

Het zijn wordt opgevat als het zijn in de vraag wat het zijn is als het zijn. Het wordt, hoewel verkeerd geïnterpreteerd, niettemin tot een probleem gemaakt. Dasein is op de een of andere manier op de hoogte van zulke dingen als het zijn. Het begrijpt, als het anders bestaat, het zijn en verhoudt zich tot het zijn. Het verschil tussen zijn en zijn is, hoewel niet expliciet gekend, latent aanwezig in Dasein en zijn bestaan. Het verschil is er, d.w.z. het heeft de aard van het zijn van Dasein, het behoort tot het bestaan.

Bestaan betekent als het ware "in de uitvoering van dit verschil zijn". Alleen een ziel die dit verschil kan maken heeft de geschiktheid om de ziel van een mens te worden voorbij de ziel van een dier. Het verschil van zijn en zijn is getemporaliseerd in de tijdelijkheid van de tijdelijkheid. Alleen omdat het altijd al getimed is als gevolg van de tijdelijkheid hiermee, op de een of andere manier ontworpen, d.w.z. geopenbaard, kan het specifiek en uitdrukkelijk gekend en ondervraagd worden als gekend en onderzocht als ondervraagd en begrepen als onderzocht.

Het verschil tussen zijn en zijn is pre-ontologisch, d.w.z. zonder een expliciet concept van zijn, latent in het bestaan van Dasein. Als zodanig kan het een expliciet begrepen verschil worden. Vanwege de tijdelijkheid behoort de onmiddellijke eenheid van het begrip van het zijn en het gedrag ten opzichte van het zijn tot het bestaan van Dasein. Alleen omdat dit verschil tot het bestaan behoort, kan het op verschillende manieren expliciet worden. Omdat in de explicietheid van dit onderscheid tussen zijn en zijn beide onderscheidingen tegenover elkaar staan, wordt het zijn een mogelijk subject van een concept (logos). Daarom noemen we het expliciet tot stand gebrachte verschil tussen zijn en zijn het ontologische verschil.

De expliciete uitvoering en de vorming van het ontologische verschil is daarom ook, voor zover het gefundeerd is in het bestaan van Dasein, niets willekeurigs en bijkomstigs, maar een basisgedrag van Dasein, waarin de ontologie, d.w.z. de ontologie, tot uitdrukking komt.

Filosofie wordt geconstitueerd als wetenschap. Om de mogelijkheid en de aard van deze constitutie van filosofie als wetenschap in het bestaan van Dasein te begrijpen, zijn enkele inleidende opmerkingen over het concept van wetenschap in het algemeen noodzakelijk. In verband hiermee proberen we aan te tonen dat filosofie als wetenschap geen willekeurige gril van Dasein is, maar dat haar vrije mogelijkheid, d.w.z. haar exisentiële noodzakelijkheid, gegrond is in het wezen van Dasein.

b) Temporaliteit en objectivering van het Zijn (positieve wetenschap) en het Zijn (filosofie) Het concept van de filosofie en van de niet-filosofische wetenschappen kan alleen worden blootgelegd vanuit het juist begrepen concept van het bestaan. Alleen door deze uiteenzetting wordt gerechtvaardigd wat we dogmatisch beweerden aan het begin van de lezing met de afbakening van filosofie als wetenschap tegenover het wereldbeeld enerzijds en tegenover de positieve wetenschappen anderzijds. Wetenschap is een soort kennisverwerving. Herkenning heeft het basiskarakter van onthulling. Onthulling van iets dat we als waarheid hebben gekarakteriseerd. Wetenschap is een soort cognitie omwille van openbaring als zodanig. Waarheid is een bepaling (garantie) van het bestaan, d.w.z. een vrije en vrij grijpbare mogelijkheid van haar bestaan. Wetenschap als een bepaald soort cognitie omwille van onthulling is een mogelijkheid van bestaan in de zin van een vrij grijpbare en vrij vormbare taak. Wetenschap is kennis omwille van onthulling als zodanig, d.w.z. het te onthullen ding wordt alleen onthuld met het oog op zichzelf in zijn respectieve zuivere feitelijkheid en zijn specifieke manier van zijn. Het te onthullen ding is het enige geval van zijn bepaalbaarheid, d.w.z. van de concepten die eraan worden afgemeten in de interpretatie. Wetenschap wordt gevormd als de gekarakteriseerde bepaalde vorm van kennisverwerving, hoofdzakelijk op 456 Ontologisch Verschil " de grond van het reeds op de een of andere manier gegevene. Het pre-wetenschappelijk reeds geopenbaarde kan het object van wetenschappelijk onderzoek worden. Wetenschappelijk onderzoek wordt gevormd door de objectivering van het reeds op de een of andere manier geopenbaarde.

Wat betekent het? De objectivering zal verschillend zijn, afhankelijk van wat en hoe iets gegeven is. Nu zien we, met het feitelijke bestaan van Dasein, dat het zijn al geopenbaard of gegeven is en het zijn in het overeenkomstige begrip van het zijn. Zijn en zijn zijn, hoewel nog steeds onverschillig, even oorspronkelijk geopenbaard. Met het feitelijke bestaan van Dasein worden dus twee essentiële basismogelijkheden van objectivering ingesteld, die uiteraard, als anders het zijn altijd van een zijn is en het zijn altijd als zijn is, beide op zichzelf aan elkaar gerelateerd zijn, ongeacht hun fundamentele verschil. Omdat in de tijdelijkheid van het bestaan het verschil tussen zijn en zijn altijd al plaatsvindt, is de tijdelijkheid tegelijkertijd de wortel en de reden voor de mogelijkheid en juist begrepen voor de feitelijke noodzaak van de objectivering van het gegeven zijn en het gegeven zijn. Het gegeven zijn wordt gevonden in het feitelijke bestaan direct in de richting van zijn existentiële gedrag. Het zijn is gegeven in de uitstekende zin dat het primair is met het oog op het bestaan en zijn bestaan. Het is het heden bij uitstek, het positum, niet alleen als natuur in de breedste zin van het woord, maar ook als Dasein zelf. De positieve wetenschappen worden gevormd in de objectivering van het zijn, die in de richting gaat van het alledaagse directe grijpen.

Het zijn is al geopenbaard in het begrip van de sem, niettemin heeft Dasein als bestaand niet direct betrekking op het zijn als zodanig, ook niet op zijn eigen zijn als zodanig in de zin dat het het ontologisch zou schenden, maar voor zover Dasein zich bezighoudt met zijn eigen sem, wordt dit zijn-vermogen primair begrepen als het zijn-vermogen van het zijn, dat ik zelf ben. Het zijn is ook gekend en daarom op de een of andere manier gegeven, maar het is niet aanwezig in de richting van het alledaagse feitelijke bestaan als het gedrag naar het zijn toe. De objectivering van het zijn, waarin de positieve wetenschappen zichzelf op verschillende manieren vormen naargelang de feitelijkheid en het soort zijn van het gebied van het zijn, heeft zijn centrum in het respectievelijke ontwerp van de zijnsconstitutie van het zijn, dat verondersteld wordt het object te worden. Dit ontwerp van de zijnsconstitutie van een gebied van zijn, waarin de essentie van de objectivering, die fundamenteel is voor de positieve wetenschappen, is gebaseerd, is geen ontologisch onderzoek van het wezen van het betreffende wezen, maar heeft nog steeds het karakter van een preontologische beschouwing, waarin natuurlijk een reeds beschikbare kennis van ontologische bepalingen van het betreffende wezen kan binnentreden en, in feite, altijd binnentreedt. Zo vormde de moderne natuurwetenschap zich in de objectivering van de natuur op de weg van een mathematisch ontwerp van de natuur, waarin de nadruk werd gelegd op de basisdeterminaties die bij een natuur in het algemeen horen, zonder dat deze basisdeterminaties als ontologische determinaties bekend waren.

Galileo, die deze primaire stap uitvoerde, voerde dit ontwerp uit vanuit en in een kennis van ontologische basisconcepten van de natuur zoals beweging, ruimte, tijd, materie, die hij overnam van de oude filosofie of scholastiek, zonder ze alleen in deze specifieke vorm over te nemen. De problemen van de constitutieve objectivering van de positieve wetenschappen in de zin van het ontwerp van de constitutie van het zijn hoeven hier niet verder besproken te worden. We hoeven alleen maar te stellen dat ook de positieve wetenschappen van het zijn, juist in datgene wat hen in de eerste plaats bestaansrecht geeft, noodzakelijkerwijs, zij het pre-ontologisch, betrekking hebben op het zijn van het zijn. Maar dit betekent niet dat ze al expliciet het gebied van de ontologie betreden.

Onze vraag gaat over de objectivering van het zijn als zodanig, d.w.z. over de tweede essentiële mogelijkheid van objectivering, waarin de filosofie zichzelf als wetenschap moet constitueren.

In het feitelijke bestaan van Dasein, wetenschappelijk of pre-wetenschappelijk, is het zijn bekend, maar het feitelijke Dasein is gedesoriënteerd ten aanzien van het zijn. Seiendes is niet alleen gekend, maar aanwezig. Dasein heeft alleen direct betrekking op het zijn, waarvoor het begrip van het zijn leidend is. In principe is de objectivering van het zijn altijd mogelijk, voor zover het zijn op de een of andere manier geopenbaard wordt. Maar twijfelachtig, onbepaald en onzeker is de juistheid van de mogelijke conceptie van het zijn als zodanig, het doen vanuit deze conceptie specifiek als object.

Na wat hiervoor is gezegd, is er geen verdere hint nodig om duidelijk te maken dat eerst en voor een lange tijd de oorspronkelijke tijdelijkheid en zelfs de tijdelijkheid verborgen blijft, dat wil zeggen, datgene waarop we het zijn hebben ontworpen om het tot object van de tijdinterpretatie te maken. Maar niet alleen de tijdelijkheid is verborgen, hoewel iets als tijd zich altijd aankondigt, maar ook de meer bekende fenomenen zoals dat van transcendentie, de fenomenen van wereld en zijn-in-de-wereld zijn verborgen. Ze zijn echter niet volledig bedekt, voor zover Dasein weet heeft van iets als ik en ander. De verhulling van transcendentie is geen totale onwetendheid, maar, wat veel verwarrender is, een misverstand, een verkeerde interpretatie.

De misinterpretaties, de misverstanden, versperren de weg naar echte kennis veel hardnekkiger dan een totale onwetendheid. Deze misinterpretaties van de transcendentie, van de fundamentele relatie van het bestaan tot het zijn en tot zichzelf, zijn niet louter denk- en redeneerfouten. Ze hebben hun reden en hun noodzaak in het historische bestaan van Dasein zelf.

Uiteindelijk moeten deze misinterpretaties worden aangevuld, zodat Dasein door hun correctie de weg naar de werkelijke verschijnselen vindt. Zonder te weten waar de misinterpretatie ligt, kunnen we er rustig van overtuigd zijn dat er in de temporele interpretatie van het zijn als zodanig ook een misinterpretatie verborgen zit, en wederom geen willekeurige. Het zou tegen de zin van het filosoferen en van elke wetenschap zijn, als we niet zouden willen begrijpen dat er een fundamentele onwaarheid schuilt in het werkelijk geziene en het werkelijk geïnterpreteerde. De geschiedenis van de filosofie bewijst hoe alle ontologische interpretatie met betrekking tot de horizon, die er essentieel voor is, en het waarborgen ervan meer weg heeft van struikelen dan van een duidelijk methodische vraagstelling. Reeds de basishandeling van de constitutie van de ontologie, d.w.z. van de filosofie, de objectivering van het zijn, d.w.z. het ontwerp van het zijn aan de horizon van zijn begrijpelijkheid, en juist deze basishandeling, is onderhevig aan onzekerheid en loopt voortdurend het gevaar van een omkering, omdat deze objectivering van het zijn noodzakelijkerwijs in een ontwerprichting moet bewegen, die tegengesteld is aan het alledaagse gedrag ten opzichte van het zijn. Daarom wordt het ontwerp van het zijn noodzakelijkerwijs zelf ontisch, of het neemt de richting aan van denken, begrijpen, ziel, geest, subject, zonder de noodzaak te begrijpen van een oorspronkelijk voorbereidende ontologische stellage van juist deze gebieden, d.w.z. om het te maken met het werk. Want dat het subject en het bewustzijn, zoals men zegt, niet gereïficeerd mogen worden, niet zoiets als een bestaand ding mogen zijn, hoort men lange tijd in alle steegjes van de filosofie, maar meer ook niet.

De uitvoering van de ontologische interpretatie van het heden in zijn tegenwoordigheid toonde aan dat we het zijn ontwerpen op de tegenwoordigheid, d.w.z. de tijdelijkheid. Omdat het temporele ontwerp een objectivering van het zijn 460 Ontologisch Verschil " mogelijk maakt en een begrijpelijkheid waarborgt, d.w.z. het maakt de ontologie in de eerste plaats tot een wetenschap, noemen we deze wetenschap, in tegenstelling tot de positieve wetenschappen, temporele wetenschap. Al haar interpretaties worden uitgevoerd aan de hand van de voldoende benadrukte tijdelijkheid in de zin van tijdelijkheid. Alle ontologische proposities zijn temporele proposities. Hun waarheden onthullen structuren en mogelijkheden van zijn in het licht van tijdelijkheid.

Alle ontologische proposities hebben het karakter van veritas temporalis.

We hebben door de analyse van het zijn-in-de-wereld laten zien dat transcendentie behoort tot de zijnsopvatting van Dasein. Dasein is zelf het transcendente. Het transcendeert zichzelf, d.w.z.

het overstijgt zichzelf in transcendentie. De transcendentie maakt allereerst het bestaan mogelijk in de zin van het gedrag ten opzichte van zichzelf als zijnde, ten opzichte van anderen als zijnde en ten opzichte van het zijn in de zin van het beschikbare of bestaande. Zo is transcendentie als zodanig in de geïnterpreteerde zin de volgende voorwaarde voor de mogelijkheid om het zijn te begrijpen, het volgende waarop een ontologie het zijn moet ontwerpen.

De objectivering van het zijn kan eerst plaatsvinden met betrekking tot de transcendentie. De wetenschap van het zijn die op deze manier tot stand komt noemen we de transcendentale wetenschap, die vragen stelt en interpreteert in het licht van de juist begrepen transcendentie. Hoewel dit concept van transcendentale wetenschap niet samenvalt met dat van Kant, zijn we in staat om Kants idee van het transcendentale en van filosofie als transcendentale filosofie te verduidelijken vanuit het meer oorspronkelijke concept van transcendentie in zijn grondtendensen.

Maar we hebben laten zien dat transcendentie van haar kant geworteld is in tijdelijkheid en dus in tijdelijkheid, d.w.z..

Tijd is de primaire horizon van de transcendentale wetenschap, ontologie, of kortweg de transcendentale horizon. Daarom is de titel van het eerste deel van het onderzoek

t "Zijn en Tijd" is: "De interpretatie van Dasein op temporaliteit en de explicatie van tijd als de transcendentale horizon van de vraag naar het zijn". Omdat ontologie in de kern temporele wetenschap is, is filosofie transcendentale filosofie in de juist begrepen, niet zonder verdere Kantiaanse betekenis, maar niet omgekeerd.

c) Tijdelijkheid en Apriori van Zijn

De fenomenologische methode van de ontologie Alle ontologische proposities, omdat ze uitspraken doen over het zijn in het licht van de juist begrepen tijd, zijn temporele proposities. Alleen omdat ontologische proposities temporele proposities zijn, kunnen en moeten ze a priori proposities zijn. Alleen omdat zoiets als apriori voorkomt in de ontologie, omdat het de tijdwetenschap is. Apriori betekent "van eerder" of "de eerdere "Friher" is duidelijk een temporele bepaling. Als we er acht hadden, moet het ons zijn opgevallen dat we in onze explicaties geen woord vaker nodig hadden dan de uitdrukking "schon". Het is onderliggend "voor al", "het moet altijd van tevoren begrepen worden", waar zijn samenkomt, wordt zijn "voor al" ontworpen. Met al deze temporele, d.w.z. tijdelijke termen bedoelen we iets, dat in de traditie sinds Plato, ook al is het niet volgens de term, het apriori wordt genoemd. Kant zegt in het voorwoord van zijn geschrift "Metaphysische Anfangsgründe der Naturwissenschaft": "Nu wordt iets herkennen apriori genoemd, het herkennen vanuit zijn loutere mogelijkheid. "1 Apriori betekent dus datgene wat het zijn mogelijk maakt als zijnde in wat en hoe het is. Maar waarom wordt deze mogelijkheid, meer precies dit mogelijk maken, gekenmerkt door de term "vroeger"? Duidelijk niet omdat we het eerder herkennen dan het zijn. Voor eerst en daarvoor, 1 Kant, WW (Cassirer), vol. IV, p. 572.

462 Ontologisch verschil " we herkennen het zijn; we herkennen het zijn pas later of misschien helemaal niet. Deze bepaling van de tijd "vroeger" kan niet de orde van

de tijd betekenen, die gegeven wordt door het vulgaire begrip van tijd in de zin van innerlijke tijd. Aan de andere kant zal men niet kunnen ontkennen dat er in het concept van het a priori, van het vroegere, een bepaling van tijd is. Maar omdat men niet ziet op welke manier de interpretatie van het zijn noodzakelijkerwijs plaatsvindt in de horizon van de tijd, moet men proberen de bepaling van de tijd weg te verklaren uit het a priori. Men gaat zover te zeggen dat het apriori, de essentie, d.w.z. de bepaling van het zijn in zijn wezen, het extratemporele, het supertemporele, het tijdloze is. Het mogelijke, de mogelijkheden worden gekenmerkt door een bepaling van tijd, het vroegere, omdat in dit apriori niets van tijd wordt verondersteld te bestaan, dus lucus a non lucendo? Wie wil mag dat geloven.

Maar het is weer kenmerkend voor de staat van de filosofische vraagstelling vandaag de dag en voor lange tijd dat men breeduit discussieert over de herkenbaarheid en onkenbaarheid van het apriori, maar dat men er niet aan denkt zich eerst af te vragen wat er eigenlijk mee bedoeld zou kunnen zijn, waarom een bepaling van tijd hier verschijnt en waarom het zelfs maar moet verschijnen. Zolang men zich oriënteert op het vulgaire begrip van tijd, blijft men zonder raad, en is het negatief alleen maar consequent om dogmatisch te ontkennen dat het a priori iets met tijd te maken heeft. De vulgair begrepen tijd, waarover we het hier hebben, is echter slechts een afstammeling, zij het een legitieme, van de oorspronkelijke tijd, waarin de zijnsconstitutie van Dasein is gefundeerd. Alleen vanuit de tijdelijkheid van het begrip van het zijn kan worden verklaard waarom de ontologische bepalingen van het zijn het karakter van aprioriteit hebben. We proberen dit kort aan te geven, voor zover dit in grote lijnen mogelijk is.

We zagen: Al het gedrag ten opzichte van het zijn begrijpt het zijn al, niet incidenteel, maar het zijn moet noodzakelijk vooraf begrepen worden (vor-läufig). De mogelijkheid om betrekking te hebben op het zijn vereist een voorafgaand begrip van het zijn, en de mogelijkheid om het zijn te begrijpen vereist op zijn beurt een voorafgaand begrip van tijd. Maar waar is het voorbeeld van deze vraag naar voorafgaande voorwaarden?

Het is de tijd zelf als de basisconstitutie van het zijn. Omdat het tegelijkertijd het begrijpen van het zijn en het gedrag ten opzichte van het zijn mogelijk maakt door zijn horizontaal-ecstatische essentie, zijn het mogelijk maken en het mogelijk maken, d.w.z. ook het mogelijk maken en het mogelijk maken.

de mogelijkheden in de Kantiaanse betekenis, in hun specifieke context "tijdelijk", d.w.z. temporeel. Omdat de oorspronkelijke mogelijkheid, de oorsprong van de mogelijkheid zelf, de tijd is, is de tijd zelf het vroegste ding bij uitstek.

Eerder dan elk mogelijk vroeger van welke soort dan ook is tijd, omdat het de basisvoorwaarde is voor een vroeger. En omdat tijd als bron van alle mogelijkheden het vroegste is, zijn alle mogelijkheden als zodanig in hun faciliterende functie van het karakter van het eerdere, d.w.z. apriori. Maar uit het feit dat tijd het vroegste is in de zin van de mogelijkheid van elk vroeger en van elke a priori orde van stichting, volgt niet dat tijd ontisch het eerste wezen is, noch dat tijd altijd en eeuwig is, nog afgezien van het feit dat tijd helemaal geen wezen genoemd mag worden.

We hebben het gehoord: Dagelijks en in het begin en meestal blijft Dasein alleen bij het bestaande, hoewel het hier en hiervoor het zijn al begrepen moet hebben. Maar door de absorptie, het zichzelf verliezen in het bestaande, zowel in zichzelf, in Dasein, als in het bestaande, dat Dasein niet is, weet Dasein niet dat het het zijn al begrepen heeft. Dit eerder heeft het feitelijk bestaande Dasein vergeten. Daarom, als het zijn, dat altijd al "eerder" begrepen is, het object moet worden, dan moet de objectivering van dit eerdere, dit vergeten, het karakter hebben van een terugkomen op dat wat al eerder en van tevoren begrepen was. Plato, de ontdekker 464 Ontologisch Verschil " van de Apriori, zag dit karakter van de objectivering van het zijn ook toen hij het karakteriseerde als ἀνάμνησις, als herinnering. Hiervoor geven we slechts een kort bewijs uit een van de belangrijkste dialogen voor deze contexten, de Phaedrus.

οὐ γὰρ η γε μήποτε ἰδοῦσα τὴν ἀλήθειαν εἰς τόδε ηξει τὸ σχῆμα.

δεῖ γὰρ ανθρωπον συνιέναι κατ' ειδος λεγόμενον, ἐκ πολλῶν ἰὸν αἰσθήσεων εἰς εν λογισμω συναιρούμενοντοῦτο δ' ἐστιν ἀνάμνησις ἐκείνων α ποτ' ειδεν ἡμῶν ἡ ψυχὴ συμπορευθεισα -θεφ καῒ ὑπεριδοῦσα α νῦν εἶναί φαμεν, καῒ ἀνακύψασα εις τὸ ὃν ὃντως. διὸ δὴ δικαίως μόνη πτεροῦται ἡ τοῦ φιλοσόφου διάνοια πρὸς γὰρ ἐκείνοις ἀεί ἐστιν

μνήμη κατὰ δύναμιν, πρὸς οἷσπερ θεὸς ὢν -θεῖός ἐστιν.2
Voor een ziel die nooit de waarheid heeft gezien, nl.

Als een mens de waarheid als zodanig niet begrijpt, kan hij nooit de vorm van een mens aannemen, want het menselijk wezen moet volgens zijn aard van zijn op zo'n manier begrijpen dat hij het bestaande aanspreekt met het oog op zijn essentie, d.w.z. zijn wezen, op zo'n manier dat hij, uitgaande van de veelheid van het waargenomen [bestaande], het terugtrekt tot een concept. Deze conceptuele herkenning van het wezen in zijn wezen is een herinnering aan wat onze ziel vroeger zag, d.w.z. vroeger, wat ze zag, kijkend naar God en daardoor wegkijkend van wat we nu, namelijk in het alledaagse bestaan, het wezen noemen, en in dit wegkijken van het wezen, opduikend naar het eigenlijke wezen, d.w.z. naar het wezen zelf. Daarom is alleen het denken van de filosoof terecht voorzien van vleugels, want dit denken is altijd, zo mogelijk, met dat, waarbij God goddelijk is door te blijven. De overeenkomstige interpretatie van leren en cognitie in het algemeen en het fundament van leren in herinnering wordt door Plato vooral in de Phaedo getoond: ὅτι ἡμῖν ἡ μάθησις οὐκ ἄλλο τι ἡ ἀνάμνησις τυγχάνει οὖσα3, leren is zelf niets.

§ 22 Zijn en zijn

Herinnering. De opkomst uit de laaglanden van het zijn door het conceptuele denken van het zijn naar het zijn heeft het karakter van de herinnering aan wat al eerder gezien is. Zonder de mythe over de ziel: Het zijn heeft het karakter van het vroegere, waarvan de mens, die eerst en meestal alleen het bestaande kent, vergeten is.

De bevrijding van de gebonden holbewoners uit de grot en de wending naar het licht is niets anders dan het terughalen uit de vergetelheid in het geheugen van het vroegere, waarin het mogelijk maken van het begrijpen van het wezen zelf wordt opgelost.

Door deze hint hebben we alleen het verband van aprioriteit met tijdelijkheid in zijn basiskenmerken herkenbaar gemaakt. Alle a priori temporaliteit, d.w.z. alle filosofische begripsvorming is fundamenteel tegengesteld aan die van de positieve wetenschappen. Om dit voldoende te herkennen is het nodig om verder door te dringen in de raadsels van de aprioriteit en de methode van kennisname van de apriori.

Het centrum van de vorming van het ontologische probleem in het algemeen ligt in de nadruk op de tijdelijkheid van het zijn-daar, namelijk met betrekking tot zijn tijdelijke functie. Daarbij moeten we er in alle nuchterheid duidelijk over zijn: Tijdelijkheid is nooit iets dat gezien kan worden in een uitbundige, mysterieuze intuïtie, maar het wordt alleen onthuld in een bepaald soort conceptueel werk. Het wordt echter ook niet alleen hypothetisch verondersteld, zonder dat we het zelf kunnen zien. We kunnen het heel goed volgen in de hoofdkenmerken van zijn constitutie, de mogelijkheden van zijn temporalisering en modificaties onthullen, maar alleen in het verval vanuit de feitelijk concrete essentie van het bestaan van Dasein, en dat betekent in en vanuit de oriëntatie op het zijn, dat met Dasein zelf wordt onthuld en het ontmoet.

Als we naar het geheel kijken, stellen we: In het bestaan van Dasein ligt een wezenlijk dubbele mogelijkheid van de 466 Ontologisch Verschil " objectivering van het gegeven. Met het bestaan van Dasein is de mogelijkheid van twee basissoorten wetenschap feitelijk vastgelegd: objectivering van het zijn als positieve wetenschap, objectivering van het zijn als tijdelijke of transcendente wetenschap, ontologie, filosofie. Er bestaat geen gedrag ten opzichte van het zijn dat het zijn niet begrijpt. Er is geen begrip van het zijn mogelijk dat niet geworteld is in een gedrag ten opzichte van het zijn. Het begrijpen van het zijn en het gedrag ten opzichte van het zijn komen niet als eerste en bij toeval samen, maar ze ontvouwen zich als latent aanwezig in het bestaan van het bestaan zoals vereist door de extatisch-horizontale conditie van tijdelijkheid en daardoor mogelijk gemaakt in hun samenhorigheid. Zolang deze oorspronkelijke samenhang van gedrag ten opzichte van het zijn en het begrijpen van het zijn niet begrepen wordt vanuit de tijdelijkheid, blijft de filosofische vraagstelling overgeleverd aan een dubbel gevaar, waar ze in haar geschiedenis tot nu toe steeds weer het slachtoffer van is geworden. Ofwel alles wat ontisch is wordt opgelost in het ontologische (Hegel) zonder inzicht in de reden van de mogelijkheid van de ontologie zelf; ofwel het ontologische wordt helemaal verkeerd ingeschat en ontologisch verklaard, zonder begrip van de ontologische vooronderstellingen, die elke ontologische verklaring als zodanig al in zich draagt. Deze dubbele onzekerheid, die tot nu toe de hele filosofische traditie doordringt, zowel aan de kant van het ontologische als aan de kant van het ontische, d.w.z. het gebrek aan een radicaal gefundeerd begrip van het probleem, heeft keer op keer het veiligstellen en uitwerken van de methode van de ontologie, d.w.z. van de wetenschappelijke filosofie, belemmerd of de gewonnen oprechte pogingen voortijdig ontsierd.

Maar de ontologische methode als methode is niets anders dan de opeenvolging van stappen in de toegang tot het zijn als zodanig en de uitwerking van zijn structuren. We noemen deze ontologische methode fenomenologie. Om preciezer te zijn, fenomenologisch onderzoek is de expliciete inspanning voor de methode van ontologie. Deze inspanningen, hun succes of mislukking, hangt echter, volgens wat besproken is, vooral af van de mate waarin de fenomenologie zich verzekerd heeft van het object van de filosofie, van de mate waarin ze, volgens haar eigen principe, onbevooroordeeld genoeg is ten opzichte van wat de dingen zelf vragen. Het is nu niet nodig om in te gaan op de essentiële percelen van deze methode. Feitelijk hebben we het voortdurend tot toepassing gebracht. Het zou alleen een kwestie zijn van de paden die we doorlopen hebben opnieuw te doorlopen, maar nu met de expliciete herinnering eraan. Voorlopig gaat het er echter om dat we de weg een keer zijn gegaan, enerzijds om de wetenschappelijke verbazing voor de raadsels van de dingen te leren kennen, anderzijds om afscheid te nemen van alle illusies, die zich bijzonder hardnekkig in de filosofie nestelen.

Fenomenologie bestaat niet, en als ze zou kunnen bestaan, zou ze nooit zoiets worden als een filosofische techniek. Want het is de essentie van elke echte methode als weg naar de ontwikkeling van objecten dat ze zichzelf altijd opstelt volgens datgene wat door haarzelf ontwikkeld wordt. Juist als een methode echt is en toegang verschaft tot de objecten, zullen de vooruitgang die op basis daarvan gemaakt wordt en de groeiende originaliteit van de ontwikkeling noodzakelijkerwijs de methode die eraan bijgedragen heeft overbodig maken. Het enige echt nieuwe in de wetenschap en in de filosofie is alleen de echte vraagstelling en de stervende strijd met de dingen.

In deze strijd, echter al zonder nutteloze polemieken, wordt de confrontatie aangegaan met wat vandaag de dag de filosofie meer dan ooit bedreigt vanuit nobele districten van het spirituele leven: wereldbeschouwelijke opvoeding, magie en de positieve wetenschappen die hun eigen grenzen vergeten.

In Kants tijd werden de eerstgenoemde krachten wereldbeeldvorming, magie, mythe gevoelsfilosofie genoemd. Wat Kant, de eerste en laatste wetenschappelijke filo468 Ontologisch Verschil "soph van de grootste stijl sinds Plato en Aristoteles, te zeggen had tegen de gevoelsfilosofie, kan deze lezing besluiten. Als de lezing het niet heeft bereikt, moge Kants voorbeeld ons dan tot nuchterheid en echt werk oproepen.

We citeren uit het kleine artikel "Von einem neuerdings erhobenen vornehmen Ton in der Philosophie" (1796). Hier spreekt Kant over Plato en maakt hij onderscheid tussen Plato, de academicus, en Plato, zoals hij zegt, de brievenschrijver. "Plato de academicus werd zo, hoewel zonder zijn fout (want hij gebruikte zijn intellectuele opvattingen alleen achterwaarts om de mogelijkheid van een synthetische kennis a priori te verklaren, niet voorwaarts om deze uit te breiden met de ideeën die in de goddelijke geest leesbaar zijn), de vader van alle verrukking met de filosofie. Maar ik wil Plato de brief niet verwarren met de eerste (onlangs in het Duits vertaald). "4 Kant citeert een passage uit de zevende Brief van Piato, die hij gebruikt als bewijs voor Plato zelf als de liefhebber. "Wie ziet hier niet de mystagoog, die niet alleen raaskalt voor zichzelf, maar tegelijkertijd een clubist is, en, sprekend tot zijn ingewijden in tegenstelling tot het volk (door wie alle niet-ingewijden worden begrepen), nobel doet met zijn voorgewende filosofie! Sta me toe hier enkele recente voorbeelden van te geven. In de nieuwere mystiek-platonische taal wordt gezegd: "Alle filosofie van mensen kan alleen de dageraad tekenen; de zon moet worden ingebeeld." Maar niemand kan een zon vermoeden, als hij er anders geen heeft gezien; want het zou best kunnen dat op onze aardbol de dag regelmatig op de nacht volgde (zoals in het scheppingsverhaal van Mozaïek), zonder dat iemand ooit een zon te zien kreeg vanwege de constant bedekte hemel, en alle zaken desondanks volgens deze verandering (van dag en seizoen) hun beloop hadden.

Maar in zo'n toestand zou een ware filosoof geen zon vermoeden (want dat is niet zijn zaak), maar hij zou er misschien naar kunnen raden, om dat verschijnsel te verklaren door een hypothese van zo'n hemellichaam aan te nemen, en hij zou er ook zo gelukkig mee kunnen zijn. Het is niet mogelijk om in de zon (het bovenzinnelijke) te kijken zonder blind te worden, maar het is heel goed mogelijk om het te zien in de reflexen (de rede die de ziel moreel verlicht) en zelfs in de praktische intentie, zoals de oudere Plato deed:

Terwijl de Neoplatonisten "ons zeker alleen een theatrale zon geven", omdat ze ons via gevoel (ingevingen), d.w.z..

De platoniserende gevoelsfilosoof is onuitputtelijk in zulke figuurlijke uitdrukkingen die verondersteld worden dit voorgevoel begrijpelijk te maken: b.v. "de godin wijsheid zo nabij". De platoniserende gevoelsfilosoof is onuitputtelijk in zulke figuurlijke uitdrukkingen, die dit voorgevoel begrijpelijk moeten maken: bijv. "om zo dicht bij de godin Wijsheid te komen dat men het ruisen van haar kleed kan horen" ; maar ook in het prijzen van de kunst van Afterplato, "omdat hij de sluier van Isis niet kan optillen, om hem zo dun te maken dat men de godin eronder kan voelen." Hoe dun, wordt hier niet gezegd; vermoedelijk toch zo dicht dat men van de geest kan maken wat men wil: anders zou het een zien zijn, dat vermeden moet worden:

"Trouwens, "als", zonder dit vergelijkingsvoorstel te aanvaarden, zoals Fontenelle bij een andere gelegenheid zei, "de heer N. absoluut in de orakels wil geloven, kan niemand hem ervan weerhouden".

Nawoord door de vertaler

> Zijn is het echte en enige onderwerp van de filosofie.
> *De fundamentele problemen van de fenomenologie, 1926*

De logos van het zijn: Aandacht als aanbidding in Heideggers Ontochronologie

Hoewel Heidegger zichzelf zag als een Ontoloog, omdat het grootste deel van zijn werk over de aard van het Zijn gaat, is hij in de 21e eeuw het invloedrijkst geweest in de lijn van existentialisten en fenomenologen. Hij is een brakke mengeling van Kierkegaard, Nietzsche en de Scholastiek. Hij draait om de Kierkegaardiaanse "Gegooidheid", en net als Kierkegaard ziet hij religie door een fenomenologische en existentiële lens in plaats van ideologie of als externe vooronderstelde waarheid. Tegelijkertijd gooit hij de "genealogie van de moraal" overboord en pleit hij voor het vinden en elimineren van elk metafysisch overblijfsel van de christelijke metafysica in Nietzscheaanse nabootsing. Heidegger zegt net als Nietzsche dat het met de menselijke filosofie bergafwaarts is gegaan sinds de pre-Socratici, en net als Nietzsche negeert hij de hele continentale filosofie, maar bindt hij zijn filosofische project noodzakelijkerwijs binnen de samenvoegingen en tegenstellingen van de continentalen. Sinds de tijd van Aristoteles is er weinig tot geen vooruitgang geboekt op het gebied van de filosofie. Heidegger verwerpt zowel de Metafysica als de Anti-Metafysica, en wil ons naar een oerstaat drijven, zoals Nietzsche, maar niet naar een bovenmenselijke staat van ruwe scheppingskracht, maar naar een pre-Socratische onschuld en engagement met de enige essentiële vraag, de vraag naar het Zijn. Hij wil dat de mensheid terugkeert naar de oude denkwijzen die aan de basis liggen van de beschaving, een terugkeer naar een soort ontmythologiseerde tuin van Eden. Hij is het raadselachtige resultaat van Nihilisme dat botst met Existentialisme; Anti-Metafysica op zoek naar een doel binnen de Metafysica. Er zijn weinig antwoorden in Heidegger, wat ook de bedoeling is, maar wel een handvol goede vragen.

Heidegger verpersoonlijkt het geloof van Parmenides dat Ontologie de basis is van menselijke kennis, en dat alle filosofie moet voortkomen uit en terugkeren naar de vraag naar het Zijn. Ontologie is de enige vraag die het leven zin geeft. In zijn Inleiding tot de filosofie uit 1919 schrijft hij:

> Het prehistorische begrip van het zijn werpt een licht op ons, om het zijn te kunnen ontmoeten. We begrijpen het zijn en begrijpen het van tevoren.

Heidegger begon zijn leven als jezuïet en deze intellectuele starheid volgt zijn hele filosofische project. In lijn met de jezuïetenfilosofie spreekt hij in absoluten en wanneer hij een gedachtegang volgt, brengt hij deze naar de verst mogelijke apotheose. Hoewel hij het transcendentale geloof verliet, zelfs tot op het punt dat hij zich aansloot bij de militante atheïstische nazibeweging, klinkt dit absolute streven naar de essentie van de waarheid door in elk woord van zijn werk. Religie, zo bootst Heidegger Kierkegaard na in tegenstelling tot Nietzsche, is het enige dat kan beantwoorden wat Menselijkheid is, omdat het geen dogmatisch presuppositionalisme is, maar de fenomenologie van de existentiële angst. Heidegger is belangrijk om de seculiere existentialisten te begrijpen die soortgelijke solipsistische systemen ontwikkelden (Sartre, Camus) en de laat 20e-eeuwse protestantse systematische theologen die steeds weer nieuwe systemen van denken ontwikkelden (Paul Tillich & co.). Zijn betrokkenheid bij het werk van Aristoteles, in het bijzonder het begrip 'physis', en zijn interpretatie van Kants 'transcendentale schema' speelden een belangrijke rol in zijn denken. Zijn dialoog met de fenomenologie van Edmund Husserl was cruciaal, zoals blijkt uit zijn bewering: "Fenomenologie, dit betekent dat we datgene wat zichzelf laat zien van zichzelf laten zien op de manier waarop het zichzelf van zichzelf laat zien" (Inleiding tot de Metafysica). Zijn tijdgenoten, zoals Karl Jaspers en Jean-Paul Sartre, werden significant beïnvloed door Heideggers existentiële analyse, net als de latere Albert Camus en Marcel Proust. Hun lezing van Heidegger gaf een intellectuele basis aan hun subjectivisme en morele relativiteit. Sartre's existentialisme putte bijvoorbeeld zwaar uit Heidegger's concept van 'zijn-in-de-wereld'.

Carl Jung en Heidegger hebben elkaar nooit ontmoet of zich met elkaars werk beziggehouden (voor zover we weten), maar ze zouden het eens zijn geweest over het belang van het analyseren van mystieke en moreel-theologische geschriften om de psychologie te begrijpen. Beiden waren sterk gefixeerd op de fenomenologie van de Zelf- Jung publiceerde zijn "Aion: Researches into the Phenomenology of the Self" en Heidegger publiceerde rond die tijd een artikel getiteld "De fenomenologie van het zelf". Metaforen en verhalen worden door Heidegger ook niet uit het raam gegooid, in tegenstelling tot de Engelse positivisten. Zoals Jung zegt: "Mythe is geen fictie", maar deelname aan Mythe is instrumenteel in de creatie van een waardegeladen wereldbeeld. Zowel Jung, Freud als Heidegger treden in de voetsporen van Schopenhauer met het begrip van Zijn als onderbewustzijn. De "constellatie" of verzameling van menselijke psychische staten, die Jung het collectieve onbewuste noemt en Freud het onderbewuste, is voor Heidegger de inhoud van Dasein. Dasein centraliseert het individu in de existentiële analyse. Dasein is niet zomaar een wezen, maar een wezen dat zich bewust is van en vragen stelt over zijn eigen bestaan. Deze zelfreferentiële aard van Dasein weerspiegelt Kierkegaards idee van het individu dat voortdurend bezig is met het proces van worden, dat ernaar streeft zijn potentieel te realiseren in het licht van existentiële realiteiten.

Heidegger maakt van onzekerheid een deugd en is heel openhartig over het feit dat hij geen antwoorden heeft en dat zijn filosofie altijd in ontwikkeling is. Hij is een positivist in die zin dat hij de religieuze of mythologische antwoorden op de "gegoocheldheid" van het menselijk bestaan verwerpt, maar als existentialist veroordeelt hij de positivistische opvatting dat vragen over het Zijn niet gesteld mogen of kunnen worden, zoals Nietzsche beweerde. Heidegger beweegt zich in de tegenovergestelde richting van de drie grote Engelse empiristen, terug naar een obscure filosofie van ontkenning. Heidegger is Nietzscheaans in zijn erkenning dat "god dood is", met andere woorden dat de mensheid niet langer mythologische beschrijvingen van de werkelijkheid zal accepteren, maar deze werkelijkheid zou de dood van de mensheid kunnen betekenen - want als de menselijke ervaring slechts materie is die zichzelf ervaart ("Hoe denkt een atoom?" zoals Voltaire zei), hoe kan het object dan in enige werkelijke zin bestaan en de aard van het object kennen?

> Filosofie is een universele fenomenologische ontologie, gebaseerd op de hermeneutiek van het bestaan, die als analyticus van het bestaan het einde van de draad van alle filosofische vragen heeft vastgelegd op het punt van waaruit ze ontspringt en waarnaar ze terugkeert

In Zijn en Tijd stelt hij een vraag 526 keer in het hele document. Voor Heidegger is filosofie een proces en kan het nooit een volledig proces zijn of een volledig antwoord geven op de levensvragen. Heideggers obscuriteit en raadselachtige taal is opzettelijk, want dit is hoe Heidegger de menselijke ervaring ziet; duister zonder zelfs maar de mogelijkheid van een oplossing voor het Gooi duidelijk te zien. In zijn dialectiek over de antinomie van Zijn en Niet-zijn maakt hij duidelijk dat Niets geen ontkenning is, maar de bron van ontkenning. Aangezien er geen bron van werkelijkheid is los van het zelf, kun je gemakkelijk zien hoe de Heideggeriaanse ontologie zichzelf onderwerpt aan de beschuldiging van solipsisme.

Heidegger geeft zelf toe dat hij, net als de hele moderne filosofie, een leerling is van Descartes en Kant, die het binaire systeem van antinomieën bouwen waarop de hele moderne filosofie berust. Heideggers nadruk op de tijdelijke en eindige aard van het menselijk leven daagde de heersende Cartesiaanse en Husserliaanse nadruk op de onthechte, objectieve waarnemer uit. Het positivisme van Hume en het daaruit voortvloeiende empirisme, dat ons uit de obscuriteit en in een heldere en technische rationaliteit drijft, zoals Heidegger stelt, wist de meer existentieel belangrijke vragen uit over het Zijn en de bron van het verlangen naar waarheid. Zelfs Nietzsche, in zijn meer existentialistische en fenomenologische momenten, geeft dit toe in De vreugdevolle wetenschap:

> De "wil tot waarheid" zou een verborgen wil tot dood kunnen zijn... Op deze manier leidt de vraag: waarom wetenschap? terug naar het morele probleem - wat is het nut van moraliteit überhaupt, als het leven, de natuur, de geschiedenis "immoreel" zijn?... we erkennen dat wij, goddeloze en anti-metafysici, ons vuur nog steeds ontlenen aan het vuur ontstoken door een duizenden jaren oud geloof, dat christelijke geloof dat ook Plato's geloof was dat God waarheid is, dat waarheid goddelijk is.... Maar hoe, als dit gewoon steeds ongeloofwaardiger wordt, als niets meer goddelijk blijkt te zijn, behalve dwaling, blindheid, leugens, - als God zelf onze langste leugen blijkt te zijn?

In overeenstemming met de Continentalen stond Heidegger erop het Zijn te begrijpen als dynamisch verweven met de ervaring van het individu, vandaar zijn erfenis als existentialist. Het Zijn kan niet gekend worden door formele of abstracte categorieën, maar moet begrepen worden door Verschijnselen. Zijn grote werk Being and Time is een existentiële analyse en herinterpretatie van het continentale concept van Dasein, met name door middel van een fenomenologische kijk op tijd. Zelfs de dood zelf wordt opnieuw begrepen als een levend fenomeen. Hij is de grootste van de moderne pre-socratici, een mengeling van Nietzscheaanse anti-metafysica, Heraclitische metafysica en Kierkegaards existentialisme. Hij ontkent dat de Telos van het Socratische bevel om jezelf te kennen mogelijk is, maar dat Authenticiteit het doel is van het menselijk streven. Hij verwerpt het logisch positivisme van de Engelse empiristen in de geest van het Neo-Kantianisme, maar verwerpt ook de mogelijkheid van een coherent en universeel metafysisch systeem, zoals de Continentalen probeerden op te zetten. Het basiselement van je bewustzijn is Zorg (Sorge) - gemanifesteerd door aandacht. Misschien is het universum agnostisch ten opzichte van ons bestaan, maar ons bestaan is helemaal niet agnostisch.

Duns Scotus ontmoet Parmenides

> Over het geheel genomen kan de filosofie van alle tijden worden beschouwd als heen en weer slingerend, als een slinger, tussen rationalisme en illuminisme, dat wil zeggen tussen het gebruik van de objectieve en de subjectieve bron van kennis.
> *Schopenhauer, Parerga en Paralipomena*

Martin Heideggers proefschrift over Duns Scotus, getiteld "Duns Scotus' Doctrine of Categories and Meaning" (origineel Duits: "Die Kategorien- und Bedeutungslehre des Duns Scotus"), werd oorspronkelijk ingediend als doctoraal proefschrift in 1915. . Dit werk is belangrijk omdat het een vroege uitstap is naar Heideggers levenslange filosofische zorgen, in het bijzonder de kwestie van het zijn in de vorm van het probleem van categorieën en de kwestie van taal in de vorm van de doctrine van betekenis. Duns Scotus, een middeleeuwse scholastieke filosoof, ontwikkelde een metafysisch kader dat gekenmerkt wordt door een genuanceerd begrip van zijn, individuatie en universaliteit. Zijn benadering wordt gekenmerkt door een onderscheidende nadruk op het principe van 'haecceity' of 'ditness', dat stelt dat individuele entiteiten een unieke, onherhaalbare essentie bezitten die hen onderscheidt van andere entiteiten. Dit principe impliceert een metafysische structuur waarin individualiteit en bijzonderheid een centrale rol spelen, en suggereert een universum dat wemelt van verschillende, individuele wezens, elk met hun eigen essentie. De metafysica van Scotus navigeert daarom op een complex terrein van veelheid en onderscheid, waar het bestaan van individuele entiteiten en hun unieke kenmerken voorop staan. Ondanks de diepgang van Scotus is Heidegger nog steeds van mening dat de filosofie eigenlijk niet verder is gekomen dan de raadselachtige en predicaatloze overpeinzingen over het zijn van de pre-Socrates.

Heidegger richt zich op het probleem van de categorieën in relatie tot de moderne logica en benadrukt de rol van Duns Scotus in de ontwikkeling van deze theorie, waarbij hij wijst op zijn betekenis in de geschiedenis van de scholastiek. Vergeet niet dat Heidegger in zijn jeugd begon als jezuïtisch seminarist voordat hij de religie vaarwel zei en een rigoureuze scholastieke middeleeuwse toewijding aan de Aristotelische logica vestigde die we hier zien in zijn proefschrift en in zijn hele ontologisch-fenomenologische filosofische project. Hij legt ook verbanden tussen Scotus' theorie van categorieën en Husserls "theorie van vormen van betekenissen", waarin we de invloed zien van de fenomenologie van zijn academische adviseurs op zijn theorie van betekenis.

Hij begint zijn scriptie met een onderzoek naar de "Grammatica Speculativa" van Duns Scotus. De Grammatica Speculativa is een werk over middeleeuwse grammatica waarvan nu bekend is dat het geschreven is door Thomas van Erfurt. Hij borduurt voort op de categoriale theorie van Duns Scotus, en gaat verder dan de Aristotelische categorieën naar een bredere categorisering van werkelijkheidsgebieden, met het doel om verspreide elementen samen te voegen tot een coherente Gestalt (Geheel). Hij hanteert een historisch-filosofische benadering en analyseert en interpreteert de theorieën van Duns Scotus nauwgezet in de context van zowel de middeleeuwse scholastiek als het moderne filosofische denken. Hij benadrukt de noodzaak om verder te gaan dan een puur historische analyse en zich bezig te houden met de systematische filosofische inhoud die inherent is aan Scotus' werk. Hij gelooft sterk in de integratie van historische context met filosofische interpretatie om de betekenisleer volledig te begrijpen, een geloof dat hem ertoe brengt om al zijn werken op een vergelijkbare manier te structureren - altijd beginnend met een historisch-filosofische benadering en dan verder in woord. Heidegger hanteert een historisch-filosofische benadering en analyseert en interpreteert de theorieën van Duns Scotus nauwgezet in de context van zowel de middeleeuwse scholastiek als het moderne filosofische denken. Hij benadrukt de noodzaak om verder te gaan dan een puur historische analyse en zich bezig te houden met de systematische filosofische inhoud die inherent is aan Scotus' werk. Hier legt Heidegger sterk de nadruk op categorisatie, niet alleen als een intellectuele oefening, maar als een kritisch hulpmiddel om de structuur van de werkelijkheid en kennis te begrijpen. De analyse gaat in op de nuances van Scotus' categorieën en onderzoekt hun implicaties voor de conceptualisering van de werkelijkheid en de vorming van betekenis. Deze verkenning is gebaseerd op een duidelijk begrip van de historische ontwikkeling van deze ideeën en biedt een rijke context voor hun waardering en kritiek. De geschiedenis zelf is slechts context; het bevat niet de kernvragen, en we gaan snel van zijn naar zijn; van externaliteit naar internaliteit.

Hier legt Heidegger een sterke nadruk op categorisatie, niet alleen als een intellectuele oefening, maar als een kritisch hulpmiddel om de structuur van de werkelijkheid en kennis te begrijpen. De analyse gaat in op de nuances van Scotus' categorieën en onderzoekt hun implicaties voor de conceptualisering van de werkelijkheid en de vorming van betekenis. Deze verkenning is gebaseerd op een duidelijk begrip van de historische ontwikkeling van deze ideeën en biedt een rijke context voor hun waardering en kritiek. Heidegger onderzoekt concepten als "unum" (eenheid), "multum" (veelheid) en de relatie tussen deze concepten, waarbij de nadruk ligt op het idee van tegenstrijdigheid als een fundamenteel aspect van het objectdenken. Het concept van modi significandi (wijzen van betekenisgeving), die intentionele handelingen van bewustzijn zijn die bepaald worden door bepaalde materiële aspecten, is cruciaal in Scotus' Epistemologie voor het begrijpen van de doctrine van de categorieën van betekenis. Scotus erkent de beperking in het herkennen van het individu door algemene concepten en wijst erop dat het individu meer bevat dan wat het laagste concept van soort kan bevatten. Hij noemt dit "Onuitsprekelijke individualiteit" Dit leidt tot de conclusie dat individualiteit een onuitsprekelijk residu blijft, slechts gedeeltelijk benaderbaar maar nooit volledig uitgeput. De middeleeuwse denkwijze wordt beschreven als zijnde in constante metafysische spanning, met een wereldbeeld dat sterk verbonden is met transcendentale principes en de erkenning van het bovenzinnelijke.

De relatie tussen de metafysica van Duns Scotus en Parmenides kan alleen worden gelegd door een metafysisch systeem dat zo raadselachtig en complex is als Heideggers Ontologie. Parmenides, een pre-Socratische filosoof die Heidegger tot een hogere positie verheft dan Plato of Aristoteles, presenteert een ontologie van het zijn die opvalt door zijn eenvoud en absoluutheid. De filosofie van Parmenides is gebaseerd op het idee dat de werkelijkheid één, onveranderlijk en ondeelbaar is, in tegenstelling tot Heraclitus. Hij stelt dat verandering, veelheid en zelfs leegte illusoir zijn en voortkomen uit de beperkingen van de menselijke waarneming. In zijn beroemde gedicht, dat Heidegger gedurende zijn hele leven voortdurend citeert, maakt Parmenides een scherp onderscheid tussen de weg van de waarheid, die de onveranderlijke, eeuwige aard van het zijn erkent, en de weg van de mening, die gevangen zit in de zintuiglijke illusies van verandering en verscheidenheid. De ontologie van Parmenides draait dus om de notie van een enkelvoudige, onveranderlijke werkelijkheid en ontkent pluraliteit en verandering als louter verschijningen in plaats van ware aspecten van het zijn.

  Heidegger geeft Parmenides de eer als eerste de vraag naar het Zijn te hebben geopend, maar ziet dat latere filosofen deze vraag - de vraag waarop alle kennis berust - hebben verdoezeld. Hij interpreteert Parmenides' beroemde uitspraak "Want hetzelfde is voor het denken en voor het zijn" als een diepzinnige uitspraak over de onafscheidelijkheid van zijn en denken. Heidegger ziet in Parmenides een vroege erkenning van het primaat van de zijnsvraag, een vraag die volgens hem in de Westerse filosofie is verwaarloosd. Parmenides' bewering van de eenheid van Zijn (wat is) en denken (de handeling van het conceptualiseren of begrijpen van wat is) resoneert diep met Heideggers eigen filosofische zorgen.

Heidegger interpreteert dit niet alleen als een metafysische uitspraak over de aard van de werkelijkheid, maar ook als een ontologisch inzicht in hoe menselijke wezens zich verhouden tot hun bestaan en de wereld om hen heen en hoe ze die begrijpen. Heideggers concept van "ontologisch verschil" - het onderscheid tussen "Zijn" en "Zijn" - is beïnvloed door zijn lezing van de Parmenides. Heidegger stelt dat het niet erkennen van dit verschil heeft geleid tot een "vergeten van het zijn" door de hele geschiedenis van de filosofie heen. Hij interpreteert Parmenides als iemand die een glimp opving van dit verschil, maar wiens boodschap vervolgens verloren ging of verkeerd werd geïnterpreteerd.

Terwijl Duns Scotus een universum van meervoudigheid en individuele essenties omarmt, pleit Parmenides voor een monistische kijk op het bestaan waarin verandering en diversiteit slechts illusies zijn. De metafysica van Scotus erkent en verdiept zich in de complexiteit en diversiteit van de werkelijke wereld en richt zich op de bijzonderheden die entiteiten van elkaar onderscheiden. Parmenides daarentegen verheft het abstracte, onveranderlijke concept van Zijn boven de zintuiglijke wereld van verandering en pluraliteit en pleit voor een werkelijkheid die fundamenteel enkelvoudig en statisch is. Scotus probeerde binnen het middeleeuwse Christelijke kader het geloof te verzoenen met een gedetailleerd en genuanceerd begrip van de natuurlijke wereld, wat leidde tot een metafysica die de rijkdom en diversiteit van de schepping erkende. Parmenides, geworteld in de pre-Socratische traditie, werd gedreven door een rationalistische zoektocht naar de uiteindelijke aard van de werkelijkheid, wat leidde tot een ontologisch perspectief dat zintuiglijke ervaring oversteeg en een verenigde, onveranderlijke essentie van alle dingen poneerde.

Alle filosofie houdt zich bezig met het Zijn, stelt Heidegger, en de expliciete erkenning hiervan begon bij Parmenides. Centraal in dit betoog staat een onderzoek naar de spanning tussen Unverborgenheit en Verborgenheit, die centraal staat in het Griekse begrip van waarheid/Aletheia (ἀλήθεια) en werkelijkheid.

In zijn boek over Parmenides benadrukte Heidegger het onderscheid tussen aletheia als Unverborgenheit en de gewone, misschien oppervlakkige perceptie van waarheid in de context van veritas. Dit onderscheid is niet louter semantisch, maar onderstreept een diepgaande verschuiving in het filosofische begrip van waarheid van de Griekse naar de Romeinse en vervolgens de moderne interpretatie. De Griekse interpretatie van aletheia als onthulling is niet slechts de afwezigheid van onwaarheid of verhulling, maar een meer fundamentele staat van onthuld of onthuld zijn. Deze staat is intrinsiek verbonden met de Griekse conceptualisering van werkelijkheid en zijn, waar waarheid niet slechts een eigenschap is van uitspraken of stellingen, maar een fundamenteel aspect van het bestaan en de werkelijkheid zelf.

Opnieuw benadert hij het onderwerp zoals Nietzsche dat zou doen; een historisch-filosofische benadering, die ons meeneemt door de historische transformatie van het concept ἀλήθεια, waarbij hij de reis ervan door verschillende filosofische tijdperken volgt, inclusief de ontmoetingen met het Romeinse denken en de ontwikkeling ervan in de context van de westerse filosofie. De focus op Aletheia in de context van het werk van Parmenides laat een nauwgezet onderzoek zien van hoe dit concept centraal staat in het begrijpen van de aard van de vroege Griekse filosofie, vooral in het contrast met latere filosofische ontwikkelingen.

De discussie over de godin "waarheid" in het werk van Parmenides is een engagement met de metafysische en epistemologische dimensies van waarheid zoals die in de vroege Griekse filosofie werd begrepen. Het gaat hier niet alleen om het begrijpen van een filosofische term, maar om het waarderen van een wereldbeeld waarin waarheid, werkelijkheid en bestaan diep met elkaar verweven zijn. Heidegger ziet de Westerse filosofische traditie van het Zijn als nutteloos, niet omdat het metafysische rijk niet bestaat zoals Nietzsche geloofde, maar omdat het deze kernvraag van het Zijn heeft vertroebeld en zich ervan heeft verwijderd:

> Filosofie heeft waarheid altijd gecombineerd met zijn. Parmenides' eerste ontdekking van het wezen van het bestaande 'identificeert' het zijn met het perceptieve begrip van het zijn: τὸ γὰρ αὐτὸ νοεῖν ἐστίν τε καὶ εἶναι. In zijn schets van de geschiedenis van de ontdekking van ἀρχαί benadrukt Aristoteles dat de filosofen vóór hem, geleid door 'de dingen zelf', gedwongen waren om verder te vragen: αὐτὸ τὸ πρᾶγμα ἠνάγκασεν αὐτοὺς καὶ συνήγαγε ζητεῖν.

De schaduw van de anti-metafysicus

Heideggers betrokkenheid bij het Nazi-regime maakt zijn nalatenschap op zijn best ontsierd en is een belangrijk onderwerp dat nog steeds speelt nu steeds meer onderzoek voorheen onbekende feiten aan het licht brengt. Moderne intellectuelen hebben uiteenlopende meningen over hoeveel schuld Heidegger heeft omdat hij het teken aan de wand niet heeft gezien.

Heideggers leraar Edmund Husserl, aan wie zijn eerste grote werk Zijn en Tijd is opgedragen, was een Jood. Toen hij uit zijn positie aan de Universiteit van Freiburg werd gezet, distantieerde Heidegger zich publiekelijk van hem en stille zijn leerstoel. In verschillende lezingen aan de Universiteit van Freiburg echode Heidegger de nazi-propaganda over de zuiverheid van het Duitse sociale leven. Hij werd benoemd tot hoofd van het Rectoraat van het Derde Rijk, de meest gewaardeerde positie in de Duitse Intelligentsia. Er is zeker een element van de "Fenomenologie van het Carrièreisme" in zijn betrokkenheid bij de Nazi's. Nietzsche bekritiseerde Hegels Rechtsfilosofie (zijn theorieën over de staat) als zijnde geworteld in eigenbelang, en dit gebeurde ook duidelijk bij Heidegger. De Nazi-partij verhief Heidegger tot de positie van de grootste intellectueel in Duitsland, en dit verblindde hem duidelijk. Heidegger slaagde er vervolgens niet in om de Nazipartij volledig en expliciet af te keuren. Hoewel hij nooit deelnam aan de gruwelen en een groot deel van de oorlogsjaren in een bibliotheek doorbracht, herkende hij de signalen niet en hoewel hij na een jaar ontslag nam uit zijn functie en zich terugtrok uit de Nazipartij, werpt dit morele falen een diepe schaduw over zijn hele filosofie. En om het nog erger te maken, pleitte hij later in zijn leven voor het socialisme en communisme, zoals alle voormalige nazi's deden, ondanks dat hij op de hoogte was van de genociden van Lenin en Stalin.

Heideggers Ontologisch-Existentialistische Filosofie is hartstochtelijk individualistisch, wat zijn betrokkenheid bij de Nazi's zo verrassend maakt. Heideggers concepten van authenticiteit en inauthenticiteit dragen de sporen van Kierkegaards verkenning van het authentieke zelf, een Socratische opdracht die diep anti-collectivistisch is. Voor Kierkegaard houdt authentiek bestaan een gepassioneerd, subjectief engagement met het eigen bestaan in, een thema dat Heidegger verder ontwikkelt. In Heideggers analyse impliceert de authentieke manier van zijn van Dasein het erkennen en omarmen van zijn eindigheid en potentieel-om-te-zijn, wat overeenkomt met Kierkegaards idee van het individu dat de existentiële realiteit van het leven onder ogen ziet. Hoe kan het dan dat zo'n robuuste intellectueel met een existentialistische inslag, die vasthoudt aan een wereldbeeld dat collectivisme, fascisme en groepsdenken heftig verwerpt, uiteindelijk verstrengeld raakt met de Nazi's? Hoe komt het dat zo'n diepe en individualistische denker bezwijkt voor de tijdgeest?

Heideggers behandeling van Nietzsche onthult een dieper antwoord dan louter eigenbelang. Als Nietzscheaan streefde Heidegger naar een primordiale terugkeer naar een staat van pure creatieve wil en om vrij te zijn van de tirannie van de genealogie van de Christelijke moraal. Vanuit zijn Nietzscheaanse schuttersputje zagen de nazi's eruit als de supermensen die deze verschuiving teweeg zouden brengen. Gedurende zijn hele carrière hield Heidegger zich meer bezig met het werk van Nietzsche dan welke andere moderne filosoof dan ook en hij schreef enkele van de meest gezaghebbende boekwerken over Nietzsche en zijn werk. Heidegger was betoverd door Zarathustra, de man voorbij Goed en Kwaad, de man die het menselijke is ontstegen. Heidegger zag het katholicisme van zijn jeugd als een ziekte en de beweging naar transhumanisme als het medicijn. In zijn vroege werk over Duns Scotus prijst hij Nietzsche:

Nietzsche, in zijn meedogenloos harde manier van denken en levendige vermogen om te verbeelden, vatte deze bepaling van alle filosofie vanuit het onderwerp samen in de bekende formule van de "drive die filosofeert".

Nietzsche was het perfecte omgekeerde van Kierkegaard, die letterlijk geloofde dat hij de Anti-Christ was en die pleitte voor het "uitroeien van miljoenen mislukkingen" in het doel van Trans-Humanisme. Misschien moeten we Nietzsche's perspectieven op moraliteit negeren, gezien zijn pro-genocide standpunten. Maar bij Heidegger is er geen sprake van een poging tot morele filosofie, want de kuddemoraal stelt transpersoonlijke absoluten en "goed" en "kwaad" zijn Christelijke overtuigingen die geëlimineerd moeten worden. Het is duidelijk dat Heidegger, ondanks zijn veroordeling van het Christendom omdat hij zichzelf, net als Nietzsche, als de vijand beschouwde, de fenomenologische structuur behield en alleen de inhoud verving. Zijn klinkt heel erg als een gedepersonaliseerd theïsme, en "geworpenheid" als een gedemythologiseerde zondeval. In zijn "Wat is Metafysica?" uit 1929 geeft hij toe dat Ontologie een Theologische aard heeft, maar stelt dat het een transreligieuze aard heeft die aan deze façade voorafging: "Het theologische karakter van de ontologie is niet gebaseerd op het feit dat de Griekse metafysica later werd overgenomen door de kerkelijke theologie van het Christendom en daardoor werd getransformeerd.". Toch sluit deze de-peronalisering en de-divinisering van christelijke fenomenologische concepten aan bij Nietzsche en de andere nazi-filosofen, maar Heidegger had beter moeten weten. Hij begreep deels dat er niets nieuws onder de zoon is, maar zijn beroemde dictum:

> Je kunt de natuur verdrijven met een bezem, maar ze zal altijd weer binnenstormen.

...klinkt waar, maar te laat van hem. Heidegger probeerde Religie te verdrijven met een bezem, maar het kwam terug met een nieuw gezicht. Jung schreef in dezelfde tijd als Heidegger over de onvermijdelijkheid van Politiek die doordrenkt raakt van religieuze energie zonder actieve deelname aan religieuze rituelen:

> Wat psychologen psychische identiteit of "mystieke deelname" noemen, is uit onze wereld gehaald. Maar het is juist dit aureool van onbewuste associaties dat een kleurrijk en fantastisch aspect geeft aan de wereld... en toch zijn de emoties die ons raken precies hetzelfde. In feite kunnen de verschrikkingen die voortkomen uit onze uitgebreide beschaving veel bedreigender zijn dan die welke "primitieve" mensen toeschrijven aan demonen.... [ons object van verering] heeft zijn naam en aard ten kwade veranderd... De goden en demonen [van de moderne mens] zijn helemaal niet verdwenen: ze hebben alleen nieuwe namen gekregen.

Heidegger zag Nietzsche als een spilfiguur in de geschiedenis van de filosofie, die het einde van de continentale metafysica markeerde. Heideggers betrokkenheid bij Nietzsche was niet slechts een wetenschappelijk onderzoek, maar een diepgaande confrontatie met de ideeën die Nietzsche naar voren bracht, in het bijzonder de afkondiging van de "dood van God" en het concept van de "wil tot macht". Heidegger interpreteerde Nietzsche's filosofie als de ultieme uitdrukking van de metafysische traditie, een traditie die Heidegger zelf probeerde te bevragen en te overstijgen. In zijn lezingen en geschriften besprak Heidegger de werken van Nietzsche uitvoerig en beschouwde hij Nietzsches denken als een kritiek moment in de geschiedenis van de Westerse filosofie. Heideggers vierdelige werk "Nietzsche", dat postuum werd gepubliceerd, weerspiegelt zijn intensieve betrokkenheid bij het denken van Nietzsche. In deze teksten bekritiseert Heidegger Nietzsches metafysische houding, met name zijn begrip van waarheid, waarden en de aard van het zijn. Heidegger stelde dat Nietzsche, ondanks zijn radicale kritiek op traditionele waarden en metafysica, binnen de grenzen van het metafysische denken bleef. Heidegger zag Nietzsches 'eeuwige herhaling' en 'wil tot macht' eerder als uitbreidingen van de metafysica dan als een vertrek daaruit.

Heideggers interpretatie van Nietzsche speelde een cruciale rol in zijn ontwikkeling van de fundamentele ontologie en de kritiek op de moderne technologie. Heidegger geloofde dat Nietzsches inzichten in de aard van macht, nihilisme en de 'overman' essentieel waren voor het begrijpen van het traject van de Westerse beschaving en haar technologische overheersing. Voor Heidegger verlichtte de filosofie van Nietzsche de crisis van de moderniteit - een crisis die geworteld was in de vergetelheid van het zijn en de dominantie van een technologisch wereldbeeld. Heideggers latere werk, met name zijn kritiek op technologie en zijn concept van de 'wending' (Kehre), werd diepgaand beïnvloed door zijn betrokkenheid bij Nietzsche. Hij schrijft in zijn Voorwoord bij "Wat is Metafysica?":

> Nietzsche, in wiens licht en schaduw iedere tijdgenoot denkt en schrijft met zijn "voor hem" of "tegen hem", hoorde

een bevel dat een voorbereiding van de mens eist op het aannemen van een aardse heerschappij. Hij zag en begreep de brandende strijd om heerschappij. Het is geen oorlog, maar de Πόλεμος, die goden en mensen, vrijen en dienaren, in hun respectievelijke essentie doet verschijnen, en een scheiding van de soeverein teweegbrengt. Vergeleken daarmee blijven wereldoorlogen oppervlakkig aan de kwestie van het zijn. Ze kunnen steeds minder beslissen naarmate ze zich technischer uitrusten.

Zijn en Tijd is een belangrijke tekst op het gebied van Ontologie, maar dient ook als een duidelijk historisch voorbeeld van de opzettelijke herinterpretatie van de Hegeliaanse filosofie ter ondersteuning van de nationaalsocialistische ideologie ('Hegel corrigeren in de geest van Hegel', zoals Zizek het uitdrukt). Het hele Duitse idealisme wordt samengevat, geanalyseerd en gepikt op zijn nut voor de zaak van de ultieme vraag van het Zijn. Toch handhaaft hij nog steeds de Hegeliaanse basis van zijn metafysische modellen, ondanks zijn pogingen om het hele veld 'vanaf de wortels opnieuw' te ontwerpen. Hegel schreef "Particularisatie van het absolute, universele Zijn is de diepgaande taak van de Metafysica" (Philosophie der Weltgeschichte, inleiding) en Heidegger handhaaft deze spanning: "Aangezien de betekenis en het concept 'Zijn' de hoogste universaliteit hebben, kan de metafysica, als 'fysica', niet hoger komen om ze preciezer te definiëren. Er blijft haar dus maar één weg over: weg van het universele, naar de bijzondere wezens". (Vraag drie, de vraag naar de essentie van het zijn). Binnen deze antinomie stelt Heidegger dat het Zijn authentiek is wanneer het leeft in relatie tot zijn tijdelijkheid, wat in de menselijke context Moraliteit betekent. De 'geworpenheid' van de menselijke ontologische conditie vereist dat Dasein geen betekenis heeft buiten zijn relatie tot tijdelijkheid en taal.

Op sommige punten leest Heidegger als een samenvatting van BG&E, met uitgebreide citaten uit het hele Nietzscheaanse corpus. Hij verandert de wil tot macht in een wil tot weten en heeft Schopenhaueriaanse thema's wanneer hij het heeft over de logos van het leven - "de fundamentele neiging van het leven is meer leven". Heidegger noemt Christelijk filosoferen "een rond vierkant en een misverstand" om precies dezelfde anti-platonische redenen als Nietzsche - dat de Christelijke theologie "grootsheid" en authentieke, ongeremde scheppingskracht versluiert. Heidegger merkt op dat hij zich moet weerhouden van een "blinde heldenverering" van Nietzsche, maar is niet in staat om enige fout van Nietzsche aan te wijzen. Neem bijvoorbeeld deze passage, Heidegger klinkt hier op de een of andere manier meer als Nietzsche dan Nietzsche ooit deed:

> Wanneer de scheppers uit de mensen zijn verdwenen, wanneer ze nauwelijks nog worden getolereerd als irrelevante curiosa, als ornamenten, als excentriekelingen die vreemd zijn aan het leven, wanneer de authentieke strijd ophoudt en verschuift naar het louter polemische, naar de intriges en machinaties van mensen binnen het actuele, dan is het verval al begonnen. Want zelfs als een tijdperk nog net probeert het geërfde niveau en de waardigheid van zijn Dasein te handhaven, zakt het niveau al. Het kan alleen worden gehandhaafd voor zover het te allen tijde creatief wordt getranscendeerd.

In tegenstelling tot het gedemystificeerde marxistische pad van het hegeliaanse progressivisme, behoudt Heidegger wel superrationele elementen en verdedigt hij deze. Hij valt specifiek het marxisme op dit front aan, in Hegeliaanse nabootsing:

> Geest, aldus vervalst als intelligentie, wordt daarmee gereduceerd tot de rol van een werktuig in dienst van iets anders, een werktuig waarvan het gebruik kan worden geleerd en aangeleerd... de geest van intelligentie wordt de machteloze superstructuur van iets anders, dat omdat het geestloos is of zelfs vijandig tegenover geest, geldt als authentieke werkelijkheid. Als men geest begrijpt als intelligentie, zoals het marxisme in zijn meest extreme vorm heeft gedaan... dan wordt deze ordening onwaar... want echtheid en vindingrijkheid van het begrip zijn gegrond in geest... Geest is wat in stand houdt en regeert, het eerste en het laatste, niet slechts een onmisbaar derde element...

Maar deze 'Geist'/geestelijke wereld wordt door Heidegger niet zoals Hegel begrepen binnen een joods-christelijk kader, maar door Nietzscheaans primordiaal polytheïsme - specifiek de aanbidding van de aarde als de almachtige godheid die boven alle andere aanbeden moet worden.

Hij zag in de nationaalsocialistische beweging het potentieel om een oude, verlichtende strijd te herstellen voor de mensheid die de Platoonse fundamenten van het westen tot dan toe kon overstijgen. Naarmate de tijd verstreek, werd hij openlijk kritischer omdat de Nazipartij het ras als het doel in zichzelf zag en niet als een terugkeer naar een authentieke, temporele cultuur. Heidegger eist dat het Zijn begrepen wordt in de wereldhistorische context. De menselijk-historische aard van Dasein is cruciaal voor het herstellen en repareren van de metafysica van de westerse wereld. Hij neemt dit Hegeliaanse idee in een angstaanjagende richting en rechtvaardigt het fascisme. Hier sluit hij zich aan bij de angstzaaierij van het naziregime over de dreigende ondergang van Europa, het Westen en de hele mensheid als de 'Geist' van de wereld niet wordt hersteld tot een authentieke wil tot macht. Maar waar hij zich tegen het Derde Rijk keert, is zijn kritiek op hoe de staat de verdamping van het authentieke Zijn bevordert door de cultuur te institutionaliseren, wat een van de weinige keren is dat hij zich tegen Hegel keert.

Heidegger koos de verkeerde optie in Of/of toen hij Kierkegaard demythologiseerde. Zowel Heidegger als Kierkegaard positioneren de subjectieve ervaring van het individu als het fundamentele aspect om het bestaan te begrijpen. Voor Kierkegaard is deze subjectiviteit waar waarheid en authenticiteit zich bevinden; voor Heidegger is het de lens waardoor de aard van het Zijn kan worden ondervraagd. De individuele ervaring van angst, wanhoop, vreugde en hoop wordt de smeltkroes voor existentieel en ontologisch begrip. Heidegger neemt deze notie over en plaatst het zijn-in-de-wereld (Dasein) van het individu in het middelpunt van zijn ontologische onderzoek. Heideggers Dasein, een entiteit voor wie het zijn een vraag is, weerspiegelt Kierkegaards kijk op het individu dat geconfronteerd wordt met de diepe verantwoordelijkheid en angst van keuze en bestaan. Voor Kierkegaard is angst (of 'vrees') een cruciaal onderdeel van het individuele bestaan, een middel waarmee het zelf zich bewust wordt van zijn mogelijkheden en beperkingen. Heideggers interpretatie van angst (Angst) als een fundamentele stemming onthult Dasein het niets en de inherente contingentie van zijn bestaan, en drijft het naar een authentiek begrip van zijn wezen-in-de-wereld. Kierkegaards nadruk op de tijdelijke, eindige aard van het menselijk bestaan, gekenmerkt door momenten van beslissing en existentiële crises, informeert Heideggers opvatting van Dasein als fundamenteel tijdelijk, bestaand in een staat van wording, uitgerekt langs de tijdsdimensies van verleden, heden en toekomst. Maar Heidegger ziet de dood niet als een gebeurtenis of een onvermijdelijkheid, maar als een functie van het leven zelf, een relatie van het individu tot het Zijn. Voor Kierkegaard is waarheid fenomenologische subjectiviteit; begrijpen is niet slechts een cognitief proces maar is diep verweven met de existentiële staat van het individu. Maar voor Kierkegaard "ben ik alleen vrij in relatie met de Ander" - de Ontologische kloof wordt doorbroken door God als de bron van Zijn en Waarheid, maar voor Heidegger is er geen god hoger dan het onkenbare Zelf-Zijn, dus is er geen ontsnapping aan de eindeloze terugkeer naar het Zelf.

In zijn Existentialistische buiging naar de opdracht van het Orakel van Delphi was Heidegger het niet eens met Nietzsches volledige afwijzing van de Metafysica. Hij was het zeker met Nietzsche eens dat de metafysici van de continentale filosofie nutteloos waren, maar de zoektocht naar introspectie hield hij overeind. Ondanks de invloed van Kierkegaard slaagde Heidegger erin om moraliteit volledig te negeren. Met deze goddeloze versie van Kierkegaards zelfverwijzende authenticiteit, waarbij het individu zich volledig bewust is van en instemt met zijn ontologische grenzen, wordt ethiek op zijn best secundair. Want het ware pad van het menselijk leven is slechts authenticiteit, dan wordt ethisch moreel gedrag een voetnoot bij het manifesteren van Grootheid in Nietzscheaanse termen, of authenticiteit van zijn, in Kierkegaardiaanse termen, die dan de kwestie van goed en kwaad ongevoelig van tafel veegt. Voltaire voorspelt

in zijn Verhandeling over tolerantie mannen als
Nietzsche en Heidegger:

> Het menselijk ras is zo zwak en pervers, dat het
> ongetwijfeld beter is om zich te onderwerpen aan alle
> mogelijke bijgeloof, mits het niet dodelijk is, dan om zonder
> religie te leven. De mens heeft altijd een rem nodig gehad; en
> hoewel het belachelijk was om te offeren aan de Faunen, de
> Sylvans en de Najaden, was het veel redelijker en nuttiger om
> deze fantastische beelden van de Goddelijkheid te aanbidden,
> dan zich over te geven aan atheïsme. Een atheïst die een
> redenaar zou zijn, gewelddadig en krachtig, zou een plaag zijn
> die net zo dodelijk is als bloeddorstig bijgeloof.

Nietzsche definieert nihilisme als het proces "dat de hoogste waarden zichzelf devalueren". Als zodanig is de essentie van het nihilisme geworteld in het Zijn als Σοφία. Heidegger stelt dat nihilisme, in zijn positieve opvatting, de metafysica van de waarheid van het zijn is zoals geconceptualiseerd in de Wil tot Macht. Nietzsche, zo stelt Heidegger, is een kritische verschuiving in het begrip van waardebepaling als een inherent aspect van de wil tot macht en dit vormt de crux van het nihilisme. Deze verschuiving vertegenwoordigt een significante metafysische overgang die diep geworteld is in het begrip van zijn, waarheid en waarde zoals verwoord door Nietzsches filosofische lens. De Nietzscheaanse uitspraak "God is dood" wordt geïnterpreteerd als een theologische, schijnbaar negatieve formulering van zijn metafysische begrip van nihilisme. De fundamentele notie dat het concept van "nihil" (niets) centraal staat in het nihilisme, beweert dat nihilisme een toestand aanduidt waarin "zijn" niets voorstelt, niet alleen in geïsoleerde gevallen, maar in zijn totaliteit. Hij beargumenteert dat alleen Nietzsche's metafysica het nihilisme werkelijk heeft ervaren en het daarmee heeft erkend als een metafysisch concept. Deze erkenning vereist een heroverweging van Nietzsches metafysica, een taak die volgens dit artikel nog niet volledig mogelijk is met betrekking tot Nietzsches werk of enig ander metafysisch werk dat aan hem voorafging.

In enkele van zijn late werken gaat hij dieper in op de onderlinge relatie tussen zijn en waarheid (ἀλήθεια, alētheia), waarbij hij in het bijzonder onderzoekt hoe het begrip waarheid in de loop van de historische ontwikkeling van de metafysica is geïnterpreteerd en verkeerd geïnterpreteerd. Hij blijft het traditionele metafysische standpunt aanvechten dat waarheid positioneert als een statische, objectieve eigenschap van proposities binnen de φύσις (fysis), en stelt in plaats daarvan voor dat waarheid dynamisch verweven is met het ontvouwen van het zijn zelf. Als zodanig kan de aard van waarheid niet volledig begrepen worden door louter propositionele correctheid; in plaats daarvan moet het begrepen worden als een gebeurtenis waarin het zijn zichzelf openbaart. Hij pleit voor een terugkeer naar de vraag naar de aard van zijn en waarheid voorbij de grenzen van traditionele metafysische structuren. Deze heroriëntatie probeert de oorspronkelijke wortels van het filosofisch onderzoek te herontdekken die overschaduwd zijn door het historische traject van het metafysische denken, in het bijzonder de joods-christelijke morele structuren die, onder andere, massamoord verbieden voor het welzijn van de samenleving:

> De bewering van "eeuwige waarheden" en de vermenging van de op fenomenen gebaseerde "idealiteit" van het bestaan met een geïdealiseerd absoluut subject behoren tot de

overblijfselen van de christelijke theologie binnen de filosofische problematiek die nog niet radicaal zijn uitgeroeid.

Er is geen enkel argument dat Heidegger kan vrijpleiten van morele schuld voor zijn deelname aan het Derde Rijk. Zelfs in zijn intellectuele werken tot in de jaren 1960 bleef hij een fundamenteel amoreel wereldbeeld verkondigen, zelfs nadat hij het bloedvergieten van de 20e eeuw had gezien dat in naam van zijn god werd aangericht: Vooruitgang voorbij "religieuze waanideeën".

Jung was getuige van de verschrikkingen van het Derde Rijk en bouwde de rest van zijn leven aan een filosofie die geworteld is in absolute moraliteit, terwijl Heidegger niet alleen het subjectivisme van de menselijke ervaring benadrukte, maar ook de absurditeit van het streven naar ware menselijkheid en het herstel van het Imago Dei, en in plaats daarvan zijn toevlucht nam tot een gemodificeerd amoreel transhumanisme op het raadselachtige telos van de mensheid. Heidegger is een gouden voorbeeld van de kloof tussen intellectualisme en goedheid; dat de essentie van goedheid ligt in het ongeschapen licht dat de werkelijkheid aan zichzelf bindt, en niet in de eeuwige terugkeer van het zoeken naar zelfkennis buiten het Archetype van Zelfbewustzijn.

De Absolute Geest van Hegel in Heidegger: De uil van Minerva vliegt in de schemering

Nietzsche schreef ooit "Heel Hegel is een misverstand, maar wel een interessant misverstand. Ook Heidegger was gecharmeerd van Hegel, hoewel hij veel tijd besteedde aan het schrijven tegen hem. Heidegger schreef Jaspers op 25 juni 1929 over zijn belangrijkste lezing in het zomersemester van 1929:

> Op dit moment lees ik voor het eerst over Fichte, Hegel, Schelling - en er gaat weer een wereld voor me open; de oude ervaring die de anderen niet voor je kunnen lezen.

Carl Schmitt, een filosoof en prominent intellectueel in de Nazi-partij, schreef dat "Hegel stierf" in 1933 toen Hitler aan de macht kwam. Schmitt, die het katholicisme had afgezworen en zich had aangesloten bij de atheïstisch-nazistische religie, zag het nazisme als een afwijzing van het hegeliaanse theïsme. Heidegger was het daar niet mee eens en schreef hier

> Er is gezegd dat Hegel stierf in 1933; integendeel: hij is nog maar net begonnen te leven.

Voor de Anti-Metafysici, zo merkte zelfs Heidegger op, neemt religie eenvoudigweg een nieuw en zelfmisleidend gezicht aan, zoals Hegel expliciet waarschuwde. Heidegger probeerde in zijn vroege jaren te bewijzen dat de nationaal-socialistische partij de manifestatie was van de perfecte staat in Hegeliaanse zin, ondanks het feit dat Hegel stelde dat een monarchie, en niet een führer, de ideale regeringsvorm was. Hij bekritiseerde de liberale democratie en het communisme omdat ze niet trouw bleven aan de diepte van het "gedeelde erfgoed" van een volk, dat hij als cruciaal beschouwde voor de wereldgeschiedenis van het individu en de cultuur, maar eerder abstracte concepten waren die boven de bijzonderheden van een samenleving stonden. Na de val van het Derde Rijk (hij stierf pas in 1974) vestigde hij zijn hoop op het communisme en het socialisme, omdat deze met elkaar verweven religies de filosofische Hegeliaans-Feuerbachiaans-Marxistische dialectpatronen van het nazisme in stand hielden. Met andere woorden, ze zijn religieuze Eschatologie.

Hegel situeert het Griekse denken binnen het overkoepelende verhaal van zijn eigen filosofische systeem, precies zoals Heidegger doet. Centraal in dit discours staat Hegels opvatting van het dialectische proces, van oorsprong Platoons, dat hij retrospectief toepast op de geschiedenis van de filosofie, waarbij hij een progressieve ontvouwing van geest of spirit naar een uiteindelijke zelfrealisatie beweert. Dit voorbereidende stadium van de filosofie bij de Grieken, door Hegel gekarakteriseerd als het stadium van de these, staat in contrast met de antithese en synthese die verondersteld worden latere filosofische ontwikkelingen te definiëren. Heidegger ziet de raadselachtige oorsprong van de filosofie niet als fundamenteel, maar als completer dan welk modern filosofisch systeem dan ook. Heidegger wil terugkeren naar deze oermeditatie van het Zijn, die Heideggers dialectiek slechts ziet als een opstap naar absolute kennis en absolute Geest (Zijn).

Heidegger houdt zich gedurende zijn carrière veelvuldig bezig met het hegelianisme. Zijn proefschrift heeft als kopregel een motto van Hegel en een van zijn laatste werken is een boekwerk getiteld "Hegel en de Grieken". Hegels specifieke interpretaties van belangrijke Griekse filosofische concepten zoals Ἐν (het Ene), Λόγος (rede), Ἰδέα (idee) en Ἐνέργεια (werkelijkheid of actus). Deze termen, die centraal staan in de filosofieën van respectievelijk Parmenides, Heraclitus, Plato en Aristoteles, worden geherinterpreteerd door Hegels dialectisch-fenomenologische lens terwijl hij ze probeert te integreren in zijn speculatieve systeem. Heidegger betwist het idee dat Hegels speculatieve dialectiek de essentie van deze Griekse filosofische concepten volledig kan vatten en suggereert in plaats daarvan dat Hegels benadering de genuanceerde en soms onverenigbare aard van het oude Griekse denken kan oversimplificeren of verkeerd kan weergeven. Deze kritiek strekt zich uit tot een bredere ondervraging van Hegels filosofische project, waarbij wordt nagegaan in hoeverre zijn systeem werkelijk de geest en diepte van de Griekse filosofie weergeeft, of dat het een teleologisch verhaal oplegt dat de oorspronkelijke bedoeling en rijkdom van deze oude filosofische systemen vervormt.

Hegel werd, zoals elke filosofische geest, getroffen door de tegenstrijdigheden van het menselijk denken. Hij was het niet, noch zijn meester Kant, die de antinomieën uitvond zoals we ze nu kennen, maar ze brachten ze naar voren met een bewonderenswaardige diepgang. Sinds het begin van het Joods-Platonische continuüm hebben filosofen tevergeefs geworsteld om van het reële naar het ideale te komen, van het eindige naar het oneindige. Voor Hegel kon deze verbinding niet gevonden worden onder de regels van de oude logica, omdat er een tegenstelling bestaat tussen het ideale en het werkelijke. Op dezelfde manier hebben Newton en de natuurkundigen gezocht naar de overgang van denken naar zijn, van subject naar object, en ze hebben het niet kunnen vinden. In plaats van te pauzeren of te zoeken naar een omweg om het obstakel heen, moesten we er resoluut overheen gaan, besloot Hegel. Materie en geest, subject en object, eindig en oneindig, zijn tegenstrijdig, dat is waar; maar tegelijkertijd zijn ze identiek. Al het Zijn is zowel materieel als spiritueel, eindig en oneindig, onveranderlijk en in beweging, sterfelijk en goddelijk. Het leven is slechts de strijd en harmonie van tegenstellingen. Materie verandert geleidelijk in geest; het oneindige komt uit zichzelf tevoorschijn: het breekt, het spreekt zichzelf tegen, het wordt eindig. Eeuwigheid wordt tijd, onmetelijkheid wordt uitgestrektheid, abstract zijn wordt concreet, het absolute positieve ontkent zichzelf door zichzelf te bepalen, en deze primitieve tegenstrijdigheid, verre van de schepping te verhinderen, is haar ware motor. Het is om te ontsnappen aan de tegenstrijdigheid die zijn kern is dat het wezen begint te bewegen om de rebelse elementen van zijn essentie met elkaar te verzoenen. Tegenspraak en identiteit, these, antithese en synthese, dat is de wet van de schepping, dat is het eeuwige en universele ritme van het idee.

Op dezelfde manier, als je grenzen stelt aan het universum, zal Descartes je vertellen dat je het werk van God in een bol insluit; maar als je, op het geloof van Pascal, het universum durft op te vatten als een oneindige bol waarvan het middelpunt overal is en de omtrek nergens, zul je beschuldigd worden van onbezonnenheid en tegenstrijdigheid. Wat kan ik zeggen over de antinomie van geest en materie? Als God geest is, hoe heeft Hij dan materie geschapen? Als Hij materie is, hoe heeft Hij dan geest gemaakt? En de tegenstrijdigheid van voorzienigheid en vrije wil? Als God handelt in de wereld, hoe kan Hij dan niet alles doen? En als de mens iets doet, is de Voorzienigheid dan niet almachtig? De lijst van antinomieën zou zeker lang zijn en ik wil hem niet uitputten; maar ik zal er één noemen die ze misschien wel allemaal bevat: het is de tegenstelling tussen het eindige en het oneindige. Als er een God is, dan is die God het oneindige, onbeperkte, volmaakte Wezen; Hij is al het denken en al het handelen. Hoe is er dan ruimte voor iets anders? Het oneindige kan door zijn volmaaktheid zelf niet aan zichzelf ontsnappen. Als het niet uit zichzelf kan komen, dan is schepping onmogelijk en is het eindige slechts een illusie. Als je daarentegen de wereld als eindig poneert, dan is het duidelijk dat het op zichzelf niet voldoende is. Het eindige veronderstelt daarom het oneindige; maar tegelijkertijd sluit het het uit, omdat het erbuiten staat, het beperkt en door het te beperken vernietigt het het.

Hegel was zo betoverd door dit Kantiaanse antwoord op de oude metafysische tegenstellingen dat hij de immense taak op zich nam om zijn idee op het hele systeem van het bestaan toe te passen. En hij liet zich geen moment ontmoedigen, twintig jaar lang, tot de dag dat hij stierf terwijl hij aan het werk was. Uitgaande van een eerste tegenstelling, die van het niets en het zijn, verzoent hij deze twee ideeën in die van het worden, en dan, van het abstracte naar het concrete, van de zuivere logica naar de fysica, naar de astronomie, naar de fysiologie, dan van de fysische wereld naar de mens, via religie, kunst, politiek, filosofie, verklaart Hegel de hele geschiedenis van de natuur en de hele mensheid door middel van een systeem van tegenstellingen, die allemaal verbonden zijn met die van de natuur. Zijn en niets, de eerste tegenstelling, de moeder van alle andere. En op deze manier meent hij de menselijke geest tot rust te hebben gebracht, alle systemen met elkaar te hebben verzoend, alle religies te hebben verklaard, uiteindelijk de absolute wetenschap te hebben gesticht en het laatste woord te hebben gesproken over de Telos van de Filosofie. Heidegger gelooft dat filosofische vragen inherent onoplosbaar zijn en dat elke hoop om zelfs maar de juiste vraag te vinden, niet in de geschiedenis te vinden is, maar in de individuele ervaring van het Zijn.

Heidegger ziet dit streven naar het absolute in Hegel als bewonderenswaardig, maar zoals alle westerse filosofie, verduistert het de ware vraag naar het Zijn.

Heidegger zegt over Hegel: "Wie deze antinomieën niet kent, is een kleine filosoof; wie denkt dat hij de sleutel heeft, is niet bescheiden; wie denkt dat, bij gebrek aan filosofie, de dogma's van deze of gene sekte ze zullen doen verdwijnen, verkeert in een illusie. Hegel, omdat hij probeerde de antinomieën van de rede op te lossen; dat was zijn recht als groot metafysicus. Ik zeg alleen dat hij ze niet heeft opgelost, en dat hij zelfs in zijn fout veel minder origineel was dan hij dacht.

Het motto van zijn proefschrift over Duns Scotus is van Hegel:

" ... in Rücksicht aufs innere Wesen der Philosophie gibt es weder Vorgänger noch Nachgänger".

" ... met betrekking tot de innerlijke essentie van de filosofie is er geen voorganger of opvolger"

Geest-Tijd en Zijn: Hegeliaanse ontologie en de schaduw van Aristoteles

Plato en Aristoteles! Dit zijn niet alleen de twee systemen, maar ook de typen van twee verschillende menselijke naturen, die sinds mensenheugenis onder alle gedaanten min of meer vijandig tegenover elkaar hebben gestaan. Een dergelijke strijd is in het bijzonder gevoerd in de Middeleeuwen, tot op de dag van vandaag, en deze strijd is de meest essentiële inhoud van de christelijke kerkgeschiedenis. Er is altijd sprake van Plato en Aristoteles, zij het onder andere namen. Enthousiaste, mystieke, Platonische naturen onthullen christelijke ideeën en de bijbehorende symbolen vanuit het diepst van hun gedachten. Praktische, organiserende, Aristotelische naturen bouwen een vast systeem, een dogmatiek en een cultus op uit deze ideeën en symbolen. De Kerk omarmt uiteindelijk beide naturen, waarvan de ene meestal in de clerus en de andere in

het monnikendom verankerd is, maar voortdurend met elkaar in oorlog is.
Heinrich Heine

Met het doel een nieuwe Ontochronie te smeden, gooit Heidegger de hele geschiedenis van de Ontologie sinds Heraclitus, inclusief Descartes en Kant, eruit als zijnde foutief vanwege haar conceptie van tijd, zoals de hele continentale filosofie geworteld is in Aristoteles' definitie van tijd, niet in de Ontologische of Zijnscentrische definitie. Voor Heidegger is de existentieel-ontologische constitutie van de heelheid van het zijn gegrond in tijdelijkheid, en het probeert te onderzoeken of de tijd zelf de horizon van het zijn is. Hij geeft echter toe dat bij Kant, Descartes en Hegel de ontologie van de tijd door hun werken heen verschuift. Later in Tijd en zijn verkent hij de complexiteit van Hegels gebruik van Tijd en erkent hij dat hij op sommige momenten een volledig belichaamd concept van Zijn-Tijd gebruikt:

Al het onderzoek - en niet in de laatste plaats dat wat draait om de centrale vraag van het zijn - is een Ontische bestaansmogelijkheid. Het zijn vindt zijn betekenis in tijdelijkheid... "Tijd" heeft lang gefunctioneerd als een ontologisch of liever Ontisch criterium voor de naïeve differentiatie van de verschillende gebieden van het bestaan. Men onderscheidt een "temporeel" wezen (de processen van de natuur en de gebeurtenissen van de geschiedenis) van een "ontijdig" wezen (ruimtelijke en numerieke relaties).... Aristoteles' verhandeling over tijd is de eerste gedetailleerde interpretatie van dit fenomeen die tot ons is gekomen. Het heeft in wezen alle latere opvattingen over tijd bepaald - inclusief die van Bergson. Uit de analyse van Aristoteles' begrip van tijd wordt ook duidelijk dat Kants begrip van tijd zich achteruit beweegt binnen de structuren die Aristoteles benadrukt, wat betekent dat Kants ontologische basisoriëntatie - ondanks alle verschillen van een nieuwe vraag - de Griekse blijft.

Hij stelt dat ruimte en tijd niet slechts aangrenzende concepten zijn maar intrinsiek met elkaar verbonden zijn, waarbij ruimte de ongedifferentieerde exterioriteit van punten is, die hij "pointualiteit" noemt. Hegels dialectische benadering leidt ertoe dat hij ruimte ziet als de abstracte veelheid van punten, waarbij elk punt een negatie van ruimte vertegenwoordigt maar er toch binnen blijft. Dit conceptuele raamwerk stelt Hegel in staat om te beweren dat ruimte, wanneer er dialectisch over gedacht wordt, zichzelf openbaart als tijd, wat behoorlijk geavanceerd is voor zijn tijd en het begrip ruimte-tijd van de 20e-eeuwse natuurkunde voortzet. Immanuel Kant was de eerste intellectueel die Kwantumverstrengeling voorspelde in zijn vroege werken over de Newtoniaanse natuurkunde, en ook de planeetvorming correct beschreef voordat iemand anders dat deed. Ook Hegel doet filosofische voorspellingen over natuurkundige wetten, waarvan verschillende grotendeels waar zijn gebleken. Hij stelt dat de ruimte de "waarheid" van de tijd is en door de negatie van de negatie - waarbij punten zichzelf onderscheiden binnen het ruimtelijk continuüm - ontstaat de tijd. Dit dialectische proces culmineert in het concept van "bekeken worden", waarbij tijd wordt gezien als de voortdurende overgang van zijn naar niet-zijn, vertegenwoordigd door het steeds veranderende 'nu'. Hegels analyse sluit aan bij het traditionele, of "vulgaire" begrip van tijd, waarbij de nadruk ligt op het primaat van het 'nu' en de rol daarvan in de perceptie en ervaring van tijd.

Hegels perspectief is gebaseerd op het concept van de geest als de zelf-ontdekkende conceptualiteit van het zelf. Hij ziet de geest als absolute negativiteit, een proces van constante zelfoverwinning en progressie. Dit dynamische proces is wat Hegel identificeert als de essentie van de geest, waarbij hij zijn ontwikkeling karakteriseert als een negatie van negatie. In dit kader wordt tijd de onmiddellijke manifestatie van deze negatie, waardoor het verschijnen van de geest in de tijd een essentieel aspect wordt van zijn realisatie. Hegel stelt de progressie van de geest gelijk aan de historische ontwikkeling en ziet de wereldgeschiedenis als de geest die zichzelf in de tijd interpreteert. De exacte ontologische aard van het "vallen in de tijd" van de geest en zijn realisatie blijft echter enigszins duister in Hegels analyse. Desondanks vertegenwoordigt het werk van Hegel een poging om de concretisering van de geest te begrijpen, door te stellen dat de geest niet in de tijd valt maar bestaat als de oorspronkelijke temporalisatie van tijdelijkheid, waardoor de wereldtijd ontstaat en de geschiedenis kan ontstaan als een intratemporele gebeurtenis. Hegel begrijpt *Aion* dan wel als een Archetype en dat God in het "Archetype van de Tijd" woont, maar begrijpt volgens Heidegger nog steeds niet volledig de Tijd van het Zijn:

> Vanuit het primaat van het genivelleerde nu wordt duidelijk dat Hegels definitie van tijd ook de koers volgt van het vulgaire begrip van tijd en tegelijkertijd van het traditionele begrip van tijd. Het kan worden aangetoond dat Hegels begrip van tijd zelfs rechtstreeks is ontleend aan Aristoteles' "Fysica". In de "Jenenser Logik" (cf. de editie van G. Lasson 1923), die werd opgesteld ten tijde van Hegels habilitatie, is de

tijdsanalyse van de "Encyclopedie" al in alle essentiële stukken uitgewerkt. Het hoofdstuk over tijd (p. 202 e.v.) onthult zichzelf, zelfs bij de ruwste bestudering, als een parafrase van Aristoteles' verhandeling over tijd. Hegel ontwikkelt zijn opvatting van tijd binnen het kader van de natuurfilosofie al in de "Jenenser Logik" (p. 186), waarvan het eerste deel getiteld is "Systeem van de Zon" (p. 195). Na de definitie van ether en beweging, bespreekt Hegel het begrip tijd. De analyse van ruimte is hier nog steeds ondergeschikt. Hoewel de dialectiek al doorbreekt, heeft ze nog niet de latere starre, schematische vorm, maar maakt ze nog steeds een losser begrip van de verschijnselen mogelijk. Op de weg van Kant naar Hegels volledig ontwikkelde systeem doen de Aristotelische ontologie en logica opnieuw een beslissende intrede. Dit is al lang bekend als een feit. Maar het pad, de aard en de grenzen van de invloed zijn net zo duister. Een concrete vergelijkende filosofische interpretatie van Hegels "Jenensiaanse Logica" en Aristoteles' "Fysica" en "Metafysica" zal nieuw licht op het onderwerp werpen.

De Aristotelische categorieën die Heidegger aan het begin van zijn academische carrière analyseert in zijn proefschrift over Duns Scotus handhaaft hij in tegenstelling tot de Platonische vormen. De middeleeuwse Scholastiek gebruikt het concept van transcendentie om deze Aristotelische categorieën toe te passen. Deze categorieën worden gezien als vormen van orde binnen een afgebakend gebied, op een bijzondere manier opgenomen in het metafysische wereldbeeld van die tijd. Dit vormt een metafysisch fundament met de moderne wetenschappelijke benadering, die de empirische werkelijkheid wil homogeniseren voor theoretische analyse. De benadering van Duns Scotus, en het grootste deel van de westerse filosofie, inclusief het katholicisme en protestantisme, wordt gekenmerkt door een empirische oriëntatie, waarbij begrepen wordt dat vormen van betekenis voortkomen uit de empirische werkelijkheid. Heidegger realiseert zich dat deze relatie tussen betekenisvormen en categorieën van de natuurlijke werkelijkheid de werkelijkheid in zichzelf doet instorten, net zoals in Nietzsches verwerping van Plato. De vier oorzaken (αἰτία) van Aristoteles, in het bijzonder de materiële en formele oorzaken, leiden van nature tot de Aristotelische opvatting dat de essentie van een wezen, in het bijzonder een natuurlijk wezen, nauw verbonden is met zijn inherente principes van beweging en rust, waarmee het idee wordt onderstreept dat de aard van een ding geen extern attribuut is, maar een intrinsieke kwaliteit die het wezen zelf definieert.

Hegel schrijft in zijn jeugdige proefschrift uit 1793 "Over de calamiteiten van de renaissance van de Wurttembergse kerk" over deze invloed van het naturalisme in het Westen:

> Kortom, Aristoteles was slechts de leider van Moraal, Fysica, Metafysica, Logica en alle filosoferen van die tijd, en niet echt Aristoteles, van wie we tenminste weten dat hij een zeer groot genie was, zowel in de wetenschap van de natuur als in die van geest en gewoonten, maar zijn vertalers en commentatoren, die we al hebben gezien, hebben hem zo schaamteloos gecorrumpeerd.

In zijn "The Philosophical Foundations of Medieval Mysticism" uit 1918 schrijft Heidegger over de vervanging van de Platonische ontologie door het naturalisme van Aristoteles in de middeleeuwen en de scholastiek als een kritische verschuiving die ertoe leidde dat zowel het katholicisme als het protestantisme fundamenteel materialistisch werden en de basis legden voor het atheïsme. De scholastiek-Aristotelische visie van de Augustijner-middeleeuwse monnik Luther werd gezuiverd in de nieuwe dichotomieën van geloof versus werken en schrift versus traditie - dichotomieën die vreemd waren aan de vroegchristelijke Joods-Platoonse denkwijze. Heidegger schrijft in zijn boek "Augustinus en het Neoplatonisme" uit 1921: "Luther werd tijdens zijn beslissende ontwikkelingsjaren sterk beïnvloed door Augustinus. Binnen het protestantisme is Augustinus de meest gewaardeerde kerkvader gebleven." Augustinus' lezing van Plato is niet nieuw, Heidegger vermeldt dat "het christendom in Augustinus' tijd al sterk doordrongen was van het Griekse en Neoplatonisme", omdat zelfs Paulus' metafysica fundamenteel geworteld is in de Platoonse interpretatie van Heraclitus' Logos. Augustinus vertegenwoordigt eerder een verschuiving in het begrip van zonde en genade in relatie tot het bestaande neoplatonisme van het vroege christendom, wat uiteindelijk leidt tot Luthers nieuwe dichotomieën. Deze verschuiving vertegenwoordigt het begin van het metafysische schisma tussen het Oosten, dat de Bijbelse iteratie van het Platonisme intact hield, en het Westen, dat belangrijke herzieningen doorvoerde, eerst met Augustinus, daarna in de Scholastiek en uiteindelijk geperfectioneerd in de volledige aanname van het Subjectief Materialisme door het Protestantisme, nog steeds onder het mom van absolutisme. Dit metafysische atheïsme wordt getoond in Anselm van Canterbury's bewijzen voor het bestaan van God, waarmee een traditie in het Westerse Christendom begon van pogingen om met middeleeuws-Aristotelische logica het bestaan van God te bewijzen, wat het tegenovergestelde beoogde effect heeft gehad. Dit verlangen om het bestaan van God te bewijzen toont de diep materialistische, naturalistische en uiteindelijk atheïstische fundamenten van het Europese christendom na het Grote Schisma van 1054:

> De overheersing van het theoretische is al inherent aan Aristoteles' sterk wetenschappelijke, naturalistisch theoretische metafysica van het zijn en zijn radicale eliminatie en verkeerde beoordeling van het probleem van waarde in Plato, die werd vernieuwd in de middeleeuwse scholastiek, zodat de scholastiek, binnen de totaliteit van de middeleeuwse christelijke ervaringswereld, de onmiddellijkheid van het religieuze leven sterk in gevaar bracht en de religie vergat door theologie en dogma.

Zoals Plato opmerkt in zijn discussies over de scheidslijn, is het Zijn als licht in die zin dat het de wereld aan ons onthult, maar het is ons niet bekend door uiterlijkheden. En dit is de militant introspectieve aard van de Heideggeriaanse ontologie, die Newton en wetenschappelijke ontwikkelingen bijna als schadelijk voor de mensheid ziet. Technologische vooruitgang verdoezelt slechts de kritische vraag naar het Zijn en het kennen van je Zijn. Ontologie is een nevelige en raadselachtige onderneming, alsof je probeert op je eigen tanden te bijten, en Heidegger in het bijzonder is nog dramatischer dan welke historische ontoloog dan ook.

Heidegger ziet het Platonisme als cruciaal voor het behoud van zelfs maar de mogelijkheid van metafysica en een superrationeel rijk van zijn, in tegenstelling tot Nietzsche, die, als een gepassioneerde zelfbeschreven antichrist, de Platonische ontologie haatte. Plato's opvatting van waarheid (ἀλή&εια) houdt het belang van het Zijn intact, in tegenstelling tot het Aristotelianisme. Heidegger bespreekt hoe Plato's allegorie verder gaat dan een eenvoudig verhaal en dient als metafoor voor de transformerende kracht van onderwijs en het streven naar waarheid. Het proces van verlichting, zoals voorgesteld door de beklimming van de grot, gaat niet alleen over het verwerven van feitelijke kennis, maar behelst een fundamentele verandering in de manier waarop iemand de wereld waarneemt en begrijpt. Deze transformatie staat centraal in Plato's concept van onderwijs, dat niet alleen bestaat uit het overdragen van kennis, maar ook uit het cultiveren van het vermogen tot kritisch denken en filosofisch onderzoek. Het doel van de allegorie is om de grenzen van de zintuiglijke ervaring te benadrukken, en daarmee de ongeldigheid van de empirische kijk op betekenis. De benadering van Duns Scotus wordt gekenmerkt door een empirische oriëntatie, net als de rest van de Scholastiek, inclusief Luther en zijn Claritas Scripturae, die erkennen dat vormen van betekenis voortkomen uit de empirische werkelijkheid. Deze ontmythologisering van de werkelijkheid dwong tot de creatie van een Mysticisme in uiterlijkheid, waarmee de basis werd gelegd voor het Atheïsme dat we zien in protestantse gemeenschappen die onvermijdelijk seculariseren als gevolg van deze middeleeuwse erfenis waar subjectiviteit verkeerd wordt begrepen als Absolutisme. Heidegger leent veel van het Platonisme, maar wil nog steeds het idee van de "absolute" waarheid uitroeien dat in het Platoons-Judeïstische continuüm te vinden is.

Spraak als realiteitscreatie

> Spraak is existentieel van dezelfde oorsprong als geestesgesteldheid en begrip...De uiting van spraak is taal.

In Heideggers fenomenologische existentialisme wordt taal verheven tot een bijna mythische plaats als het hart van het discours, een van de drie kernelementen van Dasein. Het is een primordiaal fenomeen dat ten grondslag ligt aan de mogelijkheid van Daseins onthulling van de wereld en het zelf. Aangezien taal het "huis" van het zijn is, zoals Heidegger beroemde, is taal niet slechts een reflectie of representatie van een reeds bestaande werkelijkheid; het is een dynamische, constitutieve handeling die de werkelijkheid produceert en vormt. Dit kosmogonische element van taal is inherent aan Heideggers sterke nadruk op Parmenides en Heraclitus. Vóór de Grieken, in de "Enuma Elish", is het vermogen van de Babylonische god Marduk om "magische woorden te spreken" en zo de kosmos te ordenen een centraal thema. Dit benoemen is niet slechts een passieve etikettering, maar een krachtige, wereldstructurerende, constructieve activiteit. Marduks naamgeving, een voorbode van het Joodse concept van taal als Genesis zelf, brengt de werkelijkheid voort, organiseert de "chaos" in een "kosmos", parallel aan hoe de linguïstische articulatie van Dasein de wereld vormgeeft en structureert.

We gaan een millennium verder en Heraclitus' concept van de Logos biedt nog een laag aan articulatie als het bouwen van realiteit. Hij kneedde dit oude concept tot de Logos zoals we die vandaag de dag kennen, een nevelachtige wereldgeest, het onderliggende principe van orde en kennis, een fundamentele, verenigende reden die de kosmos bestuurt; de centrale bezielende kracht van de werkelijkheid. Hoewel Heraclitus' logos op verschillende manieren is geïnterpreteerd en in verschillende religies is opgenomen, komt Heideggers perspectief op taal in grote lijnen overeen met dit oude begrip, zij het gecoöpteerd in zijn existentiële en fenomenologische project. Door middel van taal worden de onderliggende structuren van de werkelijkheid zowel onthuld als verborgen, wordt de chaos van het bestaan geordend en begrijpelijk gemaakt.

Maar in tegenstelling tot de statische, onveranderlijke logos van Heraclitus is Heideggers opvatting van taal dynamisch, een voortdurend samenspel van onthullen en verbergen dat inherent is aan het proces van zijn in de wereld. Deze verheffing van taal heeft een fundamenteel raakvlak met Heideggers driedelige opvatting van Dasein, waarin het zijn-in-de-wereld (In-der-Welt-sein) de kern van het menselijk bestaan vormt, naast het zijn-met-anderen (Mitsein) en het zijn-naar-de-dood (Sein-zum-Tode). In dit schema is het discours (de spraak), als een van de existentiële bestanddelen van Dasein, niet slechts een activiteit die Dasein ontplooit; het is een modus waardoor Dasein zijn wezen realiseert. Het gesproken woord wordt een plek waar de wereld wordt onthuld, waar de wisselwerking tussen onthullen en verbergen, een centraal motief in Heideggers denken, zich ontvouwt.

Heideggers benadering van taal daagt ook de traditionele dichotomie tussen het subjectieve en het objectieve uit, want taal is niet volledig subjectief en ook niet slechts een objectief hulpmiddel. Het is eerder door middel van taal dat de grens tussen subject en object wordt genavigeerd en overstegen. Taal is het medium waardoor de wereld voor ons ontstaat en wij in de wereld. Het is een wederkerig proces waarin het zijn en de wereld elkaar co-constitueren, en taal is het centrale element in deze co-constitutie. Heideggers behandeling van taal als een mythisch, bijna heilig, element in het hart van de existentiële structuur van Dasein herconfigureert ons begrip van spraak, taal en werkelijkheid ingrijpend.

Poëzie wordt in deze zin de ultieme uitdrukking van de realiteitscheppende kracht van taal, waar de samensmelting van woord en wereld de alledaagse communicatie overstijgt en rijken van betekenis en zijn opent die verborgen blijven in het alledaagse discours. In zijn vroege werk "Explanations of Holderlin's Poetry" uit 1910 schrijft hij:

> Ons bestaan is in wezen poëtisch, dat kan niet betekenen dat het uiteindelijk slechts een onschuldig spel is.... De reden van het menselijk bestaan is de conversatie als een gepast gebeuren van de taal. De oorspronkelijke taal is echter poëzie als het fundament van het zijn. Taal is echter "het gevaarlijkste goed". Daarom is poëzie het gevaarlijkste werk en tegelijkertijd het "onschuldigste van alle ondernemingen".

Voorbij het goede en nog steeds het kwade

Christos Yannaras, die in 1971 zijn proefschrift over Heidegger schreef voordat Heidegger zelf overleed, heeft duizenden pagina's ontleed over de betekenis van Heidegger in het Oosten en het Westen. In Schisma in de filosofie: The Hellenic perspective and it's Western Reversal, merkt Yannaras op:

> Het dynamische karakter van waarheid in Heideggers filosofie is beperkt tot de waarneming (Verstandnis) van het Zijn als tijdelijkheid of afwezigheid, als de manifestatie of het niets van een wezen. Het heeft te maken met een wijze van begrijpen van het Zijn door het menselijk subject, niet met een interpretatie van het Zijn als Zijn.

Yannaras begrijpt Heideggers existentiële ontologie als een afwijzing van het post-Cartesiaanse abstracte, rationalistische denken. Heidegger vervangt *Cogito Ero*

Sum door Dasein, in een beweging die de Christelijke voltooiing van Heraclitus' Logos nabootst. Het Heideggeriaanse Ontologische verschil tussen (entiteiten) en het Zijn (de essentie of het bestaan van die entiteiten) is moeilijk te interpreteren buiten een religieus kader, namelijk het onderscheid tussen de geschapen wereld en God. Heidegger stelt dat de essentie van het menselijk bestaan niet in de rationele geest ligt (zoals Descartes voorstelde), maar in het zijn-in-de-wereld, wat akelig dicht in de buurt komt van de kritiek van de Oosters-orthodoxie op het post-scholastieke Westen.

Yannaras gelooft dat Heidegger opzettelijk de patristische apofatische theologie negeert om in de atheïstisch-nihilistische tautologie van zijn eigen makelij te blijven. Heidegger en zijn discipelen Sartre en Camus hebben Nietzsches stoutmoedige anti-metafysica volledig bewezen; de onvermijdelijkheid van de filosofische zelfvernietiging van de tautologieën die in het Grote Schisma zijn ontstaan en zich manifesteren in het "bijbelgelovige" rationalistische christendom. De Westerse metafysische traditie is failliet, maar noch Heidegger noch Sartre zijn in staat geweest om een alternatief te vormen voor het nihilistische einde. Heideggers manifestatie van een schril contrast tussen ongeëvenaarde intelligentie en academische nauwgezetheid en zijn levenslange morele lafheid bewees eerder dit Nihilisme.

Yannaras publiceerde een jaar voor Heideggers dood een krachtig antwoord van de orthodoxe kerk getiteld "Persoon en Eros", waarin hij zijn gebroken, nihilistische existentialisme heroriënteerde op de oudchristelijke oplossing voor het probleem van de kenbaarheid van Zijn - de oplossing die de vroege kerkvaders, met name

St. Maximus de Belijder en St. Dionysius de Areopagiet goed kenden: we worden bekende en kenbare Wezens door ons uit te reiken naar de Ander (in Kierkegaardiaanse termen), een zelftranscendentie van een conceptualisering van het noëtisch bewustzijn die een universele existentiële relatie vindt met de Essentie van het Zijn. Yannaras schrijft:

> Het Westen, in zijn jeugdig enthousiasme of jeugdige onvolwassenheid, identificeerde (en identificeert nog steeds) het begrip van de betekenaars met de kennis van wat er wordt gesignaleerd. Het accepteerde en cultiveerde een "ontische" versie van het zijn, zoals Heidegger heel scherpzinnig voor ogen had. Dat wil zeggen, het Westen zag het zijn altijd als onticiteit, tot voltooiing gebracht als objectief gedefinieerd met een gevoel van finaliteit door het individuele intellect (de adaequatio rei et intellectus definieert en put de waarheid, de veritas, uit van elk gegeven van de werkelijkheid).

Het Oosten herhaalt zijn 11e eeuwse waarschuwing aan het Westen binnen de kritiek van Heidegger, die altijd onvermijdelijk was zodra subjectieve interpretatie van de Heilige Traditie de nexus van Waarheid wordt. De afkondiging van de "dood van God" door Nietzsche is de onvermijdelijke historische uitkomst die de hele theologische ontwikkeling van het Westerse Christendom sinds de waarschuwingen van Mt. Athos tijdens het Grote Schisma verduidelijkt. De vervanging van kerkelijke ervaring door intellectuele zekerheid via Luthers Claritas Scriptura bereidt de weg voor rationeel argumenteren over die zekerheid. Het rationalisme, bevrijd van de metafysische garanties van de scholastiek door het protestantse piëtisme en in de daaropvolgende eeuwen verder geïntellectualiseerd door de Kantiaanse school, was de voorbereiding op de dominantie van een individualistische. Dit is de basis van het nihilisme.

Het contrast tussen rooms-katholiek fideïsme en protestants piëtisme genereerde tegelijkertijd het utilitarisme. Dit nieuwe veld van rechtvaardiging door waarde zorgt voor het voortbestaan en de toepassing van de creatie van materialistisch scepticisme door het Westerse Christendom en uiteindelijk voor het Nihilisme van het huidige tijdperk. Heidegger documenteert dit pad van het Grote Schisma naar Luther tot de "verloochening van alle waarden" zorgvuldig, net zoals Nietzsche en Schopenhauer dat doen:

> Het verminderde gezag van God en het leergezag van de kerk wordt vervangen door het gezag van het geweten, door het gezag van de rede. Hiertegen komt het sociale instinct in opstand. De vlucht van de wereld naar het bovenzinnelijke wordt vervangen door historische vooruitgang. Het buitenwereldse doel van eeuwige gelukzaligheid wordt omgezet in het aardse geluk van de meeste mensen. De cultus van de religie wordt vervangen door het enthousiasme voor de creatie van een cultuur of voor de verspreiding van de beschaving. Het scheppende, voorheen het eigene van de bijbelse God, wordt het onderscheid van de menselijke activiteit. De schepping ervan gaat uiteindelijk over in het bedrijfsleven.

> Wat op een dergelijke manier zichzelf op de plaats van de bovenzinnelijke wereld wil brengen, zijn modificaties van de christelijk-kerkelijke en theologische interpretatie van de wereld, die zijn schema van de ordo, de gegradeerde orde van het zijn, heeft overgenomen van de hellenistisch-joodse wereld, waarvan de basisstructuur in het begin van de westerse metafysica door Plato werd gefundeerd.

Het gebied voor de essentie en de gebeurtenis van het nihilisme is de metafysica zelf, altijd op voorwaarde dat we met deze naam niet een doctrine bedoelen of zelfs maar een speciale discipline van de filosofie, maar denken aan de basisstructuur van het zijn in het geheel, voor zover dit wordt onderscheiden in een zintuiglijke en een bovenzintuiglijke wereld en de laatste wordt gedragen en bepaald door de laatste. Metafysica is de historische ruimte waarin het een noodlot wordt dat de bovenzinnelijke wereld, de ideeën, God, de morele wet, het gezag van de rede, de vooruitgang, het geluk van de meeste mensen, de cultuur, de beschaving hun bouwkracht verliezen en nietig worden. We noemen dit verval van het bovenzinnelijke zijn verval. Daarom is ongeloof in de zin van afvalligheid van de christelijke geloofsleer nooit de essentie en de reden, maar altijd slechts een gevolg van nihilisme; want het zou kunnen dat het christendom zelf een gevolg en uitwas is van nihilisme.

Tim Newcomb
Stuttgart, Duitsland
Winter 2024

Tijdlijn van Heideggers leven en werk

1889: Geboorte
Martin Heidegger wordt geboren op 26 september in Messkirch, Baden, Duitsland. Zijn opvoeding in een katholiek gezin beïnvloedt zijn vroege filosofische gedachten, hoewel hij later het christendom afzweert, wat hem uiteindelijk naar het nazisme leidt.

1913: Doctoraat aan de universiteit van Freiburg
Heidegger promoveert aan de Universiteit van Freiburg op zijn werk over Duns Scotus. Zijn interesse in middeleeuwse filosofie en fenomenologie begint vorm te krijgen.

1916: Trouwt met Elfride Petri
Heidegger trouwt met Elfride Petri, met wie hij later twee zonen zou krijgen. Dit jaar markeert een periode van persoonlijke ontwikkeling en academische vooruitgang.

1923: Wordt geassocieerd hoogleraar aan de universiteit van Marburg
Heidegger wordt benoemd tot universitair hoofddocent aan de universiteit van Marburg. Hier wordt hij beïnvloed door protestantse theologen, die zijn interesse in existentiële vragen verdiepen.

1927: Publicatie van "Zijn en tijd".
"Zijn en tijd" (Sein und Zeit), Heideggers meest invloedrijke werk, wordt gepubliceerd. Deze publicatie zorgt voor een revolutie in de existentiële filosofie en fenomenologie.

1933: Heidegger sluit zich aan bij de Nazipartij
Heidegger wordt rector van de Universiteit van Freiburg en sluit zich aan bij de Nazipartij, waarmee hij de plaats inneemt van zijn Joodse mentor Husserl. Zijn vroege lezingen in

Freiburg hebben nationalistische en antisemitische ondertonen en hoewel hij zijn post verlaat en het nazisme bekritiseert, blijft zijn falen om hen volledig en krachtig te veroordelen een schaduw over zijn werk.

1934: Ontslag uit rectoraat

Heidegger neemt ontslag als rector. Zijn politieke betrokkenheid en filosofische ontwikkelingen in deze periode blijven onderwerp van uitgebreide discussie. Zijn banden met de nazi's veroorzaken controverse tijdens zijn leven en tot op de dag van vandaag.

1938: "Bijdragen aan de Filosofie" geschreven (postuum gepubliceerd)

Hij begint met het schrijven van "Bijdragen aan de Filosofie", een werk dat postuum gepubliceerd zou worden en een belangrijke verschuiving in zijn filosofisch denken zou betekenen.

1943 Zijn en Nietsheid

Jean-Paul Sartre publiceerde "Zijn en Nietsheid", beïnvloed door Heideggers existentialisme en een directe interpretatie van Heideggers Zijn en Tijd.

1946: Naoorlogse vragen en reflectie

In de nasleep van de Tweede Wereldoorlog krijgt Heidegger te maken met een kritisch onderzoek en een tijdelijk verbod om les te geven vanwege zijn nazi-banden. Hij stort zich in een periode van vragen stellen en reflectie.

1951: "Bouwen aan woningdenken".

Heidegger publiceert "Building Dwelling Thinking", een verzameling essays waarin de relatie tussen het menselijk bestaan en de fysieke en culturele omgeving wordt onderzocht.

1953: "Inleiding tot de metafysica

"Inleiding tot de metafysica" wordt gepubliceerd, waarin de fundamentele vragen van het bestaan en het zijn worden uitgediept. Dit werk weerspiegelt zijn voortdurende evolutie in het denken. In hetzelfde jaar werd "Philosophical Investigations" van Ludwig Wittgenstein postuum gepubliceerd, wat een belangrijke verschuiving in de analytische filosofie markeerde.

1961: "Nietzsche" Gepubliceerd

In hetzelfde jaar als het overlijden van Carl Jung publiceert Heidegger zijn omvangrijke vierdelige werk over Friedrich Nietzsche, waarin de diepgaande invloed van Nietzsche op Heideggers filosofie wordt benadrukt.

1971: Pensioen van de Universiteit van Freiburg

Heidegger stopt met lesgeven aan de Universiteit van Freiburg, maar blijft schrijven en lezingen geven. Zijn latere werk gaat dieper in op taal en poëzie.

1976: Dood

Martin Heidegger overlijdt op 26 mei in Freiburg im Breisgau, Duitsland. Zijn filosofische nalatenschap blijft een groot aantal disciplines beïnvloeden, waaronder het Franse existentialisme.

Beknopte index van Heideggiaanse filosofie

Zijn (Sein):

Het Zijn is de raadselachtige kern van Heideggers filosofie. Het vertegenwoordigt de fundamentele essentie van het bestaan en overstijgt individuele materiële entiteiten. Dit concept is cruciaal voor het onderscheid tussen het 'Zijn' zelf en specifieke 'wezens' of manifestaties. Heidegger benadrukt de kritieke noodzaak om de betekenis van het Zijn in vraag te stellen, een vraag die volgens hem grotendeels over het hoofd is gezien in de Westerse filosofie. Hij stelt dat het begrijpen van het Zijn essentieel is voor het begrijpen van de menselijke conditie en onze relatie met de wereld. Hij verwoordt dit in "Zijn en tijd":

Dasein (Dasein)

Dasein, letterlijk 'er zijn', verwijst naar de ruimtelijk-temporele werkelijkheid van de menselijke ervaring. Heidegger gebruikt deze term om de gesitueerde, interpretatieve aard van het menselijk bestaan te onderstrepen, waarbij hij Dasein niet alleen definieert als een bewust subject, maar als een entiteit die actief betrokken is bij de wereld. Dit concept staat centraal in zijn existentiële analyse, die zich richt op de unieke structuren van het menselijk bestaan. In "Zijn en tijd" merkt hij op:

> "Dasein is een entiteit die niet zomaar voorkomt tussen andere entiteiten. Het onderscheidt zich veeleer ontisch door het feit dat, in zijn eigen Zijn, dat Zijn een kwestie voor hem is."

Zorg (Sorge)

Zorg vertegenwoordigt een fundamentele structuur van Dasein en belichaamt zijn intrinsieke zorg voor zijn eigen Zijn en de wereld waarin het leeft. Heidegger stelt dat Dasein onvermijdelijk betrokken is bij een wereld waar het om geeft, waarbij deze zorg zich manifesteert in verschillende activiteiten, relaties en beslissingen. Dit concept is van vitaal belang voor het begrijpen van het menselijk bestaan als fundamenteel gericht op dingen en anderen, zoals hij uitlegt in "Zijn en tijd":

> "Het Zijn van Dasein betekent vooruitlopen op-zelf-zijn-al-in-(de-wereld) als Zijn-alongside (entiteiten die binnen-de-wereld worden aangetroffen). Dit Zijn vult de betekenis in van de term 'zorg', die op een puur ontologisch-existentiële manier wordt gebruikt."

Authenticiteit (Eigentlichkeit)

Authenticiteit verwijst naar het potentieel van Dasein om een meer oprechte manier van zijn te realiseren, die de erkenning en omarming van iemands vrijheid en verantwoordelijkheid voor het bestaan omvat. Dit authentieke bestaan, zoals Heidegger beschrijft, staat in contrast met een niet-authentiek bestaan, waarin Dasein zich houdt aan maatschappelijke normen en verwachtingen. Authenticiteit is geen moreel oordeel, maar een manier om trouw te zijn aan de eigen mogelijkheden. In "Zijn en Tijd" stelt Heidegger:

> "Authenticiteit en inauthenticiteit zijn mogelijkheden van Zijn voor Dasein, dat in elk geval al voor een van deze mogelijkheden heeft gekozen."

Geworpenheid (Geworfenheit)

Geworpenheid omvat de toestand van Dasein dat in de wereld wordt 'geworpen', in een specifiek historisch en cultureel milieu. Dit concept onderstreept dat individuen niet kiezen voor hun geboorte, achtergrond of fundamentele bestaansvoorwaarden. Het benadrukt de gegevenheid van onze situatie, die de achtergrond vormt waartegen we ons leven leiden. Het gegeven zijn is een cruciaal element in Heideggers analyse van de menselijke conditie, zoals hij verwoord in "Zijn en tijd":

> "De 'essentie' van Dasein ligt in zijn bestaan. Dit betekent dat de entiteiten die Dasein in wezen is, bepaald worden door de

mogelijkheden die het is en die het begrijpt. Deze entiteiten zijn wat ze zijn als Dasein dat het Zijn begrijpt, en zichzelf begrijpt in termen van zijn bestaan."

Wereldschap (Weltlichkeit)

Wereldsheid is een sleutelbegrip in Heideggers filosofie, dat de structuur van de wereld beschrijft zoals die door Dasein wordt ervaren. Heidegger ziet de wereld niet louter als een verzameling objecten, maar als een complex netwerk van relaties en betekenissen. Wereldsheid benadrukt de contextuele aard van het menselijk bestaan, waarbij begrip en betekenis worden gevormd door onze onderdompeling in een gedeelde wereld. Dit concept daagt traditionele noties van objectiviteit uit en stelt een meer dynamische interactie voor tussen individuen en hun omgeving. Heidegger legt uit in "Zijn en Tijd":

> "De wereld is niet slechts een verzameling van telbare of ontelbare, bekende en onbekende dingen die er gewoon zijn. Maar het is ook niet slechts een ingebeeld kader dat door onze voorstelling wordt toegevoegd aan de som van zulke gegeven dingen."

Gebruiksklaar (Zuhandenheit)

Voorhanden is een term die Heidegger gebruikt om objecten in hun utilitaire aspect te beschrijven, als gereedschap of uitrusting. Dit staat in contrast met de 'present-at-hand' (Vorhandenheit), waar objecten worden waargenomen zonder hun functionele context. Voorhanden benadrukt de praktische, alledaagse omgang met objecten, waarbij hun bestaan wordt bepaald door hun nut. Dit concept is fundamenteel om te begrijpen hoe Dasein interageert met zijn omgeving en deze interpreteert.

> "Hoe minder we alleen maar naar het hamer-ding staren, en hoe meer we het vastpakken en gebruiken, hoe origineler onze relatie ermee wordt, en hoe onthullender het wordt als dat wat het is - als materiaal."

Aanwezig (Vorhandenheit)

Present-at-hand verwijst naar de manier waarop objecten worden waargenomen op een afstandelijke, observerende manier, onafhankelijk van hun praktisch gebruik of context. Dit concept staat in contrast met de ready-to-hand, en benadrukt een manier van betrokkenheid waarbij objecten worden waargenomen als louter dingen, los van onze praktische betrokkenheid ermee. Heidegger gebruikt dit onderscheid om kritiek te leveren op de beperkingen van traditionele wetenschappelijke en filosofische benaderingen die voorbijgaan aan de alledaagse, praktische betrokkenheid bij de wereld.

> "Als we alleen maar naar iets kijken, ligt het voor ons als iets dat aanwezig is in de wereld."

Zijn-in-de-wereld (In-der-Welt-sein)

Zijn-in-de-wereld is een fundamenteel concept in Heideggers filosofie, dat het idee samenvat dat het bestaan van Dasein intrinsiek verbonden is met zijn betrokkenheid bij de wereld. Deze term onderstreept de onafscheidelijkheid van Dasein van zijn context, en verwerpt de notie van het individu als een geïsoleerde, op zichzelf staande entiteit. Zijn-in-de-wereld benadrukt het relationele aspect van het menselijk bestaan, waarbij begrip en identiteit worden gevormd door interacties met anderen en de omgeving.

> "Dat soort Zijn ten opzichte van de wereld dat zich met iets bezighoudt en ermee te maken heeft, is wat we kennen als zorgzaamheid. Deze zorg, die Zijn-in-de-wereld is, is niet slechts een aanwezigheid-bij-de-hand van iets dat we kennen; het is een existentieel kenmerk van Dasein zelf."

Afstemming (Befindlichkeit)

Deze term wordt in het Engels vaak vertaald als "state-of-mind" of "attunement". Befindlichkeit is ontologisch gezien het meest bekende en meest alledaagse: stemming, afgestemd zijn. Vóór alle psychologie van stemmingen, die nog steeds volledig braak ligt, is het belangrijk om dit fenomeen als een fundamenteel existentieel te zien en de structuur ervan te schetsen. In de filosofie van Heidegger verwijst Befindlichkeit naar de pre-reflectieve, niet-cognitieve manier waarop individuen zichzelf in de wereld vinden. Het is een fundamenteel aspect van ons wezen dat onthult hoe we door de wereld worden beïnvloed en welke stemming of instelling daaruit voortkomt. Befindlichkeit gaat niet alleen over emoties of gevoelens; het gaat meer over de manier waarop onze stemming het toneel vormt voor onze ontmoeting met de wereld en ons begrip van onze plaats daarin.

Handzaamheid (Zuhandenheit)

Zuhandenheit beschrijft de manier waarop we omgaan met objecten in onze dagelijkse omgeving. Het staat in contrast met het idee dat objecten alleen maar aanwezig zijn, wat een meer afstandelijke, observerende relatie impliceert. Wanneer iets "aanwezig" is, is het geïntegreerd in onze activiteiten; we gebruiken het zonder er bewust over na te denken. Bij het hameren bijvoorbeeld wordt een hamer niet beschouwd in termen van zijn eigenschappen of bestaan als object, maar wordt hij gebruikt als onderdeel van de activiteit van het hameren. Dit concept is cruciaal voor het begrijpen van Heideggers visie op hoe we bestaan en in de wereld interageren in een praktische, directe zin.

Existentialistische terminologie

Tijdelijkheid

Kierkegaard
Samtidighed: Het idee van gelijktijdig zijn met een gebeurtenis of persoon. Voor Kierkegaard betekende het vooral gelijktijdig zijn met Christus in geestelijke of existentiële zin.

Sartre en Camus
Contemporanéité: In het Frans betekent deze term tijdgenoot zijn van een gebeurtenis of een persoon en beide filosofen gebruikten het om te verwijzen naar de directheid en relevantie van existentiële keuzes in de eigen tijd.

Heidegger en Nietzsche
Gleichzeitigkeit: Heideggers filosofie, met haar focus op het tijdelijke zijn van het individu in de wereld, gebruikte Gleichzeitigkeit hedendaagsheid als aanwezig zijn en bezig zijn met het eigen Zijn-in-de-wereld of Dasein.

Nietzsches gebruik van het woord richt zich op het idee dat je in overeenstemming moet zijn met het culturele, morele en filosofische ethos van je tijd, waarbij je de waarden van de hedendaagse wereld uitdaagt en herwaardeert.

Gooien

Kierkegaard
Tilværelsens tilfældighed: Grofweg vertaald "de willekeur van het bestaan", wat het idee kan omvatten dat je zonder keuze in het bestaan wordt geworpen.

Heidegger en Nietzsche
Geworfenheit:
  Deze term, een kernbegrip van het Heideggeriaanse existentialisme, verwijst naar de bestaansvoorwaarde van mensen die zonder hun keuze in de wereld worden 'gegooid' en benadrukt de contingentie en gesitueerdheid van het menselijk leven.

Camus en Sartre
  Le hasard de la naissance: Vertaald naar "de willekeur van de geboorte", wat de willekeurige aard van ons bestaan weerspiegelt.

Angst

Kierkegaard
Angest - Een diep gevoel van existentiële angst of bezorgdheid over iemands vrijheid en verantwoordelijkheid.

Heidegger en Nietzsche
Angst - Een fundamentele stemming die het niets en de ultieme onafhankelijkheid van de wereld onthult.

Sartre (Frans): Angoisse - Het gevoel van angst en ongerustheid tegenover iemands vrijheid en de afwezigheid van externe structuur.

Absurditeit

Dostojevski
Абсурд (Absurd) - De irrationele of betekenisloze aard van het materiële leven als een gemeenschappelijk thema in zijn werk tegen het concept van utopisme.

Camus en Sartre
L'absurde - Het conflict tussen de menselijke neiging om inherente waarde en betekenis in het leven te zoeken en het menselijk onvermogen om die te vinden in een doelloos, betekenisloos universum.

Vervreemding

Kierkegaard
Fremmedgørelse: Deze term in het Deens beschrijft het existentiële gevoel van vervreemding of vervreemding, vooral van iemands ware zelf of van een zinvol bestaan.

Nietzsche en Heidegger
Entfremdung: In de filosofie van Heidegger verwijst deze term naar de ervaring van vervreemding of vervreemding van het eigen authentieke zelf, vooral in de context van een samenleving die gedomineerd wordt door het 'zij' (Das Man).

Nietzsche gebruikte deze term ook, hoewel zijn begrip van vervreemding vaak draaide om de vervreemding van authentieke waarden en het opleggen van maatschappelijke normen die de individuele vitaliteit en creativiteit onderdrukken.

Camus en Sartre
Aliénatie: Sartre gebruikte deze term om het proces te beschrijven waarin individuen vervreemd raken van hun eigen essentie of vrijheid, vooral door invloeden van buitenaf, zoals maatschappelijke structuren of de blik van de Ander.

In zijn literatuur noemt Camus het individu L'étranger, verwijzend naar deze existentiële vervreemding van het Zelf van de wereld en het Zelf van het Zelf (hij was militant anti-Existentialistisch en anti-Socratisch).

Dostojevski en Toergenjev
Отчуждение (Otchuzhdenie): Deze Russische term geeft het gevoel van vervreemding weer, een thema dat vaak onderzocht wordt in de context van de strijd van het individu tegen maatschappelijke normen en het existentiële isolement van het individu.

Authenticiteit

Heidegger en Nietzsche
Eigentlichkeit - Het concept van een leven leiden dat trouw is aan het eigen bestaan, een filosofische echo van de Stoïcijnse stelregel om volgens Nietzsche te leven.

Camus en Sartre
Authenticiteit - Je vrijheid en verantwoordelijkheid omarmen en leven volgens je eigen morele waarden in plaats van te voldoen aan maatschappelijke verwachtingen.

Wanhoop

Kierkegaard
Fortvivlelse - Een staat van wanhoop die voortkomt uit het besef van iemands beperkingen en de lasten van vrijheid en verantwoordelijkheid.

Heidegger en Nietzsche

Verzweiflung - Een diepe staat van existentiële wanhoop, vaak voortkomend uit het besef van de absurditeit van het leven.

Vrijheid

Dostojevski
вобода (Svoboda) - Het concept van vrije wil, morele verantwoordelijkheid en de last van keuzes.

Camus en Sartre
Liberté - De inherente vrijheid van het individu om te kiezen en zijn eigen bestaan te definiëren.

Nihilisme

Heidegger en Nietzsche
Nihilisme - Het geloof dat het leven geen objectieve betekenis, doel of intrinsieke waarde heeft. Nietzsche definieert Nihilisme in een brief uit 1887 als "dat "de hoogste waarden zichzelf devalueren."

Dostojevski
Нигилизм (Nigilizm) - Een filosofische doctrine die de ontkenning van één of meerdere vermeend zinvolle aspecten van het leven suggereert. Deze term werd bedacht door Dostojevski's tijdgenoot Ivan Toergenjev.

Het Zelf/Individu

Kierkegaard
Selvet - Het zelf, vooral in de context van zijn relatie tot de wereld, God en existentiële keuzes. Kierkegaards grafschrift luidt "Dat Individu".

Heidegger en Nietzsche
Das Selbst - Het zelf, vooral in relatie tot concepten van authenticiteit en individueel bestaan.

Noot van de vertaler

Deze editie is ontworpen om door de opzettelijk raadselachtige taal van Heidegger heen te snijden en zo een zo toegankelijk mogelijke leeservaring te bieden. Voetnoten zijn verwijderd, complexe en specifieke terminologie is zo letterlijk mogelijk vertaald en complexe zinnen zijn vereenvoudigd. Heidegger is historisch gezien een van de meest ontoegankelijke moderne filosofen, maar zijn nihilistische existentialisme en amorele metafysica hebben hedendaagse filosofen beïnvloed, met name Camus, waardoor hij een cruciale schakel is tussen de 19e en 21e eeuw.

Heidegger bedacht vaak nieuwe woorden en hergebruikte bestaande woorden, waarbij hij meerdere betekenislagen in enkele termen verwerkte, waardoor de vertaler gedwongen werd te kiezen tussen het behouden van de oorspronkelijke betekenis en het waarborgen van de leesbaarheid in het Engels. Deze vertaling is ontworpen om de leunstoelfilosoof in staat te stellen Heideggers ontologie met gemak te benaderen. Daarom wordt unieke en esoterische terminologie vervangen door het dichtstbijzijnde letterlijke equivalent in het Engels. Andere vertalingen streven ernaar om deze woorden onvertaald te laten; deze versie leunt op leesbaarheid zodat de grote lijnen van zijn filosofische project begrepen kunnen worden. Je kunt een leven lang bezig zijn met het uitpakken van zijn werken, en sommigen hebben dat ook gedaan, maar deze edities zijn ontworpen met het oog op toegankelijkheid.

Heidegger creëert vaak samengestelde termen, zoals Daseinsanalytik of Vorhandenheit, die meerdere ideeën in één woord samenvatten. Deze vormen een unieke uitdaging; hun letterlijke vertaling naar het Engels kan omslachtig of obscuur zijn. In veel gevallen hebben we ervoor gekozen om deze termen op te splitsen in hun conceptuele componenten om hun volledige betekenis letterlijk over te brengen. Net als Nietzsche is zijn taal soms speels, met woordspelingen en idiomatische uitdrukkingen die uniek zijn voor filosofisch Duits. Deze taalkundige nuances kunnen vaak niet vertaald worden op een manier die zowel de betekenis als de stilistische intentie behoudt. Waar mogelijk hebben we geprobeerd Engelse equivalenten te vinden die de geest, zo niet de letter, van de originele woordspeling of het idioom weergeven. De synthetische fusional Duitse taal staat zinsstructuren toe die in het Engels onpraktisch kunnen zijn. We hebben soms zinnen moeten herstructureren om de leesbaarheid te behouden, waarbij we ernaar hebben gestreefd om de oorspronkelijke gedachtegang en klemtoon te behouden, maar waarbij we sterk de nadruk hebben gelegd op de begrijpelijkheid voor de gemiddelde lezer.

"... Metafysica is het woord, zoals abstract en bijna ook denken het woord is, waarvan iedereen, min of meer, wegloopt als van iemand die getroffen is door de pest."

NEWCOMB LIVRARIA
- P R E S S -

Printed in Poland
by Amazon Fulfillment
Poland Sp. z o.o., Wrocław